民事审判案例精要

李方民　主编

青岛市中级人民法院政治部
青岛市中级人民法院民一庭
2019 年 7 月

中国海洋大学出版社
·青岛·

图书在版编目（ＣＩＰ）数据

民事审判案例精要 / 李方民主编. —— 青岛：中国
海洋大学出版社，2020.9
    ISBN 978－7－5670－2573－8

    Ⅰ. ①民… Ⅱ. ①李… Ⅲ. ①民事诉讼－审判－案例
－中国 Ⅳ. ①D925.118.2

中国版本图书馆 CIP 数据核字（2020）第 170782 号

出版发行	中国海洋大学出版社
社　　址	青岛市香港东路 23 号　　邮政编码　　266071
出 版 人	杨立敏
网　　址	http：//pub.ouc.edu.cn
订购电话	0532-82032573（传真）
责任编辑	王积庆
电　　话	0532-85902349
印　　制	青岛中苑金融安全印刷有限公司
版　　次	2020 年 12 月第 1 版
印　　次	2020 年 12 月第 1 次印刷
成品尺寸	185mm×260mm
印　　张	31.5
印　　数	1-2 000
字　　数	400 千
定　　价	128.00 元

如发现印装质量问题，请致电 0532-85662115，由印刷厂负责调换。

编委会

前　言

　　案例指导制度是最高人民法院根据中央关于司法改革的决策部署，为总结审判经验、加强监督指导、统一法律适用、提高审判质量、维护司法公正而建立的一项具有中国特色的司法制度。在我国人民司法制度建立初期，人民法院就十分重视通过典型案例指导审判工作。1999 年最高人民法院制定的《人民法院五年改革纲要》明确提出，要编选典型案例，供下级法院审判类似案件时参考。2005 年的《人民法院第二个五年改革纲要》第一次正式提出，要建立和完善案例指导制度。2008 年 12 月，中央关于深化司法体制和工作机制改革若干问题的意见将案例指导制度作为国家司法改革的一项重要内容。2010 年 11 月 26 日，最高人民法院颁布《关于案例指导工作的规定》，标志着中国特色案例指导制度正式确立。

　　近几年，最高人民法院发布了大量指导性判例，作为法律和司法解释的有效补充，在统一裁判尺度、规范民事行为方面其重要指导意义已经得到最高司法机关的认可。本次青岛市中级人民法院民一庭选取的案例，均是根据近五年来青岛两级法院生效民事裁判文书改编而成，范围囊括建设工程、房地产、劳动争议、执行异议之诉、债权人撤销之诉和第三人撤销之诉及诉讼保全申请错误导致赔偿纠纷等，具有一定的典型指导意义，特结集成册，以期统一相关审判领域的法律适用和裁判尺度，为社会和群众提供更好的司法服务。

《民事审判案例精要》编委会

2019 年 7 月

目 录

建设工程篇

【一】对于施工单位拒不交付施工资料的，建设单位应当通过事先约定违约责任的方式避免造成损失

——某开发商与某施工单位建设工程施工合同纠纷案

关键词：施工资料　交付　约定　违约责任　损失

【裁判要点】

建设单位在与施工单位就工程结算及施工资料的交付问题上无法达成一致时，往往只能通过诉讼来解决，但是我们并不提倡此种作法。首先，《青岛市建设工程竣工档案归档内容及归档要求》规定的施工资料数量非常多，而且种类繁杂，判决主文难以全面表述；其次，特定物给付之诉必须以物的客观存在为前提，不能替代履行，如果施工单位主张施工资料遗失，法院既无法查明是否确已遗失，也不能强判给付；再次，即使裁判文书中将全部施工资料均罗列清楚，判令施工单位交付给建设单位，但判决生效后施工单位拒不履行，或者声称相关资料遗失，无法履行，法院亦难以执行。

【相关法条】

1.《中华人民共和国合同法》第六十七条：当事人互负债务，有先后履行顺序，先履行一方未履行的，后履行一方有权拒绝其履行要求。先履行一方履行债务不符合约定的，后履行一方有权拒绝其相应的履行要求。

2.《中华人民共和国合同法》第一百零七条：当事人一方不履行合同义务或者履行合同义务不符合约定的，应当承担继续履行、采取补救措施

或者赔偿损失等违约责任。

3.《中华人民共和国合同法》第一百一十二条：当事人一方不履行合同义务或者履行合同义务不符合约定的，在履行义务或者采取补救措施后，对方还有其他损失的，应当赔偿损失。

【基本案情】

2013年5月5日，开发商甲公司与施工单位乙公司签订《建设工程施工合同》。合同约定，甲公司将某住宅工程发包给施工单位乙公司施工，工程竣工验收合格，甲公司付至工程总价款的95%，剩余5%作为质保金，于竣工验收两年后付清；乙公司应当在验收合格后30日内提供相关的施工资料和备案资料协助甲公司办理竣工验收备案手续。关于违约责任，合同约定，甲公司逾期支付工程款应当按工程总造价每日万分之三支付乙公司违约金；乙公司拒绝交付施工资料或者交付的施工资料不符合相关要求导致甲公司无法办理竣工验收备案手续，乙公司应当按工程总造价的百分之十支付甲公司违约金。2014年7月10日，工程施工完毕，乙公司向甲公司提交竣工验收申请并附部分施工资料复印件。2014年7月20日，甲公司组织乙公司及设计单位、监理单位共同进行验收，确定工程验收合格。2014年7月25日，乙公司向甲公司提交工程结算报告，要求甲公司按照合同约定在28天内完成审计并支付相应的工程款。因合同履行过程中发生设计变更和工程量增加，双方对于工程结算产生争议。乙公司提报的多份隐蔽工程施工签证，因没有甲公司的签字确认，甲公司拒绝进行结算。2014年8月15日，甲公司致函乙公司，要求向乙公司对于争议项提交载有甲公司或监理签字确认的施工签证，同时要求乙公司提交建设行政主管部门工程备案归档所需的施工资料和竣工备案资料。此后，双方经多次协商，未能对于工程结算达成一致，乙公司亦未向甲公司提交相关的施工资料。

2014年11月21日，乙公司向人民法院提起诉讼，要求甲公司按照其单方提交的结算报告支付剩余工程款852万元及违约金。甲公司亦在答辩期内提出反诉，要求乙公司按照《青岛市建设工程竣工档案归档内容及归档要求》交付相关施工资料，并按照合同约定承担逾期交付施工资料的违约责任。案经法院委托评估，确定双方工程造价32 156 425元，扣除质保金后应付款总额为 30 548 603.75 元，甲公司已经支付工程款 1 562 万元、甲供材 10 576 982 元，故甲公司还应支付乙公司工程款 4 351 621.75 元。针对反诉部分，庭审中，乙公司明确表示因甲公司尚欠其工程款未付，故拒绝交付施工资料。合议庭经研究认为，甲公司拖欠工程款构成违约，应当向乙公司支付欠款及违约金；乙公司未按约交付施工资料亦应承担相应的违约责任。遂判决：一、甲公司于判决生效之日起 10 日内支付乙公司工程款 4 351 621.75 元并自竣工验收合格之日起按每日万分之三计付违约金至判决生效之日止；二、乙公司于判决生效之日 10 日内支付甲公司违约金 3 215 642.5 元；三、驳回双方的其他诉讼请求。

【案件评析】

施工资料是建设工程竣工验收备案时，建设单位按照建设行政主管部门的要求提交的书面材料，其目的在于证明施工程序合法，质量已经检验合格。实践中，承包人出于各种原因往往不能提交全部施工资料，这将直接导致验收备案受阻，建设单位无法办理权属证书。特别是涉及商品房建设中，由于开发商已经在办理商品房预售许可证后将房屋对外出售，合同中业已约定交付房屋和办理产权登记的时间，如果逾期办理产权登记，往往容易引发买房人集体索要违约金。因此施工单位拒不交付施工资料或者延误配合办理建设工程竣工备案，不但会给开发商造成经济损失，而且容易引发群体性事件，使开发商承受来自政府监管部门的压力。建设工程施工合同的示范文本中并未规定施工单位在没有得到足额支付工程款的情况下，对于交付施工资料享有先履行抗辩权，因此只要双方在合同专用条款中未做此种约定，应当认为虽然建设单位拖欠工程款应当承担违约责任，但并不意味着施工单位可以以此为由拒绝交付施工资料。如前所述，施工单位拒不交付施工资料，损害的不仅是建设单位的利益，很可能会损害买房人的合法权益，甚至损害社会公共利益，因此法律不能赋予施工单位此种抗辩权。建设单位在与施工单位就工程结算及施工资料的交付问题上无法达成一致时，往往只能通过诉讼来解决，但是我们并不提倡此种作法。首先，《青岛市建设工程竣工档案归档内容及归档要求》规定的施工资料数量非常多，而且种类繁杂，判决主文难以全面表述；其次，特定物给付之诉必须以物的客观存在为前提，不能替代履行，如果施工单位主张施工资料遗失，法院既无法查明是否确已遗失，也不能强判给付；再次，即使裁判文书中将全部施工资料均罗列清楚，判令施工单位交付给建设单位，但判决生效后施工单位拒不履行，或者声称相关资料遗失，无法履行，法院亦难以执行。有鉴于此，建设单位应当注意以下几点：一是在签订建设工程施工合同时，应当在专用条款中通过约定违约责任的方式约束施工单位，避免因施工单位拒不交付施工资料给自己造成损失；二是在合同履行过程中，要建立健全档案管理体系，完善参建留痕留档制度，建立相关档案台账，以防发生诉讼时诉求不明或举证不能；三是加强施工组织管理，不能什么事都交给监理和施工队伍，对于工期、签证、材料等一些可能在将来结算时引发纠纷的问题，可以通过召开联席会议的形式，形成会议纪要，把施工过程中出现的问题、各方诉求和解决方案固定下来。

（青岛市中级人民法院民一庭副庭长　董则明）

【二】接受安排与人签订合同也应受合同效力约束

——崖口村委会与某公司建设工程施工合同纠纷案

关键词：合同相对性　合同约束力

【裁判要点】

崖口村委会虽上诉主张其系根据所在街道办事处的要求与甲乙工程公司签订涉案工程合同，但其诉讼过程中并未提交证据证明，且作为独立承担民事责任的社会组织，崖口村委会应当就其签署的合同承担相应民事责任。

【相关法条】

《中华人民共和国合同法》第八条：依法成立的合同，对当事人具有法律约束力。当事人应当按照约定履行自己的义务，不得擅自变更或者解除合同。依法成立的合同，受法律保护。

【基本案情】

2008 年 10 月 20 日，崖口村委会（发包方）与甲乙工程公司（承包方）签订《建设工程施工合同》，约定：由甲乙工程公司承包该村委会塘坝工程项目；工程内容包括新建塘坝 1 座、浆砌石刀坝 1 座，并设防水阀；工程承包范围为施工图纸及工程量清单的全部内容；工期为 2008 年 4 月 18 日至 2008 年 12 月 30 日，共 257 天；合同总价款 1 115 892.98 元。该合同还约定，本合同价款采用单价合同方式确定；发包人预付合同价款的 15％作为预付工程款，工程施工结算后拨付结算价款的 95％（含预付款），剩余 5％保修期满且无质量问题两周内付清；工程因人工、材料、机械台班油料费价格变动引起的合同价款调整，双方另行协商解决。2009 年 10 月 17 日，涉案塘坝工程经所在区水利局、区财政局、区街道政府验收合格，该项目验收卡上加盖区水利局公章，被验收单位处加盖崖口村委会公章。2012年12月28日，涉案工程经专业机构审计，工程审定结算值为1 266 976.18元，该工程结算审计核定表建设单位处加盖崖口村委会公章，施工单位处加盖甲乙工程公司公章。工程完工后，崖口村委会未能按约足额支付工程款，甲乙工程公司向法院起诉要求崖口村委会支付剩余工程价款866 976.18元、工程审计费用15 000元。崖口村委会答辩称，第一，本案塘坝工程是属于青岛市新农村百村水利基础设施项目，是经水利局批准的水利项目，资金来源为自筹、争取上级拨款，甲乙工程公司经招投标由所在街道办事处作为发标人，甲乙工程公司作为中标人承揽了该项目，本案施工合同是崖口村委会按照所在街道办事处的要求与甲乙工程公司签订，所在街道办事处属于项目招标人，崖口村委会不应当成为本案的实际的当事人。第二，根据合同约定，本案工程应从2008年4月开始施工，工期八个半月，但实际开工、竣工时间均未按照合同要求执行，实际的竣工日为2009年10月初，拖期九个月。第三，依据招投标法以及施工合同的约定，结算工程价款是法律强制性规定，应当按照施工合同和中标书确定工程价款，甲乙工程公司诉求按照审计报告结算没有法律依据，政府对工程审计是有要求的，和本案结算没有关系。

一审法院认为：依法成立的合同受法律保护，当事人应当按照约定全面履行自己的义务，当事人一方不履行合同义务或者履行合同义务不符合约定的，应当承担继续履行、采取补救措施或者赔偿损失等违约责任。本案中，甲乙工程公司、崖口村委会签订的《建设工程施工合同》系双方真实意思表示，其内容合法有效，一审法院予以确认，甲乙工程公司、崖口村委会双方均应严格履行，涉案工程已竣工验收，崖口村委会应支付相应工程款。甲乙工程公司、崖口村委会均在工程结算审计核定表上盖章，视为认可审定结算值1 266 976.18元，一审法院予以确认，崖口村委会已支付400 000元，尚欠866 976.18元。根据《最高人民法院关于审理建设工程施工合同纠纷案件适用法律问题的解释》第十七条及第十八条，当事人对欠付工程价款利息计付标准没有约定的，按照中国人民银行发布的同期同类贷款利率计算，利息从应付工程价款之日计付。因《建设工程施工合同》约定"工程施工结算后拨付结算价款的95%（含预付款），剩余5%

保修期满且无质量问题两周内付清"，"主体工程保修一年"，"质量保修期自工程竣工验收合格之日起计算"，故崖口村委会应自结算次日（即 2012 年 12 月 29 日）按中国人民银行同期同类贷款利率支付拖欠工程款之利息，甲乙工程公司要求崖口村委会支付利息，符合法律规定，一审法院予以支持。关于崖口村委会向甲乙工程公司要求崖口村委会支付工程审计费用人民币 15 000 元，一审法院认为，当事人对自己的主张应负举证责任，甲乙工程公司诉称涉案工程审计费 15 000 元，但未提交相关发票、收据等相关证据，故一审法院对此不予支持。一审法院判决：崖口村委会于判决生效之日起十日内支付甲乙工程公司工程款人民币 866 976.18 元，并按中国人民银行同期同类贷款利率支付上述款项自 2012 年 12 月 29 日起至判决生效之日止的利息（利息数额以 100 593 元为限）。

宣判后，上诉人崖口村委会不服一审判决上诉至青岛中院。青岛中院认为，崖口村委会虽上诉主张其系根据所在街道办事处的要求与甲乙工程公司签订涉案工程合同，但其诉讼过程中并未提交证据证明，且作为独立承担民事责任的社会组织，崖口村委会应当就其签署的合同承担相应民事责任。涉案工程合同估算价在 200 万元以下，非国家规定必须进行招投标签订施工合同的建设工程，崖口村委会与甲乙工程公司在涉案合同中约定"47. 补充条款。本工程因人工、材料、机械台班油料费价格变动引起的合同价款调整，具体调整方法双方另行协商解决"并不因对涉案工程进行的招投标活动而无效。工程完工后，工程结算经审计核定，崖口村委会、甲乙工程公司均在工程结算审计核定表上盖章，崖口村委会盖章的行为应当认为系其认可该工程结算核定结果的意思表示，甲乙工程公司要求崖口村委会按照工程结算审计核定结果支付工程款并无不当。崖口村委会上诉主张甲乙工程公司建设涉案工程未按时竣工应当承担逾期完工违约责任，但甲乙工程公司诉讼过程提交的盖有崖口村委会印章的水利基础设施建设项目竣工验收卡载明涉案工程按照双方合同要求及时竣工，崖口村委会诉讼过程中未提交相反证据证明甲乙工程公司逾期完工的事实，崖口村委会应当承担举证不能的法律责任，崖口村委会该上诉主张依法不予支持。

【案件评析】

合同具有相对性，在当事人之间产生法律效力，各方当事人均应当按照诚实信用原则严格履行合同约定的义务。村委会作为独立承担民事责任的社会组织，抗辩按照上级部门的安排与相对方签订合同，不影响其签订合同的效力，仍然应当就其签署的合同承担相应民事责任。实践中，经常遇到当事人因受上级安排或朋友委托等原因，草率以自己名义与相对方签订合同，按照法律规定该类情形不影响合同直接约束签署合同的当事人本身，一旦对方履行了合同义务，即有权要求在合同上签名的当事人承担相应义务。这提示我们签署合同时一定谨慎，一旦做成"白纸黑字"的合同，就会受到合同的限制，可能带来较大的利益损失。

（青岛市中级人民法院民一庭副庭长　陈明明）

【三】"以建设单位审计结果为准"或者"按照建设单位付款进度支付工程款"约定的认定及处理

——某建设工程施工合同纠纷案

关键词：审计　约定　强制性规定　公平原则

【相关法条】

1.《中华人民共和国合同法》第五条：当事人应当遵循公平原则确定各方的权利和义务。

2.《中华人民共和国合同法》第六条：当事人行使权利、履行义务应当遵循诚实信用原则。

3.《中华人民共和国合同法》第七条：当事人订立、履行合同，应当遵守法律、行政法规，尊重社会公德，不得扰乱社会经济秩序，损害社会公共利益。

4.《中华人民共和国合同法》第八条：依法成立的合同，对当事人具有法律约束力。当事人应当按照约定履行自己的义务，不得擅自变更或者解除合同。依法成立的合同，受法律保护。

【裁判要点】

关于双方争议的支付条件是否成就问题，甲公司分包的涉案工程已竣工初验且已交付并进入养护期，而建设单位丙公司无正当理由长期未审计结算，双方不宜再按照原约定的以建设单位付款进度和比例支付工程款。

【基本案情】

原告甲公司向法院起诉称，2012年10月，建设单位丙公司将青岛某绿化工程发包给被告乙公司。此后，被告乙公司将该工程中的一部分分包给原告甲公司，双方签订《建设工程施工承包合同书》，约定由甲公司实际施工，乙公司收取8％的管理费和2％的所得税。合同签订后，原告甲公司施工了部分工程，2013 年 6 月份原被告协商同意原告退出施工，双方对已完成的工程量进行了清点，并办理了工程验收交接，同时进行了工程割算，但被告未支付价款。请求判令：被告乙公司支付原告甲公司工程款 260 万元。被告乙公司辩称，双方签订的解除合同协议书中约定了双方结算后按照建设单位丙公司向被告乙公司支付工程款的进度和比例支付，现在建设单位未结算完毕，不具备向原告甲公司支付工程款的条件。法院经审理查明：1. 建设单位丙公司将青岛某道路绿化工程（景观绿化）发包给被告乙公司，双方签订了《青岛市建设工程施工合同》。约定了暂定价款 3 000 万元，以最终审计结果为准。2. 被告乙公司将上述道路绿化工程中的一部分工程分包给原告甲公司，并签订了《建筑工程施工承包合同书》，约定被告乙公司按照工程结算值的 8％ 提取管理费，结算依据招投标标底优惠后综合单价及相关规约定。3. 原告甲公司不具备道路绿化工程施工资质。4. 2013 年 6 月份，原告甲公司与被告乙公司签订了《建筑工程施工承包合同书》解除协议书一份，约定自协议签订之日起，双方解除施工合同。按照实际施工内容结算工程款。截至本协议签订之日止，已实际完成的全部工程施工内容为《实际完成的工程施工内容明细》所列明的内容，其工程量暂定为 300 万元。乙公司比照工程建设单位向其支付工程款的进度与比例，及时按照前款规定扣除 8％ 的管理费用、税金，余款 252 万元。相应地向甲公司支付工程款。付款时间为工程建设单位丙公司向被告乙公司拨付工程进度款后七日内。5. 2014 年 8 月，建设单位丙公司出具情况说明，证明涉案工程整个一标段 2014 年 5 月完工并进入养护维修期。6. 原被告双方申请对甲公司实际施工的涉案工程的工程价款进行评估鉴定。法院委托青岛国信工程咨询有限公司对涉案工程在甲公司施工期间的工程造价进行了鉴定。鉴定结论为：甲公司施工的道路绿化工程造价为 370 万元。法院认为，涉案工程系建设单位丙公司发包给乙公司的绿化工程，乙公司承包后又将该工程中的一部分分包给甲公司，甲公司不具有建筑公司施工资质，乙公司与甲公司签订的分包合同为无效合同，但合同无效的，可参照合同约定的结算条款对工程造价进行结算。故，原告甲公司施工的工程价款以双方申请作出的鉴定结论为依据，扣除约定由原告承担费用后尚欠 219 万元未支付。关于双方争议的支付条件是否成就问题，甲公司分包的涉案工程已竣工初验且已交付并进入养护期，而建设单位丙公司无正当理由长期未审计结算，双方不宜再按照原约定的以建设单位付款进度和比例支付工程款，原告甲公司可以向被告乙公司主张工程价款。遂判令被告乙公司于判决生效后十日内向原告甲公司支付工程欠款219万元，对原告的其他诉讼请求予以驳回。

【案件评析】

实际施工人或转（分）包单位与合同相对方约定"以建设单位审计结果为准"或者"按照建设单位付款进度支付工程款"的，审判实务中对该类约定如何认定呢？一般情况下，合同双方作出的上述约定并不违反法律和行政法规的强制性规定，应认定该约定合法有效，且根据当事人意思自治的法律原则，通常应当要求当事人依照约定履行。该种约定系承包人为减少自身的资金压力，向实际施工人或转（分）包人转移风险的一种条款。该类约定系附加了一定的条件，但约定所附加的条件仅仅是约束工程款支付的期限和进度、比例等，属于合同履行阶段，而不涉及效力问题，因而该约定在法律性质上并非《中华人民共和国合同法》第四十五条及第四十六条规定的附生效条件或附生效期限的合同，而应认定为附履行期限和附履行条件的合同条款，如该条款所设的条件或期限未达成或未届满，并不能否定承包人与实际施工人或转（分）包单位之间存在工程欠款的债权债务实体权利，条款本身的效力一般不受影响。

此类约定在建设工程施工合同中较为常见，但是，当建设单位长期不对工程造价进行结算时，会导致实际施工人或分包单位亦长期无法收到工程款，其向合同相对方索要工程款时，会以建设单位未结算或未付款为由被拒。审判实务中常见的与此相关的拖延结算事由通常有需要由政府机关或关联单位主导审计结算、建设单位将工程自行分包以及由承包人另行转（分）包的工程因管理混乱工程资料不齐全或各分包单位相互牵制导致难以结算等等，其中既可能有主观恶意拖延的因素，也可能有受客观条件限制的原因。但对于实际施工人或分包单位而言，不论拖延结算的原因为何，其投入资金建造了工程后，长期收不回资金，面临巨大的资金压力以及工人追讨欠薪压力等，多数会向法院提起诉讼。法院在处理该类纠纷时，对于该类约定，一方面会尊重当事人意思自治，对当事人自由自愿签订的合同条款效力依法予以认定，另一方面对于该类条款合法有效时会进一步对该约定的付款条件或期限是否成就或届满进行实质性审查。审查的关键问题之一就在于对建设单位长期未结算或未付款的原因进行认定。如若查明建设单位存在恶意拖延导致长期未进行审计或结算及付款的，承包人亦不积极主张的，此时，继续坚持适用转（分）包合同中约定的按照建设单位付款进度或比例进行付款，对实际施工人或分包单位明显不公平，可以不再按照合同约定的上述条件作为付款条件，或参照合同法第四十五条、第四十六条规定，视为双方约定的合同履行过程中的付款条件已成就，判令承包人立即向实际施工人或分包单位支付欠付的工程款。如果查明建设单位有正当理由并非无故恶意拖延审计结算及付款的，原则上，仍然应当按照双方约定作为付款条件。在举证责任分配上，对于建设单位长期未审计结算的情形，如若建设单位系案件当事人之一，则应当由建设单位举证证明其长期未审计结算的原因；如若建设单位不是案件当事人的，则由实际施工人或分包人的合同相对方——承包人来承担相应的举证责任。对于法律规定当事人因客观原因等难以自行收集的证据，必要时，当事人也可以依照法律规定申请法院向建设单位调查取证。

总之，对于此类合同约定，法院往往通过举证责任分配以及兼顾公平合理的原则，查明相关事实，对该类约定是否作为付款条件予以认定。

（青岛市中级人民法院民一庭团队长　徐　明）

【四】建设工程承发包双方对工程质量保修金返还约定不明的按照交易习惯处理

——广东某公司与青岛某公司建设工程施工合同纠纷上诉案

关键词：工程质量保修金　约定不明
　　　　交易习惯　利益平衡

【裁判要点】

当事人对合同条款的理解有争议的，应当按照合同所使用的词句、合同的有关条款、合同的目的、交易习惯以及诚实信用原则，确定该条款的真实意思。按照建设工程承发包的交易习惯，工程质量保修金是指在工程竣工验收交付使用后，发包方从应付的工程款中预留的用以维修工程在保修期限和保修范围内出现的质量缺陷的资金。其主要功能在于担保建设工程竣工验收并交付使用后在保修期限内出现的质量缺陷问题。因此，当事人对关于保修金的返还期限的合同条款理解有争议时，应据此交易习惯确定该条款的真实意思。

【相关法条】

1.《中华人民共和国合同法》第一百二十五条：当事人对合同条款的理解有争议的，应当按照合同所使用的词句、合同的有关条款、合同的目的、交易习惯以及诚实信用原则，确定该条款的真实意思。

2.《中华人民共和国合同法》第六十一条：合同生效后，当事人就质量、价款或者报酬、履行地点等内容没有约定或者约定不明确的，可以协议补充；不能达成补充协议的，按照合同有关条款或者交易习惯确定。

【基本案情】

广东某公司作为乙方、青岛某公司作为甲方，双方签订了《建筑装饰工程施工合同》及《幕墙工程施工合同补充协议》，《建筑装饰工程施工合同》约定由广东某公司承包青岛某公司某大楼幕墙装饰工程，《幕墙工程施工合同补充协议》第十一条保修期及售后服务约定："本工程保修期5年，从幕墙工程竣工验收合格之日起计算保修期，甲方从工程结算中扣留工程结算造价的5%作为工程质量保修金，保修期满1年后5日内返还3%的保修金，保修期满5年后5日内返还2%的保修金，保修期满1年后5日内返还3%的保修金，保修期满5年后5日内返还2%的保修金，保修期内出现质量问题由乙方无偿返修……"后双方因工程款支付等问题发生纠纷，广东某公司将青岛某公司诉至法院，要求支付剩余工程款等。

其中，关于工程质量保修金的处理，一审法院认定：双方签订的《建筑装饰工程施工合同》《幕墙工程施工合同补充协议》系双方真实意思表示，合法有效，双方均应按合同约定履行自己的义务，涉案工程已交付青岛某公司并投入使用，根据上述合同及补充协议中工程款支付及保修金之约定"余款（工程款的5%）做为工程质量保修金；本工程保修期5年，从幕墙工程竣工验收合格之日起计算保修期，甲方从工程结算中扣留工程结算造价的5%作为工程质量保修金，保修期满1年后5日内返还3%的保修金，保修期满5年后5日内返还2%的保修金"，现青岛某公司应支付广东某公司全部工程造价的98%（95%＋3%）。

一审判决后，广东某公司不服，向本院提起上诉，其中关于工程质量保修金方面的上诉理由为：补充协议第11条第1项规定"本工程保修期5年，从幕墙工程竣工验收合同之日起计算保修期。甲方从工程结算中扣留工程结算造价的5%作为工程质量保修金，保修期满1年后5日内返还3%的保修金，保修期满5年后5日内返还2%的保修金"。原审对该条的理解不当，应理解为"保修期满1年后5日内返还3%的保修金，保修期满5年后5日内返还2%的保修金"，双方当时约定的就是5年内将保修金全部返还，原审的理解对上诉人不公，也不符合建筑业保修金的返还惯例。

本院二审认为，双方在该补充协议第十一条中约定"本工程保修期5年，从幕墙工程竣工验收合格之日起计算保修期，甲方从工程结算中扣留工程结算造价的 5％ 作为工程质量保修金，保修期满 1 年后 5 日内返还 3％ 的保修金，保修期满 5 年后 5 日内返还 2％ 的保修金"，双方对此合同条款的理解有争议。上诉人主张，保修期开始后满 1 年返还保修金 3％，保修期开始后满 5 年返还保修金 2％，即保修金应在 5 年的保修期满后 5 日内全部返还完毕。而被上诉人则主张，5 年的保修期满后才开始返还保修金，期满 1 年后返还 3％，期满 5 年后返还 2％。对此，本院作如下判析：

首先，该条款从字面文义来看，约定的是"保修期满 1 年后……保修期满 5 年后"，可以理解为"保修期届满 1 年后、保修期届满 5 年后"，也可以理解为"保修期开始后满 1 年后、保修期开始后 5 年后"，属约定不明。《中华人民共和国合同法》第一百二十五条规定"当事人对合同条款的理解有争议的，应当按照合同所使用的词句、合同的有关条款、合同的目的、交易习惯以及诚实信用原则，确定该条款的真实意思"。

其次，按照建设工程承发包的交易习惯，工程质量保修金是指在工程竣工验收交付使用后，发包方从应付的工程款中预留的用以维修工程在保修期限和保修范围内出现的质量缺陷的资金。其主要功能在于担保建设工程竣工验收并交付使用后在保修期限内出现的质量缺陷问题。若按照"保修期届满 1 年后、保修期届满 5 年后"的理解，则最后一笔保修金的返还已是保修期届满 5 年后、工程竣工验收合格后 10 年后，若如此则失去保修金的应有功能，亦会导致工程承发包双方的利益失衡。故本院认定双方对保修金返还的约定是：保修期开始后满 1 年后 5 日内返还 3％ 的保修金，保修期开始后满 5 年后 5 日内返还 2％ 的保修金。上诉人关于保修金的上诉理由成立，原审对此认定不当，本院依法予以纠正。因双方约定的自竣工验收之日开始计算的 5 年的保修期已过，被上诉人应向上诉人返还全部的工程保修金。

【案件评析】

实践中，建设工程施工合同双方当事人对保修金的合同返还条款约定不明或理解有争议，已是常态，此判决依据交易习惯对此进行判析，具有很强的现实指导意义。本案中，双方在补充协议第十一条中约定"本工程保修期 5 年，从幕墙工程竣工验收合格之日起计算保修期，甲方从工程结算中扣留工程结算造价的5%作为工程质量保修金，保修期满1年后5日内返还3%的保修金，保修期满5年后5日内返还2%的保修金"，双方对此合同条款的理解有争议。若按照"保修期届满1年后、保修期届满5年后"的理解，则最后一笔保修金的返还已是保修期届满5年后、工程竣工验收合格后10年后，若如此则失去保修金的应有功能，亦会导致工程承发包双方的利益失衡，因此，二审对一审工程质量保修金部分予以改判。改判后双方当事人均服判息诉，取得了良好的法律效果和社会效果。

（青岛市中级人民法院民一庭团队长　王　楷）

【五】发包人对已接收且擅自维修工程（非基础和主体结构）提出质量抗辩要求退还已付工程款不应得到支持

——平度某公司与潍坊某公司建设工程施工合同纠纷上诉案

关键词：擅自维修　质量抗辩　退还工程款

【裁判要点】

我国法律规定，因施工人的原因致使建设工程质量不符合约定的，发包人就此的救济途径是有权要求施工人在合理期限内无偿修理或者返工、改建、减少报酬、承担违约责任、赔偿损失等，故本案中，即使上诉人主张的被上诉人施工的工程存在质量问题的事实存在，也并不必然导致被上诉人应将上诉人已支付的工程款全部退还的法律后果，还应根据质量不符合约定的程度，来确定被上诉人应承担的责任。根据我国法律规定及建设工程施工合同履行的交易习惯，上诉人作为涉案工程的建设单位，应全程参与涉案工程的建设并对建设节点进行监督，在本案一审中，一审法院责令上诉人在一个月内组织验收，其明确表示不组织验收，被上诉人施工的工程质量是否不符合约定及不符合约定的程度应通过司法鉴定等来确定，但一审中一审法院向上诉人释明后，上诉人明确表示不申请鉴定，其虽在二审中提出鉴定申请，但其又自认已自行对涉案工程进行了维修，涉案工程已不能反映被上诉人完工时的原貌，失去了的鉴定的基础，本院对其本案二审中再要求鉴定的申请不予准许。

【相关法条】

1.《中华人民共和国合同法》第二百八十一条：因施工人的原因致使

建设工程质量不符合约定的，发包人有权要求施工人在合理期限内无偿修理或者返工、改建。经过修理或者返工、改建后，造成逾期交付的，施工人应当承担违约责任。

2.《中华人民共和国合同法》第二百八十七条：本章没有规定的，适用承揽合同的有关规定；第二百六十二条规定"承揽人交付的工作成果不符合质量要求的，定做人可以要求承揽人承担修理、重做、减少报酬、赔偿损失等违约责任。

3.《最高人民法院关于审理建设工程施工合同纠纷案件适用法律问题的解释》第十一条：因承包人的过错造成建设工程质量不符合约定，承包人拒绝修理、返工或者改建，发包人请求减少支付工程价款的，应予支持。

4.《最高人民法院关于审理建设工程施工合同纠纷案件适用法律问题的解释》第十三条：建设工程未经竣工验收，发包人擅自使用后，又以使用部分质量不符合约定为由主张权利的，不予支持；但是承包人应当在建设工程的合理使用寿命内对地基基础工程和主体结构质量承担民事责任"。

【基本案情】

平度某公司与潍坊某公司签订"防水工程分包合同"一份，合同约定平度某公司将位于平度市某车间屋面防水工程承包给潍坊某公司，约定承包方式为包工包料，完工标准为经建设单位、监理单位及总承包单位共同验收达到合同约定的质量标准，按甲方（平度某公司）的有关规定办理完退场手续，并签署完工证明后完工。合同签订后，潍坊某公司进入工地施工，平度某公司支付了部分工程款。该工程完工后并未验收，潍坊某公司撤场，工程交由平度某公司控制，关于工程未经竣工验收的原因双方各执一词。随后，平度某公司将潍坊某公司诉至法院，以潍坊某公司施工的工程质量不合格为由，要求判令对方退还其所支付的工程款。庭审中，潍坊某公司请求平度某公司验收，一审法院责令在一个月内组织验收，平度某公司未在一审法院限定的时间内验收。经现场勘验，涉案防水工程已经施工完毕，平度某公司称因潍坊某公司施工的防水工程质量不合格，故自己进行了整修，潍坊某公司对对方所称的施工质量不合格问题不予认可。

一审法院认为，双方签订的《防水工程分包合同》合法有效，双方应当依约履行。潍坊某公司做完防水工程后，平度某公司没有依约组织验收，在庭审中，潍坊某公司要求平度某公司验收，一审法院责令平度某公司在一个月内组织验收，到期后，平度某公司明确表示不组织验收。平度某公司第二次庭审中提交了一份公证文书以证明对方施工的防水工程存在质量问题，但公证机构并非建筑工程质量的鉴定机构，故该证据不足以证明其该主张，一审法院向平度某公司释明如对方施工的工程有质量问题，应当申请鉴定，但平度某公司明确表示不申请鉴定。《中华人民共和国合同法》第二百六十二条规定，"承揽人交付的工作成果不符合质量要求的，定做人可以要求承揽人承担修理、重做、减少报酬、赔偿损失等违约责任"，而本案中平度某公司尚欠潍坊某公司工程款，其称潍坊某公司施工的防水工程存在质量问题，但表示不申请鉴定，故其要求潍坊某公司返还已给付的工程款，没有法律依据，不予支持。

一审判决后，平度某公司不服，向本院提起上诉，上诉的理由与一审起诉理由基本一致。

本院二审认为，双方签订的"防水工程分包合同"是双方当事人的真实意思表示，内容及形式不违反法律法规的强制性规定，其效力本院予以确认，双方均应按诚实信用原则全面履行各自的合同义务。

《中华人民共和国合同法》第二百八十一条规定"因施工人的原因致使建设工程质量不符合约定的，发包人有权要求施工人在合理期限内无偿修理或者返工、改建。经过修理或者返工、改建后，造成逾期交付的，施工人应当承担违约责任"。《最高人民法院关于审理建设工程施工合同纠纷案件适用法律问题的解释》第十一条规定"因承包人的过错造成建设工程质量不符合约定，承包人拒绝修理、返工或者改建，发包人请求减少支付工程价款的，应予支持"。《中华人民共和国合同法》第二百八十七条规定"本章没有规定的，适用承揽合同的有关规定"；第二百六十二条规定"承揽人交付的工作成果不符合质量要求的，定做人可以要求承揽人承担修理、重做、减少报酬、赔偿损失等违约责任"。可见，我国法律规定，因施工人的原因致使建设工程质量不符合约定的，发包人的救济途径是有权要求施工人在合理期限内无偿修理或者返工、改建、减少报酬、承担违约责任、赔偿损失等，本案中，即使上诉人主张的被上诉人施工的工程存在质量问题的事实存在，也并不必然导致被上诉人应将上诉人已支付的工程款全部退还的法律后果，还应根据质量不符合约定的程度，来确定被上诉人应承担的责任。

就本案而言，首先，被上诉人称上诉人拒绝对其已完工工程验收，上诉人对此不予认可，辩称系未接到被上诉人要求其组织验收的通知所致，但根据我国法律规定及建设工程施工合同履行的交易习惯，上诉人作为涉案工程的建设单位，应全程参与涉案工程的建设并对建设节点进行监督，且在本案一审中，一审法院责令上诉人在一个月内组织验收，上诉人明确表示不组织验收，本院对其该项辩解不予采信。其次，上诉人提交了一份公证文书以证明被上诉人施工的防水工程存在质量问题，但公证机构并非建筑工程质量的鉴定机构，故该证据不足以证明其该主张，被上诉人施工的工程质量是否不符合约定及不符合约定的程度应通过司法鉴定等来确定，但一审中一审法院向上诉人释明后，上诉人明确表示不申请鉴定，其虽在二审中提出鉴定申请，但其又自认已自行对涉案工程进行了维修，涉案工程已不能反映被上诉人完工时的原貌，失去了鉴定的基础，本院对其本案二审中再要求鉴定的申请不予准许，鉴于双方工程款尚未结算完毕，其若有充分证据，可另行主张。综上，本院认为，上诉人的上诉理由不成立，本院不予支持。

【案件评析】

工程质量问题争议，是建设工程施工合同纠纷案件常见纠纷之一。我国法律规定，因施工人的原因致使建设工程质量不符合约定的，发包人就此的救济途径是有权要求施工人在合理期限内无偿修理或者返工、改建、减少报酬、承担违约责任、赔偿损失等。因此，即使因施工原因导致工程质量存在问题，也并不必然导致施工方应将发包方已支付的工程款全部退还的法律后果，还应根据质量不符合约定的程度，来确定施工方应承担的责任。组织竣工验收，是发包方的合同义务之一，其不组织竣工验收而接收工程，且自认已擅自对工程进行维修，涉案工程已不能反映施工人完工时的原貌，失去质量鉴定的基础，结合涉案工程并非地基基础和主体结构部分，不涉及公共利益和公共安全问题的事实，法院作出了驳回发包人诉讼请求的判决，判决正确。

（青岛市中级人民法院民一庭团队长　王　楷）

【六】应根据具体内容记载及调查事实确定数份工程量表之间的关系

——某建设工程施工合同纠纷案

关键词：工程量　重合关系　总分关系

【裁判要点】

《7月15日工程量表》中关于预应力锚索的记载是"1. 南侧第二道锚索完成工程量 2 016 m；2. 西侧第二道锚索完成数 280 m；3. 东侧第三道（－9.40 m）锚索完成数 2 016 m"，而《7月22日工程量表》中关于预应力锚索的记载是"西、北、南侧第一道、东侧第一道、第二道锚索工程量 10 150 m"，二者记载的工程范围名称并不重合。二审庭审中，主审法官要求甲公司当庭确认两份工程量表中记载的工程量哪些部分存在重合，甲公司对此不能确认。据此，二审认定两份工程量表中确认的工程量不存在重合。因此，乙公司主张的关于涉案工程预应力锚索的已完工程量应是两份工程量表记载的完成工程量之和的上诉理由成立。

【相关法条】

《中华人民共和国合同法》第六十条：当事人应当按照约定全面履行自己的义务。当事人应当遵循诚实信用原则，根据合同的性质、目的和交易习惯履行通知、协助、保密等义务。

【基本案情】

甲公司（发包方）与乙公司（承包方）签订建设工程施工合同，约定甲公司将某项目的基坑支护工程发包给乙公司进行施工，工程竣工进行结算时，双方对部分工程——"预应力锚索"工程量产生争议，乙公司诉至法院。一审中，甲公司主张，2014 年 7 月 22 日由涉案工程施工单位、监理单位、建设单位三方签字盖章确认的《XX 工程已完工程量》表（以下简称"《7月22日工程量表》"）中记载，预应力锚索工程量为10 150 m，故乙公司完成的预应力锚索工程量应以此为准。乙公司认可该工程量完成表的真实性，但又另提交了一份2014年7月15日由涉案工程施工单位、监理单位、建设单位签字盖章确认的《XX工程已完工程量表》（以下简称"《7月15日工程量表》"），该表中也记载了部分工程量，乙公司完成的工程量应为二张工程量表中记载的工程量之和。甲公司则辩称，认可《7月15日工程量表》的真实性，但该表系分表，《7月22日工程量表》系总表，后者系三方对最终工程量的确认。原审采信甲公司的辩解，以《7月22日工程量表》完成时间在后，系总表为由，以该表为依据最终确认乙公司完成工程量为10 150 m，据此判令甲公司向乙公司支付该部分工程款200余万元。乙公司对一审判决不服，以实际工程量应为二张工程量表记载的工程量之和为由提起上诉。

二审中经审理查明，《7月15日工程量表》中关于预应力锚索的记载是"1.南侧第二道锚索完成工程量2 016 m，2.西侧第二道锚索完成数280 m，3.东侧第三道（－9.40 m）锚索完成数2 016 m"，而《7月22日工程量表》中关于预应力锚索的记载是"西、北、南侧第一道、东侧第一道、第二道锚索工程量10 150 m"，二者记载的工程范围名称并不重合。二审庭审中，主审法官要求甲公司当庭确认两份工程量表中记载的工程量哪些部分存在重合，甲公司对此不能确认。据此，二审认定两份工程量表中确认的工程量不存在重合。因此，乙公司主张的关于涉案工程预应力锚索的已完工程量应是两份工程量表记载的完成工程量之和的上诉理由成立，涉案工程预应力锚索工程量应确定为2 016＋280＋2 016＋10 150＝14 462米，该部分工程价款应为300余万元，据此对原审进行了改判。

【案件评析】

《最高人民法院关于审理建设工程施工合同纠纷案件适用法律问题的解释》第十九条规定"当事人对工程量有争议的，按照施工过程中形成的签证等书面文件确认。承包人能够证明发包人同意其施工，但未能提供签证文件证明工程量发生的，可以按照当事人提供的其他证据确认实际发生的工程量"。本条规定从实际出发，从证据的角度来平衡双方的利益关系，对维护施工单位合法权益有利。实践中，根据工程惯例，确认工程量的证据除工程签证单外，"其他证据"一般还包括：双方往来函件、会议纪要、变更通知、设计变更图纸、施工日志、工程费用定额等。本案中，两份工程量表从形式上来看，更接近于工程签证单，但因记载内容纷繁庞杂，不易辨别，且形成在先的签证单记载预应力锚索工程量为 4 000 余米，形成在后的签证单记载预应力锚索工程量为 10 000 余米，这就使甲公司所主张的后者与前者是总与分关系的辩解具有一定的可信性，导致原审认定错误。二审详细审查了两份签证单中关于预应力锚索部位的描述的差异，结合甲公司不能确认二者关于预应力锚索工程量的记载哪些部分存在重合的事实，认定二者并非总与分的关系，对原审予以了改判。这也提醒广大建筑工程施工单位，在履行建设工程施工合同中，要保存好能够证明自己实际完成工程量的证据，一要保存完整，二要记载清晰，以防发生诉讼时举证不能或提交的证据被误读。

（青岛市中级人民法院民一庭团队长　王　楷）

【七】发包人与多个承包人签订建设工程施工合同，应当根据合同实际履行情况确定义务主体

——徐国安诉青岛海坤置业有限公司、青岛和众建筑有限公司建设工程施工合同纠纷案

关键词：建设工程施工合同　合同相对性
合同无效　优先受偿权

【裁判要点】

1. 发包人就同一工程分别与不同的承包人签订建设工程施工合同，应当根据合同的实际履行情况确定义务主体。

2. 建设工程施工合同无效，但建设工程经竣工验收合格，承包人请求参照合同约定支付工程价款的，应予支持。

3. 发包人对工程审计报告不予认可，并申请对工程总造价进行司法鉴定，但不按规定缴纳鉴定费的，应承担不利后果。

4. 发包人对大额工程款的支付应提交付款凭证予以证明，仅提交收据不足以证明付款事实。

5. 建设工程施工合同无效，不影响承包人行使工程价款优先受权权。

【相关法条】

1.《中华人民共和国合同法》第二百八十六条：发包人未按照约定支付价款的，承包人可以催告发包人在合理期限内支付价款。发包人逾期不支付的，除按照建设工程的性质不宜折价、拍卖的以外，承包人可以与发包人协议将该工程折价，也可以申请人民法院将该工程依法拍卖。建设工程的价款就该工程折价或者拍卖的价款优先受偿。

2.《最高人民法院关于审理建设工程施工合同纠纷案件适用法律问题

的解释》第二条：建设工程施工合同无效，但建设工程经竣工验收合格，承包人请求参照合同约定支付工程价款的，应予支持。

3.《最高人民法院关于审理建设工程施工合同纠纷案件适用法律问题的解释》第十七条：当事人对欠付工程价款利息计付标准有约定的，按照约定处理；没有约定的，按照中国人民银行发布的同期同类贷款利率计息。

4.《最高人民法院关于审理建设工程施工合同纠纷案件适用法律问题的解释》第十八条：利息从应付工程价款之日计付。当事人对付款时间没有约定或者约定不明的，下列时间视为应付款时间：（一）建设工程已实际交付的，为交付之日；（二）建设工程没有交付的，为提交竣工结算文件之日；（三）建设工程未交付，工程价款也未结算的，为当事人起诉之日。

【基本案情】

（一）海坤公司与和众公司签订及履行合同情况

1. 岭海—君利·长岛湾89号地块1—16号、21—28号楼工程

2013年7月18日，中国招标网发布《岭海—君利·长岛湾89号地块1—16号、21—28号楼工程施工中标公告》。公告载明：招标单位为海坤公司，中标单位为和众公司，项目负责人为迟元诚，中标时间为2013年7月17日，中标价为50，545，601.73元，工期为270天。

2013年7月27日，海坤公司与和众公司签订建设工程施工合同。合同约定：海坤公司将位于山东省即墨市温泉镇岭海中路的岭海—君利·长岛湾89号地块1—16号、21—28号楼工程发包给和众公司施工；总建筑面积约45，742.23平方米，共24个楼座，3层框架结构；合同总价为50，545，601.73元；开工日期为2013年7月31日，竣工日期为2014年4月27日，合同工期总日历天数为270天；发包人代表和指定工程师为杜传国，监理单位委派工程师为李德，项目经理为迟元斌。协议还约定了其他事项。该合同为备案合同。

2. 君利·长岛湾89号地块17—19号、20号楼工程

2013年10月26日，安徽方略信息技术有限公司创办的亿亿网发布《君利·长岛湾89号地块17—19号楼工程施工中标公告》。公告载明：招

标单位为海坤公司，中标单位为和众公司，项目负责人为迟元诚，中标时间为 2013 年 10 月 24 日，中标价为 36，502，201.32 元，工期为 680 天。

2013 年 10 月 28 日，中国招标网发布《岭海—君利·长岛湾 89 号地块 20 号楼及地下车库工程施工中标公告》。公告载明：招标单位为海坤公司，中标单位为和众公司，项目负责人为迟元诚，中标时间为 2013 年 10 月 25 日，中标价为 51，000，920.48 元，工期为 710 天。

诉讼过程中，各方当事人均未提交海坤公司与和众公司就君利·长岛湾 89 号地块 17—19 号、20 号楼工程签订的建设工程施工合同原件。

3. 上述合同履行情况

海坤公司与和众公司于 2013 年 7 月 27 日就岭海—君利·长岛湾 89 号地块 1—16 号、21—28 号楼工程签订中标备案合同后，和众公司并未到工程现场组织施工。

2013 年 9 月，徐国安以"和众公司岭海君利长岛湾项目部"的名义，组织人员进场施工。施工过程中，海坤公司与和众公司未组织结算，海坤公司未向和众公司支付工程款。和众公司与徐国安亦未组织结算，和众公司未向徐国安支付工程款。海坤公司与徐国安签订建设工程施工合同及多份补充协议，并多次向徐国安支付工程款。

（二）海坤公司与徐国安签订合同情况

2013 年 12 月 6 日，海坤公司（发包人）与徐国安（承包人）签订《岭海—君利·长岛湾 89 号地块 9—11 号、13 号楼工程施工合同之补充协议（二）》。协议约定：双方就 2013 年 10 月 8 日签订的《岭海·长岛湾 89 号地块 9—11 号、13 号楼工程施工合同之补充协议（一）》顶房具体事宜，协商一致，订立本补充协议（二），以资共同遵守。一、本工程包工包料，单价一次性包死，为 2，400 元/平方米，9—11 号、13 号楼建筑面积约 8，311 平方米，总价约 1，995 万元，工程实际总价款以竣工结算审计为准。二、工程款全额顶房，工程款即为顶房款，发包人给承包人抵顶房屋。工程总价款暂按 1，995 万元计算抵顶房屋，总价款的 95％即 1，895 万元为进度款，总价款的 5％即 100 万元为房屋质量保修金。三、经甲乙双方协商决定房屋抵顶工程款房源，详见附件一房屋抵顶工程款房源明细表；工程款 2％的房屋质量保修金加上暂定工程款同结算审定的工程款价差，抵顶岭海—君利·长岛湾项目房屋，房源提前预留，具体顶哪套房屋，根据价差结果商定。四、房屋价格为：1. 标山路依山美居项目现房价格按网上公示价；2. 岭海—君利·长岛湾项目别墅期房价格为1.5万元/平方米，高层期房价格为8，000元/平方米。五、工程款抵顶房屋分阶段办理如下：1. 基础工程完成后10日内，办理黄海雅居2单元601户现房手续；2. 主体工程全部通过验收完成后10日内，办理现房为依山美居1单元602户及2单元1003户；3. 经政府相关职能部门竣工验收合格，工程移交给发包人或其委托的物业管理单位后10日内，办理现房为依山美居2单元1302户；4. 期房手续按附件一各节点完成后10日内办理。六、本补充协议自甲乙双方签字盖章之日起生效。本协议一式四份，发包人执二份，承包人执二份。附件与本补充协议具有同等法律效力。（附件一：抵顶工程款房源明细表）

2013年12月8日，海坤公司（发包人）与徐国安（承包人）再次就上述工程签订补充协议，内容与上述协议完全一致。

（三）海坤公司与徐国安履行合同情况

1. 施工情况

2013年9月，徐国安以"和众公司岭海君利长岛湾项目部"的名义，组织人员进场施工。

2014年4月，因海坤公司资金链断裂，涉案工程被迫停工。截至2014年4月，岭海—君利·长岛湾89号地块9—11号、13号楼工程中的主体、二次结构墙体砌筑、水管埋地、水电预留预埋已经施工完毕，装修、地暖、部分防水、保温、安装除预留预埋外等均未施工。已完工程中除室外雨、污水工程外，均由徐国安组织人员施工完成。

2. 以房抵顶工程款情况

一审法院查明，青岛利渤豪实业发展有限公司（以下简称利渤豪公司）与海坤公司均系从属于青岛君利豪集团有限公司的关联企业。海坤公司与徐国安约定，以利渤豪公司开发的下列房屋抵顶海坤公司应向徐国安支付的工程款：

（1）黄海雅居1单元601.602户房屋

2014年1月，利渤豪公司与刁舰签订商品房预售合同2份，约定利渤豪公司向刁舰出售青岛市市北区延安三路 97 号黄海雅居 1 单元 601.602 户房屋，总价款分别暂定为 500 万元、400 万元。上述合同未注明具体签订日期。

2014 年 1 月 17 日，徐国安向海坤公司出具证明，载明："本人声明，徐国安同意以利渤豪公司开发的黄海雅居 1 单元 601.602 户房屋，抵顶我在海坤公司所承建的 89 号地块 9—11 号、13 号楼的工程款。601 户房屋金额 500 万元，602 户房屋金额 400 万元，总金额 900 万元整。此房款我已全收到，发票未开，保证于 2014 年 12 月 30 日前将工程款发票开齐。此两套房屋以后如发生纠纷，由我个人承担全部责任，与海坤公司和利渤豪公司无关。"2014 年 1 月 18 日，徐国安再次向海坤公司出具收条，载明："今收到海坤公司岭海—君利·长岛湾项目 89 号地块 9—11 号、13 号楼工程款 900 万元。"

利渤豪公司从刁舰处收到部分购房款后，海坤公司法定代表人王莉于 2014 年 1 月 19 日、2014 年 1 月 21 日通过银行分 3 笔向徐国安支付款项共计 176 万元，摘要载明"转款"或"工程款"。

2014 年 6 月 3 日，刁舰向青岛市市北区人民法院起诉利渤豪公司，要求该公司协助办理上述房屋的产权过户手续。2015 年 11 月 30 日，该法院分别作出（2014）北民初字第 3057、3058 号民事裁定书，裁定准许刁舰撤回起诉。

（2）依山美居 1 单元 802 户房屋

2014 年 1 月 15 日，利渤豪公司与李先先签订商品房预售合同，约定利渤豪公司向李先先出售青岛市市北区标山路 80 号丁依山美居 1 单元 802 户房屋，总价款暂定为 2 702 256 元。利渤豪公司与李先先于 2014 年 3 月 1 日再次就上述房屋签订商品房预售合同，约定总价款暂定为 1 909 357.2 元，该合同为网签合同。

2014 年 1 月 15 日，徐国安向海坤公司出具声明，载明："我徐国安以海坤公司开发的岭海—君利·长岛湾项目 89 号地块 9—11 号、13 号楼工程款的形式，抵购依山美居 1 单元 802 户商品房，现将此房转让于李先先。802 户房款为 2 702 256 元，此房款我已收到，现欠海坤公司工程款发票额为 2 702 256 元。我保证于 2014 年 2 月 28 日前把发票开好，送到海坤公司。由此业务引起的一切经济纠纷，与海坤公司无关。"同日，徐国安再次向海坤公司出具收条，载明："今收到海坤公司工程款 2 702 256 元。"

2014 年 1 月 16 日，李先先通过银行转账向利渤豪公司支付购房款 120 万元。同日，海坤公司通过银行转账分 6 笔共向徐国安支付 1 166 928 元，用途或摘要载明为"劳务费"。海坤公司提交该公司 2014 年 1 月 14 日的记账凭证记载该公司为王虎成、徐国安分别代付电费 67 152 元、33 072 元，提交该公司向"南山长基"的转账支票存根记载代付电费 39 456 元，提交该公司向中建三局建设工程股份有限公司青岛分公司的银行转账凭证记载代付电费 60 768 元，欲证明该公司为徐国安代付电费 33 072 元，故对该款予以扣除，至此李先先支付的购房款 120 万元已全部转付徐国安。徐国安认可收到银行转账 1 166 928 元，对代付电费不予认可。因王虎成、"南山长基"、中建三局建设工程股份有限公司青岛分公司并非本案当事人，双方当事人亦未申请上述个人和单位出庭作证，一审法院对海坤公司代付电费的事实无法查清，故对此不予认定。

庭审中，海坤公司、徐国安均确认，李先先已经对上述房屋办理过户登记手续。

（3）依山美居 2 单元 1302 户房屋

2014 年 2 月 27 日，海坤公司（发包人）与徐国安（承包人）签订《补充协议（三）》。协议约定：双方于 2013 年 10 月 8 日就岭海—君利·长岛湾 89 号地块 9—11 号、13 号楼工程签订补充协议（一），于 2013 年 12 月 6 日签订此房抵顶工程款的补充协议（二）。现双方就以房抵顶工程款事宜，经友好协商签订本补充协议，以资共同遵守。1. 双方同意以依山美居 2 单元 1302 户（房屋价款 1 948 330 元）抵顶工程款；2. 承包人同意按网签价格签订合同，并承担由此产生的所有税费；3. 承包人同意无论承包人将该房屋抵顶给其他任何人，须保证所有税费由其他任何人承担；4. 本协议一式四份，双方各执二份，签字盖章后生效。

同日，利渤豪公司与王春山、徐玲玲签订商品房预售合同，约定利渤豪公司向王春山、徐玲玲出售青岛市市北区尖山路 12 号依山美居 2 单元 1302 户房屋，总价款暂定为 1 753 497 元。利渤豪公司与王春山、徐玲玲于 2014 年 3 月 22 日再次就上述房屋再次签订商品房预售合同，合同内容没有任何变化，该合同为网签合同。

2014 年 2 月 28 日，徐国安向海坤公司出具证明，载明："本人证明从海坤公司抵顶的房屋依山美居 2 单元 1302 户，卖给徐玲玲，此房屋全部房款已收到。"同日，徐国安向海坤公司出具收条，载明："今收到海坤公司 岭海—君利·长岛湾项目 89 号地块 9—11 号、13 号楼工程款 1 948 330 元。"同日，徐国安向海坤公司出具欠条，载明："今欠海坤公司发票一张，金额为 1 948 330 元。"

2014 年 2 月 13 日，徐玲玲就上述房屋向利渤豪公司支付购房定金 5 万元。2014 年 2 月 28 日，徐玲玲通过银行转账向利渤豪公司支付购房款 165 万元。徐玲玲向利渤豪公司共计支付 170 万元。

2014 年 1 月 2 日、2014 年 1 月 3 日，海坤公司通过银行转账分 4 笔共向徐国安支付 100 万元，摘要载明为"工程款"。海坤公司提交案外人李寿君于 2014 年 1 月 2 日通过银行向案外人王国建转账 352 400 元的记录，主张海坤公司代徐国安向王国建还款 352 400 元。海坤公司另主张向徐国安支付现金 147 600 元，共计支付 150 万元。徐国安认可收到银行转账 100 万元，称其并不认识李寿君、王国建，对其他 2 笔款项不予认可。因李寿君、王国建非本案当事人，双方当事人亦未申请其二人出庭作证，一审法院对上述事实无法查清，故对李寿君代徐国安向王国建还款的事实不予认定。

2014 年 2 月 28 日，徐国安向海坤公司出具借条，载明："今借海坤公司 20 万元整，3 月份归还。"徐国安对该借条的真实性无异议，但称实际并未发生借款行为，对出具借条的原因无法记清。

针对海坤公司在上述房屋出售合同签订前即向徐国安支付款项的问题，海坤公司作出如下解释：海坤公司与徐国安最早协商以依山美居 1—602 户房屋抵顶工程款 2，583，756 元，徐国安于 2014 年 1 月 2 日将该房屋出售给案外人曹晓强，转让价款为 190 万元。曹晓强于 2014 年 1 月 2 日通过案外人宋伟向利渤豪公司支付购房款 150 万元，海坤公司于 2014 年 2—3 日将该 150 万元全部支付给了徐国安。后来，曹晓强将该房屋退回利渤豪公司，徐国安应将收到的购房款 150 万元退还，但徐国安未退。

随后，海坤公司与徐国安另行协商抵顶依山美居 2 单元 1302 户房屋，徐国安于 2014 年 2 月 27 日将该房屋出售给徐玲玲，徐玲玲于 2014 年 2 月 13 日、2014 年 2 月 28 日分 2 笔向利渤豪公司支付定金和购房款共计 170 万元。利渤豪公司收到购房款后，于 2014 年 2 月 28 日将 190 万元购房款以银行转账的形式通过宋伟退给曹晓强，代徐国安退还了全部购房款。因海坤公司从徐玲玲处仅收款 170 万元，而向曹晓强退款 190 万元，代徐国安多付 20 万元，故徐国安于 2014 年 2 月 28 日向海坤公司出具 20 万元借条。海坤公司为证明其上述主张，提交了购房合同、银行转账凭证、借条等证据予以证明。海坤公司对所称从曹晓强处收到购房款 150 万元，但向其退还 190 万元，未作出合理解释。徐国安质证称，对上述部分证据的真实性不确定，但经一审法院释明权利，其未申请司法鉴定。徐国安称其对曹晓强、宋伟均不认识，对海坤公司在上述房屋出售前即向其支付款项以及其出具的 20 万元借条，亦未作出合理解释。因曹晓强、宋伟并非本案当事人，双方当事人亦未申请其二人出庭作证，一审法院对上述事实无法查清，故均不予认定。

庭审中，海坤公司、徐国安均确认，王春山、徐玲玲已经对上述房屋办理过户登记手续。

针对徐国安对上述 4 处房屋出具的购房款收条，徐国安作出如下解释：海坤公司是付款方，处于经济优势地位，要求徐国安先出具收条，才允许徐国安持房屋钥匙带领客户看房，再由利渤豪公司与客户签订合同，客户支付购房款后，海坤公司将相应的款项转付给徐国安。海坤公司应提交其支付收条载明款项的支付凭证，以证明付款的真实性。正常来讲，收条载明的如此大额款项，不存在现金支付的可能。因此，徐国安出具的收条不能作为确定海坤公司实际支付款项的依据。

（四）和众公司与徐国安签订及履行合同情况

徐国安提交其与和众公司于 2013 年 9 月 18 日签订的《工程施工分包合同》。合同约定，和众公司将其承包的岭海—君利·长岛湾 89 号地块 9—11 号、13 号楼工程分包给徐国安施工，合同总价暂定为 2 000 万元，采取包工包料固定单价合同。合同还约定了其他事项。和众公司对该合同的真实性不予认可，申请对合同中加盖的该公司公章的真实性进行司法鉴定。一审法院经审查认为，海坤公司与和众公司签订的中标备案合同并未实际履行，海坤公司与徐国安就上述工程另行签订建设工程施工合同及多份补充协议并已履行，而和众公司并未进入工程场地组织施工，和众公司与徐国安亦未就工程款的结算与支付进行协商与履行。综合考虑上述事实，因不存在和众公司与徐国安履行建设工程施工合同的事实和可能性，故无论上述合同是否真实有效，均不产生和众公司应向徐国安支付工程款的法律效果。因此，和众公司在本案中对该合同真实性的鉴定申请并无必要，一审法院依法不予准许。

（五）涉案工程结算审计和委托鉴定情况

2014 年 4 月，受即墨市温泉街道办事处的委托，青岛同盛建设项目管理有限公司对徐国安施工的岭海—君利·长岛湾 89 号地块 9—11 号、13 号楼工程的结算进行审核。2014 年 6 月 23 日，该公司出具《结算审核报告》，审核结果为：岭海—君利·长岛湾 89 号地块楼工程原报值 26 177 986.3 元，净审减值为 8 535 146 元，审定工程造价值为 17 642 840.3 元。即墨市温泉街道办事处、青岛同盛建设项目管理有限公司、徐国安在《工程造价咨询核定总表》、《工程造价咨询核定汇总表》上盖章或签字确认。

庭审中，海坤公司和徐国安均确认，结算审核报告中的室外雨、污水工程并非徐国安施工完成，该部分造价 721 502.99 元不应计取。

徐国安起诉请求法院判决：1. 海坤公司和众公司支付徐国安工程款及利息共计 2 000 万元；2. 诉讼、评估、鉴定等费用由海坤公司、和众公司承担；3. 确认徐国安对第 1 项诉讼请求的全部费用从涉案工程拍卖或者折价款中优先受偿。

因海坤公司对上述政府机关委托审计单位出具的结算审核报告不予认可，根据海坤公司的申请，一审法院依法委托鉴定机构对涉案工程总造价进行司法鉴定。委托鉴定过程中，因海坤公司未按规定缴纳鉴定费，该案被鉴定机构退回。

一审法院认为，本案争议的焦点是：1. 涉案工程价款的支付主体如何确定；2. 涉案工程总造价及已付工程款如何确定；3. 徐国安对涉案工程价款是否享有优先权。根据当事人的诉辩主张及本案查明事实，一审法院分别评判如下：

（一）涉案工程价款的支付主体如何确定

一审法院认为，和众公司中标海坤公司发包的岭海—君利·长岛湾89号地块1—16号、21—28号楼工程后，双方于2013年7月27日就上述工程签订建设工程施工合同，该合同不违反法律、行政法规的强制性规定，合法有效。合同签订后，和众公司并未组织人员进场施工。在徐国安对涉案工程施工过程中，海坤公司与和众公司未对涉案工程价款进行结算，海坤公司亦未向和众公司支付工程款。因此，一审法院认定海坤公司与和众公司签订的建设工程施工合同并未实际履行。

海坤公司与徐国安于2013年12月6日签订《岭海—君利·长岛湾89号地块9—11号、13号楼工程施工合同之补充协议（二）》，约定海坤公司将该地块9—11号、13号楼工程发包给徐国安施工，并对供料方式、工程价款、付款方式、付款进度等作了详细约定。在海坤公司与和众公司未对双方于2013年7月27日签订的建设工程施工合同协商解除的情况下，海坤公司与徐国安签订新的建设工程施工合同，就该地块9—11号、13号楼工程另行发包，且海坤公司与徐国安实际履行了双方签订的施工合同。在此情况下，海坤公司与和众公司之间的建设工程施工合同已经没有继续履行的可能，一审法院据此认定海坤公司以行动表明不再履行其与和众公司于2013年7月27日签订的中标备案合同。

海坤公司和徐国安均主张涉案工程由和众公司分包给徐国安施工，故和众公司应承担支付工程款的责任。但经一审法院查明，海坤公司与徐国安以发包人和承包人的名义直接签订建设工程施工合同和多份补充协议，双方直接进行结算并支付部分工程款。根据合同相对性的原则，应由海坤公司向徐国安支付工程款。即使和众公司与徐国安签订的分包合同属实，因徐国安随后又与海坤公司签订并履行新的建设工程施工合同，故徐国安与和众公司之间的分包合同已经没有继续履行的可能，一审法院据此认定徐国安以行动表明不再履行其与和众公司签订的分包合同。在此情况下，徐国安要求和众公司支付工程款，缺乏事实和法律依据，一审法院不予采纳。

根据《最高人民法院关于审理建设工程施工合同纠纷案件适用法律问

题的解释》第二条的规定，建设工程施工合同无效，但建设工程经竣工验收合格，承包人请求参照合同约定支付工程价款的，应予支持。本案中，因徐国安不具有建设工程施工资质，故海坤公司与徐国安签订的建设工程施工合同无效。虽然涉案工程未经竣工验收，但并非因徐国安的原因造成，海坤公司亦未提交证据证明涉案工程存在质量不合格的情形。因此，海坤公司应参照合同约定向徐国安支付工程款。

（二）涉案工程总造价及已付工程款如何确定

1. 工程总造价

一审法院认为，受即墨市温泉街道办事处的委托，审计单位对徐国安施工的岭海—君利·长岛湾89号地块9—11号、13号楼工程的结算进行审核，审核结果为：涉案工程原报值 26 177 986.3 元，净审减值为 8 535 146 元，审定工程造价值为 17 642 840.3 元。庭审中，海坤公司和徐国安均确认，结算审核报告中的室外雨、污水工程并非徐国安施工完成，该部分造价 721 502.99 元不应计取。

因海坤公司对上述结算审核报告不予认可，根据海坤公司的申请，一审法院依法委托鉴定机构对涉案工程总造价进行司法鉴定。后因海坤公司未按规定缴纳鉴定费，该案被鉴定机构退回。一审法院认为，在海坤公司对政府委托审核报告不予认可的情况下，一审法院向其释明权利申请司法鉴定，已经充分保护了其合法权利。海坤公司未按规定缴纳鉴定费，依法应承担对其不利的法律后果。因此，一审法院认定涉案工程总造价应以政府委托审核结果为依据，但应扣除双方确认的不属于徐国安施工的室外雨、污水工程造价 721 502.99 元，即徐国安施工的涉案工程总造价为 16 921 337.31 元（17 642 840.3 元—721 502.99 元）。

2. 已付工程款

一审法院认为，海坤公司与徐国安协商，以利渤豪公司开发的黄海雅居1单元601.602户房屋，依山美居1单元802户、2单元1302户房屋抵顶工程款，系双方的真实意思表示，不违反法律、行政法规的强制性规定，合法有效。根据海坤公司与徐国安约定，黄海雅居1单元601.602户房屋抵顶工程款共计900万元，依山美居1单元802户房屋抵顶工程款 2 702 256 元，依山美居2单元1302户抵顶工程款 1 948 330 元。

关于黄海雅居1单元601.602户房屋，因该房屋至今未对购房人办理过户登记手续，故双方关于该房屋抵顶工程款的约定并未实际履行。海坤公司主张上述房屋抵顶900万元工程款已经履行完毕，缺乏事实依据，一审法院不予采纳。但海坤公司向徐国安转付的购房款176万元，应作为已付工程款。

关于依山美居1单元802户、2单元1302户房屋，因海坤公司和徐国安均确认购房人已经对该房屋办理过户登记手续，故海坤公司应履行以房抵顶工程款的后续义务，即按照购房合同约定的价款向徐国安转付购房者支付的购房款。虽然双方约定以上述房屋抵顶工程款，但购房合同由利渤豪公司与购房人签订，海坤公司与徐国安并未签订购房合同，徐国安与购房者亦未签订购房合同或其他合同。根据合同相对性原则，徐国安无法按照其与海坤公司约定的房屋抵顶工程价款向购房者主张权利。因此，如果存在购房者欠付购房款的情形，海坤公司仍应按购房合同约定的价款向徐国安支付，由此产生的风险应由海坤公司自行承担。

海坤公司与徐国安于2014年2月27日签订《补充协议（三）》约定，徐国安同意海坤公司就依山美居2单元1302户房屋按照网签价格签订购房合同。综合考虑徐国安出具的证明、声明、收条，以及徐国安对海坤公司与购房者签订的网签合同自始未提异议等事实，一审法院认定双方同意以网签合同约定的价格出售依山美居1单元802户、2单元1302户房屋。海坤公司与徐国安约定依山美居1单元802户房屋抵顶工程款2 702 256元，而海坤公司与李先先就该房屋在网签合同中约定的购房款是1 909 357.2元，应视为徐国安自愿对放弃上述价款差价部分，但海坤公司应按网签合同约定的价款向徐国安支付购房款。海坤公司已经支付1 166 928元，还应支付742 429.2元（1 909 357.2元—1 166 928元）。海坤公司与徐国安约定依山美居2单元1302户房屋抵顶工程款1 948 330元，而海坤公司与王春山、徐玲玲就该房屋在网签合同中约定的购房款是1 753 497元，亦应视为徐国安自愿放弃上述价款差价部分，但海坤公司应按购房合同约定的价款向徐国安支付购房款。海坤公司已经支付100万元，还应支付753 497元（1 753 497元～100万元）。

3. 徐国安出具证明、声明及收条的效力

　　徐国安向海坤公司分别出具证明、声明及收条，载明已经分别收到购房款 500 万元、400 万元、2，702，256 元、1，948，330 元，共计 13 650，586 元。庭审中，海坤公司称徐国安已经收到上述款项，徐国安则不予认可，称系海坤公司要求徐国安先出具收条，后允许徐国安持房屋钥匙带领客户看房，再由利渤豪公司与客户签订合同，客户支付购房款后，海坤公司将相应的款项转付给徐国安。一审法院经审查认为，海坤公司未提交其向徐国安支付收条载明款项的支付凭证以证明真实的付款事实，而收条载明的大额款项以现金支付亦与常理不符，海坤公司仅提交徐国安出具的收条，不足以证明海坤公司实际支付了上述款项。因此，海坤公司已经支付的工程款应以其提交的银行转账凭证及徐国安认可的数额为准。经计算，海坤公司向徐国安支付工程款共计 3 926 928 元（176 万元＋1 166 928 元＋100 万元）。海坤公司主张其为徐国安垫付电费 33 072 元，代徐国安向王国建还款 352 400 元，以现金形式向徐国安支付 147 600 元，徐国安出具的 20 万元借条应视为已付工程款，均因证据不足，一审法院无法采信。

　　综上，涉案工程总造价为 16 921 337.31 元，海坤公司已向徐国安支付工程款 176 万元，依山美居 1 单元 802 户、2 单元 1302 户房屋分别抵顶工程款 2 702 256 元、1 948 330 元，海坤公司欠付徐国安依山美居 1 单元 802 户、2 单元 1302 户房屋的购房款 742 429.2 元、753 497 元，海坤公司还应向徐国安支付工程款 11 160 610.64 元（16 921 337.31 元×95％～176 万元—2 702 256 元—1 948 330 元＋742 429.2 元＋753 497 元）。因涉案工程质保期尚未届满，故一审法院对双方约定的工程总造价5%的质量保修金不予处理。

　　根据《最高人民法院关于审理建设工程施工合同纠纷案件适用法律问题的解释》第十七条的规定，当事人对欠付工程价款利息计付标准有约定的，按照约定处理；没有约定的，按照中国人民银行发布的同期同类贷款利率计息。根据第十八条的规定，利息从应付工程价款之日计付。当事人对付款时间没有约定或者约定不明的，下列时间视为应付款时间：（一）建设工程已实际交付的，为交付之日；（二）建设工程没有交付的，为提交竣工结算文件之日；（三）建设工程未交付，工程价款也未结算的，为当事人起诉之日。本案中，海坤公司与徐国安对付款时间约定不明，对利息没有约定。因审计单位于 2014 年 6 月 23 日对涉案工程作出结算审核报告，故海坤公司应自该日起至本判决生效之日止，以欠付工程款 11，160，610.64 元为基数，按照中国人民银行同期贷款利率计算向徐国安支付利息。

（三）徐国安对涉案工程价款是否享有优先权

一审法院认为，根据《中华人民共和国合同法》第二百八十六条的规定，发包人未按照约定支付价款的，承包人可以催告发包人在合理期限内支付价款；发包人逾期不支付的，除按照建设工程的性质不宜折价、拍卖的以外，承包人可以与发包人协议将该工程折价，也可以申请人民法院将该工程依法拍卖；建设工程的价款就该工程折价或者拍卖的价款优先受偿。根据《最高人民法院关于建设工程价款优先受偿权问题的批复》第一条、第四条的规定，人民法院在审理房地产纠纷案件和办理执行案件中，应当依照《中华人民共和国合同法》第二百八十六条的规定，认定建筑工程的承包人的优先受偿权优于抵押权和其他债权；建设工程承包人行使优先权的期限为六个月，自建设工程竣工之日或者建设工程合同约定的竣工之日起计算。本案中，海坤公司与徐国安在合同中并未约定竣工日期，涉案工程实际也并未竣工，但未竣工的原因并非由徐国安造成。涉案工程于 2014 年 4 月停工，徐国安于 2014 年 7 月 9 日起诉主张涉案工程价款优先受偿权，符合法律规定。海坤公司主张徐国安作为分包商无权享有优先权，缺乏事实和法律依据，一审法院不予采纳。

据此，一审法院判决：一、海坤公司于判决生效之日起十日内，向徐国安支付工程款 11 160 610.64 元；二、海坤公司于判决生效之日起十日内，向徐国安支付以 11 160 610.64 元为基数，自 2014 年 6 月 23 日起至本判决生效之日止，按照中国人民银行同期贷款利率计算的利息；三、徐国安在上述第一项工程欠款范围内对涉案工程的价款享有优先受偿权；四、驳回徐国安对和众公司的诉讼请求；五、驳回徐国安的其他诉讼请求。案件受理费 141 800 元，保全费 5 000 元，共计 146 800 元，由徐国安负担 52 600 元，海坤公司负担 94 200 元。

海坤公司不服一审判决，提起上诉。二审法院经审理判决：驳回上诉，维持原判。二审案件受理费 88 764 元，由海坤公司负担。

【案件评析】

发包人就同一工程分别与不同的承包人签订建设工程施工合同，应当根据合同的实际履行情况确定义务主体。本案中，和众公司中标海坤公司发包的涉案工程后，双方就上述工程签订建设工程施工合同，但双方均未按照合同约定实际履行。海坤公司与徐国安另行签订建设工程施工合同，约定海坤公司将涉案工程发包给徐国安施工。在海坤公司与和众公司未对双方签订的建设工程施工合同协商解除的情况下，海坤公司与徐国安签订新的建设工程施工合同，对涉案工程另行发包，且海坤公司与徐国安实际履行了新的施工合同，双方直接进行结算并支付部分工程款。根据合同相对性的原则，应由海坤公司向徐国安支付工程款。在此情况下，徐国安要求和众公司支付工程款，缺乏事实和法律依据，一审法院不予支持。

根据《最高人民法院关于审理建设工程施工合同纠纷案件适用法律问题的解释》第二条的规定，建设工程施工合同无效，但建设工程经竣工验收合格，承包人请求参照合同约定支付工程价款的，应予支持。本案中，因徐国安不具有建设工程施工资质，故海坤公司与徐国安签订的建设工程施工合同无效。虽然涉案工程未经竣工验收，但并非因徐国安的原因造成，海坤公司亦未提交证据证明涉案工程存在质量不合格的情形。因此，海坤公司应参照合同约定向徐国安支付工程款。发包人对工程审计报告不予认可，并申请对工程总造价进行司法鉴定，但不按规定缴纳鉴定费的，应承担不利后果。本案中，受即墨市温泉街道办事处的委托，审计单位对徐国安施工的涉案工程的结算进行了审核并出具报告。海坤公司对上述结算审核报告不予认可，并申请对涉案工程总造价进行司法鉴定，后因海坤公司未按规定缴纳鉴定费，该案被鉴定机构退回。海坤公司未按规定缴纳鉴定费，依法应承担对其不利的法律后果。因此，一审法院认定涉案工程总造价应以政府委托审核结果为依据，但应扣除双方确认的不属于徐国安施工的室外雨、污水工程造价。

发包人对大额工程款的支付应提交付款凭证予以证明，仅提交收据不足以证明付款事实。本案中，徐国安向海坤公司分别出具证明、声明及收条，载明已经分别收到购房款 500 万元、400 万元、2 702 256

元、1 948 330 元，共计 13 650 586 元。海坤公司称徐国安已经收到上述款项，徐国安则不予认可，称系海坤公司要求徐国安先出具收条，后允许徐国安持房屋钥匙带领客户看房，再由利渤豪公司与客户签订合同，客户支付购房款后，海坤公司将相应的款项转付给徐国安。海坤公司未提交其向徐国安支付收条载明款项的支付凭证以证明真实的付款事实，而收条载明的大额款项以现金支付亦与常理不符，海坤公司仅提交徐国安出具的收条，不足以证明海坤公司实际支付了上述款项。因此，海坤公司已经支付的工程款应以其提交的银行转账凭证及徐国安认可的数额为准。

建设工程施工合同无效，不影响优先受权权的行使。根据《中华人民共和国合同法》第二百八十六条的规定，发包人未按照约定支付价款的，承包人可以催告发包人在合理期限内支付价款；发包人逾期不支付的，除按照建设工程的性质不宜折价、拍卖的以外，承包人可以与发包人协议将该工程折价，也可以申请人民法院将该工程依法拍卖；建设工程的价款就该工程折价或者拍卖的价款优先受偿。本案中，虽然海坤公司与徐国安签订的建设工程施工合同无效，但并不影响徐国安起诉主张涉案工程价款优先受偿权。海坤公司主张徐国安作为分包商无权享有优先权，缺乏事实和法律依据，一审法院不予采纳。

（青岛市中级人民法院民一庭团队长　谢雄心）

【八】应以实际履行的建设工程监理
合同作为结算依据

——昌隆公司诉金水源公司建设工程监理合同纠纷一案

**关键词：建设工程监理合同　建设工程合同
建设工程施工合同　未备案合同　实际履行合同**

【裁判要点】

1.《中华人民共和国合同法》第二百七十六条规定，建设工程实行监理的，发包人应当与监理人采用书面形式订立委托监理合同。发包人与监理人的权利和义务以及法律责任，应当依照本法委托合同以及其他有关法律、行政法规的规定。根据《最高人民法院〈民事案件案由规定〉》，建设工程合同纠纷包括建设工程勘察合同纠纷、建设工程设计合同纠纷、建设工程施工合同纠纷、建设工程价款优先受偿权纠纷、建设工程分包合同纠纷、建设工程监理合同纠纷、装饰装修合同纠纷、铁路修建合同纠纷、农村建房施工合同纠纷。因此，根据上述规定，建设工程监理合同纠纷属于建设工程合同纠纷，不同于建设工程施工合同纠纷，而《最高人民法院关于审理建设工程施工合同纠纷案件适用法律问题的解释》系对建设工程施工合同纠纷案由所做的司法解释，不应适用《最高人民法院关于审理建设工程施工合同纠纷案件适用法律问题的解释》第二十一条规定作为本案的审理依据。

2. 本案中，双方虽订立两份建设工程委托监理合同，一份已经备案，一份未经备案，但根据查明的事实能够证明双方实际履行的是未经备案的合同。故应以该份未经备案、双方实际履行的建设工程监理合同作为双方结算价款的依据。

【相关法条】

1.《中华人民共和国合同法》第五条：当事人应当遵循公平原则确定各方的权利和义务。

2.《中华人民共和国合同法》第六条：当事人行使权利、履行义务应当遵循诚实信用原则。

3.《中华人民共和国合同法》第八条：依法成立的合同，对当事人具有法律约束力。当事人应当按照约定履行自己的义务，不得擅自变更或者解除合同。依法成立的合同，受法律保护。

4.《中华人民共和国合同法》第二百六十九条：建设工程合同是承包人进行工程建设，发包人支付价款的合同。建设工程合同包括工程勘察、设计、施工合同。

5.《中华人民共和国合同法》第二百七十六条：建设工程实行监理的，发包人应当与监理人采用书面形式订立委托监理合同。发包人与监理人的权利和义务以及法律责任，应当依照本法委托合同以及其他有关法律、行政法规的规定。

【基本案情】

原告昌隆公司诉称，2013年1月8日，昌隆公司通过招投标程序，中标金水公司开发的李家上流社区城中村改造（商品房）项目A3—3—2地块（监理）工程，同日，昌隆公司与金水公司签订《建设工程委托监理合同》，约定由昌隆公司负责上述工程项目的监理工作，合同约定的履行期限为2013年1月8日至2014年7月1日，监理取费为1 134 417元，超过上述期限的监理费由金水公司另行支付额外的附加工作费用。金水公司已支付监理费442 000元，尚欠820 119元未付。昌隆公司请求：1.依法判令金水公司支付昌隆公司监理费820 119元及上述欠款的利息损失（以820 119元为本金，自2014年9月30日起按中国人民银行同期贷款利率计算至欠款付清之日止）；2.本案诉讼费用由金水公司承担。

金水公司辩称，昌隆公司所称的1 134 417元监理费仅为昌隆公司在招投标阶段确定的价格，仅用于监理合同的备案使用。双方在签订了标明该价格的合同后，又协商确定了涉案工程的实际监理费用，总价为52万元，并照此价格执行。因此昌隆公司的诉讼请求无事实和法律依据，请求依法驳回昌隆公司的诉讼请求。

一审法院认定的事实：2013 年 1 月 8 日，昌隆公司通过招投标，成为"李家上流社区城中村改造（商品房）项目 A3—3—2 地块（监理）"的施工阶段全过程监理单位，工期目标为 153 日历天，工期起止时间以实际开工日期为准，中标价格为 1 134 417 元。2013 年 1 月 10 日，昌隆公司获得青招监备字第 Y2013—008 号中标通知书。2013 年 1 月 8 日，昌隆公司作为监理人、金水源公司作为委托人签订两份建设工程委托监理合同，一份为备案合同，另一份未经备案。两份合同均约定，委托人委托监理人监理的工程名称为李家上流社区城中村改造（商品房）项目 A3—3—2 地块（监理），工程地点为青岛市李沧区金水路以北、广水路以南、东川路以东、青岛体育运动学校以西，工程规模为 31 969.16 平方米，合同自 2013 年 1 月 8 日开始实施，至 2014 年 7 月 1 日完成。其中备案合同对监理报酬的计算方法、支付时间与金额作如下约定：1. 监理取费：113.4417 万元；2. 支付方式：监理业务委托合同签订后七日内付监理费 30％，基础工程完工后七日内支付至 50％，工程主体完工验收前付至 80％，工程竣工验收后 10 日内，按实际工程造价调整监理费并一次付清。并约定，附加工作报酬＝附加工作日数×监理取费/监理服务日。未备案合同对监理报酬及附加工作报酬的约定为，1. 监理取费：每平方米 16.5 元，暂定总价为 52 万元，最终结算按实际竣工面积为准；2. 支付方式：基础垫层全部施工完成，付至相应完成楼座基本监理费的 10％，±0.00 施工完成，付至相应完成楼座基本监理费的 20％，主体全部封顶，付至相应完成楼座基本监理费的 70％，外墙落架，塔吊、井架拆除完毕，付至相应完成楼座基本监理费的 85％，竣工验收合格，尾款一次性付清。由于委托人原因（包括一级开发计划调整）造成的监理服务期延长，延长期在 30 天以内的不增加监理费用，延长期超过 30 天以外的监理服务期，双方约定按总监理工程师 10 000 元/月，总监代表 8 500 元/月，专业监理工程师 6 000 元/月，监理员 5 000 元/月，资料员 4 000 元/月支付报酬；如因停工超过 30 天而造成工期延误或延期，并且符合延期支付工作报酬条件的，补偿工作费用按停工期内委托人认可的留置人员支付费用，留置人员的工资单价与延期工作报酬约定的工资单价一致。昌隆公司于 2014 年 7 月 29 日尚在涉案工地进行监理工作，未提交证据证明其在 2014 年 7

月 29 日之后继续在涉案工地进行监理工作的事实。根据青岛市建设工程竣工验收备案表显示，涉案工程开工日期为 2013 年 3 月 14 日，竣工验收日期为 2014 年 10 月 27 日。金水源公司于 2014 年 3 月 12 日支付昌隆公司监理费 300 000 元、于 2014 年 5 月 28 日支付昌隆公司监理费 100 000 元、于 2014 年 10 月 20 日支付昌隆公司监理费 42 000 元，共计 442 000 元。金水源公司未提交证据证明除上述费用之外向昌隆公司支付过监理费的事实。

一审法院认为，《中华人民共和国招标投标法》第三条规定，在中华人民共和国境内进行下列工程建设项目包括项目的勘察、设计、施工、监理以及与工程建设有关的重要设备、材料等的采购，必须进行招标：（一）大型基础设施、公用事业等关系社会公共利益、公众安全的项目……前款所列项目的具体范围和规模标准，由国务院发展计划部门会同国务院有关部门制订，报国务院批准。根据国务院批准的《工程建设项目招标范围和规模标准规定》，商品住宅，包括经济适用住房属于关系社会公共利益、公众安全的公用事业项目，故涉案的李家上流社区城中村改造（商品房）项目 A3—3—2 地块（监理）工程应当属于必须进行招标的项目。昌隆公司经过招标成为金水源公司开发的涉案工程的监理单位，双方之间成立建设工程监理合同关系。根据《最高人民法院关于审理建设工程施工合同纠纷案件适用法律问题的解释》第二十一条规定，当事人就同一建设工程另行订立的建设工程施工合同与经过备案的中标合同实质性内容不一致的，应当以备案的中标合同作为结算工程价款的根据，故金水源公司应以备案的中标合同约定的价款支付昌隆公司监理费用。中标合同约定，监理取费为 1 134 417 元，应于工程竣工验收后 10 日内，按实际工程造价调整监理费并一次付清，涉案工程已于 2014 年 10 月 27 日通过竣工验收，故金水源公司应当于 2014 年 11 月 6 日前支付昌隆公司监理费 692 417 元（1 134 417 元～442 000 元），昌隆公司要求金水源公司支付监理费 692 417 元的诉讼请求，一审法院予以支持。关于超期监理的附加工作报酬，虽然根据监理合同的约定，监理服务期为自 2013 年 1 月 8 日至 2014 年 7 月 1 日，但是涉案工程实际开工日期为 2013 年 3 月 14 日，故应当以 2013 年 3 月 14 日作为昌隆公司监理服务的起始时间，按照合同约定的服务期为 540 天，因此应当认定实际的服务期截至 2014 年 9 月 4 日。昌隆公司未提交证据证明其在 2014 年 9 月 4 日之后为金水源公司提供监理服务的事实，故对昌隆公司要求支付超期监理费用的诉讼请求，一审法院不予支持。关于逾期付款利息，根据备案的中标合同约定，金水源公司应于工程竣工验收后 10 日内，按实际工程造价调整监理费并一次付清，故金水源公司应当于 2014 年 11 月 7 日起按照中国人民银行同期贷款利率支付所欠监理费 692 417 元的利息损失，昌隆公司要求金水源公司自 2014 年 11 月 7 日起按照中国人民银行同期贷款利率支付所欠监理费 692 417 元的利息损失的诉讼请求，一审法院予以支持，超出部分于法无据，一审法院不予支持。

综上，一审法院依照《中华人民共和国合同法》第二百七十六条，《中华人民共和国招标投标法》第三条，《最高人民法院关于审理建设工程施工合同纠纷案件适用法律问题的解释》第十七条、第二十一条之规定，作出判决：（一）青岛金水源置业有限公司于判决生效之日起 10 日内支付山东昌隆建设咨询股份有限公司监理费 692 417 元；（二）青岛金水源置业有限公司于判决生效之日起 10 日内支付山东昌隆建设咨询股份有限公司利息损失（以 692 417 元为本金，自 2014 年 11 月 7 日起按照中国人民银行同期贷款利率计算至判决生效之日止）；（三）驳回山东昌隆建设咨询股份有限公司的其他诉讼请求。

上诉人金水源公司上诉请求：1. 依法撤销原审判决，驳回昌隆公司对金水源公司的上诉请求；2. 一、二审诉讼费用由昌隆公司承担。事实与理由：（一）原审法院认定事实不清。因李家上流社区城中村改造（商品房）项目 A3—3—2 地块（监理）工程，双方共签订两份《建设工程委托监理合同》，一份"阴合同"用于该项目监理的实际履行合同，一份"阳合同"用于该项目监理的备案使用，以上约定系双方真实意思表示。双方基于上述意思表示，在上述项目工程建设过程中，金水源公司一直按照总监理价款的 52 万元的"阴合同"的约定履行监理义务。在李家上流社区城中村改造（商品房）项目 A3—3—2 地块工程竣工后，昌隆公司因经营问题撤出青岛，今后不再在青岛开展监理业务，所以昌隆公司就此违背诚信原则以用于备案使用总监理价款为 1 134 417 元的的"阳合同"向上诉人主张监理费用。如双方以备案合同为实际履行合同，双方就无需签订总监理价款52万元的"阴合同"。在"阴合同实际存在的前提下，本项目应以"阴合同"为实际履行合同，金水源公司应以"阴合同"为履行合同支付监理费用，故原审法院认定事实不清。（二）原审适用法律错误。原审法院适用《最高人民法院关于审理建设合同施工合同纠纷案件适用法律问题的解释》第二十一条错误，该司法解释适用范围为"建设工程施工合同"纠纷案件，而本案涉及的是"建设工程委托监理合同"纠纷，该案应适用"建设工程委托监理合同"相关的法律法规，故原审法院适用法律错误。（三）金水源公司出具新证据：昌隆公司的监理工作人员（该项目监理工作的具体工作人员）的证人证言予以证明实际履行的合同为"阴合同"。昌隆公司的监理工作经过深思熟虑、分清利弊，在遵守职业道德的下，该监理工作人员愿意为我方出庭作证，对查清昌隆公司违背诚信原则的行为进行出庭作证。该监理工作人员深知其中原委，对该案的审理具有重要作用，故上诉人出具该监理工作人员的证人证言予以证实。综上，一审法院认定事实不清，适用法律错误，恳请贵院依法予以改判。

昌隆公司答辩称：针对金水源公司上诉请求部分，认定一审法院认定事实清楚，适用法律正确，请求依法驳回金水源公司的上诉请求。

昌隆公司上诉请求：1. 请求二审法院依法判决支持昌隆公司要求金水源公司支付超期监理服务的监理费111 340.93元。2. 由金水源公司承担所有诉讼费用。事实与理由：昌隆公司诉金水源公司委托监理合同纠纷一案，原审法院以证据不足为由不支持昌隆公司要求金水源公司支付超期监理服务的监理费，严重损害了昌隆公司的合法权益，请求二审依法支持昌隆公司的诉讼请求。

金水源公司答辩称：（一）针对昌隆公司的上诉理由主张支付超期监理费用无事实依据，本案一审判令监理费的取费是依据双方的备案合同，而昌隆公司主张支付超期费的依据系双方非备案的监理合同。（二）通过昌隆公司的上诉请求及理由可以明确，涉案工程存在两份监理合同，即备案合同及非备案合同。昌隆公司依据非备案合同主张权利，监理费的取费标准也依据非备案合同价格予以认定。

二审期间，金水源公司提交付款申请复印件一份，证明昌隆公司于

2014 年 1 月 15 日向金水源公司提交该监理费支付申请，该申请中明确确认涉案工程的监理费共计 635 500 元（合同监理费 52 万元，增加的监理费用 11.55 万元），本次申请拨付金额为 499 750 元。该申请抬头处载明"山东新昌隆建设咨询有限公司付款申请"财申〔2014〕第 2 号，标题为《李家上流社区城中村改造工程监理费支付申请》，内容为："青岛金水源置业有限公司：根据与贵方《建设工程委托监理合同》的约定，我公司负责对李家上流社区城中村改造工程进行监理工作，本合同监理费 52 万元。根据工程进度及监理合同第三十九条规定，外墙落架、塔吊、井架拆除完毕付至总监理费的 85％，即应付 44.2 万元；另补充协议增加监理费 11.55 万元，协议签订后付总价的 50％，即应付监理费 5.775 万元；现上述应付监理费已具备付款条件，申请拨付监理费（人民币）：大写：肆拾玖万玖仟柒佰伍拾元整，小写：￥499 750 元。敬请贵公司予以拨付。其上有金水源公司工作人员签字确认，落款时间为 2014 年 1 月 17 日。山东新昌隆建设咨询有限公司（落款处盖章）二〇一四年一月十五日"昌隆公司质证称，该证据系复印件对真实性不予认可，对其证明事项也不予认可。金水源公司另提交《建设工程委托监理合同补充协议》一份，证明昌隆公司在上述监理费付款申请中明确载明系依据补充协议增加监理费 11.55 万元，该补充协议即该证据。昌隆公司庭后提交书面质证意见为，对该份补充协议的真实性无异议，但其无法证明是备案合同还是非备案合同的补充协议，也无法证明实际履行了哪份协议，更不能证明必须以非备案合同结算监理费用。本院认为，昌隆公司对该补充协议的真实性亦无异议，本院予以确认。

二审庭审中，法庭询问金水源公司是依据哪份合同支付的监理费。金水源公司称，依据的是非备案的合同以及昌隆公司的付款申请，根据付款申请上的记载，工程进度及监理合同第三十九条规定，外墙落架、塔吊、井架拆除完毕付至总监理费的 85％，即应付 44.2 万元，而该申请出具后，金水源公司也实际向昌隆公司支付了 44.2 万元。金水源公司还称，昌隆公司向金水源公司出具的发票是 499 750 元，涵盖了增加监理费 11.55 万元中的 5.775 万元，金水源公司实收发票金额是 499 750 元，实付数额是 44 2000 元，实付是按照合同价格支付的，5.775 万元没有支付，只是出具了发票。昌隆公司称，两份合同约定的付款方式是不一样的。依据哪份合同支付的需要庭后落实。之后昌隆公司在庭后提交书面核实意见称，已经支付的监理费应该是依据非备案的合同，但主张这不是昌隆公司真实的意思表示，且即使是在实际施工过程中履行了非备案合同，也依法属于无效合同，故最后的监理费仍应按照备案的中标合同进行结算。

二审查明的其他事实与一审查明事实一致。

二审法院认为，本案争议的焦点问题在于：双方应以哪份合同作为结算监理费的依据。

二审法院认为，《中华人民共和国合同法》第二百七十六条规定，建设工程实行监理的，发包人应当与监理人采用书面形式订立委托监理合同。发包人与监理人的权利和义务以及法律责任，应当依照本法委托合同以及其他有关法律、行政法规的规定。根据《最高人民法院〈民事案件案由规定〉》，建设工程合同纠纷包括建设工程勘察合同纠纷、建设工程设计合同纠纷、建设工程施工合同纠纷、建设工程价款优先受偿权纠纷、建设工程分包合同纠纷、建设工程监理合同纠纷、装饰装修合同纠纷、铁路修建合同纠纷、农村建房施工合同纠纷。因此，根据上述规定，建设工程监理合同纠纷属于建设工程合同纠纷，不同于建设工程施工合同纠纷，而《最高人民法院关于审理建设工程施工合同纠纷案件适用法律问题的解释》系对建设工程施工合同纠纷案由所做的司法解释，是规定当事人就同一建设工程另行订立的建设工程施工合同与经过备案的中标合同实质性内容不一致的，应当以备案的中标合同作为结算工程价款的根据。而本案系建设工程监理合同纠纷，故原审适用《最高人民法院关于审理建设工程施工合同纠纷案件适用法律问题的解释》第二十一条规定审理本案，系适用法律不当，应予纠正。

本案中，双方虽订立两份建设工程委托监理合同，一份已经备案，一份未经备案，但根据金水源公司提交的《李家上流社区城中村改造工程监理费支付申请》、《建设工程委托监理合同补充协议》及双方之前均按非备案合同作为结算标准的付款情况，能够证明双方实际履行的是未经备案的合同。二审法院认为，该份合同反映了双方当事人的真实意思表示，符合公平及诚实信用原则，应作为双方结算价款的依据。昌隆公司主张应以备案的中标合同作为结算依据，并主张超期监理费，无事实和法律依据，应不予采信。

关于结算监理费的具体金额，双方在未备案合同第三十九条中明确约定，监理取费暂定总价为 52 万元。双方在签订的《建设工程委托监理合同补充协议》第二条中约定，监理取费暂定总价为 11.55 万元。因此，应认定昌隆公司应收取的监理费为 63.55 万元（52 万元＋11.55 万元）。关于付款情况，经审理查明，金水源公司已付昌隆公司监理费 44.2 万元，符合双方在实际履行合同中约定的付至监理费的 85% 的比例，故金水源公司尚应支付昌隆公司监理费 19.35 万元（63.55 万元—44.2 万元）。关于尾款的支付时间，双方在未备案的合同中明确约定支付方式为，竣工验收合格，尾款一次性付清。双方在《建设工程委托监理合同补充协议》中第三条中约定，1. 本协议签订完成后付暂定总价的 50%。2. 本工程完工后，尾款一次性付清。现涉案工程已经竣工验收，故金水源公司应向昌隆公司支付欠付监理费。关于利息的起算时间，昌隆公司起诉主张应自 2014 年 9 月 30 日起算，因涉案工程竣工验收日期为 2014 年 10 月 27 日，故剩余款项应于 2014 年 10 月 27 日付清。因此，综合本案情况，二审法院认为，金水源公司应以欠付款项 19.35 万元为基数，自 2014 年 10 月 28 日起至实际付清之日止，按中国人民银行同期银行贷款利率计算相应利息。

综上，金水源公司的上诉请求部分成立，应部分支持。昌隆公司的上诉请求不成立，不予支持。原审判决结果不当，予以纠正。依照《中华人民共和国合同法》第五条、第六条、第八条、第二百六十九条、第二百七十六条，《中华人民共和国民事诉讼法》第一百七十条第（二）项、第（三）项之规定，判决如下：（一）撤销青岛市李沧区人民法院（2016）鲁 0213 民初 2996 号民事判决。（二）青岛金水源置业有限公司应于本判决生效之日起十日内向山东昌隆建设咨询股份有限公司支付 19.35 万元，并以 19.35 万元为基数，支付自 2014 年 10 月 28 日起至实际付清之日止，按中国人民银行同期银行贷款利率计算的相应利息。（三）驳回山东昌隆建设咨询股份有限公司的其他诉讼请求。

【案件评析】

本案主要涉及法律适用问题。双方就涉案监理服务订立两份建设工程委托监理合同，一份已经备案，一份未经备案。但两份合同的价格差距过大，备案合同约定的总监理价款为 1 134 417 元，而未备案合同约定的价款为 52 万元，双方为此发生争议。如何正确认定涉案工程监理费的具体价款，采信哪份合同作为结算依据，是本案的重中之重。首先，从法律适用层面分析，昌隆公司虽主张应适用《最高人民法院关于审理建设工程施工合同纠纷案件适用法律问题的解释》第二十一条规定，当事人就同一建设工程另行订立的建设工程施工合同与经过备案的中标合同实质性内容不一致的，应当以备案的中标合同作为结算工程价款的根据。但该司法解释主要是指在建设工程领域中，当事人按照法律规定实行招标投标方式发包建设工程所订立的建设工程施工合同，应严格履行中标合同确定的合同义务，除法律规定的可以变更中标合同的情形外，当事人不得另行订立与中标合同内容不一致的合同。而本案系建设工程监理合同纠纷，属于建设工程合同纠纷，不同于建设工程施工合同纠纷，并不适用该司法解释。其次，在上述最高院司法解释不能作为本案审理依据的情况下，从当事人应遵循公平、诚实信用的合同法基本原则的角度出发，司法实践中，认定双方的工程价款等主要义务还应充分尊重双方当事人的真实意思表示，并查明实际履行情况。本案中，根据查明的事实能够充分证明双方实际履行的就是未备案合同，付款情况也是完全按照未备案合同作为结算标准认定支付节点，若以备案合同作为结算依据将有违意思自治，导致双方利益严重失衡，产生不好的市场导向，影响该领域健康有序发展。

因此，本案既从法律层面明确案件审理依据，正确适用法律，也符合公平诚信原则，具有良好的法律效果和社会效果。

（青岛市中级人民法院民一庭审判长　侯　娜）

【九】建筑公司应对其内部承包人对外出具的劳务费结算单承担付款责任

——某建筑安装公司诉吴某某劳务合同上诉案

关键词：劳务费　内部承包　职务行为

【裁判要点】

建筑公司的内部承包人对外出具的劳务费结算单，系履行代表建筑公司的职务行为，应由建筑公司承担法律责任。

【相关法条】

1.《中华人民共和国合同法》第八条：依法成立的合同，对当事人具有法律约束力。当事人应当按照约定履行自己的义务，不得擅自变更或者解除合同。依法成立的合同，受法律保护。

2.《中华人民共和国合同法》第六十二条：当事人就有关合同内容约定不明确，依照本法第六十一条的规定仍不能确定的，适用下列规定：（四）履行期限不明确的，债务人可以随时履行，债权人也可以随时要求履行，但应当给对方必要的准备时间。

3.《中华人民共和国合同法》第一百零九条：当事人一方未支付价款或者报酬的，对方可以要求其支付价款或者报酬。

【基本案情】

2010 年至 2011 年，吴某某在某建筑安装公司承包的"碧水嘉园"工程处务工。经结算，某建筑安装公司尚欠吴某某 25 446 元劳务费未付，由某建筑安装公司方工作人员出具了一张施工任务单，载明："工程名称：碧水嘉园　签发日期：2011 年 12 月　班组名称：吴某某　工程项目：碧水嘉园 9—10—11＃楼　人工费：25 446 元　实际用工：25 446 元　备注：贰万伍仟肆佰肆拾陆元　下达人：于某某　审核人：刘某某。"

刘某某系某建筑安装公司原工作人员，在某建筑安装公司工作至2013年10月。

于某某与某建筑安装公司劳务合同纠纷一案，本院于2014年12月8日作出（2014）青民一终字第2179号民事判决，该判决已生效。该生效判决认定，某建筑安装公司承包了奥特新城、永隆化工、碧水嘉园工程项目，刘某某退休后由某建筑安装公司聘用参与上述工程。吴某某向一审法院起诉，请求判令某建筑安装公司支付吴某某劳务费25 446元及利息。

一审法院认为，某建筑安装公司欠吴某某劳务费25 446元未付，事实清楚，证据充分，可以认定。吴某某依约为某建筑安装公司提供了劳务，某建筑安装公司应当按约定支付吴某某劳务费。某建筑安装公司辩称已将劳务费全部支付完毕，却未提供证据加以证实。某建筑安装公司关于吴某某的诉讼请求与某建筑安装公司无关之辩称意见，无事实及法律依据，不予采信。关于诉讼时效问题。根据吴某某提供的施工任务单显示，某建筑安装公司仅对吴某某的劳务费数额作出了确认，但对劳务费何时支付并无具体约定。根据《中华人民共和国合同法》第六十二条第四款之规定，履行期限不明确的，债务人可以随时履行，债权人也可以随时要求履行。故吴某某对其劳务费可以随时向某建筑安装公司主张，某建筑安装公司辩称吴某某的起诉已超过诉讼时效之辩称意见，无事实及法律依据，不予采信。据此，一审法院判令某建筑安装公司支付吴某某劳务费25 446元及相应利息。

某建筑安装公司不服，提起上诉。上诉理由是：一审判决认定事实不清，适用法律错误。（一）一审仅凭一张施工单和刘某某的证人证言便认定某建筑安装公司拖欠吴某某的劳务费，系认定事实错误。某建筑安装公司从未使用过吴某某提交的施工单。刘某某出庭作证时经询问称由其领取劳务费并发放给施工队长，当时单位没有任何形式的记录，所以某建筑安装公司早已将劳务费结清。至于刘某某是否发放给工人劳务费，某建筑安装公司无从知晓。（二）吴某某主张劳务费，已超过法律规定的诉讼时效，吴某某关于劳务费的诉讼请求不应支持。（三）一审法院程序违法，某建筑安装公司提出笔迹鉴定，一审法院未予鉴定。

二审法院认为，本院业已生效的（2014）青民一终字第2179号民事判决认定，某建筑安装公司承包了奥特新城、永隆化工、碧水嘉园工程项目，刘某某退休后由某建筑安装公司聘用参与上述工程。刘某某代表某建筑安装公司为于某某在上述工程项目从事施工员时出具施工任务单。某建筑安装公司与刘某某系内部承包关系，并非转包关系，不影响某建筑安装公司支付于某某劳务费。生效判决具有既判力。吴某某在某建筑安装公司承包的碧水嘉园工程中为某建筑安装公司提供劳务，刘某某代表某建筑安装公司为吴某某出具施工任务单，刘某某亦出庭对其出具的施工任务单予以确认，某建筑安装公司应当支付吴某某相应的劳务费。某建筑安装公司主张未为吴某某出具施工任务单，劳务费已与刘某某结清，但未提交有效证据予以证明，且与生效判决认定的事实相悖，对其该项主张不予支持。关于诉讼时效问题。某建筑安装公司为吴某某出具载明劳务费的施工任务单，但未约定支付劳务费的时间，吴某某作为劳务提供者，有权随时主张权利。因此，吴某某主张劳务费，并未超过法律规定的诉讼时效，对某建筑安装公司关于超过诉讼时效的主张不予支持。关于笔迹鉴定程序问题。某建筑安装公司在一审中对吴某某提交的施工任务单真实性有异议，并提出书面鉴定申请，但因其未能提供鉴定比对材料而放弃鉴定申请，在此情况下，其主张一审程序违法，缺乏事实和法律依据，对其该项主张不予支持。据此，二审法院判决驳回上诉，维持原判。

【案件评析】

《中华人民共和国合同法》第八条规定：依法成立的合同，对当事人具有约束力。本案中，生效判决认定某建筑安装公司与刘某某系内部承包关系，并非转包关系。吴某某在某建筑安装公司承包的碧水嘉园工程中为某建筑安装公司提供劳务，刘某某代表某建筑安装公司为吴某某出具施工任务单，刘某某亦出庭对其出具的施工任务单予以确认，某建筑安装公司应当支付吴某某相应的劳务费。某建筑安装公司主张未为吴某某出具施工任务单，劳务费已与刘某某结清，不应支付吴某某劳务费，但未提交有效证据予以证明，且与生效判决认定的事实相悖，法院对其该项主张不予支持。

（青岛市中级人民法院民一庭审判员　齐　新）

【十】阴阳合同均无效，按实际履行的合同进行工程结算

——某建设工程施工合同纠纷案

关键词：阴阳合同　无效　实际履行的合同

【裁判要点】

因 A 房地产开发公司与 B 建筑工程公司违反招投标法的强制性规定，涉嫌串标，故标前合同和中标合同均认定无效，双方当事人应按实际履行的合同结算工程款。

【相关法条】

1.《招标投标法》第四十三条：在确定中标人前，招标人不得与投标人就投标价格、投标方案等实质性内容进行谈判。

2.《招标投标法》第五十五条：依法必须进行招标的项目，招标人违反本法规定，与投标人就投标价格、投标方案等实质性内容进行谈判的，给予警告，对单位直接负责的主管人员和其他直接责任人员依法给予处分。前款所列行为影响中标结果的，中标无效。

【基本案情】

A 房地产开发公司将其开发的某小区住宅楼工程进行公开招标，招投标前 A 房地产开发公司与 B 建筑工程公司先行就合同的实质性内容进行了协商。2014 年 3 月 1 日，双方根据协商内容订立了《某小区住宅楼建设工程施工合同》，合同对于 B 建筑工程公司的施工范围、计价依据、工程质量、工期以及付款进度都进行了约定，随后 B 建筑工程公司进场施工。2014 年 8 月 4 日，A 房地产开发公司通过公开招标投标的形式就涉案工程对外招标，B 建筑工程公司在公开招标过程中中标。双方于 2014 年 8 月 23 日根据中标文件签订《青岛市建设工程施工合同》。该中标合同

对工程项目性质、工程工期、工程质量、工程价款、支付方式及违约责任均作了详细的约定，并将中标合同向相关建设行政主管部门进行了备案。双方签订中标合同当日，签订补充协议一份，约定2014年8月23日双方签订的《青岛市建设工程施工合同》系为工程备案所用，不作为双方结算的依据。2015年12月31日，涉案工程竣工并验收合格。2016年1月20日，B建筑工程公司依据《某小区住宅楼建设工程施工合同》中约定的价格条款，向A房地产开发公司提交结算报告，结算值为8 384 867元。因双方对于部分增加工程量及签证产生争议，A房地产开发公司对B建筑工程公司提交的结算报告不予认可。2016年3月，B建筑工程公司多次索款未果，遂诉至法院。案件审理过程中，B建筑工程公司以双方签订"阴阳合同"为由，要求按照最高人民法院《关于审理建设工程施工合同纠纷案件适用法律问题的解释》第二十一条的规定，以双方签订的中标的备案合同约定条款作为结算依据，并向法庭提供其单方制作结算报告价值10 723 825元。A房地产开发公司认为，应按标前合同支付工程款，理由是标前合同是双方真实意思表示，且已经实际履行，而中标合同只是作为备案用途，不能用于工程结算。法院认定，因A房地产开发公司与B建筑工程公司违反招投标法的强制性规定，涉嫌串标，故标前合同和中标合同均认定无效，双方当事人应按实际履行的合同结算工程款。最终法院按照双方签订的《某小区住宅楼建设工程施工合同》中约定的计价依据，对双方争议的工程造价委托鉴定，并按照鉴定结论进行裁判。

【案件评析】

近年来，为了规避建设行政主管部门的监管，在建设工程领域中，存在大量的"阴阳合同"。"阴阳合同"又称"黑白合同"，是指当事人就同一标的工程签订二份或二份以上实质性内容相异的合同，通常"阳合同"是指发包方与承包方按照《招标投标法》的规定，依据招投标文件签订的在建设工程管理部门备案的建设工程施工合同。"阴合同"则是承包方与发包方为规避政府管理，私下签订的建设工程施工合同，未履行规定的招投标程序，且该合同未在建设工程行政主管部门备案。

本案中，B建筑工程公司认为，中标合同已向有关部门备案，应作为结算依据。根据最高人民法院《关于审理建设工程施工合同纠纷案件适用法律问题的解释》第二十一条规定，"当事人就同一建设工程另行订立的建设工程施工合同与经过备案的中标合同实质性内容不一致的，应当以备案的中标合同作为结算工程价款的根据。"但适用本条规定的前提是备案的中标合同为有效合同。而本案中，A房地产开发公司与B建筑工程公司在招投标前已经对招投标项目的实质性内容达成一致，构成恶意串标，并且签订了标前合同（阴合同），后又违法进行招投标并另行订立中标合同（阳合同），这一行为违反了《中华人民共和国招投标法》第四十三条、第五十五条的强制性规定，因此中标无效，从而必然导致因此签订的标前合同和中标合同均无效。根据B建筑工程公司诉前向A房地产开发公司提交的结算报告可以看出，双方实际履行的是《某小区住宅楼建设工程施工合同》，也就是阴合同，对此双方在诉前并无争议。只是起诉以后，B建筑工程公司为了谋求利益最大化，要求按照结算价格更高的中标合同作为案件裁判依据。但是，如前所述，因双方签订的数份合同均为无效，故本案并不适用最高人民法院《关于审理建设工程施工合同纠纷案件适用法律问题的解释》第二十一条的规定。在标前合同（阴合同）与备案的中标合同（阳合同）均因违反法律、行政法规的强制性规定被认定为无效时，应按照当事人实际履行的建设工程合同结算工程价款。

最高人民法院《关于审理建设工程施工合同纠纷案件适用法律问题的解释》出台后，对于"阴阳合同"问题在该解释第二十一条做出原则性规定。实践当中，许多施工企业为了获得项目，先是许以低价，与建设单位达成协议，并且进场施工造成既定事实，再通过不正当手段排挤竞争对手，导致招投标流于形式，最后在双方就工程结算产生争议时诉至法院，要求按照价格更高的中标合同进行结算，此种行为有违诚信原则，且严重扰乱建筑市场的正常秩序，不能得到法律的支持和保护。按照实际履行的合同结算工程价款，虽然可能导致同样存在违法行为建设单位获益，但是这样做更符合当事人的真实意思表示，而且通过利益杠杆的调整，最终可以达到减少阴阳合同、促进建筑市场正常发展的目的。

（青岛市市北区人民法院审判员　孙　婷）

【十一】承包人与发包人约定享有工程价款优先受偿权并不必然具有法律效力

——南通二建与乾宝公司建设工程施工合同纠纷上诉案

关键词：建设工程施工合同　优先受偿权

【裁判要点】

工程价款优先受偿权须经人民法院判决确认，发包人与承包人在诉讼外以口头或书面协议自行约定或予以确认，不具有法律效力，亦不具有中断六个月除斥期间的作用。

【相关法条】

《中华人民共和国合同法》第二百八十六条

《最高人民法院关于建设工程价款优先受偿权问题的批复》法释〔2002〕16号

【基本案情】

南通二建提出上诉请求：1. 撤销一审判决第二项，改判上诉人南通二建在判决主文第一项的工程款范围内对涉案工程享有优先受偿权；2. 本案诉讼费用由被上诉人乾宝公司承担。事实与理由：1. 一审认定事实错误。上诉人在工程竣工后6个月以内确实向被上诉人主张了优先受偿权，并且被上诉人在协议中也予以认可，所以上诉人行使优先受偿权的时间并未超过法定6个月行使期限。涉案工程实际竣工日期系2013年1月18日，2013年5月3日，上诉人与被上诉人签订《工程款支付计划书》，上诉人提出了行使优先权的意思表示，被上诉人认可。双方确认了用于行使优先权的网点房和26个地下车位，双方对于行使优先受偿权的意思表示清晰，应认定为上诉人已主张了优先受偿权。在2013年4月26日催告函中，上诉人也做出主张优先受偿权的意思表示。按照合同法第286条规定，优先受偿权的行使方式有两种：一种是与发包人协议将工程折价，另一种是向人民法院提起诉讼。即向发包人提出优先受偿权的主张是合法方式之一，一审对该事实认定错误。2. 一审对于优先受偿权起算时间适用法律错误。一审认定 6 个月期限是自建设工程竣工之日或建设工程合同约定的竣工之日起计算。但合同法第 286 条规定，发包人未按约定支付价款，经承包人催告后在合理期限内仍未支付价款的，承包人有权就该工程折价或拍卖价款优先受偿。该规定明确了承包人行使优先受偿权的前提条件是发包人未按约付款，即工程款债权已届清偿期未获清偿，因此，计算优先受偿权行使期限最早应从债权清偿期限届满而未获清偿时起算。本案中，双方于 2014 年 1 月 12 日进行了总结算，按施工合同约定，自结算之日起 28 日内付至最终审定值的 95%，工程款清偿期变更为 2014 年 2 月 9日，但届满后被上诉人并未付款，上诉人多次催要，被上诉人多次承诺付款期限均未兑现，最后一次是 2015 年 5 月 30 日前支付，所以在上诉人 2015 年 9 月 6 日起诉时，距离被上诉人最后一次承诺的付款期限不到 6个月，故一审中提出优先受偿权也未超过法定期限。

被上诉人乾宝公司未到庭答辩。

南通二建公司向一审法院起诉请求：1. 乾宝雅泰公司支付南通二建公司工程款 11 429 115.94 元；2. 南通二建公司对乾宝雅泰公司的应付建筑工程款享有优先受偿权；3. 本案诉讼费由乾宝雅泰公司承担。

一审法院查明的主要事实：2010 年 2 月 28 日，南通二建、乾宝公司双方签订《青岛市建设工程施工合同》，发包人为乾宝公司，承包人为南通二建，南通二建承包建设位于青岛经济技术开发区太行山支二路 51 号的乾宝佳园住宅工程，建筑面积约 17 490 平方米，框剪结构、地下二层，合同约定的竣工日期为 2011 年 6 月 25 日。合同价款 27 493 973.98 元，双方对工程款的支付进行了约定：工程验收合格之日起 10 天内，发包人支付至承包人合同暂定价的 80%，自审计报告出具之日起 28 日内，发包人付至最终审计结算造价的 95%，剩余 5% 作为质量保修金；竣工验收质量保修期满一年，一个月内无息返还质量保修金的 30%，质量保修期满两年，一个月内无息返还质量保修金的 40%，工程保修期满且无质量问题时，一个月内无息返还剩余质量保修金。涉案工程于 2010 年 6 月 7 日取得建筑工程施工许可证，2013 年 1 月 18 日通过建设工程竣工验收，并取得青岛市建设工程竣工验收备案证。

南通二建、乾宝公司双方均无异议的事实如下：2014 年 1 月 14 日，双方对于乾宝佳园总包结算工程造价审核定案书进行盖章确认，审定值为 36 651 957.89 元。涉案工程已付工程款数额为 25 222 841.95 元与尚欠工程款的数额 11 429 115.94 元没有异议。2013 年 4 月 6 日、2013 年 4 月 26 日，南通二建向乾宝公司发出两份催告函，要求乾宝公司尽快办理工程结算，并及时作出付款计划及方案，若未在 2013 年 5 月 31 日前付款或制订有可操作性的付款计划，南通二建将依据法律规定行使工程款优先权。2013 年 4 月 6 日，双方签订工程款抵房协议书，双方约定乾宝公司尚欠南通二建工程款 11 429 115.94 元，如在 2013 年 6 月 31 日不能支付工程款，则将该项目青岛市开发区太行山二支路的部分商业网点折抵工程款。2013 年 5 月 3 日，双方签订工程款支付计划书，乾宝公司认可南通二建对其施工工程款享有优先受偿权。

一审法院认为：双方签订的建设工程施工合同系双方的真实意思表示，内容不违反法律、行政法规，双方当事人均应按照合同约定全面履行自己的义务。南通二建按照合同约定为乾宝公司完成了涉案工程的建设施工，该工程已经竣工验收并登记备案，故乾宝公司应当按照合同约定向南通二建支付工程款。根据双方之间签订的合同，2014 年 1 月 14 日乾宝佳园总包结算工程造价审核定案书审定工程造价为 36 651 957.89 元，乾宝公司应在该定案书出具之日起 28 日内付至最终审定值的 95%，即 34 819 360.00 元；涉案工程于 2013 年 1 月 18 日通过竣工验收，至南通二建起诉之日已满两年，乾宝公司应当无息返还质量保修金的 70%，即 1 282 818.53 元；剩余工程款因保修期并未届满，南通二建主张一审法院不予支持。综上，双方均认可乾宝公司的已付款总额为 25 222 841.95 元，乾宝公司还应向南通二建支付工程款 10 879 336.58 元，故对南通二建要求乾宝公司支付工程款 11 429 115.94 元的诉讼请求，一审法院予以部分支持。对该工程款南通二建要求对涉案工程享有优先受偿权，一审法院认为建设工程承包人行使优先权的期限为六个月，自建设工程竣工之日或者建设工程合同约定的竣工之日起计算。涉案工程的合同约定竣工日期为 2011 年 6 月 25 日，实际竣工日期为 2013 年 1 月 18 日，均已超过六个月，故南通二建要求行使优先权的主张一审法院不予支持。一审法院判决如下：（一）乾宝公司于判决生效后十日内支付南通二建工程 10 879 336.58 元。（二）驳回南通二建的其他诉讼请求。案件受理费 90 375 元，保全费 5 000 元，合计 95 375 元，由南通二建承担 3 299 元，乾宝公司负担 92 076 元。

二审查明，1. 上诉人与被上诉人签订证明一份，主要内容为被上诉人同意将乾宝佳园地下停车库停车位使用权 26 个、主楼底楼东北侧门面房使用权及泵房北侧平房使用权用来抵顶所欠南通二建工程款的方式转让给南通二建，由南通二建全权对外处置。2. 上诉人与被上诉人签订工程款支付协议书一份。主要载明双方协商达成还款协议……被上诉人承诺于 2015 年 6 月底前付清剩余工程款。原有计划书作废。二审查明的其他事实与原审查明一致。

二审认为，南通二建主张其享有建设工程价款优先受偿权，称其在诉讼之前多次向被上诉人主张还款，双方达成还款计划书，确认了用于享有优先受偿权的网点及车位，并认为其可以直接向发包人提出了享有优先受偿权方式主张优先受偿权。对上诉人上述主张，不予采信。上诉人施工的涉案工程约定竣工日期为 2011 年 6 月 25 日，实际竣工日期为 2013 年 1 月 18 日，而其提起本案诉讼时距离竣工时间早已超过六个月期间，故，其在本案中主张工程价款优先受偿权，不予支持。

上诉人认为一审对于优先受偿权起算时间适用法律错误，主张计算优先受偿权行使期限最早应从债权清偿期限届满而未获清偿时起算，该主张缺乏法律依据。且本案中上诉人与被上诉人就还款期限作过多次变更，任由其与被上诉人之间的承诺还款及延长还款期限，如按照上诉人该意见计算优先受偿权起算日期，将使得上诉人向人民法院起诉主张优先受偿权的期限始终处于不确定状态，不符合法律设立工程价款优先受偿权促使当事人尽快起诉主张权利的立法意图。对上诉人该主张，二审不予支持。

综上，二审判决：驳回上诉，维持原判。

【案件评析】

承包人以案中协议或其他非诉讼的方式主张优先受偿权，法院能否予以确认。本案中原告提出其在诉讼之前曾多次向被告主张还款，双方达成还款计划书，确认了用于享有优先受偿权的网点及车位，并认为其可以以直接向发包人提出了享有优先受偿权方式主张优先受偿权。法院对该种意见未予采纳。实践中，承包人与发包人之间约定的还款期限以及延长变更后的还款期限有可能会超出竣工或约定的竣工日期6个月，或者发包人长时间不予结算，承包人仅以口头或书面通知的方式催促结算付款及声明享有优先受偿权，而未提起诉讼。承包人该种"主张"工程价款优先受偿权的行为应当仅视为单方声明，该声明不因发包人是否承认而发生法律效力或公示效力，该声明效力仅及于承包人与发包人之间，对于发包人的其他债权人不具有公示的法律效力。如果采纳原告的该种主张，将会使得原告向人民法院起诉主张优先受偿权的期限始终处于不确定状态，既不符合法律设立工程价款优先受偿权促使当事人尽快起诉主张权利的立法意图，亦会严重妨碍其他债权人正常行使权利，甚至可能会发生承包人与发包人合意损害其他债权人利益的情形。尽管合同法及相关意见未明确承包人是否必须以诉讼的方式在法定的6个月期间内主张优先受偿权，但司法实践中应当从严掌握，如果承包人未在竣工或约定竣工之日起6个月提起诉讼主张工程价款优先受偿权，即应驳回承包人该主张。正因如此，考虑到存在不特定的第三方债权人等的利益，在司法实践中，人民法院亦不宜在民事调解书中仅因承包人与发包人共同认可即轻易确认承包人对其施工的工程享有工程价款优先受偿权。

（青岛市中级人民法院民一庭团队长　徐　明）

【十二】对于涉嫌虚假诉讼案件的司法审查，应以实质性审查和合理性审查相结合并辅之以风险评估

——原告尹义显与被告青岛广信工程造价咨询有限公司建设工程施工合同纠纷案

关键词：建设工程　调解　执行　虚假诉讼

【裁判要点】

民商事案件中，当事人对主要证据、事实没有争议或者没有实质性争议，仅以执行为目的要求法院对当事人合意的结果予以确认的，法院仍须对当事人主张的法律关系所依据的主要证据和事实进行实质性审查，同时，对当事人的诉讼目的、关联诉讼的审理及执行情况应当按照合理审慎的标准进行合理性审查，并评估调解或裁判结果对公共利益及不特定第三方利益的潜在风险。

【相关法条】

1.《中华人民共和国民法通则》第八十四条：债是按照合同的约定或者依照法律的规定，在当事人之间产生的特定的权利和义务关系。享有权利的人是债权人，负有义务的人是债务人。债权人有权要求债务人按照合同的约定或者依照法律的规定履行义务。

2.《最高人民法院关于适用〈中华人民共和国民事诉讼法〉的解释》第九十条：当事人对自己提出的诉讼请求所依据的事实或者反驳对方诉讼请求所依据的事实，应当提供证据加以证明，但法律另有规定的除外。在作出判决前，当事人未能提供证据或者证据不足以证明其事实主张的，由负有举证证明责任的当事人承担不利的后果。

【基本案情】

原告尹义显提出诉讼请求：1. 被告偿还工程款 700 万元；2. 本案诉讼费由被告承担。事实和理由：原、被告于 2008 年签订建设施工协议书，原告承建被告坐落于青岛市李沧区黑龙江中路 3178 号二层框架楼及其附属工程，总造价共计 1 200 万元，施工结束后被告陆续给付 500 万元，尚欠 700 万元，经原告多次与被告协商，至今未结清。

被告广信公司辩称，对原、被告之间的建筑工程施工合同被告不予认可，原告没有资质，该协议是无效的，原告并没有提供结算与付款情况，并且根据合同约定工程造价为 860 万元，与诉状中原告所称总造价为 1 200 万元不符，原告应进一步提供结算与付款资料予以证明。

青岛市李沧区人民法院经审理查明：李鹏诉张子陵、青岛鸿盛汽车维修有限公司（以下简称鸿盛公司）、广信公司民间借贷纠纷一案，本院于 2014 年 2 月 25 日作出（2013）李民初字第 1951 号民事判决书。青岛市中级人民法院受理李鹏、张子陵、广信公司的上诉后，于 2014 年 8 月 25 日作出（2014）青金终字第 243 号民事判决书。2015 年 1 月 4 日，本院受理李鹏的执行申请，李鹏向本院申请执行张子陵、鸿盛公司支付借款 4 164 200 元及逾期利息，广信公司对上述债务承担连带清偿责任；鸿盛公司支付借款 745 000 元及逾期利息；张子陵、广信公司支付借款 4 991 000 元及逾期利息；加倍支付迟延履行期间的债务利息；律师费 73 000 元；案件受理费由三被执行人共同负担 34 109 元，鸿盛公司负担 6 102 元，张子陵负担 40 881 元；执行费由被执行人承担。执行过程中，李鹏申请对广信公司坐落于青岛市李沧区黑龙江中路 3178 号的房地产（房地产权证号：青房地权市字第 201032469 号）委托评估拍卖。2015 年 1 月 19 日，本院裁定对广信公司的上述房产及土地进行拍卖。

经法院委托，2015 年 3 月 4 日，青岛纳圣习远房地产土地评估有限公司对广信公司的上述房产及土地出具《房地产估价报告》，该报告中称：坐落于青岛市李沧区黑龙江中路 3178 号的房地产，其原证载建筑面积为 5 488.54 平方米，由于广信公司未提供翻建、改建相关手续，本次评估按照现场测量的房屋（无证）总建筑面积 9 338.6 平方米进行评估，土地使用权面积：12721.5 平方米，估价时点是 2015 年 2 月 5 日，涉案房地产的市场价值为 3 205.47 万元。上述报告已于 2015 年 3 月 19 日送达给广信公司。

2015 年 5 月 25 日，广信公司向法院出具申请书，称广信公司现主要有如下债务：1. 李鹏与广信公司借款合同纠纷一案，标的额本金 9 155 200 元、利息约 1 000 万元；2. 解勐与与广信公司借款合同纠纷一案，标的额本金 1500 万元、利息约 1 000 万元；3. 周云霞与广信公司借款合同纠纷一案，标的额本金 1 400 万元、利息约 900 万元；4. 姜雪丽与广信公司买卖合同纠纷一案，标的额本金 882 503 元、利息约 60 万元；以上债务合计本金 3 903.77 万元、利息 2 960 万元。广信公司的全部资产为坐落于青岛市李沧区黑龙江中路 3178 号的房地产一宗，经评估，房地产总价为 3 205.47 万元。可见，广信公司的资产已不能清偿全部债务，请求中止对广信公司的执行，将执行案件相关材料移送本院宣告破产。

2015 年 8 月 6 日，一审法院对广信公司上述房产及土地进行拍卖并以 2 564.376 万元成交。

2015 年 11 月 18 日，一审法院就上述房地产发出公告，称：被拍卖房屋中 201. 206、209、211、216、218、220 等房间系由广信公司控制使用，现需对以上房间进行清迁并交付买受人青岛利祥来置业有限公司，自本公告发布之日起 3 日内，若对以上房间使用权存有异议，异议人可向我院提出并提交相应证据，逾期我院将依法进行清迁。

2015 年 11 月 19 日，尹义显向一审法院出具执行异议申请书，称：尹义显于 2008 年与广信公司协商，由尹义显承建地上房屋并占有、使用。因承建该房屋时拖欠姜雪丽货款 882 503.00 元，2014 年尹义显、广信公司被姜雪丽诉至本院，经法院调解，尹义显承担还款义务，广信公司承担连带清偿责任。2014 年 6 月及 8 月，法院先后冻结尹义显妻子尹美玉的银行存款，查封尹义显在上王埠社区的房屋拆迁权益。因此，请求本院中止强制执行。

2016 年 2 月 1 日，尹义显与妻子尹美玉共同向一审法院出具申诉状，请求撤销本院坐落于青岛市李沧区黑龙江中路 3178 号综合楼房屋的裁定并归还被拍卖房产。事实与理由：2008 年 4 月，张子陵将坐落于青岛市李沧区黑龙江中路 901 号的汽车修理厂搬迁至黑龙江中路 3178 号。因拆迁费用不足以购买土地款，又要继续生存，2008 年 5 月，张子陵以广信公司名义与尹义显签订了联合建设广信公司综合楼协议书，由广信公司出地、尹义显出资联建，约定房屋产权归尹义显所有，建成后 35 年内收益归尹义显所有。在黑龙江中路 3178 号房屋被拍卖过程中，另案当事人周云霞向青岛市李沧区人民法院提起对广信公司的破产清算申请，但 (2015) 李立民破字第 1 号民事裁定书以广信公司经审计资产大于负债、不符合破产法规定为由，裁定不予受理。据此，申诉人认为法院应当依法受理周云霞的破产申请，并中止对房地产的拍卖。当日，尹义显与妻子尹美玉共同向本院出具证明，称依据尹义显与广信公司的联建协议，坐落于青岛市李沧区黑龙江中路 3178 号的房屋归尹义显、尹美玉所有。上述证明均系打印件，尹义显、尹美玉在打印的名字上捺印。

2016 年 7 月 4 日，一审法院作出 (2015) 李执字第 4 号执行裁定书，称 (2013) 青民四初字第 123 号案件的原告解勐为坐落于青岛市李沧区黑龙江中路 3178 号土地的抵押权人，享有优先受偿权，但该案已另行组成合议庭再审，故本院终结本次执行程序。

本案中，原告提交以下证据：

1. 《建设工程施工协议书》1 份，证明原、被告就广信公司综合楼二层框架楼签订施工协议书。上述协议约定：尹义显承建坐落于青岛市李沧区黑龙江中路 3178 号二层框架楼，建筑面积 4 631 平方米，工程造价 8 605 702.02 元（预算结束后双方确认），如遇工程变更，双方另行协商变更价款，尹义显包工包料，工程于 2008 年 11 月底前完工，交付使用。（如遇有不可抗力及政府行为使工程停工，工期顺延）。广信公司及尹义显分别在上述协议落款处盖章、签字，没有落款时间。原告称，上述协议是 2008 年干活时签订的，协议书中被告名称是被告法定代表人张子陵书写的，其他手写内容是尹义显书写的，尹义显将合同内容打印出来的，张子陵看了以后表示同意，就在合同中盖章。诉讼过程中，原告又称，《建设工程施工协议书》是 2011 年下半年工程全部完工以后尹义显和张子陵补充签订的。被告对该证据未予认可。

2. 工程结算书及 11 个项目工程造价汇总表各 1 份，证明被告向原告出具结算书，所有工程的结算金额为 12 366 819.02 元。上述结算下方的

"建设单位"处盖有被告公章，但"建设单位"负责人、审核人以及编制单位、审核单位的信息均系空白。被告对上述证据没有异议。

3. 各分项工程的工程预（结）算书、施工图预结算书及施工费用明细9份，证明工程结算书及工程造价汇总表的计算明细。上述资料均系打印件，均盖有广信公司公章，建设单位、编制单位、审核单位的信息均为空白，除基础土建部分的工程预（结）算书载明时间为2008年5月2日外，其余资料均未载明时间，各个项目的金额则与工程造价汇总表中9个项目的金额相对应。原告称，上述9个项目的资料既是预算资料，也是结算资料，另外2个项目的预（结）算书找不到了。被告对上述证据的真实性没有异议，除了落款时间为2008年2月的之外，其他的均无形成时间，从证据形式来看，无法确定到底是预算还是决算，请法院依法核实。

4. 原告自行书写的被告加盖公章的付款明细一份，证明被告向原告结算工程款的情况，至于付款金额是447万还是480万记不清楚了。被告对上述证据的真实性没有异议，确认截止到2012年过年，被告已付给原告工程款447万元。后经本院询问，原告对上述付款明细重新计算，确认付款明细总额应为470万元，原告称其原先计算错误。

5. 《租赁协议书》1份，证明2011年4月28日原、被告达成协议，被告以坐落于青岛市李沧区黑龙江中路3178号院内部分厂房、土地及办公室35年的租赁费折抵欠付工程款700万元。被告因拒不到庭参加诉讼，对上述证据未予质证。

原告称，原告早在20世纪80年代就领着人给别人盖房子，没有施工资质，2000年就与张子陵认识了，两人关系很好。张子陵将广信公司的工程交给原告承建后，原告把活包给兰恭章，兰恭章找了一帮外地人进行施工。工程于2008年4月左右开工，主体框架楼5000平方米左右于2008年12月底交付使用，其他工程一直干到2010年7月份。2009年5～6月份原告分大约十次通过兰恭章支付人工费大约80多万元。一直到2010年10月全部干完以后，原告出具工程结算书，让张子陵在工程结算书和施工图预（结）算书上盖章，盖章时间大约为2010年10月至12月期间。原告与广信公司之间的已付工程款均在付款明细上，一般是通过现金支付，很少用支票。整个工程没有监理、审计、验收，就跟农村盖平房一样。被告称，被告受让涉案土地后，新建工程均没有办理规划许可、竣工验收、房产登记手续。

审理过程中，法官在开庭前询问当事人的调解意愿时，发现当事人对于合同的订立、履行情况并无争议，要求法院快调、快执，法官为此询问双方当事人是否在法院有案件正在进行诉讼或者已经进入执行程序，被告称其有案件已进入执行程序，涉案房地产已被司法拍卖，但案件尚未执结完毕。为此，法官中断调解，直接开庭审理固定证据。庭审结束后，原告多次要求法院为双方当事人出具调解书，甚至不惜通过信访手段施加压力。

青岛市李沧区人民法院经审理认为，尹义显应就其主张的其与广信公司存在建设工程施工合同关系的事实承担举证责任。原告提交的工程结算书载明的工程造价为 12 366 819.02 元，但其起诉时主张的数额为 1 200 万元。尹义显未提交与工程结算书数额相一致的建设工程施工协议及工程预、结算资料。就其提交的二层框架楼的《建设工程施工协议书》而言，该协议未显示协议签订时间，尹义显在多次庭审中先是主张上述协议签订于 2008 年工程施工时，后来又主张签订于 2011 年工程完工后。就其提交的部分项目的施工协议书及工程预（结）算书而言，上述资料均系打印件，只有广信公司的公章，没有建设单位、编制单位、审核单位相关人员的签字，无法显示证据的形成时间，尹义显主张上述资料既是预算资料也是结算资料，其主张亦与常理不符。就尹义显主张的已付工程款情况而言，其在诉状中主张方信公司陆续给付 500 万元，其书写的付款明细下方载明已付数额 447 万元，诉讼中尹义显对付款明细各项数额核实后确认上述 447 万元系因疏忽导致计算错误，累计数额应为 470 万元。综上，在本案诉讼过程中，尹义显对于其所主张的建设工程施工合同关系的协议签订时间、工程价款等陈述前后矛盾，相关证据亦存在重大瑕疵。

同时，尹义显在（2015）李执字第 4 号执行案件中主张其依据 2008 年 5 月的联建协议对广信公司坐落于青岛市李沧区黑龙江中路 3178 号的房屋享有所有权，尹义显并未在该执行案件中提交其对上述房屋享有所有权或其他权益的证据。本案中尹义显提交的《租赁协议书》则载明 2011 年 4 月 28 日广信公司以部分厂房、土地及办公室 35 年的租赁费折抵欠付工程款 700 万元，但本院在对上述房屋进行拍卖时确认房屋系由广信公司控制使用。本案中尹义显又依据其提交的建设工程协议书及预、结算资料主张建设工程款 700 万元。综上，尹义显在两案当中就涉案房屋先后主张或提交的证据，涉及三种不同性质的法律关系，但尹义显未对上述三种法律关系作出合理解释。综上，尹义显在本案中提交的工程结算书、施工协议及相应工程结算资料不足以作为认定本案事实的依据，本院均不予采信，对于尹义显的诉讼请求，不予支持。

依照《中华人民共和国民法通则》第八十四条、《中华人民共和国民事诉讼法》第一百四十四条规定，一审判决：驳回原告尹义显的诉讼请求。上述判决作出后，双方均未上诉，判决已生效。

【案件评析】

诉讼是当事人围绕诉争法律关系依照诉讼程序进行的对抗。所谓"兼听则明，偏信则暗。"通过争议性的对抗机制，法官得以中立、超脱地发现当事人之间主张的事实和主张之间的差异，从而最大程度地还原客观事实。如果诉讼失去了对抗性，则法官看到的事实有可能仅仅是双方当事人希望法官看到的事实，这种事实有可能仅是事物的局部或者假象，法院最终认定的法律事实就会与客观事实出现较大偏差。当事人发起民事诉讼的目的本应是解决当事人之间的权利义务争议，在失去对抗性的诉讼环境下，当事人之间并无实质性的权利义务争议，行为模式表现为在举证上高度契合，诉求上高度一致，在调解时迅速达成合意，则当事人之间的诉讼目的自然应当引起法官的合理怀疑，进而引发法官对于案件潜在社会风险的调查和评估，对于诉讼标的额较大、法律关系较为复杂、潜在社会风险较大的案件，法官的合理怀疑和主动调查显得尤为必要。

本案中，法官在审理过程中经历了以下的心理进路：希望庭前调解—提出合理怀疑—初步开庭审查—调查关联诉讼—重新开庭审查—判决驳回诉讼请求。这一过程也是发现问题、解决问题的过程。庭前调解时，法官发现当事人之间一团和气，双方当事人对于合同的订立、履行并无争议，要求法院快调、快执，法官为此询问双方当事人是否在法院有案件正在进行诉讼或者已经进入执行程序，被告称其有案件已进入执行程序，所有的房地产已被司法拍卖，但案件尚未执结完毕。为此，法官确认当事人之间系以执行为目的进行诉讼，如果按照当事人的合意调解结案，调解协议有可能干扰正在正常的执行程序，损害第三方的利益。为此，法官中断调解，直接开庭审理固定证据。庭审结束后，法官主动与执行法官进行沟通，了解执行案件的进展，并调阅了执行案件及其他关联诉讼的案卷。最终通过对双方当事人在本案中提交的证据以及在法院其他案件中的证据进行实质审查，判断原告在本案及相关案件中的陈述前后矛盾，相关证据存在重大瑕疵，为此驳回了原告的诉讼请求。

当前，民商事审判领域存在严重的虚假诉讼现象，不仅严重侵害了当事人的合法权益，也扰乱了正常的社会秩序，损害了司法权威和司法公信力，人民群众对此反映强烈。为此，最高人民法院专门发布关于防范和制裁虚假诉讼的指导意见。但是，由于虚假诉讼存在甄别困难、形式隐蔽等困难，加之民商事审判人员自身也存在繁重的审判工作压力，审判人员面对虚假诉讼的司法能力尚有待提高，实践中司法机关对虚假诉讼的打击效果并不理想，虚假诉讼不断以更加隐蔽的形式进入法院。本案通过对一起建设工程施工合同纠纷的审理，揭示了一起疑似虚假诉讼案件的操作手法以及当事人通过执行异议、虚假诉讼、信访、调解等多种手段对法院审判、执行程序进行干扰，让人深切感受到虚假诉讼的危害和打击虚假诉讼的难度，同时，作为司法经验的总结，本案例明确了审判人员的审查义务，有针对性地提出了以实质性审查和合理性审查相结合并辅之以风险评估的认定方法，以期对遏制虚假诉讼泛滥有所裨益，并收抛砖引玉之效。

（青岛市李沧区人民法院民一庭副庭长　陈密亮）

【十三】合同相对性原则在建设工程
合同中的适应与突破

——杨某某、甲公司、乙公司建设工程施工合同纠纷案

关键词：实际施工人　转包人　违法分包人　合同相对性

【裁判要点】

根据《最高人民法院关于审理建设工程施工合同纠纷案件适用法律问题的解释》第二十六条的规定，实际施工人以转包人、违法分包人为被告起诉的，人民法院应当依法受理；实际施工人以发包人为被告主张权利的，人民法院可以追加转包人或者违法分包人为本案当事人；发包人只在欠付工程价款范围内对实际施工人承担责任。本案中，杨某某等人虽然符合实际施工人身份，但其并未提交证据证明发包人乙公司欠付甲公司的工程款情况，且甲公司认可乙公司已付清涉案工程的工程款，并不欠付其公司任何工程款及其他款项，故杨某某等人要求乙公司承担支付工程款的义务，缺乏事实依据，本院不予支持。

【相关法条】

《最高人民法院关于审理建设工程施工合同纠纷案件适用法律问题的解释》第二十六条。

【基本案情】

2013 年 9 月 1 日，甲、乙公司签订《建筑工程施工合同》，合同约定：由甲公司负责即墨某小区施工图范围内的土建、粗装饰、安装工程（发包人另行单独发包工程除外）。2013 年 10 月 27 日，杨某某等人与甲公司签订《项目合作协议》，约定由杨某某等人承包甲乙工程施工合同中水电暖工程，承包范围、价格、付款方式等按照甲、乙公司签订的合同执行。

合同签订后，杨某某等人按照合同履行义务，甲公司却未按照合同约定支付合同价款。2015 年 4 月 15 日，原告与甲公司作出《水电分包合作终止协议》，约定甲公司自签订协议起 120 天内支付杨某某等人投资款并且支付原告承包范围内各分项班组完成的产值剩余未付款及材料未付款等。期限届满后，甲公司未支付上述工程欠款。

基于上述事实和《中华人民共和国合同法》等相关法律法规的规定，甲公司应当向杨某某等人支付工程欠款，乙公司应当在其欠付工程款范围内向其支付工程款。同时对所承建的工程享有优先受偿权。因此，杨某某等人为维护自身合法权益，依法诉至本院。

甲公司在庭审中辩称，杨某某等人在没有资质和入青施工证的情况下进入工地，期间所有工程均属伪劣工程，至今无法验收。在甲公司的催促下，杨某某等人聚众恶意到乙公司的大门口穿白衣服，挂横幅，通过新闻媒介虚假报道，恶意讨薪，给甲公司在施工进度和与乙公司之间的关系处理上造成了极坏的影响，并且给甲公司造成了极大的损失，具体数额不详，一直没有最终结算。2015 年 12 月 30 日，杨某某等人在上访闹事的情况下写下了承诺，与此同时甲公司又给付了 120 000 元，杨某某等人对此不提。故，甲公司由于杨某某等人造成的损失保留诉权。

乙公司在庭审中辩称，1. 乙公司根据和甲公司签订的施工合同已支付甲公司工程款，不存在欠付工程款的情况。杨某某等人主张乙公司在欠付工程款范围内支付上述工程款没有事实依据；2. 乙公司与杨某某等人之间不存在建设工程施工合同关系，涉案工程的主体工程也不是杨某某等人所承建，所以杨某某等人主张对涉案工程享有优先受偿权没有法律依据。

法院经审理认为，甲、乙公司于 2013 年 9 月 1 日订立的《建筑工程施工合同》和杨某某等人与甲公司于 2015 年 4 月 15 日订立的《水电分包合作终止协议》，均系双方当事人的真实意思表示，并未违反法律、行政法规效力性的强制性规定，应为有效。终止协议中约定，甲公司应于自签订本协议之日起 120 天内即 2015 年 8 月 13 日前支付工程款。双方还约定，杨某某等人承包范围内各分项班组所完成的产值甲公司拨款后剩余未付款及材料未付款全部由甲公司负责进行结算与支付。杨某某等人与甲公司签订的《项目合作协议》，因杨某某等人无劳务施工资质，该协议无效。

一、关于杨某某等人主张甲公司支付工程款及相关利息的诉讼请求。

根据查明的事实，杨某某等人和甲公司于 2013 年 10 月 27 日订立了《项目合作协议》，合同订立后，杨某某等人开始施工。2015 年 4 月 15 日，杨某某等人与甲公司签订《水电分包合作终止协议》，双方的合同关系解除。终止协议中约定，甲公司应于自签订本协议日起 120 天内即 2015 年 8 月 13 日前支付工程款。双方还约定，杨某某等人承包范围内各分项班组所完成的产值甲公司拨款后剩余未付款及材料未付款全部由甲公司负责进行结算与支付。杨某某等人提交了水电班组现场监建工程量对账材料和永茂发材料款两笔对账材料予以佐证，本院已确认杨某某等人与甲公司于 2015 年 4 月 15 日订立的《水电分包合作终止协议》有效，故甲公司支付杨某某等人的工程款及相关利息。

二、关于杨某某等人主张乙公司在其未支付工程款范围内承担付款责任及认定杨某某等人对所承建工程享有优先受偿权的诉讼请求。

一审法院认为，根据《最高人民法院关于审理建设工程施工合同纠纷案件适用法律问题的解释》第二十六条的规定，实际施工人以转包人、违法分包人为被告起诉的，人民法院应当依法受理；实际施工人以发包人为被告主张权利的，人民法院可以追加转包人或者违法分包人为本案当事人；发包人只在欠付工程价款范围内对实际施工人承担责任。本案中，杨某某等人虽然符合实际施工人身份，但其并未提交证据证明发包人乙公司欠付甲公司的工程款情况，且甲公司认可乙公司已付清涉案工程的工程款，并不欠付其公司任何工程款及其他款项，故杨某某等人要求乙公司承担支付工程款的义务，缺乏事实依据，本院不予支持。

关于杨某某等人主张的建设工程优先受偿权，本院认为，分包人或者实际施工人完成了其与总承包人或转包人之间合同约定的施工义务且工程质量合格的，在总承包人或者转包人不主张或者怠于主张工程价款优先受偿权的情况下，应允许分包人或者实际施工人就其建设的工程部分在分包人欠付工程款范围内向发包人主张工程价款优先受偿权。但本案中，杨某某等人未能证实乙公司欠付甲公司工程款及欠付数额，乙公司不承担支付工程款的义务，故杨某某等人主张的建设工程优先受偿权无事实依据，本院不予支持。

一审宣判后，甲公司不服，向青岛市中级人民法院提起上诉，该中院经审理，认为一审判决认定事实清楚，适用法律正确，故依法驳回上诉，维持原判。

【案件评析】

本案涉及合同相对性原则，所谓合同相对性，是指合同只对缔约当事人具有法律约束力，对合同关系以外的第三人不产生法律约束力。包括以下三个方面：1. 主体的相对性，指合同关系只能发生在特定的主体之间，只有合同当事人一方能够向合同的另一方基于合同提出请求或提起诉讼。2. 内容的相对性，指除法律、合同另有规定以外，只有合同当事人才能享有合同规定的权利、并承担该合同规定的义务，当事人以外的任何第三人不能主张合同上的权利，更不负担合同中规定的义务。3. 责任的相对性，指违约责任只能在特定的合同关系当事人之间发生，合同关系以外的人不负违约责任，合同当事人也不对其承担违约责任。

但随着社会经济的不断发展，合同相对性原则已不能涵盖合同法的全部。在实践中，建设工程施工合同，由于参与施工的主体众多，法律关系复杂，以及维护社会整体利益和保护弱者等司法观念的强化，于是出现了相对性原则适用的突破情形，主要集中在施工主体对工程款项的主张和质量责任承担等方面。

合同相对性原则的例外，是指除合同当事人以外的第三人依法律规定或合同约定，享有合同产生的请求权，或承担合同产生的责任，即合同效力及于第三人。

本案中杨某某等人虽然基于甲乙公司签订的施工合同，与甲公司签订合作协议，但其向乙公司主张工程款及利息未举证证实乙公司欠付甲公司的工程款情况，故本案杨某某等人向乙公司主张权利本院不予支持。

（青岛市即墨区人民法院民一庭副庭长　衣泽远）

【十四】建设工程违法转包不影响原承包合同的效力

——上海医药集团青岛国风药业股份有限公司诉滨杭高科集团有限公司、第三人青岛国元环境科技有限公司建设工程施工合同纠纷一案

关键词：建设工程　转包　合同的解除与效力

【裁判要点】

1. 合同效力问题，被告主张合同因第三人借用资质承揽工程而无效，最终认定为被告承包后转包给第三人，故支持原告解除合同的诉求。

2. 工程量的认定，被告要求鉴定其施工工程量，最终采信了实际施工人与监理公司确认的工程量，避免了不必要的鉴定以及由此造成的诉讼周期过长。

【相关法条】

《中华人民共和国合同法》第六十条、第九十三条、第九十六条、第九十七条

《中华人民共和国民事诉讼法》第六十四条第一款

【基本案情】

原告上海医药集团青岛国风药业股份有限公司诉称：原、被告于2015年7月15日通过招投标方式签订建设工程施工合同。合同签订后，原告按照合同约定预付了工程款。工程开工后，原告发现现场实际施工单位并非被告。2015年8月8日涉案工程停工至今。原告经了解，系被告将工程转包给案外人。为维护原告的合法权益，根据双方合同的约定和法律的相关规定，原告特提起诉讼，请求判令：1. 依法确认原、被告签订的《建设工程施工合同》自2015年9月15日解除。2. 被告返还原告预付工程款 3 384 000 元及利息。3. 被告支付违约金38万元（自停工之日

起至合同解除之日，按每日 10 000 元计算）。4. 被告承担本案诉讼费用。

被告滨杭高科集团有限公司辩称：被告认为合同解除是单方行为，不同意解除合同。被告确实收到原告 3 384 000 元的工程款，其中 30 万元作为履约保证金已经交给原告，4 000 元作为利息已经交给原告，实收 308 万元。涉案合同是以交钥匙的方式结算，并未出现交钥匙的情况，原告提出违约金没有依据。根据具体情况确定诉讼费的承担。

第三人国元公司述称：国元公司不是本案原告与被告之间建设工程施工合同的当事人，根据合同相对性原则，国元公司不是合同一方当事人，且本案原告并未主张国元公司承担责任，国元公司与本案争议的诉讼标的也没有关联，国元公司仅做此书面答辩，不再参加本案的庭审活动。被告滨杭公司将与原告签订的建设工程施工合同中的工程转包给国元公司，双方存在另外合同关系，因被告对国元公司严重违约，导致国元公司遭受重大损失，包括但不限于对外签订的各项合同全面违约，采购的设备、材料积压、工人窝工等等，因此，国元公司将另案追究该公司的法律责任。被告将上述工程转包给国元公司后，国元公司于 2015 年 8 月 1 日进场施工。因滨杭公司不信守承诺，违反与我公司之间的约定，导致我公司无法继续施工，且转包的事情被原告方发现，2015 年 8 月 8 日下午，国元公司被迫停工退出施工现场。根据监理单位等各方统计，经审计确认截止 2015 年 8 月 8 日，国元公司拆除工作的施工工程量合工程造价 87 432.25 元。综上，我公司不是建设工程施工合同的合同主体，跟原、被告之间的纠纷没有关系，不应作为第三人参与本案诉讼。我公司与滨杭公司之间的转包纠纷系另一法律关系，应另案处理。

经查明：2015 年 7 月 15 日，原告国风公司与被告滨杭公司签订《建设工程施工合同》一份，发包人为原告，承包人为被告，工程名称为青岛国风药业厂彩板更换工程，工程地点位于青岛市黄岛区松花江路 18 号国风工业园内，工程内容：按《中华人民共和国消防法》要求对国风工业园固体制剂、前处理及提取、天然药物、合成原料、合成制剂车间的彩钢板进行更换，对照明、插座、消防报警灯用电线路进行更换。合同开工日期为 2015 年 8 月 1 日，竣工日期为 2015 年 11 月 28 日，合同价款暂定为 11 280 000 元。合同通用条款第 39.2 款："承包人不得将其承包的全部工程转包给他人，或将其承包的全部工程肢解后，以分包的名义分包转包给他人。"通用条款第45.3款："发生本通用条款第39.2款禁止的情况，承包人将其承包的全部工程转包给他人或者肢解以后以分包的名义分别转包给他人，发包人有权解除合同。"通用条款第45.5款："一方根据45.2、45.3、45.4款约定要求解除合同的，应以书面形式向对方发出解除合同的通知，通知到达对方时合同解除。对解除合同有争议的，按本通用条款第38条关于争议的约定处理。"工程预付款：本合同签订后发包人向承包人预付合同款的30%，即3 384 000元。合同还约定：因承包人原因，工期每延误一天，发包人扣罚承包人人民币壹万元。合同履行过程中发生争议，协商或调解不成的向项目所在地人民法院提起诉讼。合同专用条款第26.10款安全施工保证金："承包方在进场施工前需向发包方提交安全文明施工保证金。保证金金额为合同预付款的10%即人民币大写：叁拾万元整（300 000元），施工验收合格后返回承包方。"

原、被告双方没有争议的事实：合同签订后，原告国风公司向被告支付预付款3 384 000元，被告滨杭公司将涉案工程全部转包给第三人国元公司，2015年8月1日涉案工程开工，2015年8月8日停工，被告滨杭公司并未进场施工，第三人已撤出施工现场，原告已实际控制该工程。后原告国风公司向被告滨杭公司发送《解除合同通知》，要求解除双方签订的建设工程施工合同，返还预付工程款338.4万元并赔偿损失。被告滨杭公司于2015年11月13日向原告国风公司出具《关于解除合同通知的回复函》，确认2015年9月15日收到原告寄发的解除合同通知函，主张系原告未遵守合同约定通知其开工，并安排第三方进场施工，原告的行为构成违约，并拒绝解除双方签订的合同，要求继续履行合同内容

对于有争议的证据和事实，法院认定如下：

被告滨杭公司主张在收到的3 384 000元的工程款中，30万元作为履约保证金、4 000元作为利息交给原告，实收308万元。原告主张并未收到该款项。经被告滨杭公司申请，证人卜瑞亮出庭作证，卜瑞亮证明在收到原告国风公司的工程款中有30万元的承兑汇票留存到原告处作为承包合同保证金，但是该款项并未要求原告出具收据。原告国风公司对于证人证言的质证意见：证人系被告员工，与被告有利害关系，其证言证明效力

很低，不应采信；证人系专业会计，根据工作及行业要求，付款不要求收款方出具收据，不符合常理和客观逻辑；证人证实其向原告出具了原告诉请的 3 384 000 元的收据，该收据原告已提交，依法应当确定原告付给的被告的系 3 384 000 元，不存在证人主张的 30 万元保证金的事实。被告滨杭公司对于证人证言的质证意见：30 万元保证金在合同最后一页 26 条有明确约定；施工人员已经按照约定进场施工，原告未拒绝；证人证言对事情表述事实清楚逻辑清晰，此三条互相印证事实。

法院认为，虽然双方在合同中对于保证金 30 万元有明确的约定，但是被告滨杭公司仅提交证人证言不足以证明其已经支付了该保证金，故对于被告主张 30 万元作为履约保证金、4 000 元作为利息交给原告的事实本院不予采信。

原告国风公司提交工程量确认单一份，证明被告在撤出施工现场前所完成的工程情况；提交原告与实际施工单位和监理单位共同确认的建设项目投标报价汇总表一份，证明在被告退出施工现场前完成的工程造价情况，造价为 87 432.25 元。被告滨杭公司对工程量确认单的真实性不予认可，主张仅有监理单位的盖章，没有乙方的盖章，监理单位与原告存在利害关系，因监理单位就是甲方聘请，做出这样的确认单是有失偏颇的。对于汇总表的真实性不予认可，主张该汇总表没有被告的签字确认，不应作为对抗被告的证据，国元公司是被告的转包单位，被告并未授权国元公司汇总工程量。被告滨杭公司向本院提交申请书要求对涉案工程的工程量进行鉴定。

法院认为，第三人国元公司作为涉案工程的实际施工人，其在答辩状中已经确认其在该工程中施工工程量为 87 432.25 元，与原告提交的证据相吻合，而被告滨杭公司并未实际参与工程施工，其亦没有证据否定上述两份证据的真实性，故本院认定涉案工程已完成工作量的数额为 87 432.25 元。对于被告提交的鉴定申请，本院不予准许。

法院经审理认为：被告滨杭公司违反合同约定，将涉案工程分包给他人，原告国风公司依照合同约定向被告滨杭公司寄送了解除合同通知，滨杭公司于 2015 年 9 月 15 日收到该通知，故国风公司的解除行为符合合同约定和法律规定，本院予以确认，即涉案的《建设工程施工合同》于

2015 年 9 月 15 日解除。被告滨杭公司已收到原告国风公司的预付款 3 384 000 元，现双方建设工程施工合同已解除，滨杭公司理应返还该款项。利息是法定孳息，系原告的合理损失，被告理应支付，原告主张自 2015 年 9 月 15 日开始计算利息至被告返还预付款止，本院予以部分支持。因双方合同在约定的工期内已经解除，不存在工期延误的情形，原告国风公司依据工期延误的条款主张违约金 38 万元，本院不予支持。本院已经认定涉案工程已完成工程量为 87 432.25 元，双方合同解除后，该款项理应从原告支付的预付款中扣除，原告亦同意扣除，本院予以认可。因此扣除该款项后，被告滨杭公司需返还原告国风公司工程预付款 3 296 567.75 元。第三人国元公司经本院合法传唤，无正当理由拒不到庭参加诉讼，应视为对自己诉讼权利的放弃。据此，黄岛区人民法院依照《中华人民共和国合同法》第六十条、第九十三条、第九十六条、第九十七条，《中华人民共和国民事诉讼法》第六十四条第一款之规定，判决：（一）原告上海医药集团青岛国风药业股份有限公司与被告滨杭高科集团有限公司签订的《建设工程施工合同》于 2015 年 9 月 15 日解除；（二）被告滨杭高科集团有限公司于本判决生效后 10 日返还原告上海医药集团青岛国风药业股份有限公司工程预付款 3 296 567.75 元及利息（以 3 296 567.75 元为基数按中国人民银行同期同类贷款基准利率自 2015 年 9 月 16 日起计算至判决生效之日止）；（三）驳回原告上海医药集团青岛国风药业股份有限公司的其他诉讼请求。如果未按本判决指定的期间履行给付金钱义务，应当依照《中华人民共和国民事诉讼法》第二百五十三条规定，加倍支付迟延履行期间的债务利息。案件受理费 36 912 元，原告上海医药集团青岛国风药业股份有限公司负担 3 040 元，被告滨杭高科集团有限公司承担 33872 元。

【案例评析】

本案争议的焦点是涉案建设工程施工合同的效力认定。《最高人民法院关于审理建设工程施工合同纠纷案件适用法律问题的解释》第四条规定：承包人非法转包、违法分包建设工程或者没有资质的实际施工人借用有资质的建筑施工企业名义与他人签订建设工程施工合同的行为无效。该条指的是承包人与非法转包的受让人之间签订的合同无效。而本案中原告系发包人、被告系承包人，被告庭审中明确认可系其将工程转包给第三人国元公司，并非国元公司挂靠其施工，故双方签订的建设工程施工合同是合法有效的。《最高人民法院关于审理建设工程施工合同纠纷案件适用法律问题的解释》第八条明确规定，承包人具有下列情形之一，发包人请求解除建设工程施工合同的，应予支持……（四）将承包的建设工程非法转包、违法分包的。本案中被告将从原告处承包的工程全部转包给第三人，因此原告要求解除与被告之间的建设工程施工合同是符合法律规定的。

工程量的认定上，第三人为本案的实际施工人，被告主张对第三人实际施工的工程量进行鉴定，但是第三人已经自认了其完成施工部分的工程量，并且有监理公司的确认，法院依法予以确认，对被告的鉴定申请不予支持，避免了不必要的鉴定以及由此造成的诉讼周期过长。

（青岛市黄岛区人民法院审判员　李　宁）

房地产篇

【一】房屋的产权归属取决于基础法律关系，产权登记仅具有物权的推定效力

——青岛东澳之星商贸公司诉青岛市市北区海城农工商公司养鸡场等返还原物纠纷案

关键词：产权登记　物权归属　基础法律关系

【裁判要点】

房屋产权登记是登记机关对不动产当时权属关系及表现状态的认可和证明，其并不创设具体的权利义务关系，当事人是否享有不动产的权利，仍取决于当事人之间的民事实体法律关系。房屋的归属，应根据双方的真实意思表示，并结合房款交付、房屋交付、居住、使用情况等综合认定。

【相关法条】

1.《中华人民共和国民事诉讼法》第六十四条：当事人对自己提出的主张，有责任提供证据。当事人及其诉讼代理人因客观原因不能自行收集的证据，或者人民法院认为审理案件需要的证据，人民法院应当调查收集。人民法院应当按照法定程序，全面地、客观地审查核实证据。

2.《关于适用〈〈中华人民共和国民事诉讼法〉的解释》第九十条：当事人对自己提出的诉讼请求所依据的事实或者反驳对方诉讼请求所依据的事实，应当提供证据加以证明，但法律另有规定的除外。在作出判决前，当事人未能提供证据或者证据不足以证明其事实主张的，由负有举证证明责任的当事人承担不利的后果。

【基本案情】

原告青岛东澳之星商贸有限公司（以下简称东澳公司）因与被告青岛市市北区海城农工商公司养鸡场（以下简称养鸡场）、被告青岛海城集团公司（以下简称海城集团）、被告青岛轮库汽车服务有限公司延吉路店（以下简称轮库延吉路店）、被告青岛轮库汽车服务有限公司（以下简称轮库公司）、被告孙召德返还原物纠纷一案，向青岛市中级人民法院提起诉讼。

原告东澳公司诉称，养鸡场对本案所涉房屋没有所有权，该事实已经由青岛市市北区人民法院民事裁定书、行政裁定书、青岛中院民事裁定书、行政裁定书确认。东澳公司于 2013 年 12 月 4 日取得青房地权市字第 2013144718 号房地产权证书，拥有市北区延吉路 146 号楼一层东户一层（建筑面积 766.89 平方米）及地下一层（建筑面积 682.76 平方米）房地产权。养鸡场非法占用涉案房屋并出租，给东澳公司造成租金损失 1 587 366.75 元（按照每平方米日租金 3 元计算）。养鸡场因未参加 2005 年度年检于 2006 年 12 月 25 日被吊销营业执照，其出资人海城集团怠于履行义务，未在法定期限内成立清算组并进行清算，导致养鸡场公章被违法使用和处置资产等问题，出现养鸡场资产流失、重要文件灭失等情况，出资人海城集团应对养鸡场的债务承担连带清偿责任。轮库延吉路店、轮库公司、孙召德从养鸡场处非法承租并占用了东澳公司的房屋。轮库延吉路店、轮库公司与养鸡场共同侵占东澳公司房屋中 400 平方米部分，租金标准为年租金 35 万元（2015 年 6 月 10 日至 2017 年 6 月 9 日期间，年租金为 36.5 万元）。孙召德与养鸡场共同侵占东澳公司房屋中 134 平方米部分，年租金 15.6 万元。轮库延吉路店、轮库公司及孙召德均因共同侵权已经给东澳公司造成一年的租金损失，且该侵权行为仍然持续，应就共同侵权部分给东澳公司造成的损失承担连带赔偿责任。综上，请求依法判令：（一）养鸡场、轮库延吉路店、轮库公司、孙召德因其非法占用东澳公司房屋，应向东澳公司承担返还财产的责任；（二）养鸡场赔偿东澳公司已产生损失 1 587 366.75 元（2013 年 12 月 4 日起至 2014 年 12 月 3 日）及 2014 年 12 月 4 日起到返还房屋之日止给东澳公司造成的损失（按照日租金 4 348.95 元计算）；（三）海城集团按照第二项的数额及标准对养鸡场给东澳公司造成的损失承担连带责任；（四）轮库延吉路店、轮库公司对养鸡场给东澳公司造成损失中的人民币 35 万元及 2015 年 6 月 10 日起至返还房屋之日止的损失（按照年租金 36.5 万计算）承担连带责任；（五）孙召德对养鸡场给东澳公司造成损失中的 15.6 万元及 2014 年 12 月 4 日起至返还房屋之日止的损失（按照年租金 15.6 万计算）承担连带责任；（六）本案的诉讼费由各被告共同承担。

被告养鸡场答辩称，（一）养鸡场是涉案房产的唯一合法所有权人。本案争议房产延吉路 146 号 1 号楼 9—34 轴一层网点系联建房产，是养鸡场与青岛中拓房地产开发有限公司（后变更为青岛鹏欢置业有限公司，以下简称鹏欢公司）共同投资开发的青岛市延吉路 146 号商住楼的一部分，联建时养鸡场以其自有的资产进行投资，且对养鸡场在联建完成后应当取得所有权的房产进行定点定位。联建房产在 2000 年建成后，联建单位将本案争议的房产交付给养鸡场，双方的联建目的实现。2006 年，养鸡场诉至法院要求鹏欢公司依法为争议房产办理产权登记，青岛市市北区人民法院作出（2006）北民三初字第 305 号民事判决，判决内容为鹏欢公司在判决生效 10 日内为养鸡场"办理青岛市市北区延吉路 146 号 1 号楼 9—34 轴一层网点房产产权证……"后经青岛市中级人民法院二审，在 2007 年 6 月作出（2007）青民一终字第 747 号民事判决，维持一审判决，该判决已生效。依据我国《中华人民共和国物权法》第二十八条的规定，青岛市两级法院的判决对本案争议房产已作出判决，养鸡场依据法律规定和法院生效判决已经合法取得本案争议房产的所有权，系该房产唯一合法的所有权人，具有排他性。（二）临沂市河东区人民法院的拍卖程序违法，由此产生的结果不产生法律效力。首先，经过青岛市两级法院的判决，本案争议房产的所有权已经法院确认系养鸡场所有，临沂市河东区人民法院的执行拍卖程序系对案外人合法财产作出的非法拍卖，不能产生法律效力。该案执行过程中，养鸡场曾就此次非法拍卖向河东区法院提出执行异议，并提交了青岛市市北区人民法院（2006）北民三初字第 305 号和青岛市中级人民法院（2007）青民一终字第 747 号民事判决，以证明养鸡场系争议房产的唯一合法所有权人，主张之后由无权处分之人设立的抵押权等他项权均不能成立，是无效的，河东区法院更无权依据他项权进行执行程序拍卖涉争议的房屋。后河东区人民法院于 2008 年 9 月和 2009 年 11 月分别作出（2008）河执字第 772－2 号民事裁定和（2008）河执字第 772－3 号民事裁定，而此时物权法已经于 2007 年 10 月 1 日实施生效，故依据物权法第二十八条的规定，本案争议房产唯一合法所有权人已经是养鸡场，而河东区法院罔顾青岛市两级法院作出的生效判决，未对案件事实进行审查，直接将涉案房产的他项权作为所有权予以拍卖，此次拍卖在法律程序和事实认定上均存在严重错误，其拍卖程序违法，不能也不应产生任何法律效力。其次，临沂市河东区人民法院在其作出的（2008）河执字第 772－2 号民事裁定中载明，争议房产的"使用权归郑方东"。众所周知，使用权与所有权不同，但河东区人民法院却在一份裁定中将所有权不属于郑方东的涉案房屋归为郑方东名下，继而进行此次违法拍卖，该行为严重的违反了法律规定，并且严重侵害养鸡场对本案争议房产的合法权益。河东区人民法院将涉案房屋归为郑方东名下的行为，未经任何审判程序，也未有任何一份生效判决予以确认，其在执行程序中以裁定的形式确定所有权这一行为违反法律规定。依照我国民事诉讼法第一百五十四条的规定，裁定的适用范围只能是针对案件程序性问题，无权对案件实体进行审理和确认，只有判决才能对案件的实体范围予以处分。但在本案中，临沂市河东区人民法院在（2008）河执字第 772－3 号民事裁定中却用裁定对房屋所有权进行处分，已经超出我国法律规定的裁定适用范围。最后，河东区人民法院（2008）河执字第 772－2 号民事裁定本身也存在错误。依据执行时适用的 2008 年民事诉讼法第 204 条的规定，河东区人民法院在作出该裁定时应当同时在裁定书中告知养鸡场针对该裁定有异议的救济方式和途径，但河东区法院在该裁定书中对救济方式和途径只字不提，明显是故意为之，人为地使养鸡场失去法律救济的机会和方式，损害了养鸡场的合法诉讼权利。临沂市河东区人民法院在执行过程中人为地使产权明晰的房产产生争议，侵害了养鸡场的合法权益。请求法院驳回东澳公司的诉讼请求。

被告海城集团答辩称，（一）海城集团不是养鸡场的股东、出资人，未持有该公司的股份，不应当履行相关的义务。1. 海城集团于 1998 年 7 月 12 日由原企业名称青岛市市北区海城农工商总公司变更而来。2. 根据养鸡场在企业改制时依据当时国家政策提交的《关于我单位职工自愿集体买断企业法人股产权的申请》，1996年养鸡场全体职工经讨论一致自愿集体买断企业法人股产权。根据青岛市市北区人民政府办公室下发的《市区人民政府办公室关于青岛市市北区海城农工商公司养鸡场职工集体买断企业产权的批复》（北政办体改发［1996］10号），养鸡场改制后，海城集团不再是养鸡场的出资人和股东。（二）海城集团与本案没有任何法律关系，不应当向东澳公司承担连带清偿责任。（三）本案涉及的房产青岛市市北区延吉路146号1号楼东户9—34轴一层网点建筑面积766.89平方米，其产权人应为养鸡场。相关的民事裁定书并没有对养鸡场享有的涉案房屋产权进行否定，生效的相关民事判决书已经对涉案房屋产权进行了确认，并判令鹏欢公司为养鸡场办理房屋产权证，而鹏欢公司至今未履行该生效判决。综上，请求驳回东澳公司的诉讼请求。

被告轮库延吉路店、被告轮库公司答辩称，（一）轮库公司承租涉案房屋已经尽到谨慎义务，并依法办理房屋租赁登记备案，不应承担侵权连带赔偿责任。（二）在东澳公司起诉前，从没有向轮库延吉路店、轮库公司主张过任何权利，涉案房屋存在权属纠纷，轮库延吉路店、轮库公司并不知情。（三）东澳公司起诉2015年6月10日起至返还房屋之日止的损失，因该损失尚未发生不应得到法院支持。综上，请求驳回东澳公司的起诉或诉讼请求。

被告孙召德答辩称，孙召德所承租的房屋是经青岛市两级法院生效判决所确认的归属于养鸡场的房屋，故孙召德承租涉案房屋并未对东澳公司造成任何损失，不应承担赔偿责任。孙召德基于对已经生效的判决书的信任承租涉案房屋，已经尽到合理审慎义务，故不应承担连带赔偿的责任。

经审理查明，1999年8月2日，养鸡场与青岛中拓房地产开发有限公司签订房屋联建合同一份。1999年8月30日，双方签订补充协议一份。上述合同签订后，养鸡场依约履行联建合同义务，青岛中拓房地产开发有限公司于2000年12月向养鸡场交付涉案房屋，但未按约于2000年10月30日前为养鸡场办完涉案房屋产权证。青岛中拓房地产开发有限公司于2001年3月12日变更为鹏欢公司。养鸡场因与鹏欢公司房屋联建合同纠纷一案，于2006年5月12日起诉至青岛市市北区人民法院，该院于2007年3月28日作出（2006）北民三初字第305号民事判决，判决鹏欢公司为养鸡场办理青岛市市北区延吉路 146 号鹏欢花园 1 号楼 9—34 轴一层网点房屋产权证和青岛市市北区延吉路 146 号鹏欢花园 1 号楼 1 单元 201 户、青岛市市北区延吉路 146 号鹏欢花园 1 号楼 2 单元 202 户、青岛市市北区延吉路 146 号鹏欢花园 1 号楼 3 单元 202 户房屋产权证，本院于 2007 年 6 月 30 日作出（2007）青民一终字第 747 号民事判决，维持一审判决。

2008 年，山东省临沂市河东区人民法院根据已发生法律效力的（2007）河民初字第 5243 号民事判决书，对被执行人郑方东名下的位于青岛市市北区延吉路 146 号 A 幢地下一层、一层 8—34 轴网点进行执行，予以拍卖。在执行过程中，养鸡场提出执行异议，并提交了（2006）北民三初字第 305 号及（2007）青民一终字第 747 号民事判决作为提出执行异议的依据，认为郑方东的房产（位于青岛市市北区延吉路 146 号 A 幢一层 8—34 轴商业网点及地下仓库）属其所有，临沂市河东区人民法院审查该异议后，于 2008 年 9 月 15 日作出（2008）河执字第 772－2 号民事裁定书，认为该房产的使用权归郑东方所有，裁定驳回养鸡场提出的异议。2009 年 9 月 9 日，胡立玉、吉媛经拍卖买下位于青岛市市北区延吉路 146 号 A 幢一层 8—34 轴商业网点及地下仓库。2009 年 11 月 3 日临沂市河东区人民法院作出（2008）河执字第 772－3 号执行裁定书，裁定："二、郑方东名下的位于青岛市市北区延吉路 146 号 A 幢地下一层、一层 8—34 轴网点所有权归买受人胡立玉、吉媛。"

胡立玉、吉媛于 2010 年 5 月 25 日取得青房地权市字第 2010137808 号房地产权证书。2013 年 11 月 28 日，胡立玉、吉媛与原告东澳之星商贸公司签订房地产投资协议书一份，将涉案房产投资到原告东澳之星商贸公司，协议价款为 787 万元。2013 年 12 月 4 日，东澳公司取得青房地权市字第 2013144718 号房地产权证书。

养鸡场因与鹏欢公司、郑方东、胡立玉、吉媛房屋确权纠纷一案，于 2010 年诉至青岛市市北区人民法院，主张鹏欢公司恶意将涉案房屋转让给了郑方东，并以郑方东办理了抵押贷款手续为由，导致其未能办理产权过户手续，请求法院确认位于青岛市市北区延吉路 146 号鹏欢花园 1 号楼 9—34 轴一层网点房屋归其所有。该院于 2010 年 3 月 12 日作出（2010）

北民一初字第 1135 号民事裁定，认为本案争议之青岛市市北区延吉路 146 号鹏欢花园 1 号楼 9—34 轴一层网点房屋，青岛市中级人民法院 (2007) 青民一终字第 747 号终审民事判决书判令鹏欢公司为养鸡场办理该房屋的房屋产权证；临沂市河东区人民法院 (2008) 河执字第 772—3 号执行裁定书确认该房屋所有权归胡立玉、吉媛所有，因此，本案纠纷不属于法院受理民事案件的受理范围，裁定驳回养鸡场的起诉。本院于 2010 年 5 月 10 日作出 (2010) 青民一终字第 1295 号民事裁定，认为本院生效的 (2007) 青民一终字第 747 号民事判决对被告海城农工商公司养鸡场诉争的房屋已经作出处理。临沂市河东区人民法院 (2008) 河执字第 772—3 号执行裁定确认该房屋归胡立玉和吉媛所有。养鸡场对生效执行裁定存在异议应当通过审判监督程序提出申诉，其另行起诉不符合法律规定。故，原审法院通过审查驳回养鸡场的起诉正确，本院予以维持。

养鸡场与青岛市国土资源和房屋管理局、胡立玉、吉媛行政登记纠纷一案，于 2010 年诉至青岛市市北区人民法院，请求法院撤销青岛市国土资源和房屋管理局为胡立玉、吉媛核发的房产证。该院于 2010 年 9 月 20 日作出 (2010) 北行初字第 119 号行政裁定，驳回了其起诉。本院于 2010 年 10 月 30 日作出 (2010) 青行终字第 321 号民事裁定，认为不论临沂市河东区人民法院 (2008) 河执字第 772—3 号执行裁定书和协助执行通知书是否正确，青岛市国土资源和房屋管理局均无权进行判断，只能依据其通知规定执行，该行为仍不具有可诉性。且青岛市国土资源和房屋管理局依照该协助执行通知的要求将涉案房产过户登记给胡立玉、吉媛，也未超出协助执行的范围，故二审维持了一审裁定。

2013 年 9 月，养鸡场就临沂市河东区人民法院 (2008) 河执字第 772—2 号、(2008) 河执字第 772—3 号执行裁定书，向山东省高级人民法院提出再审申请。2015 年 5 月，养鸡场向青岛市市北区人民法院提起诉讼，要求依法判决鹏欢公司与郑方东于 2000 年 6 月 25 日签订的三份商品房购销合同无效（购买 A 幢一层网点 8—18 轴合同、购买 A 幢一层网点 18—27 轴合同、购买 A 幢一层网点 27—34 轴合同）。

另查明，2006 年 12 月 25 日，养鸡场因未年检被吊销营业执照。2014 年 6 月 5 日，养鸡场向王珂出具授权委托一份，授权王珂代为出租和收取涉案房屋租金；王珂随后将涉案房产中建筑面积为 400 平方米的部分租赁给轮库公司并用作轮库延吉路店的经营及注册地址，租赁期限自 2014 年 6 月 10 日至 2022 年 6 月 9 日，其中第一年年租金为 35 万元。轮库公司作为承租人承诺承担房屋产权纠纷产生的责任。该房屋租赁经青岛市国土资源和房屋管理局登记备案，且青岛市市北区人民政府敦化路街道办事处出具证明一份，证明涉案网点属于养鸡场所有。养鸡场于 2011 年 4 月 18 日将涉案房产中建筑面积 134 平方米部分租赁给孙召德，月租金为 13 000 元，租赁期限自 2011 年 4 月 20 日至 2021 年 4 月 20 日。东澳公司于 2014 年 3 月 12 日给孙召德寄送律师函，要求其在 2014 年 3 月 31 日前迁出其非法占有的房屋，孙召德拒收。

本案审理期间，养鸡场起诉鹏欢公司和郑方东，请求法院判令：确认鹏欢公司与郑方东就青岛市市北区延吉路 146 号鹏欢花园 1 号楼 9—34 轴一层网点房屋签订的买卖合同无效。青岛市市北区人民法院做出（2015）北民初字第 3012 号民事判决，驳回养鸡场的诉讼请求。养鸡场不服，向本院提起上诉。本院于 2017 年 4 月 27 日做出（2017）鲁 02 民终 1269 号民事判决，判令撤销原判，鹏欢公司与郑方东关于青岛市市北区延吉路 146 号鹏欢花园 1 号楼 9—34 轴一层网点房屋的房屋买卖合同不成立。该判决认定，鹏欢公司与郑方东签订的涉案网点房屋买卖合同，郑方东签字非其本人签字，也没有支付合同对价，所有贷款均是鹏欢公司偿还，鹏欢公司与郑方东均认可双方签订合同是为了给鹏欢公司办理贷款，因此房屋买卖并非鹏欢公司与郑方东的真实意思表示，故买卖合同因欠缺意思表示真实这一构成要件而不成立。

法院经审理认为，本案房屋原系养鸡场与案外人鹏欢公司合资合作开发建设，根据合同约定应当分配给养鸡场。根据本院生效的（2017）鲁 02 民终 1269 号民事判决查明的事实，鹏欢公司为了取得银行融资，通过虚假买卖的方式，以郑方东个人名义办理了涉案房屋的按揭贷款。上述生效判决已经认定鹏欢公司与郑方东就涉案房屋的买卖合同不成立，因此涉案房屋仍应恢复登记在鹏欢公司的名下，并根据本院的生效判决过户至养鸡场名下。东澳公司取得涉案房屋的基础法律关系灭失，其无权要求养鸡场等被告迁出涉案房屋并支付房屋使用费。

据此，青岛市中级人民法院依照《中华人民共和国民事诉讼法》第六十四条第一款、最高人民法院《关于适用〈中华人民共和国民事诉讼法〉的解释》第九十条之规定，判决：驳回原告青岛东澳之星商贸有限公司的诉讼请求。

宣判后，东澳公司提出上诉，山东省高级人民法院于2018年4月9日作出民事判决，驳回上诉，维持原判。

【案件评析】

本案中，养鸡场已于2000年12月占有使用涉案房屋，青岛市中级人民法院于2007年6月30日作出（2007）青民一终字第747号民事判决，判令鹏欢公司为养鸡场办理该房屋的产权。养鸡场占有使用该房屋具有合法依据。已生效的（2017）鲁02民中1269号民事判决查明，鹏欢公司为了取得银行融资，通过虚假买卖的方式，以郑方东个人名义办理涉案房屋的按揭贷款。该生效判决已认定鹏欢公司与郑方东就涉案房屋签订的买卖合同不成立。因此涉案房屋仍应恢复登记至鹏欢公司名下，并根据生效判决过户至养鸡场名下。故，东澳公司取得涉案房屋的基础法律关系灭失，无权要求养鸡场的被告迁出涉案房屋并支付房屋使用费。

（青岛市中级人民法院民一庭副庭长　董则明）

【二】村集体、街道办事处出让土地的行为无效

——德州科技职业学院诉即墨通济街道办事处、通济街道办事处云桥村民委员会建设用地使用权出让合同纠纷案

关键词：土地使用权出让　合同无效　损害赔偿责任

【裁判要点】

根据我国合同法相关规定，违反法律、行政法规的强行性、效力性规定的合同，属于无效合同。合同无效的法律后果是相互返还因合同取得的财产，如果造成损失的，应当根据过错承担相应的责任。

【相关法条】

1.《中华人民共和国合同法》第五十二条第（五）项：有下列情形之一的，合同无效：（一）一方以欺诈、胁迫的手段订立合同，损害国家利益；（二）恶意串通，损害国家、集体或者第三人利益；（三）以合法形式掩盖非法目的；（四）损害社会公共利益；（五）违反法律、行政法规的强制性规定。

2.《中华人民共和国合同法》第五十八条：合同无效或者被撤销后，因该合同取得的财产，应当予以返还；不能返还或者没有必要返还的，应当折价补偿。有过错的一方应当赔偿对方因此所受到的损失，双方都有过错的，应当各自承担相应的责任。

3.最高人民法院《关于审理涉及国有土地使用权合同纠纷案件适用法律问题的解释》第一条：本解释所称的土地使用权出让合同，是指市、县人民政府土地管理部门作为出让方将国有土地使用权在一定年限内让与受让方，受让方支付土地使用权出让金的协议。

【基本案情】

原告（反诉被告）德州科技职业学院（以下简称德科学院）与被告即墨市通济街道办事处（以下简称通济街道办）、被告（反诉原告）即墨市通济街道办事处云桥村民委员会（以下简称云桥村委会）建设用地使用权出让合同纠纷一案向青岛市中级人民法院提起诉讼。

原告德科学院诉称，2009年7月6日，原告以山东德科生物开发有限公司和山东德州科技职业学院的名义，与两被告共同签订了《土地预约协议书》，协议书约定，被告拟出让400亩土地给原告使用，使用年限为50年，原告向被告通济街道办支付项目预约金800万元，被告云桥村委会负责调整土地（详见协议）。2011年11月7日，原告以德州科技职业学院青岛校区的名义与两被告又共同签订了《项目用地补充协议书》，该补充协议书约定，通济街道办引进原告项目后，占用被告云桥村委会240亩土地，按每亩5.08万元给予一次性补偿，截止补充协议签订之日，原告已经支付给被告云桥村委会土地补偿费860万元，剩余359.2万元由原告支付到被告通济街道办账户，再由被告通济街道办拨付到被告云桥村委会账户（详见补充协议）。三方确认，2011年1月7日前，原告已向被告云桥村委会支付土地补偿费860万元。2009年7月16日，原告向被告通济街道办支付土地款400万元。2011年1月14日，原告向被告通济街道办支付土地补偿款359.2万元。至此，原告向两被告支付所谓的土地款和土地补偿款累计金额为1 619.2万元。但至今两被告也未履行义务。原告提起诉讼之前查明，早在2011年1月13日，即墨市发展和改革局以【市发改督字（2011）号文件】给被告通济街道办明确答复，不同意原告在被告云桥村委会辖区内征地建校。被告通济街道办在得到市里不允许原告在被告云桥村委会辖区内征地建校明确答复后，2011年11月7日仍然要求原告与之签订项目用地补充协议，又收取原告土地补偿款359.2万元。原告认为，被告通济街道办和云桥村委会，在明知不能对外签订类似于征地的相关合同的情况下，与原告签订了两份所谓的项目用地合同，骗取原告巨额资金至今不予偿还，给原告造成了巨大的经济损失。特别是被告通济街道办，作为被告云桥村委会的上级，对被告云桥村委会的违法行为不仅不予制止和纠正，反而与之同流合污。更为恶劣的是，被告通济街道办在已经明知三方的《项目用地协议书》不能履行的情况下，依然诱导原告与之签订《项目用地补充协议书》，并向其支付巨额所谓的土地补偿费，致使原告上当受骗，因此，原告认为，两被告的行为具有密切的关联性，对给原告造成的经济损失，应当互负连带清偿责任。为此，请求判令：1. 被告通济街道办返还土地款和土地补偿款 7 592 000.00 元，赔偿原告银行贷款利息损失 3 373 465.68 元（自 2009 年 7 月 15 日至 2015 年 4 月 30 日止），及自 2015 年 5 月 1 日起至判决生效之日止的利息损失；2. 被告云桥村委会返还土地补偿款 8 600 000.00 元，赔偿原告银行贷款利息损失 5 476 385.43 元（自 2004 年 11 月 23 日至 2015 年 4 月 30 日止。利息明细附后），及自 2015 年 5 月 1 日起至判决生效之日止的利息损失；3. 两被告对 3 592 000 元债务及利息损失承担连带清偿责任；4. 本案诉讼费用由两被告承担。

被告通济街道办辩称，原告诉状表述不属实，其请求依法不应得到支持。

被告云桥村委会辩称，请求驳回原告的诉讼请求。理由：1. 合同正在履行过程中，云桥村委会按照协议约定履行了腾地义务，原告未提出解除合同，因此应当继续履行。2. 根据合同第二条约定，原告有义务办理土地手续，税费应由原告自行缴纳，未办理手续和未缴纳税费的责任应由原告自负，因此其无权主张利息损失。3. 原告第二项诉讼请求利息计算错误。

反诉原告云桥村委会反诉称，2009 年 7 月 6 日，云桥村委会与山东德科生物科技开发有限公司、通济街道办签订《项目土地预约协议书》，协议约定：通济街道办拟出让土地约 400 亩（以土地部门实测数为准）给德科学院和山东德科生物科技开发有限公司，土地出让年限自德科学院和山东德科生物科技开发有限公司名称国有土地使用权证签发之日起满 50 年。德科学院应按照建设项目性质办理相应的用地手续，办理土地的一切税费由德科学院自行缴纳。同时还约定，云桥村委会只按照调出土地，在德科学院办理土地手续时积极给予盖章等。合同签订后，云桥村委会依约履行义务，着手调整土地，为能按时将涉案土地调出，云桥村委会出资出力做了大量工作：1. 因涉案土地有云桥村委会村里墓地，村民不愿意迁移，云桥村委会为腾地不得不出资 3 637 189.59 元，建新太和陵园公墓一处；从涉案土地搬迁村477个坟墓到此处，每个坟墓款800元，合计381 600元；骨灰盒款80 285元，三项合计461 885元，2.因自2009年12月底前将土地400亩收回，后将开发土地改为240亩地。云桥村委会出资每年出资200余万元每季度发给村民粮、油；出资100余万元为村民交纳养老保险金。现要求德科学院按240亩土地计算，每亩每年按2 150元赔偿，每年共计赔偿516 000元，自2010年1月至2017年3月共计7年3个月，合计3 784 000元。通过采取一系列措施，2009年年终，云桥村委会就将涉案土地从村民手中收回至今。截止反诉之日，根据合同约定，因德科学院自己无能力办理土地审批手续，其责任应自负，给云桥村委会所遭受的损失应给予赔偿，且相关损失仍在扩大。同时，德科学院在2015年3月24日给云桥村委会的债权转让通知书中称云桥村委会"于2014年11月23日收取我院的土地出让金人民币70万元，该款系我院代为德州科技职业学院缴纳，德州科技职业学院已经足额偿还我院，故我院将该债权转让给德州科技职业学院，特此通知。"可事实并非如此，云桥村委会与山东电影职业学院曾在2004年2月28日签订了《建院用地协议书》，协议约定：山东电影职业学院在云桥村委会处用地面积为600亩，每亩土地给云桥村委会补偿3万元，600亩地约为1 800万元，本协议签订后，10日内付款100万元。山东电影职业学院，负责办理立项及土地使用权审批等事宜。云桥村委会配合其办理土地使用权证等有关事宜。协议签订后，云桥村委会依约履行腾地及清理附着物的工作。但电影职业学院并未在协议签订后10日内付款100万元，而仅在9个月的2004年11月23日同天付了两笔预付订金，并非德科学院所说土地出让金，一笔50万元，另一笔20万元，合计70万元。此间，云桥村委会由承包人手中收回承包土地，补偿承包人716 400元，由于山东电影职业学院不按时履行协议约定的义务，该补偿应由其承担。既然债权已转移到德科学院，此款应由德科学院赔偿给云桥村委会。

反诉被告德科学院辩称，土地仍在云桥村委会控制下，并未转让给德科学院。根据三方签订的项目土地预约协议书第二条约定，云桥村委会拟征用的村内土地是基本农田，待土地修边调整为建设用地后方可办理用地手续。既然是基本农田，那么就不应在其上建有坟墓，云桥村委会罗列的补偿和赔偿丝毫没有道理。请求依法驳回其反诉请求。

通济街道办述称，反诉主张与其无关。

法院经审理认定事实：

一、关于本诉部分。

2009年7月6日，通济街道办（甲方）与山东德科生物科技开发有限公司（乙方）、山东德州科技职业学院青岛校区（乙方）、云桥村委会（丙方）签订《项目土地预约协议书》一份，约定的主要内容为：就乙方在甲方辖区内丙方土地上建设硫酸氢氯吡格雷原料药及片剂产业化项目的相关事宜订立预约协议，拟出让土地约400亩，出让年限自乙方名称国有土地使用权证签发之日起满50年。目前，该宗土地为基本农田，等土地修编调整为建设用地后，方可办理用地手续，乙方应按照建设项目性质办理相应的用地手续，办理土地手续的一切税费由乙方自行缴纳。签订协议10日内乙方向甲方支付项目预约金800万元。此款在乙方正式开工建设时甲方向乙方返还200万元，在乙方全部工程主体完工时甲方向乙方返还200万元，在乙方所有建设项目全部投入使用时甲方将剩余款项400万元全部返还乙方。甲方负责将该宗土地调整为建设用地，落实建设用地指标，保证乙方享受即墨市招商引资最优惠政策办理土地手续。甲方应做好丙方工作，确保丙方按时调出土地并给予乙方土地手续盖章。在办理项目立项、审评手续及企业的后续经营等过程中，积极为企业落实按即墨市最优惠的政策。甲方按规定给予丙方土地补偿费。乙方受让土地的用途必须是前校后厂、校企合作、产教结合，建设研发中心、展厅、办公楼、教学楼、公寓楼等校企所需的建筑，不得改变土地用途。乙方必须在甲方所属地注册成立相应的公司，并在甲方所属地依法纳税，建筑营业税缴纳到当地甲方所属地。丙方在乙方摘牌20日内调出土地，在乙方办理土地手续时积极给予盖章。丙方在乙方工程建设期间做好村民工作，不影响乙方工程施工。三方均加盖公章并由法定代表人签字，乙方法定代表人处签字为朱国材。

2011年11月7日，通济街道办（甲方）与德州科技职业学院青岛校区（乙方）、云桥村委会（丙方）签订《项目用地补充协议书》一份，约定三方在友好平等的基础上，于2009年7月6日签订了《项目用地预约书》，经共同协商，就乙方在甲方辖区内丙方土地上建设德州科技学院新校区项目的相关事宜订立补充协议。甲方引进乙方项目，占用丙方土地约240亩，按每亩5.08万元给予一次性补偿，土地补偿费共约1 219.2万元，根据土地部门实测数多退少补。补偿方法：截止2011年11月7日，乙方已拨付给丙方土地补偿费860万元，剩余的359.2万元由乙方在2011年11月15日前拨付到甲方帐户，再由甲方拨付到丙方帐户。土地招拍挂结束后，国土部门返还的土地补偿费由甲方足额拨付给乙方。甲方必须协调丙方在2012年3月1日前将协议土地调出，同意乙方套院墙。三方均加盖公章并由法定代表人签字。乙方法定代表人处签字为朱国材。

上述《项目土地预约协议书》及《项目用地补充协议书》签订后，二被告至今未能提供协议约定的土地给原告，三方对土地位置范围亦存在争议，但均认可未通过立项审批。

关于付款情况，原告主张分别向二被告各支付了部分款项，其中，于2009年7月15日向被告通济街道办支付了400万元，三方补充协议书确认原告截止2011年11月7日已向被告云桥村委会支付了860万元，之后，又按照补充协议的约定，于2011年11月14日向被告通济街道办支付了359.2万元，由通济街道办将该359.2万元转给了云桥村委会（转付明细：2011年11月21日转150万元、2011年12月5日转40万元、2012年3月28日转84万元、2012年7月3日转53万元、2012年9月7日转32.2万元），云桥村委会认可收到该359.2万元。

原告提交了补充协议确认的860万元款项的付款凭证，明细为：山东电影职业学院于2004年11月23日向云桥村委会支付20万元（收予交订金）、山东电影职业学院于2004年11月23日向云桥村委会支付50万元（收予交订金）、原告于2005年9月9日向云桥村委会支付30万元（借款）、原告于2006年6月20日向云桥村委会支付30万元（予交款）、原告于2009年9月12日向云桥村委会支付400万元（收土地补偿款）、原告于2011年3月16日向云桥村委会支付100万元（分两笔、每笔50万元，郭建强2011年11月2日核）、原告于2011年4月16日向云桥村委会支付30万元、原告于2011年9月2日向云桥村委会支付100万元（预收款、郭建强2011年11月2日核）、原告于2011年9月2日向云桥村委会支付 100 万元（收土地补偿款）。以上付款总计 860 万元，云桥村委会对于收到上述款项无异议。

二、关于反诉部分。

云桥村委会反诉主张，其为履行三方之间签订的协议，安排村民腾退土地，迁移墓穴等共计花费 8 599 474.59 元。为了证明其主张，云桥村委会向本院提交以下证据：1. 建设工程施工合同、《施工图预（结）算书》。云桥村委会以此证明，其为履行三方协议，腾出土地，迁移墓穴，于 2010 年 4 月 1 日与案外人仇世帅签订《建设工程施工合同》，在云桥河东地块建设陵园一座，合同价款 360 万元，仇世帅向云桥村委会提交结算，申报值 3 637 189.59 元。2. 云桥村委会申请证人仇世帅出庭作证。证人仇世帅对其与云桥村委会签订施工合同及承建陵园的事实予以证实，称陵墓占地 20 多亩，725 个墓穴，云桥村委会已付工程款 1 333 000 元，尚欠 230 多万元未付。3. 付款凭证一宗。云桥村委会以此证明：①为了迁移墓穴，云桥村委会向 477 户墓主每户支付补偿款 800 元，共计 381 600 元；②购买骨灰盒及车费共计花费 80 285 元。4. 外包合同、收款收据及证人仇云峰证言。云桥村委会以此证明，为了绿化陵园，其与案外人仇云峰签订《外包合同》，由仇云峰负责陵园绿化工程，合同内工程及补栽树林共计 465 480 元，云桥村委会已经于 2010 年 5 月 13 日、2011 年 1 月 30 日分别向仇云峰支付 5 万元和 2 万元。仇云峰出庭证实由其负责陵园绿化，并称云桥村委会已付款 7 万元，余款未付。5. 付款凭证一宗，证明云桥村委会为了履行合同，组织迁坟、平整场地花费 81 990 元。6. 青政办发 [2005] 38 号《关于调整征地年产值和补偿标准的通知》，其中载明：各区市耕地年产值最低标准为：即墨市、胶州市、胶南市城市规划区内每亩 1 600 元，城市规划区外每亩 1 300 元。青政办发 [2015] 5 号《青岛市人民政府办公厅关于调整征地年产值和地上附着物青苗补偿标准的通知》，其中载明：调整耕地年产值最低标准。对崂山区、黄岛区、城阳区和即墨市、胶州市、平度市、莱西市的耕地年产值最低标准进行调整。对上述区、市不再划分城市规划区内、区外，其耕地年产值最低标准调整为：崂山区、黄岛区、城阳区每亩 2 350 元，平度市、莱西市、即墨市、胶州市每亩 2150 元。云桥村委会据此主张 240 亩土地自 2010 年 1 月至 2015 年 2

月期间闲置损失 160 万元（1 600 元/年·亩×240 亩×4.17 年），自 2015 年 3 月至 2017 年 4 月期间闲置损失 111.8 万元（2 150 元/年·亩×240 亩×2.08 年）

法院经审理认为，通济街道办、德科学院、山东德科生物科技开发有限公司、云桥村委会于 2009 年 7 月 6 日签订的《项目土地预约协议书》和《项目用地补充协议书》，其合同内容符合土地使用权出让合同的特征，因此本案应当定性为土地使用权出让合同纠纷。因通济街道办、云桥村委会均非合法的土地出让主体，相关合同未经市、县人民政府土地管理部门追认，且涉案土地至今仍为农村集体土地，因此上述协议违反法律、行政法规的强行性、效力性规定，属于无效合同。根据我国合同法第五十八条的规定，合同无效的法律后果是相互返还因合同取得的财产，如果造成损失的，应当根据过错承担相应的责任。根据当事人的本、反诉主张，对本案评析如下：

一、关于原告主张的返还土地款和土地补偿款。

根据本案查明的事实，原告的付款主要可以分为三类情形：其一、2009 年 7 月 15 日，原告向通济街道办付款 400 万元，对于该笔款项各方均无争议，通济街道办亦同意返还，予以确认。其二、2011 年 11 月 14 日，原告向通济街道办付款 359.2 元。根据《项目用地补充协议书》第一条的约定，该笔款项系由通济街道办代云桥村委会收取，通济街道办收款后已经按约将该笔款项转付云桥村委会，云桥村委会对此亦无异议，因此通济街道办并非真正的收款主体，其仅是代理云桥村委会收款，对此三方均系明知，故该笔款项应由云桥村委会自行向原告返还，原告要求通济街道办承担连带付款责任，缺乏法律依据，不予支持。其三、原告以山东电影职业学院及自己的名义于 2004 年 11 月 23 日至 2011 年 9 月 2 日分多笔直接向云桥村委会付款累计 860 万元，云桥村委会对于收到上述款项无异议，因双方合同无效，云桥村委会应当返还上述 860 万元。

二、关于原告主张的利息损失。

在合同无效，当事人互负返还义务的情况下，通济街道办和云桥村委会均有义务返还已经收取的土地款本金。利息属于法定孳息，亦是资金占用成本，孳息的权属应当与原物一致，利息作为本金的法定孳息，在本金返还的同时应当一并返还，因此通济街道办应当自 2009 年 7 月 15 日起向原告计付本金 400 万元的利息至本判决生效之日止。云桥村委会应当返还原告本金合计 1 219.2 万元（860 万元＋359.2 万元），对于利息的返还应当根据其收取每笔款项的时间分段计算，即 130 万元自 2009 年 11 月 7 日起至本判决生效之日止、400 万元自 2009 年 9 月 12 日起至本判决生效之日止、100 万元自 2011 年 3 月 16 日起至本判决生效之日止、30 万元自 2011 年 4 月 16 日起至本判决生效之日止、200 万元自 2011 年 9 月 2 日起至本判决生效之日止、150 万元自 2011 年 11 月 21 日起至本判决生效之日止、40 万元自 2011 年 12 月 5 日起至本判决生效之日止、84 万元自 2012 年 3 月 28 日起至本判决生效之日止、53 万元自 2012 年 7 月 3 日起至本判决生效之日止、32.2 万元自 2012 年 9 月 7 日起至本判决生效之日止。通济街道办认为原告对于合同的无效亦有过错，故其不应当承担利息，法院认为，原告对于合同无效亦有过错的，应当承担相应的责任，但并不产生免除通济街道办支付利息的法律后果。如前所述，利息属于资金占用成本，通济街道办实际占有使用原告的资金，即负有支付利息的义务，至于原告因合同无效而给合同相对方造成的损失，将在本案反诉中一并予以处理。

三、对于导致合同无效的过错认定。

涉案土地系农村集体土地，至今不能直接进入土地交易一级市场，且通济街道办和云桥村委会均不能作为土地出让主体签订土地出让合同，对此，本案各方当事人均系明知，因此对于本案合同无效，各方当事人均负有相应的过错。根据《项目土地预约协议书》第二条的约定，涉案土地属于基本农田，应当进行土地修编，调整为建设用地后，方可办理用地手续。云桥村委会作为土地的所有权人，对于土地性质的转变负有主要义务，而只有土地调整为建设用地后，原告才有义务办理相应的用地手续，也只有办理相关用地手续后，涉案合同才有可能基于效力补正的原则，由无效合同转为有效合同得以继续履行。由此可见，对于本案合同无效，云桥村委会和通济街道办负有主要责任，对于因合同无效而造成的云桥村委会的损失，应由云桥村委会和通济街道办承担主要责任，原告承担次要责任。具体责任比例，法院认为，以原告承担 30％ 的责任，通济街道办和云桥村委会共同承担 70% 的责任为宜。

四、关于云桥村委会主张的损失认定。

根据云桥村委会的反诉主张，其为履行涉案合同而造成的损失共有七类合计 8 080 944.59 元。分述如下：（一）为了腾地迁坟，投资建陵园花费 3 637 189.59 元。法院认为，腾地迁坟虽是云桥村委为履行合同而做的工作，但其以修建陵园的方式履行腾地义务并未征得原告的同意，也非合理的方式，超出原告签订合同时的合理预期，另外陵园建成之后，其产权归云桥村委，使用人系云桥村村民，原告在合同无效不能取得涉案土地使用权的情况下，对于陵园的修建未获任何收益，因此云桥村委会要求原告赔偿其该项损失，于法无据，不予支持。（二）云桥村委会腾地迁坟而支付给坟主的补偿费 381 600 元（800 元/个×477 个）。云桥村委会对此向本院提供了付款收据等证据，该笔支出确系云桥村委会为履行合同而支出的费用，也属于合理范畴，对于该笔费用，原告应按其过错程度承担 114 480 元（381 600 元×30%）。（三）购买骨灰盒款 80 285 元。云桥村委会对此向本院提供了相关的付款收据等证据，因腾地而迁坟，进而购买骨灰盒，该笔费用属于云桥村委会为履行合同支出的合理费用，对于该笔费用，原告应按其过错程度承担 24 085.5 元（80 285 元×30%）。（四）墓穴绿化费用 465 480 元。云桥村委会修建陵园的同时，为了绿化陵园而委托案外人对陵园和墓穴栽种树木，该费用不属于云桥村委会为履行合同而支出的必要费用，也超出原告的合理预期，因此如前第（一）项所述，云桥村委会要求原告承担该费用，不予支持。（五）涉案土地闲置损失 2 718 000 元。云桥村委会为履行合同，将涉案土地腾迁后，导致涉案土地长期闲置，此系因合同无效无法继续履行而造成的损失，对于该项损失应由原告根据其过错程度承担 815 400 元（2 718 000 元×30%）。云桥村委会为证明其土地闲置损失，向法院提交相关政府文件，其中所载耕地产值标准原告无异议，可以作为本案认定土地闲置损失的依据。（六）赔偿案外人于智德承包地损失 716 400 元。案外人于智德承包涉案土地，云桥村委会为履行合同，腾让土地，对于智德进行补偿（包括现金补偿和实物补偿），对此于智德作为证人出庭作证，云桥村委会亦提供了相关的合同和付款凭证予以佐证，可以采信，该笔费用属于云桥村委会为履行合同的合理支出，原告应当根据其过错程度承担 214 920 元（716 400 元×30％）。（七）迁坟及平整土地费用 81 990 元。云桥村委会组织人员迁坟和平整土地，均系为履行合同而做的工作，由此产生的费用属于为履行合同而发生的合理支出，因合同无效不能履行，该项费用应当作为损失，由原告根据其过错程度承担 24 597 元（81 990 元×30％）。以上，原告应赔偿云桥村委会因合同无效造成的损失共计 1 193 482.5 元（114 480 元＋24 085.5 元＋815 400 元＋214 920 元＋24 597 元）。

据此，青岛市中级人民法院依照《中华人民共和国合同法》第五十二条第（五）项、第五十八条，最高人民法院《关于审理涉及国有土地使用权合同纠纷案件适用法律问题的解释》第一条之规定，判决：（一）被告即墨市通济街道办事处于判决生效之日起十日内返还原告德州科技职业学院 400 万元，并自 2009 年 7 月 15 日起至判决生效之日止按照人民银行同期同类贷款利率计付利息；（二）被告即墨市通济街道办事处云桥村民委员会于判决生效之日起十日内返还原告德州科技职业学院 1219.2 万元并计付利息（利息计算明细为：130 万元自 2009 年 11 月 7 日起至判决生效之日止、400 万元自 2009 年 9 月 12 日起至判决生效之日止、100 万元自 2011 年 3 月 16 日起至判决生效之日止、30 万元自 2011 年 4 月 16 日起至判决生效之日止、200 万元自 2011 年 9 月 2 日起至判决生效之日止、150 万元自 2011 年 11 月 21 日起至判决生效之日止、40 万元自 2011 年 12 月 5 日起至判决生效之日止、84 万元自 2012 年 3 月 28 日起至判决生效之日止、53 万元自 2012 年 7 月 3 日起至判决生效之日止、32.2 万元自 2012 年 9 月 7 日起至判决生效之日止，上述期间均按照人民银行同期同类贷款利率计算）；（三）反诉被告德州科技职业学院于判决生效之日起十日内赔偿反诉原告即墨市通济街道办事处云桥村民委员会损失 1 193 482.5 元；四、驳回原告德州科技职业学的其他诉讼请求；五、驳回反诉原告即墨市通济街道办事处云桥村民委员会的其他反诉请求。宣判后，德科学院、通济街道办、云桥村委会均提出上诉，山东省高级人民法院于 2017 年 11 月 27 日作出民事判决，驳回上诉，维持原判。

【案件评析】

《中华人民共和国合同法》第五十二条第（五）项规定，违反法律、行政法规的强制性规定的合同无效。本案中，通济街道办、云桥村委会均为非法的土地出让主体，涉案土地仍为农村集体土地，故涉案《项目土地预约协议书》和《项目用地补充协议书》违反法律、行政法规的强行性、效力性规定，均属无效合同。本案各方当事人均明知涉案土地性质为农村集体土地，不能直接进入土地交易市场交易，且通济街道办和云桥村委均不能作为土地出让主体签订土地出让合同，故，对于本案合同无效，各方当事人均负有相应的过错。云桥村委会和通济街道办作为集体土地的所有人，违反国家土地管理的法律规定，与德科学院签订相关协议，应承担主要过错责任。对于云桥村委会的损失范围，应当根据因果关系加以甄别，云桥村委会只能要求德科学院按其过错比例承担云桥村委会为履行合同而支出的必要、合理费用。

（青岛市中级人民法院民一庭副庭长　董则明）

【三】违反物权法禁止流押条款的房屋买卖合同无效

——王某诉杨某、青岛某置业公司商品房预售合同纠纷案

关键词：担保借款　房屋买卖合同　禁止流押　合同无效

【裁判要点】

1. 为担保借款签订房屋买卖合同，约定还款期限届临时借款人不能还款，借款冲抵购房款，房屋所有权归借款人所有，因房屋买卖合同非当事人真实意思表示，且违反物权法禁止流押的条款，房屋买卖合同无效。

2. 缔约时，当事人尚未出生，由他人代为签订合同，当事人出生后，经由其法定代理人追认合同效力，且该合同不存在法定无效情形的，该合同合法有效。

【相关法条】

1.《中华人民共和国民法通则》第五十五条：民事法律行为应当具备下列条件：（一）行为人具有相应的民事行为能力；（二）意思表示真实；（三）不违反法律或者社会公共利益。"

2.《中华人民共和国物权法》第五条：物权的种类和内容，由法律规定。

3.《中华人民共和国物权法》第一百八十六条：抵押权人在债务履行期届满前，不得与抵押人约定债务人不履行到期债务时抵押财产归债权人所有。

【基本案情】

2006 年 12 月 22 日，青岛某置业公司（甲方）与杨某（乙方）签订《借款协议》，青岛某置业公司向杨某借款 200 万元，协议第（二）条约定，作为本次短期借款的担保，甲方以自己位于香港东路 227 号—1 号 10

号楼 2 单元 701 户的合法房地产，总建筑面积 305 平方米，抵押给乙方，因抵押的房产无法办理抵押登记手续，经各方协商同意，甲方与乙方签订商品房买卖合同以此作为担保。第（四）条约定，双方同意借款利率三个月内月利率按 2‰ 计算，超过三个月，在六个月以内，月利率按 4‰ 计算。超过六个月，该房屋归乙方所有，并视同甲方还清乙方所有借款及利息。同日，青岛某置业公司与杨某就"涉案房屋"签订《商品房买卖合同》，总房款为 200 万元，付款时间为 2007 年 7 月 31 日前付清全部房款，交房时间为 2008 年 1 月 31 日前。签订合同后，青岛某置业公司、杨某办理了"涉案房屋"的预告登记，登记权利人为杨某。

2011 年 1 月 19 日，青岛某置业公司给杨某出具承诺书，载因业务需要，我公司曾于 2006 年 12 月 22 日借杨某 200 万元，现承诺于 2011 年 3 月底前全部还清本息，若逾期未还，房屋为杨某所有（若原备案 10 号楼 2 单元 701 户房屋卖出，则由杨某在恒基新天地剩余房屋中选一套 310 平方米内的房屋，我公司一个月以内备案到杨某名下）。

2011 年 4 月 14 日，青岛某置业公司与杨某签订协议书，就借款 200 万元、签订商品房买卖合同并办理备案手续、2011 年 1 月 19 日承诺书等事宜进行明确，截止到 2011 年 4 月 22 日，借款本息共 512 万元，青岛某置业公司于本协议书签订之日起 16 日内向杨某还款等。

王鹏系王某祖父。2009 年 7 月 28 日，王鹏与青岛某置业公司签订商品房买卖合同，购买"涉案房屋"，后 2009 年 12 月 28 日王某出生后、"涉案房屋"交付前，王鹏与青岛某置业公司就"涉案房屋"另签订商品房买卖合同，房屋买受人更改为王某，签约时间仍为 2009 年 7 月 28 日，房款为 350 万元，付款时间为 2009 年 7 月 31 日前，交房时间为 2010 年 1 月 31 日前，交房条件为房屋经验收合格；出卖人应在房屋交付使用后 180 天内，将办理权属登记需由出卖人提供的资料报产权登记机关备案。合同签订后，王鹏于 2009 年 7 月 31 日向青岛青少年营地置业有限公司转账付款 360 万元，青岛某置业公司于 2009 年 7 月 31 日给王某出具收款收据，金额为 350 万元。青岛某置业公司于 2011 年 6 月将"涉案房屋"交付王某使用。

王某提交青岛某置业公司出具的"关于我公司与杨某借款担保情况的

说明"，载该公司与杨某之间是高息借款关系，虽然形式上签订的是商品房买卖合同，但实际上是借款而不是房屋买卖关系。该说明加盖青岛某置业公司公章并有金某某签字。

王某称其签订商品房买卖合同前未查询过房屋的登记备案情况。"涉案房屋"所在小区现尚未通过综合验收，不具备办理房产证的条件。

后双方发生纠纷，王某向一审法院提起诉讼，请求判令：1. 王某与青岛某置业公司签订的商品房买卖合同合法有效；2. 青岛某置业公司继续履行合同，为王某办理房屋所有权证；3. 青岛某置业公司承担逾期办证违约金 48 615 元；4. 青岛某置业公司与杨某签订的商品房买卖合同无效。王某主张青岛某置业公司支付逾期办理房产证的违约金，自 2010 年 7 月 31 日至起诉之日 2014 年 5 月 19 日，按已付购房款的日万分之零点一计算，违约金为 48 615 元，青岛某置业公司对王某主张逾期办证违约金的计算方式及数额均无异议。

一审法院认为，该案有二个焦点问题：一是青岛某置业公司与杨某签订的《商品房买卖合同》的效力问题，二是王鹏代王某与青岛某置业公司签订的《商品房买卖合同》的效力及履行问题。

第一个焦点问题，当事人的意思表示真实是民事法律行为有效的要件之一。青岛某置业公司与杨某之间存在借款的债权债务关系，作为借款的担保，青岛某置业公司将"涉案房屋"抵押给杨某，因无法办理抵押登记手续，双方以签订商品房买卖合同的形式作为借款的担保。可见，双方的真实"意思"是以房屋作为借款的抵押担保，因无法办理抵押登记，故双方的外在"表示"为签订商品房买卖合同并办理预告登记。因此，双方签订商品房买卖合同这一民事行为的"内在意思"与"外在表示"不一致，意思表示并不真实，应为无效。第二个焦点问题，王鹏代王某与青岛某置业公司签订的《商品房买卖合同》的效力，首先，王鹏认可该合同为王某与青岛某置业公司之间的合同，王某的法定代理人王开疆对此亦无异议，因此，一审法院认可该合同的主体为王某与青岛某置业公司。其次，该合同为双方当事人的真实意思表示，双方已经付款、交付房屋，合同没有违反法律、行政法规的禁止性规定，没有法律规定的其他无效情形，应为有效合同。但因"涉案房屋"所在的小区未通过综合验收，现不具备办证条件，因此王某要求青岛某置业公司为王某办理房屋所有权证的诉讼请求，一审法院不予支持。王某要求青岛某置业公司支付逾期办证违约金 48 615 元，青岛某置业公司无异议，一审法院予以支持。

据此，一审法院判决：（一）确认青岛某置业公司与杨某于 2006 年 12 月 22 日签订的商品房买卖合同无效；（二）确认王鹏代王某与青岛某置业公司于 2009 年 7 月 28 日签订的商品房买卖合同有效；（三）青岛某置业公司于该判决生效后十日内支付王某逾期办证违约金 48 615 元；（四）驳回王某的其他诉讼请求。案件受理费 35 189 元，由青岛某置业公司负担。

杨某不服一审判决，提起上诉称，请求二审法院撤销原判，依法改判确认青岛某置业公司与杨某的商品房买卖合同有效，王某与青岛某置业公司的商品房买卖合同无效，一、二审诉讼费用及相关费用全部由王某承担。其主要上诉理由是：1. 杨某和青岛某置业公司签订的合同属于有效合同。意思表示不真实的合同损害的是合同相对方的利益，按照合同相对性，只有合同方之一才有权提出意思表示不真实，要求撤销、变更合同，而不是要求认定合同无效。一审扩大了合同无效的范围。合同是双方意思自治的体现，只有在利益完全失衡的状态下，司法才主动介入，本案达不到这个程度。2. 借款协议中房屋归我方所有的含义有多层，不能简单认定，可能包含如果借款还不上，用房屋价值冲抵的意思，可以多退少补，双方签订房屋买卖合同就是此含义的体现，王某无法排除这些合理情况。即使商品房买卖合同不是双方真实意思表示，可以通过后续行为的调整来完成商品房买卖的行为。3. 担保方式是否符合物权法规定，属于物权法的规定，不是合同无效的规定。流押条款的根本目的是为了防止损害抵押人的权利，只是违反管理性强制规定，并不违反效力性规定。物权法第 20 条的规定是债权物权化的体现，是具有物权效力的优先购买权的体现，立法目的是为了保护债权向物权转化的实现。现债权没有消失，并且对方没有提异议登记，也就无权提合同无效。4. 杨某与开发商签订的合同已经进行预告备案登记，符合物权登记的条件，合法有效。王某有重大过失，签订的合同有瑕疵。杨某就涉案房屋的预告登记备案在先，王某怠于行使注意、谨慎的义务，属于重大过失。5. 王某的主张已过诉讼时效。

6. 王某与青岛某置业公司签订的合同存在造假的可能。7.《最高人民法院公报》2014 年 12 月刊载的"朱俊芳与山西嘉和泰房地产开发有限公司商品房买卖合同纠纷案"全面肯定作为担保的房屋买卖合同的效力。

二审法院认为，关于杨某与青岛某置业公司签订的商品房买卖合同，双方签订的借款协议第（二）条明确载明，青岛某置业公司以涉案房屋抵押给杨某，因抵押的房产无法办理抵押登记手续，双方签订商品房买卖合同作为担保。青岛某置业公司作为该合同的一方当事人，亦称双方并无买卖涉案房屋的真实意思，涉案房屋仅是双方借款协议的担保。可见，双方的真实意思是以涉案房屋作为借款担保，因无法办理抵押登记，故采取签订商品房买卖合同并办理预告登记的方式实现担保，涉案房屋实质上仅是双方借款协议的担保物，一审判决认定该合同意思表示不真实，并无不当。根据《中华人民共和国物权法》第一百八十六条的规定，抵押权人在债务履行期届满前，不得与抵押人约定债务人不履行到期债务时抵押财产归债权人所有。故，杨某与青岛某置业公司关于"借款超过六个月未还，涉案房屋归杨某所有"的约定，及为实现此约定而签订的商品房买卖合同，违反《中华人民共和国物权法》的强制性规定，一审判决认定该合同无效，并无不当，应当予以维持。因该合同是涉案房屋进行预告登记的债权基础，根据《中华人民共和国物权法》第二十条的规定，该合同无效，即债权消灭，预告登记失效。故，杨某关于该合同已进行预告登记，合同有效的主张，不予采信。

关于王某与青岛某置业公司签订的商品房买卖合同，王鹏作为付款方，认可该合同的一方主体为王某，青岛某置业公司作为该合同的另一方主体，亦认可王某的合同主体地位，一审判决认定该合同的双方主体为王某和青岛某置业公司，并无不当。杨某关于该合同签订时存有瑕疵的主张，因王鹏和青岛某置业公司在本案审理过程中已作出详尽说明，且一直认可该合同的有效存在和王某的合同主体地位，可见，该合同系双方当事人的真实意思表示。而且，即使该合同存有瑕疵，亦不影响杨某与青岛某置业公司签订商品房买卖合同的无效认定。故，杨某关于对该合同笔迹形成时间进行鉴定的申请，对本案审理并无影响，不予支持。该合同系双方当事人的真实意思表示，双方已实际履行，且该合同并无法律规定的无效情形，一审判决认定该合同为有效合同，并无不当，应当予以维持。因涉案房屋至今未通过综合验收，不具备办理权属登记的条件，王某的主张未超过诉讼时效，杨某关于本案已过诉讼时效的上诉理由，亦不予采信。

据此，二审法院判决：驳回上诉，维持原判。

【案件评析】

我国采物权法定原则，《中华人民共和国物权法》第五条规定，物权的种类和内容，由法律规定。本案中，青岛某置业公司与杨某采取签订商品房买卖合同的方式来担保债权的实现，该担保方式没有被《中华人民共和国物权法》或其他法律所规定和认可，不符合物权法定的原则，应为无效。《中华人民共和国物权法》第一百八十六条规定，抵押权人在债务履行期届满前，不得与抵押人约定债务人不履行到期债务时抵押财产归债权人所有。本案中，青岛某置业公司与杨某签订商品房买卖合同的本意是以"涉案房屋"作为抵押以担保债权的实现，但是双方约定借款超过六个月未还，房屋归杨某所有，并视同青岛某置业公司还清杨某所有借款及利息，该约定违反了《中华人民共和国物权法》第一百八十六条的规定，应为无效。因该合同是涉案房屋进行预告登记的债权基础，根据《中华人民共和国物权法》第二十条的规定，该合同无效，即债权消灭，预告登记失效。故，杨某关于该合同已进行预告登记，合同有效的主张，不予采信。

（青岛市中级人民法院民一庭副庭长　陈明明）

【四】房屋租赁期间造成损害的，违约金与损害赔偿金的支付问题

——王某诉祁某、孙某某房屋租赁合同纠纷一案

关键词：房屋租赁 押金 违约 损害赔偿金

【裁判要点】

1. 当事人对押金、违约金有明确约定的，依法成立的合同受法律保护。

2. 对于造成的损失虽然反诉原告提供的证据不足，但反诉被告予以认可的部分，结合案件事实予以支持。

【相关法条】

1.《中华人民共和国合同法》第六条：当事人行使权利、履行义务应当遵循诚实信用原则。

2.《中华人民共和国合同法》第八条：依法成立的合同，对当事人具有法律约束力。当事人应当按照约定履行自己的义务，不得擅自变更或者解除合同。依法成立的合同，受法律保护。

3.《中华人民共和国合同法》第六十条：当事人应当按照约定全面履行自己的义务。当事人应当遵循诚实信用原则，根据合同的性质、目的和交易习惯履行通知、协助、保密等义务。

4.《中华人民共和国合同法》第一百零七条：当事人一方不履行合同义务或者履行合同义务不符合约定的，应当承担继续履行、采取补救措施或者赔偿损失等违约责任。

【基本案情】

王剑（乙方）作为承租方与孙竹琴（甲方）作为出租方于 2016 年 8 月 28 日签订《房屋租赁合同》，租赁期限 1 年，自 2016 年 9 月 1 日至

2017 年 8 月 31 日，用途为住宅使用；租金为每月 3 500 元，租金总额为 42 000 元，租金年付；押金 2 000 元；合同第六条约定乙方交纳租赁期间的水电费、煤气费、暖气费、物业管理费、电话费。第十二条约定租赁期间，乙方有下列行为之一的，甲方有权终止合同，收回该房屋，乙方应按照合同一个月租金额向甲方支付违约金，若支付的违约金不足弥补甲方损失，乙方还应负责赔偿，直至达到弥补全部损失为止。……（2）未经甲方同意，将房屋转租、转借给他人使用的或拆改变动房屋结构或损坏房屋。（3）改变本合同规定的租赁用途或利用该房屋进行违法活动的。……第十七条约定甲方收取乙方租赁押金 2 000 元，待租赁期满物业交接之时，乙方结清所有应缴费用，甲方退还乙方押金，如乙方未结清费用，或造成设施损坏的，由该押金进行折抵，多退少补。

签约后，孙竹琴将涉案房屋交付王剑使用，王剑于 2016 年 8 月 28 日支付孙竹琴 1 年租金 42 000 元和押金 2 000 元。

王剑租住期间，涉案房屋有十几人同时居住。孙竹琴行使合同解除权，王剑同意解除合同并于 2017 年 3 月 27 日搬出涉案房屋，同时欠缴公共事业费 169.60 元，电费 333.77 元。

孙竹琴于 2017 年 10 月 13 日与青岛盛建筑装饰设计工程有限公司签订家庭装修合同，装修修复涉案房屋及家具，工期为 2 个月。装修预算为 57 114 元，孙竹琴要求王剑承担其中成品门套制安、实木家具破损修复等费用 27 347 元。

王剑向一审法院提起诉讼，请求判令祁勇、孙竹琴支付房屋押金 2 000 元及解除合同剩余租金 17 500 元及利息。理由是：2016 年 8 月 28 日，经青岛鼎乐房产经纪服务有限公司中介，双方签订房屋租赁合同，王剑自 2016 年 9 月 1 日起承租祁勇、孙竹琴位于青岛市崂山区香港东路七号的住宅一套用于居住。2017 年 3 月，祁勇、孙竹琴以王剑居住太吵等原因不同意继续出租，王剑也同意解除合同。在中介公司监督下，王剑于 2017 年 3 月 27 日搬离承租房屋，之后祁勇、孙竹琴迟迟不退剩余房租及押金。

祁勇、孙竹琴向一审法院提起反诉，请求判令王剑支付违约金 3 500 元，赔偿房屋损害经济赔偿金 27 347 元，赔偿房屋整修期间的租金损失 7

000 元。理由是：王剑在承租房屋期间，未经同意擅自将房屋转租给其他十四位第二承租人居住，造成房屋及设施损坏严重，无法恢复原状。

一审法院认为，双方签订的房屋租赁合同是双方真实意思表示，合法有效，双方均应依约履行，当事人一方不履行合同义务或者履行合同义务不符合约定的，应当承担继续履行、采取补救措施或者赔偿损失等违约责任。第一，王剑于 2017 年 3 月 27 日搬离涉案房屋，仍有押金 2 000 元及剩余租金 17 500 元在祁勇、孙竹琴处。第二，祁勇、孙竹琴提供证据证明，王剑在承租房屋期间欠缴公共事业费 169.60 元，电费 333.77 元，按照合同约定，该部分费用应由王剑承担。关于祁勇、孙竹琴抗辩称该费用应在押金中予以扣除，予以支持。第三，王剑认可在其承租涉案房屋期间，有十几个人同时居住，明显违背房屋租赁合同的约定。因此，祁勇、孙竹琴于 2017 年 3 月 27 日行使合同解除权，并按照房屋租赁合同约定要求王剑承担违约责任 3 500 元，予以支持。第四，关于祁勇、孙竹琴主张房屋损害赔偿金的问题，因涉案房屋损害状况现已消失，且王剑不认可祁勇、孙竹琴单方装修涉案房屋的行为，对于祁勇、孙竹琴该反诉请求难以支持，但庭审中王剑同意从剩余租金中扣除门框损毁等修复费用 7 500 元，是王剑对自己权利的自由处分，予以支持。据此，一审法院判令祁勇、孙竹琴返还王剑租金 10000 元、押金人民币 1 496.63 元，王剑支付祁勇、孙竹琴琴违约金 3 500 元。

【案件评析】

本案是典型的房屋租赁期间因转租房屋产生的纠纷。王剑作为租客违反租赁合同约定，将房屋转租他人，因群居生活而对房屋造成损害。在房东依法行使合同解除权后，双方的房屋租赁合同已经解除，但王剑支付的押金及剩余租金仍在房东处。房东作为反诉原告主张因租客的转租行为对房屋造成的损害赔偿，但提交的证据存在瑕疵。在此情况下，结合案件事实综合评判，作出本案判决。该案双方均无异议，已经履行完毕。

（青岛市崂山区人民法院审判员　蔡爱华）

【五】占三分之二以上份额的按份共有人有权要求拆迁人履行协议

——曲某山、段某红、曲某润与某居委会、曲某际、曲某善、曲某可、曲某华拆迁安置补偿纠纷案

关键词：按份共有　处分　拆迁利益　履行

【裁判要点】

各当事人对拆迁利益构成按份共有，但对如何履行拆迁协议无法达成一致，而拆迁人又以当事人未达成一致为由拒绝履行拆迁协议，占份额三分之二以上的按份共有人有权要求拆迁人向其履行拆迁协议，拆迁人应当向其履行。

【相关法条】

1.《中华人民共和国物权法》第九十四条：按份共有人对共有的不动产或者动产按照其份额享有所有权。

2.《中华人民共和国物权法》第九十七条：处分共有的不动产或者动产以及对共有的不动产或者动产作重大修缮的，应当经占份额三分之二以上的按份共有人或者全体共同共有人同意，但共有人之间另有约定的除外。

3.《中华人民共和国合同法》第六十条：当事人应当按照约定全面履行自己的义务。当事人应当遵循诚实信用原则，根据合同的性质、目的和交易习惯履行通知、协助、保密等义务。

【基本案情】

青岛市崂山区沙子口街道松山后社区居民曲某山与其妻子刘桂英共生育子女六人，分别为长子曲某善、次子曲某际、三子曲某峰、四子曲某、长女曲建会和次女曲红岩。刘桂英于 1987 年去世。

2011 年 10 月，曲某诉曲某山、曲某善、曲某际、曲某峰、曲建会、曲红岩分家析产纠纷一案，案号为（2011）崂民一初字第 944 号，一审法院经审理，于 2013 年 5 月作出（2011）崂民一初字第 944 号民事判决书，判决：一、位于青岛市崂山区沙子口街道松山后社区 57 号房屋的拆迁利益由曲某享有 11/14 的份额，曲某善、曲某际、曲某峰各享有 1/14 的份额；二、驳回曲某的其他诉讼请求。该判决已经发生法律效力。

2011 年 9 月 15 日，曲某山与某居委会就松山后社区 57 号房屋签订搬迁补偿协议书，应安置面积为 152.33 平方米，安置房屋为二处，分别为 60 平方米一处、110 平方米一处。曲某山、段某红、曲某润认可搬迁补偿协议确定的货币部分已经领取，只有二处房屋未分配。

曲某于 2013 年 7 月自杀死亡，法定继承人为曲某山、段某红、曲某润。曲某峰已于 2015 年去世，配偶曲某华，儿子曲某可。

曲某山、段某红、曲某润向一审法院提起诉讼，请求判令某居委会履行拆迁安置协议，将拆迁安置协议中的两处房屋（110 平方米一处、60 平方米一处）都办理到曲某山、段某红、曲某润名下。

一审法院认为：生效的（2011）崂民一初字第 944 号民事判决书确认原告曲某山、段某红、曲某润及第三人曲某际、曲某善、曲某可、曲某华各自对涉案房屋拆迁利益享有份额，故原告及第三人对涉案房屋拆迁利益形成按份共有。曲某已经去世，其法定继承人为曲某润、曲某山、段某红，曲某山和段某红均明确同意将其对涉案房屋拆迁利益享有的份额处分给曲某润，系当事人对自己民事权利的自由处分，故曲某润享有涉案房屋拆迁利益 11/14 的份额。

本案的焦点问题是：各按份共有人对如何履行搬迁补偿协议达不成一致，拆迁人应当如何履行搬迁补偿协议的问题。分析如下：

第一，《中华人民共和国物权法》第九十七条规定，处分共有的不动产或者动产以及对共有的不动产或者动产作重大修缮的，应当经占份额三分之二以上的按份共有人或者全体共同共有人同意，但共有人之间另有约定的除外。本案中，曲某润享有拆迁利益 11/14 的份额，已经超过 2/3 以上份额，故曲某润有权就涉案房屋搬迁补偿协议的履行向被告某居委会主张权利，被告某居委会应当向原告曲某润履行搬迁补偿协议，将两处安置房屋交付给原告曲某润,于本判决生效后十日内履行。

第二,原告曲某山已经 86 岁高龄,从保障老年人权益,尽快解决老人居住问题的角度考虑,尽管各共有人之间存在矛盾,不能达成一致意见,被告某居委会也应当尽快履行搬迁补偿协议,向原告曲某润交付安置房屋,以便于曲某山能尽快居有定所。

第三,因安置房屋尚未抓阄定位,房屋与房屋价值均不能确定,现在无法进行分割,原告与第三人就搬迁补偿协议的履行不能达成一致,确定由被告某居委会向占有 2/3 以上份额的原告曲某润履行合同,不仅于法有据,也是打破僵局、快速妥善处理纠纷的最佳方案,对原告与第三人均有益。在某居委会向原告曲某润交付房屋后,第三人曲某善、曲某际、曲某华、曲某可均可以依法向曲某润主张共有权利。

据此,一审法院判决:被告某居委会于判决生效后十日内向原告曲某润履行搬迁补偿协议书,将搬迁补偿协议书确定的两处安置房屋交付给原告曲某润。一审宣判后,原、被告均未上诉,判决已生效。

【案件评析】

本案具有一定的典型性。在农村普遍进行旧村改造的背景下,各方当事人对同一房屋因继承、分家析产、转让等原因形成按份共有关系,而各方前期因为处理房屋继承、分家析产等矛盾尖锐,对于如何履行拆迁补偿协议、由谁作为代表履行拆迁补偿协议等事项难以达成一致,而拆迁人又以各共有人未达成一致为由拒绝履行拆迁补偿协议,导致拆迁协议的履行陷入"僵局",房屋闲置,当事人却无房可住,造成社会资源的浪费和当事人诉累的增加。对于如何处理该类纠纷,存在不同意见。

一种意见认为,各方共有人对房屋均享有所有权份额,均是房屋的所有权人,拆迁人应当向全体共有人履行拆迁补偿协议,向全体共有人交付房屋,部分共有人起诉主张拆迁人向其履行拆迁补偿协议的,不应支持。如何采用该种意见,因部分共有人并不主张拆迁人向其履行协议,会造成拆迁协议不能履行,陷入"僵局",纠纷不能及时解决,不利于及时定纷止争,本案合议庭不赞成该种意见。

另一种意见也就是本案的判决意见认为,以《中华人民共和国物权法》共有物处分理论为依据,对"处分"和"共有物"均作扩大解释,

"处分"不限于转让、抵押、出租等传统法律意义上的处分，将向拆迁人主张履行拆迁协议作为"处分"共有物的一种情形；"共有物"不限于物权法上的有体物（不动产和动产），将拆迁协议的权利义务指向的客体，即拆迁利益，包括待安置的房屋、货币补偿均视为共有物，将包括各方按份共有的拆迁利益的安置补偿协议的履行视为处分共有物对待，从《中华人民共和国物权法》的角度明确法理和法律依据，妥当地解决了纠纷，对类似案件的审理以及拆迁人处理同类问题提供了参考。

本案的审理，在物权法法理和法律规定的基础上，通过扩大解释的法律解释方法，本着合理、妥当解决纠纷的原则，以尽快定纷止争、减轻当事人诉累、提高物的利用效率为目标，做出了判决，不但当事人服判息诉，判决也得到了社会群众的认可，对类似案件的审理提供了参考。

（青岛市崂山区人民法院民一庭庭长　赵振飞）

【六】因卖房人原因房屋被查封导致房屋买卖合同被解除卖房人应承担违约责任

——姜某某、王某某诉王某房屋买卖合同纠纷上诉案

关键词：房屋买卖合同　房屋被查封
无法过户　违约责任

【裁判要点】

1. 交易的房屋已被法院查封，无法过户，合同目的无法实现，购房人有权要求解除房屋买卖合同。

2. 因卖房人原因导致房屋被查封房屋买卖合同因此被解除，卖房人应承担违约责任。

【相关法条】

1.《中华人民共和国合同法》第六条：当事人行使权利、履行义务应当遵循诚实信用原则。

2.《中华人民共和国合同法》第九十四条：有下列情形之一的，当事人可以解除合同：（四）当事人一方迟延履行债务或者有其他违约行为致使不能实现合同目的。

3.《中华人民共和国合同法》第一百一十五条：当事人可以依照《中华人民共和国担保法》约定一方向对方给付定金作为债权的担保。债务人履行债务后，定金应当抵作价款或者收回。给付定金的一方不履行约定的债务的，无权要求返还定金；收受定金的一方不履行约定的债务的，应当双倍返还定金。

【基本案情】

2017年2月11日，王某与姜某某、王某某签订房屋买卖契约，约定：姜某某、王某某保证涉案房屋可进行交易、手续齐全、房产无任何权

利瑕疵，无法院查封，无产权纠纷和经济纠纷，不受他人合法追索。若发生与姜某某、王某某有关的产权纠纷或债务债权等，一概由姜某某、王某某负责清理，与王某无关。由此引起的给王某造成的经济损失由姜某某、王某某负责赔偿，并承担民事责任。涉案房屋坐落于莱西市万象园1期5号楼某室，交易价格为600 000元。王某应于2017年2月11日支付姜某某、王某某房款50 000元，2017年2月17日前支付房款150 000元，2017年4月10日前支付尾款400 000元。2017年4月10日前，姜某某、王某某将涉案房屋过户给王某。

房屋买卖协议签订当日，王某支付姜某某、王某某50 000元购房定金。2017年2月16日，王某交付姜某某、王某某购房款150 000元。

2017年2月17日，因姜某某与案外人存在生命权、健康权、身体权纠纷，涉案房屋被青岛市黄岛区人民法院查封。王某与姜某某、王某某协商未果，诉至一审法院。至本案法庭辩论终结前，涉案房屋尚未解封。

王某向一审法院起诉，请求判决解除王某与姜某某、王某某于2017年2月11日签订的房屋买卖合同，姜某某、王某某返还定金100 000元，姜某某、王某某返还购房款150 000元。

一审法院认为，本案争议的焦点是：王某与姜某某、王某某签订的房屋买卖契约能否解除，姜某某、王某某是否违约。王某与姜某某、王某某签订的房屋买卖协议系双方当事人的真实意思表示，该协议合法有效，双方应当按照约定全面履行自己的义务。王某购买房屋的目的是实现对房屋产权的转移占有，姜某某、王某某应当按约定保证房屋无瑕疵。王某按照协议约定交付购房定金及部分房款后，涉案房屋被法院查封，导致合同目的不能实现。王某要求解除与姜某某、王某某签订的房屋买卖协议，理由正当，应予支持。姜某某、王某某不能保证房屋无瑕疵，违背合同约定，应承担违约责任。王某要求姜某某、王某某双倍返还定金100 000元及返还购房款150 000元，符合法律规定，应予支持。姜某某、王某某辩称，房屋被查封后已书面通知王某，并承诺待查封解除后可协助王某办理产权过户，王某不同意，属违约在先。对此，一审法院认为，姜某某、王某某该承诺属于对合同的变更，王某不同意，不能视为王某违约。涉案房屋的查封虽发生在双方合同签订后，但该查封不属于不可抗力。因此，对姜某某、王某某的辩解意见，不予采信。据此，一审法院判决：解除王某与姜某某、王某某于 2017 年 2 月 11 日签订的房屋买卖契约；姜某某、王某某双倍返还王某购房定金 100 000 元；姜某某、王某某返还王某购房款 150 000 元。

姜某某、王某某不服，提起上诉，要求依法改判双方继续履行房屋买卖合同。上诉理由是：（一）一审以姜某某、王某某不能保证涉案房屋无瑕疵为由判令解除合同的理由不成立。涉案房屋房产证齐全，合法有效，且不存在瑕疵。虽然在交易中无意间被黄岛区法院查封，但这并不影响双方继续进行交易。涉案房屋的查封是案外人起诉时的查封，并非案件执行当中的查封。另外，根据双方买卖合同第三条的约定，办理过户和付清尾款都是双方受约束的条款，对此姜某某、王某某已与王某达成口头协议，姜某某、王某某先将涉案房屋交付给王某居住使用，等法院查封后或王某把余款 40 万元达到黄岛区法院指定的账户后双方办理过户手续。因此，一审判决解除房屋买卖合同的理由不充分，适用法律错误。（二）一审以姜某某、王某某违约为由判令姜某某、王某某双倍返还定金，没有事实与法律依据。涉案房屋买卖合同不存在姜某某、王某某违约的事实，而且是王某违约在先。姜某某、王某某已将房屋交付给王某使用，双方商定待查封解除后王某再交房屋余款 40 万元并协助办理过户手续。因此，姜某某、王某某并未违约。退一步讲，即使双方要解除房屋买卖合同，也不能按照违约来解除。姜某某、王某某只能返还 20 万元购房款，一审判决姜某某、王某某双倍返还购房定金 10 万元，没有法律依据。王某解除房屋买卖合同理由不成立，请求依法改判。

二审法院认为，双方于 2017 年 2 月 11 日签订的房屋买卖契约约定，姜某某、王某某保证涉案房屋可进行交易，手续齐全，房产无任何权利瑕疵，无法院查封，无产权纠纷和经济纠纷，不受他人合法追索。合同签订后，王某按照约定分别于 2017 年 2 月 11 日、2017 年 2 月 16 日支付姜某某、王某某定金 5 万元、房款 15 万元。姜某某、王某某未提交证据证明已向王某交付涉案房屋。2017 年 2 月 17 日，涉案房屋因姜某某、王某某与案外人存在生命权、健康权、身体权纠纷而被黄岛区法院查封。因姜某某、王某某与案外人存在纠纷而导致涉案房屋被法院查封，涉案房屋存在权利瑕疵，无法办理产权过户手续，致使王某购买涉案房屋的合同目的无法实现，姜某某、王某某构成违约，应当承担违约责任。一审据此判令姜某某、王某某双倍返还王某购房定金10万元、返还王某购房款15万元，符合合同约定和法律规定，并无不当。据此，二审法院判决驳回上诉，维持原判。

【案件评析】

《中华人民共和国合同法》第六条规定：当事人行使权利、履行义务应当遵循诚实信用原则。第八条规定：依法成立的合同，对当事人具有约束力。本案中，王某与姜某某、王某某于2017年2月11日签订的房屋买卖契约约定，姜某某、王某某保证涉案房屋可进行交易，手续齐全，房产无任何权利瑕疵，无法院查封，无产权纠纷和经济纠纷，不受他人合法追索。合同签订后，王某按照约定支付了定金和首付款。姜某某、王某某未交付涉案房屋。在合同签订后不久，涉案房屋因姜某某、王某某与案外人纠纷而被法院查封，导致合同目的无法实现，王某有权要求解除买卖合同，姜某某、王某某构成违约，应当承担违约责任。姜某某、王某某主张王某违约在先，涉案房屋被法院查封不影响双方继续进行交易，其不应承担违约责任，依据不足，法院不予支持。

（青岛市中级人民法院民一庭审判员　齐　新）

【七】恶意串通转移夫妻共同财产无效

——刘某诉宋某、尚某、文某房屋买卖合同纠纷上诉案

关键词：恶意串通　房屋买卖　夫妻一方出卖共有房屋

【裁判要点】

1. 夫妻一方出卖共有房屋，另一方以不同意或不知情为由主张房屋买卖合同无效，不予支持。

2. 恶意串通涉及个人心理活动的认定，应当综合分析证据和案件事实，依照日常经验、行为习惯等，根据盖然性原则予以判断和认定。

3. 房屋交付后，买受人请求出卖人办理房屋所有权转移登记，出卖人提出诉讼时效抗辩的，不予支持。

【相关法条】

1.《中华人民共和国物权法》第九十七条：处分共有的不动产或者动产以及对共有的不动产或者动产作重大修缮的，应当经占份额三分之二以上的按份共有人或者全体共同共有人同意，但共有人之间另有约定的除外。

2.《中华人民共和国物权法》第一百零六条：无处分权人将不动产或者动产转让给受让人的，所有权人有权追回；除法律另有规定外，符合下列情形的，受让人取得该不动产或者动产的所有权：（一）受让人受让该不动产或者动产时是善意的；（二）以合理的价格转让；（三）转让的不动产或者动产依照法律规定应当登记的已经登记，不需要登记的已经交付给受让人。受让人依照前款规定取得不动产或者动产的所有权的，原所有权人有权向无处分权人请求赔偿损失。当事人善意取得其他物权的，参照前两款规定。

3.《中华人民共和国合同法》第五十一条：无处分权的人处分他人财

产，经权利人追认或者无处分权的人订立合同后取得处分权的，该合同有效。

4.《中华人民共和国合同法》第五十二条：有下列情形之一的，合同无效：（一）一方以欺诈、胁迫的手段订立合同，损害国家利益；（二）恶意串通，损害国家、集体或者第三人利益；（三）以合法形式掩盖非法目的；（四）损害社会公共利益；（五）违反法律、行政法规的强制性规定。

5.《最高人民法院关于审理买卖合同纠纷案件适用法律问题的解释》第三条。

6.《中华人民共和国婚姻法》第十七条：夫妻在婚姻关系存续期间所得的下列财产，归夫妻共同所有：（一）工资、奖金；（二）生产、经营的收益；（三）知识产权的收益；（四）继承或赠与所得的财产，但本法第十八条第三项规定的除外；（五）其他应当归共同所有的财产。夫妻对共同所有的财产，有平等的处理权。

7.《最高人民法院关于适用〈中华人民共和国婚姻法〉若干问题的解释（一）》第十七条。

8.最高人民法院关于适用〈中华人民共和国婚姻法〉若干问题的解释（三）》第十一条。

【基本案情】

尚某、文某系夫妻关系，宋某与其系亲戚关系。刘某与宋某原系夫妻关系，2014年经法院判决离婚。

青岛市芙蓉山路36号703户房屋登记在文某名下。2001年5月5日宋某与尚某就该房屋签订了买卖协议，宋某以7万元的价格购买了该房屋。双方一直未办理房屋过户手续。购房后刘某与宋某一直居住于该房屋。

2013年刘某向法院提起离婚诉讼时，要求分割该房屋，法院认为该房屋未登记在刘某或宋某任何一方名下，双方对房屋买卖合同的效力有异议且涉及案外人利益，故对该房屋不予处理。

2013年12月25日，刘某称，青岛市芙蓉山路36号703户房屋原系尚某、文某的夫妻共同财产，2001年刘某前夫宋某即与尚某就该房屋签订了买卖合同，并以7万元的价格购买了该房屋，该房屋属于刘某与宋某的共同财产，双方已居住于该房屋达 12 年之久。2013 年刘某与宋某离婚时，因该房屋仍登记在文某名下，法院未对该房屋进行处理。刘某起诉要求：1. 确认宋某与尚某签订的房屋买卖合同合法有效；2. 尚某、文某协助将该房屋产权变更登记至刘某和宋某名下。宋某、尚某、文某对此认为，涉案房屋系尚某、文某的共同财产，尚某无权单独处分该房屋，宋某与尚某就该房屋签订的买卖合同是无效的；因文某不同意出售该房屋，宋某与尚某已经撤销了双方的买卖合同；宋某已与刘某离婚，刘某无权代表宋某主张权利，刘某的请求已超过诉讼时效，要求驳回刘某的请求。

诉讼中尚某、宋某提交一份《撤销房屋买卖协议》，并据此证明双方已就该房屋的买卖协议协商撤销。该协议载明：由于座落在青岛市芙蓉山村 36 号 703 户楼房户主是文某的，文某不同意将楼房出卖，尚某、宋某均同意撤销买卖房屋协议，尚某退还给宋某购房款 7 万元，宋某已将房屋退还给尚某，双方撤销房屋买卖协议后，宋某可继续租赁尚某房屋使用，每月租赁费壹仟元整。协议落款时间为 2008 年 12 月 16 日。

刘某对该协议的真实性不予认可，认为该协议并不是 2008 年 12 月 16 日签订的，因为那个时间刘某与宋某尚未离婚，如果退房退款属实，刘某应该知道买卖协议被撤销，而且自 2001 年至 2008 年房价基本上是上涨了一倍，而只退还 7 万元，宋某明显在经济上受到损失，是不符合常理的，该协议完全是宋某、尚某、文某协商好，为应对双方离婚及本案诉讼而补签的。刘某申请对该协议的形成时间进行鉴定，刘某预交鉴定费 2 200 元。一审法院委托西南政法大学司法鉴定中心进行了鉴定，鉴定结论为：1. 不能确定标称落款时间为"二〇〇八年十二月十六日"甲方为"尚某"、乙方为"宋某"的《撤销买卖房屋协议书》中打印文字与指印的形成时间。2. 不能确定标称落款时间为"二〇〇八年十二月十六日"甲方为"尚某"、乙方为"宋某"的《撤销买卖房屋协议书》中签名字迹的形成时间。对该鉴定意见书，刘某认为该鉴定意见书中虽未确定该撤销买卖协议不是在 2008 年签订的，但也未确认是 2008 年签订的，不能鉴定的原因是因为目前的技术条件所限。刘某在离婚诉讼中，已提及该房屋，当时宋某并未提交该协议也没有表明该房屋已退还给尚某，因此不能排除宋某与尚某在近期伪造该协议的可能性。

宋某认为根据该鉴定结论，可以确认其与尚某签订的撤销买卖协议是真实的，因该房屋不属于刘某与宋某的共同财产，所以在离婚诉讼期间法院也没有对该房屋进行审查和处理，因此宋某在离婚诉讼中没有提供该协议。

尚某、文某对该鉴定结论没有异议，称该撤销买卖协议确实是在2008年签订的，宋某之所以在离婚诉讼中没有提及该协议，是因为当时宋某还抱有与刘某好好生活的希望。

一审法院认为，本案争议的主要焦点问题是：1. 宋某与尚某就涉案房屋签订买卖合同是否合法有效；2. 宋某与尚某签订的撤销买卖协议的签订时间。

宋某、尚某、文某辩称，宋某与尚某就涉案房屋签订的买卖协议无效，原审法院对此不予支持。因为虽然涉案房屋登记在文某名下，但尚某与其系夫妻关系，与宋某系亲戚关系，该房屋系尚某与文某的共有财产，宋某完全有理由相信尚某有权处分该房屋。且宋某支付了房屋对价，并居住该房屋逾十年之久，文某从未向就该房屋主张权利，因此宋某、尚某、文某现在以文某不同意出售该房屋为由认为合同无效，理由不足。刘某要求确认宋某与尚某就涉案房屋签订的房屋买卖合同合法有效，一审法院予以确认。

刘某对宋某与尚某签订撤销买卖协议的形成时间有异议，认为该协议是在本次诉讼期间补签的，并对该协议的形成时间申请了鉴定。经法院委托的鉴定机构鉴定，未能确定该撤销协议的形成时间。根据该鉴定结论，无法证明刘某主张的该协议是近期补签的事实；另外不论该撤销买卖协议是2008年形成的还是近期补签的，均不影响双方解除该买卖合同的意愿。《中华人民共和国合同法》第九十二条规定："当事人协商一致，可以解除合同。"宋某、尚某作为房屋买卖合同的主体，在该买卖合同尚未完全履行终结前，一致同意解除该买卖合同并不违反法律规定。解除该买卖合同是双方的真实意思表示，在该情况下，刘某要求文某、尚某协助办理房屋过户手续，没有事实和法律依据，原审法院不予支持；如果刘某认为宋某解除该房屋买卖协议的行为，侵犯了其合法权益，刘某可以其他方式主张权利。综上，原审法院依照《中华人民共和国合同法》第八条、第九十二条之规定，判决：（一）确认宋某与尚某就青岛市芙蓉山路 36 号 703 户房屋签订的房屋买卖合同合法有效。（二）驳回刘某要求尚某、文某协助办理青岛市芙蓉山路 36 号 703 户房屋所有权登记变更手续的请求。（三）鉴定费 2 200 元，由刘某负担；案件受理费 7 493 元、财产保全费 2 584 元，共计 10 077 元，由刘某负担 3 359 元、宋某、尚某各负担 3 359 元，于判决生效之日起十日内履行完毕。

刘某不服一审判决，提起上诉认为：1. 原审应当以撤销买卖协议书是否具有效力为焦点，而非撤销协议书签订的时间。刘某一家在涉案房屋居住十多年，从未有过退房、退房款的事情，更未有过购房款抵顶房租的事情。撤销买卖协议书严重违背生活常理、公序良俗，是恶意串通损害刘某利益的行为，应当认定无效；2.2001 年购买的房屋，至 2008 年升值达 4 倍，以购房时的 7 万元原价退回房屋、抵顶房租，严重违背生活常理；3. 宋某签订撤销买卖协议书是单方面处理重大财产的行为，且其在双方离婚诉讼中未向法院提出应将该房屋退还文某，与常理不符。

宋某、尚某、文某认为，宋某与尚某签订的房屋买卖协议经双方协议已经解除，该解除行为是双方当事人真实意思表示，且符合法律规定，刘某所诉超过了诉讼时效且没有依据。一审认定事实清楚，适用法律正确，二审应当驳回上诉，维持原审。

二审法院经审理查明，刘某与宋某于 1996 年 2 月 10 日登记结婚，1999 年生育一女宋华杰，2014 年 2 月 24 日经法院判决，准予其双方离婚，婚生女宋华杰随刘某共同生活。以上事实经青岛市市北区人民法院（2013）北民初字第 118 号民事判决书、青岛市中级人民法院（2014）青民五终字第 238 号民事判决书予以确认。该两份判决书业已生效，并在本案一审中，经各方当事人质证。宋某称，涉案房屋的购房款系其个人财产，但未对此提交证据加以证明。二审庭审过程中，对于《撤销买卖房屋协议书》签订的原因，宋某称，是因为文某不同意卖房，且宋某发现刘某有不忠行为；尚某称，宋某结婚时需要婚房，其把房子卖给了宋某，但没有过户给宋某；后来，宋某和刘某的婚姻中出现了问题，宋某把房子退了。对于《撤销买卖房屋协议书》约定的返还购房款及房屋，宋某与尚某二审中称，房屋未进行返还，购房款亦未实际退还，而是抵顶了 2001 年至 2008 年的房租；之后的房租进行了收取，但对此未提交证据加以证明。

二审法院认为，本案争议的焦点问题是，宋某与尚某之间签订的《撤销买卖房屋协议书》的效力以及尚某、文某是否应当协助刘某办理涉案房屋的过户手续至刘某、宋某名下。

关于本案《撤销买卖房屋协议书》的效力。我国合同法规定，有下列情形之一的，合同无效：（一）一方以欺诈、胁迫的手段订立合同，损害国家利益；（二）恶意串通，损害国家、集体或者第三人利益；（三）以合法形式掩盖非法目的；（四）损害社会公共利益；（五）违反法律、行政法规的强制性规定。二审认为，本案中，宋某与尚某签订《撤销买卖房屋协议书》构成恶意串通，损害了刘某的利益，依法应当认定为无效合同。具体理由如下：

首先，宋某与尚某系亲戚关系，在宋某认为其与刘某婚姻出现问题的情况下，与尚某签订《撤销买卖房屋协议书》，存在明显恶意。本案二审中，宋某、尚某对签订《撤销买卖房屋协议书》的原因是宋某与刘某之间的婚姻出现了问题陈述一致。而在房屋价格明显上涨的情形下，在宋某认为其与刘某的婚姻出现问题时，私自与己方亲戚尚某签订《撤销买卖房屋协议书》，解除已经履行了主要权利义务的《买卖房屋协议》，约定以原价收回购房款并约定返还居住多年的涉案房屋，宋某意欲借此减少夫妻共同财产，避免因离婚而分割涉案房屋的恶意存在高度的盖然性，其行为存在恶意具有较高的可能性。而从尚某对双方签订《撤销买卖房屋协议书》原因的陈述来看，尚某对此是明显知情的，综合尚某与宋某的亲戚关系，尚某对此亦非善意存在高度的盖然性。

其次，从《撤销买卖房屋协议书》约定的内容看，宋某与尚某仅约定了解除双方的《买卖房屋协议》、进行返还，却并未就解除合同造成的损失等其他后果进行约定。在涉案《买卖房屋协议》签订并已经实际履行至少 7 年以上，房屋价格显著大幅增长的情况下，该约定明显有悖常理。从《撤销买卖房屋协议书》履行来看，涉案房屋并未实际进行返还，在双方离婚宋某搬出涉案房屋后，仍由刘某在内居住，已付购房款亦未实际进行返还；而对于 2008 年至今的租金，宋某与尚某亦无证据证明实际进行了支付。宋某、尚某称双方早在 2008 年就撤销了买卖房屋协议书，但双方却至今未予实际履行，该做法亦明显有悖常理。因此，其双方签订《撤销买卖房屋协议书》的真实性存疑，其双方的真实目的并非善意亦存在高度的盖然性。

再次，宋某与尚某签订《撤销买卖房屋协议书》，损害了刘某的利益。刘某与宋某于1996年结婚，在双方婚姻存续期间从尚某处购买涉案房屋，支付了全部购房款，并举家居住在内多年。宋某称其系用个人财产支付的购房款，但未提交任何证据加以证明。宋某单方与尚某撤销买卖房屋协议书，将购买房屋的事实变更为租赁房屋，将已付的购房款抵顶为租金，并约定后续租赁及租金事宜，该一系列行为均未告知刘某并取得其同意，系其单方对家庭生活重大事项的擅自处理。刘某主张在房屋价格显著上涨的情况下，宋某的该行为严重地减损了夫妻的共同财产权益，损害了刘某的利益，符合常理，应予采信。

综上，宋某与尚某签订《撤销买卖房屋协议书》，构成恶意串通，损害了刘某的利益，该协议为无效合同。一审对此认定有误，二审法院予以纠正。无效合同自始没有法律效力，故宋某与尚某签订的《买卖房屋协议》并未依法撤销，双方均应全面履行。宋某、刘某已经支付了全部购房款，履行完毕房屋买卖合同买方的主要义务；尚某、文某收取了合同约定的购房款，但仅交付了涉案房屋，其作为房屋买卖合同卖方仍有义务协助买方办理交易房屋的过户手续。刘某的该项诉讼请求合情合理，依法应予支持。宋某、尚某、文某主张刘某的诉讼请求超过了诉讼时效，但因房屋买卖合同并未明确约定办理过户手续的具体时间，且作为买受人的宋某、刘某已经合法占有涉案房屋，故对其向出卖人尚某、文某主张办理物权变更登记手续的请求，不应受诉讼时效期间的限制，对该项诉讼请求，二审法院不予支持。据此，二审法院判决：（一）维持青岛市市北区人民法院（2014）北民初字第671号民事判决第一项。（二）撤销青岛市市北区人民法院（2014）北民初字第671号民事判决第二项。（三）变更青岛市市北区人民法院（2014）北民初字第671号民事判决第三项为：本案鉴定费2200元，由宋某、尚某负担。（四）尚某、文某于判决生效之日起十日内协助刘某将青岛市芙蓉山路36号703户房屋所有权登记变更至刘某、宋某名下；一审案件受理费7493元，财产保全费2584元，二审案件受理费 7 493 元，共计 17 570 元，由宋某、尚某、文某负担。

【案件评析】

首先，夫妻一方主张另一方擅自出卖夫妻共有的房屋，出卖人与其配偶之间是共有人内部权利义务的关系，出卖人与买受人是外部房屋买卖的关系，虽然共有人的权利值得关注，但是，在外部权利义务关系与内部权利义务关系发生冲突时，基于公平原则，应当优先保护外部权利义务关系；内部关系当事人对其权利的真实性、合法性、对抗性以及交易系无权处分的主张负有更重的举证义务。夫妻一方擅自出卖共有房屋，买受人要求继续履行合同办理房屋所有权转移登记，人民法院应当依照《最高人民法院关于适用〈中华人民共和国民事诉讼法〉的解释》第七十三条的规定通知夫妻另一方作为共同被告参加诉讼，买受人也可以申请追加夫妻另一方作为共同被告参加诉讼。买卖合同因出卖人没有处分权不能履行的，人民法院可以向买受人释明变更诉讼请求为解除合同、赔偿损失；但如果夫妻另一方追认买卖合同，或买受人举证证明夫妻另一方知道而未表示反对，或买受人已经按照合同约定支付价款，并占有使用房屋，夫妻另一方未在合理期间提出异议的，可以判决继续履行。本案中，尚某与文某系夫妻关系，其与宋某存在亲戚关系。宋某、刘某一家完全有理由相信尚某与其签订涉案房屋的买卖合同系其夫妻共同意思表示，且宋某、刘某一家依约支付了购房款并居住使用涉案房屋长达十余年之久，而文某在此期间未提出任何异议，在刘某与宋某离婚以后，文某主张其对房屋买卖不知情、系尚某擅自处分夫妻共同财产，明显有违常理。尚某、文某主张房屋买卖合同无效依法不应支持。涉案的房屋买卖合同签订于宋某与刘某婚姻存续期间，购房款以该二人的夫妻共同财产支付，用于夫妻共同生活，在宋某与刘某离婚后及本案诉讼期间，仍由刘某及孩子在内居住，刘某作为权利人，在宋某怠于要求对方履行过户义务的情况下，主张继续履行合同，办理房屋过户手续，对此予以支持符合客观事实和公平诚信原则。

其次，恶意串通损害国家、集体或第三人利益的，合同无效。认定恶意串通应当具备两个要素，一是双方当事人系出于故意，二是合谋的目的是谋取不正当利益。对于当事人主观心态的判断，除当事人自行承认外，通常难以直接认定。如果根据"谁主张谁举证"的原则分配举证责任，要求主张构成恶意串通的一方承担全部举证责任，客观上不具备可操作性，亦有失公平。因此，一定情况下采取推定方式完成举证、认证较为合理，即根据当事人提交的证据和已经查明的事实，在相关当事人对此进行充分反驳、辩驳的情况下，依照日常习惯经验，推理、判断构成恶意串通事实是否存在，如果恶意串通存在高度的盖然性，则可以予以认定。本案中，宋某与尚某、文某均承认签订《撤销买卖房屋协议书》是在明知宋某与刘某婚姻出现问题的情形下，而在宋某与刘某的离婚诉讼过程中，曾涉及涉案房屋的分割问题，但宋某在该诉讼期间并未提出已经与尚某签订《撤销买卖房屋协议书》，并就已支付的购房款原价抵顶居住使用期间的租金等进行抗辩。因宋某与尚某、文某存在亲戚关系，在其与刘某离婚之后，在房屋价格显著上涨的情形下，又主张存在上述事实，其与尚某恶意串通签订《撤销买卖房屋协议书》转移夫妻共同财产存在高度的盖然性，宋某与尚某、文某对此应当进行反驳并进行充分的举证，否则推定存在恶意串通符合日常经验。

最后，对于要求办理房屋过户手续的时效问题。根据《中华人民共和国物权法》第九条的规定，不动产物权的设立、变更、转让和消灭，经依法登记，发生效力；未经登记，不发生效力，但法律另有规定的除外。由该规定可知，办理房屋所有权转移的登记手续系物权变动的公示方式，该行为具有物权属性，不应受诉讼时效的限制。本案中，宋某一家购买房屋的目的是取得房屋所有权，现其已经履行了全部的合同义务并占有使用该房屋多年，只待办理房屋所有权转移的登记手续，即可实现物权，故刘某作为买方要求履行协助过户义务系物权请求权，不应受诉讼时效的限制。当然，如果房屋没有实际交付，在房屋买卖合同约定的出卖人交付房屋的期限届满后，买受人根据合同约定请求出卖人交付房屋的，该请求权属于债权请求权，应当适用有关诉讼时效的规定。

（青岛市中级人民法院民一庭审判长　孙　琦）

【八】房屋被查封，出卖人应当承担违约责任

——李乾春诉徐海龙房屋买卖合同纠纷上诉案

关键词：房屋买卖合同　定金返还
违约情形　合同变更　限制转让

【裁判要点】

1. 房屋买卖合同签订后，买受人发现所售房屋已被法院查封，导致买受人无法取得房屋所有权，该房屋买卖合同不能继续履行，此种情况符合合同约定的出卖人违约情形，买受人有权要求解除房屋买卖合同，并要求出卖人承担合同约定的违约责任。

2. 合同一方当事人通过口头方式变更了合同条款，但是一方或双方并没有对履行时间或期限这一合同主要条款作出明确约定，应视为约定不明，推定为未变更。

【相关法条】

1.《中华人民共和国合同法》第七十八条：当事人对合同变更的内容约定不明确的，推定为未变更。

2.《中华人民共和国合同法》第九十三条：当事人协商一致，可以解除合同。当事人可以约定一方解除合同的条件。解除合同的条件成就时，解除权人可以解除合同。

3.《中华人民共和国合同法》第一百一十四条：当事人可以约定一方违约时应当根据违约情况向对方支付一定数额的违约金，也可以约定因违约产生的损失赔偿额的计算方法。约定的违约金低于造成的损失的，当事人可以请求人民法院或者仲裁机构予以增加；约定的违约金过分高于造成的损失的，当事人可以请求人民法院或者仲裁机构予以适当减少。当事人就迟延履行约定违约金的，违约方支付违约金后，还应当履行债务。

【基本案情】

2017 年 2 月 26 日，徐海龙与李乾春签订青岛市存量房屋买卖合同，合同第一条约定，李乾春将坐落于青岛经济技术开发区前湾港路 889 号 19 栋 1 单元 1701 户、建筑面积 81.95 平方米的住宅房屋售与徐海龙。合同第三条约定，出卖人应当保证该房屋没有产权及债权债务纠纷，未被限制转让。出卖人确认其婚姻状况为正常婚姻，且其配偶、共有权人、其他相关权利人均知晓并同意本次房屋交易，认可本合同及其他相关文件的约定，且无他人对该房屋享有优先购买权；如出卖人对该房屋享有完整所有权的，则出卖人确认对本房屋具有完全处分权，产权清晰无纠纷。买受人承诺其配偶和该房屋的共同买受人均知晓并同意本次房屋交易，且认可本合同及其他相关文件的约定。买受人确认本人及购房相关人具备购房资质。如因一方违反前述承诺，导致该房屋不能办理产权登记或发生债权债务纠纷的，由违反承诺方按照房屋成交总价款的 20% 赔偿守约方的损失。本条款为独立条款，即使本合同及其他文件因一方违反前述承诺，依法被变更、撤销、解除、终止或认定无效的，本条约定依然有效，守约方仍可依据本条款追究违反承诺方的法律责任。合同第五条约定，（一）买卖双方经协商一致，同意上述房屋及约定留存的家具家电、装饰装修和配套设施总计转让价款为人民币（小写）700 000 元，人民币（大写）柒拾万元整，此价格为出卖人净得价，不含税，且该价格不因市场价格的波动或面积的变化而变动；（二）定金，买受人支付购房款时，已支付的定金视为购房款的一部分，买卖双方经协商一致定金通过以下方式支付与出卖人，买受人于 2017 年 2 月 26 日将第一笔定金人民币（小写）10 000 元，人民币（大写）壹万元整以自行支付的方式支付出卖人。合同第十条违约责任约定，（二）出卖人若出现下列情形之一的，出卖人构成根本违约，且买受人有权以书面通知的方式解除房屋买卖合同，（2）该房屋被查封或限制转让，导致买受人无法取得房屋所有权的；……出卖人出现上述根本违约情形之一的，出卖人应在违约行为发生之日起十五日内，以相当于该房屋总价款的 20% 向买受人支付违约金。合同还约定了其他事项。2017 年 2 月 26 日，李乾春出具购房定金收条，证明其收到徐海龙购买青岛经济技术开发区前湾港路 889 号 19 栋 1 单元 1701 户房产的购房定金人民币 10

000 元。

2017 年 2 月 13 日，由青岛链家兴业房地产经纪有限公司代收徐海龙买卖定金 3 000 元。

2017 年 6 月 14 日，徐海龙向李乾春邮寄房屋买卖合同解除通知书，称因李乾春所交易的房屋已被法院查封，李乾春对交易房屋不具有完全处分权，李乾春承诺不实致使房屋买卖合同履行不能，通知李乾春双方于 2017 年 2 月 26 日签订的青岛市存量房屋买卖合同解除，李乾春并需双倍返还定金 26 000 元，支付违约金 140 000 元。后徐海龙起诉请求：1. 依法解除双方签订的青岛市存量房屋买卖合同。2. 依法判令李乾春向徐海龙返还定金 13 000 元。3. 判令李乾春向徐海龙支付违约金 140 000 元。4. 本案诉讼费、律师费由李乾春承担。

一审法院认为，本案系房屋买卖合同纠纷，徐海龙、李乾春所签订的青岛市存量房屋买卖合同合法有效，但李乾春所出售的房产因民事纠纷被一审法院查封，致使房屋买卖合同不能继续履行，徐海龙曾发给李乾春通知书要求解除房屋买卖合同，现又起诉要求解除双方签订的青岛市存量房屋买卖合同。经审理，一审法院认为，因李乾春所售的涉案房屋被查封，该房屋买卖合同不能继续履行，现李乾春、徐海龙均主张合同不能履行，要求解除其签订的青岛市存量房屋买卖合同，该合同应予解除。李乾春应当返还徐海龙交付的定金 10 000 元，并根据合同的约定承担违约责任，应当承担违约金 140 000 元。徐海龙的诉讼请求有合同依据并符合法律规定，应予支持。一审法院判决：（一）解除徐海龙与李乾春于 2017 年 2 月 26 日签订的青岛市存量房屋买卖合同；（二）李乾春于判决生效后 10 日内返还徐海龙定金 10 000 元；（三）李乾春于判决生效后 10 日内支付徐海龙违约金 140 000 元；（四）驳回徐海龙的其他诉讼请求。案件受理费 3 360 元，减半收取 1 680 元，由李乾春负担。

李乾春不服原审判决，提起上诉。

二审法院认为，本案的争议焦点为：李乾春是否存在违约情形，是否应向徐海龙返还定金并支付违约金。徐海龙与李乾春签订的《青岛市存量房屋买卖合同》第三条约定，"出卖人应当保证该房屋没有产权及债权债务纠纷，未被限制转让"；合同第十条约定，"（二）出卖人若出现下列情形之一的，出卖人构成根本违约，且买受人有权以书面通知的方式解除房屋买卖合同，（2）该房屋被查封或限制转让，导致买受人无法取得房屋所有权的；……。出卖人出现上述根本违约情形之一的，出卖人应在违约行为发生之日起十五日内，以相当于该房屋总价款的20%向买受人支付违约金。"双方签订该合同后，李乾春发现所出售的涉案房屋已被法院查封，该房屋买卖合同不能继续履行，不能继续履行的原因是因为涉案房屋被查封及限制转让，导致买受人无法取得房屋所有权，符合合同约定的出卖人违约情形，现徐海龙要求解除该《青岛市存量房屋买卖合同》，李乾春亦在一审中予以认可，故李乾春应当根据合同约定承担违约责任，向徐海龙支付相应的违约金并返还定金。李乾春上诉称，双方的房屋买卖合同有继续履行的法律依据，但是其在二审中也明确表示，根据青岛市政府2018年4月18日推出并实施的《关于保持和促进我市房地产市场平稳运行的通知》（青土资房发【2017】4号文）的规定，涉案房屋买卖合同并不能实际履行，故即使该房屋现不存在查封情况，也存在限制转让的情形，依然因李乾春存在合同约定的违约事实而导致合同无法继续履行。此外，《中华人民共和国合同法》第七十八条规定"当事人对合同变更的内容约定不明确的，推定为未变更"，李乾春主张徐海龙认可其可待涉案房屋查封解除之后继续履行合同，系通过口头方式变更了合同条款，但是双方并没有对履行时间或期限这一合同主要条款作出明确约定，应视为约定不明，徐海龙在等待数月房屋一直没有解除查封后提起诉讼，不存在过错，亦不存在违约情形。一审根据双方合同约定，判决李乾春向徐海龙支付违约金及返还定金的处理结果，并无不当。

最终，二审法院判决，驳回上诉，维持原判；二审案件受理费3 360元，由李乾春负担。

【案件评析】

我国《中华人民共和国合同法》第九十三条规定，当事人协商一致，可以解除合同。当事人可以约定一方解除合同的条件，解除合同的条件成就时，解除权人可以解除合同。本案中，买卖双方在房屋买卖合同中明确约定，如该房屋被查封或限制转让，导致买受人无法取得房屋所有权的，出卖人构成根本违约，买受人有权解除房屋买卖合同，并追究出卖人的违约责任。即使出卖人不同意解除合同，但因出现了合同约定的解除条件，守约方依然有权解除合同。

《中华人民共和国合同法》第七十八条规定，"当事人对合同变更的内容约定不明确的，推定为未变更"，本案中，李乾春主张徐海龙认可其可待涉案房屋查封解除之后继续履行合同，系通过口头方式变更了合同条款，但是双方并没有对履行时间或期限这一合同主要条款作出明确约定，应视为约定不明，可推定为合同未变更，徐海龙在等待数月房屋一直没有解除查封后提起诉讼，不存在过错，亦不存在违约情形。一审根据双方合同约定，判决李乾春向徐海龙支付违约金及返还定金的处理结果，并无不当。

（青岛市中级人民法院民一庭法官助理　王　蕾）

【九】商品房预售转为现售的，
不因未取得商品房预售许可证而无效

——颜玲诉青岛北苑房地产开发公司、
青岛银行股份有限公司台东六路支行房屋买卖合同纠纷案

关键词：商品房预售合同　　商品房现售合同　　涤除抵押权

【裁判要点】

1. 因现房销售无需取得预售许可证可以直接进入市场交易，对于起诉前合同标的物已经由期房转化为现房的商品房预售合同，应当遵循《中华人民共和国合同法》的立法宗旨，尊重当事人的真实意思表示，在不损害国家、集体或者第三人利益的原则下，积极补正认定房屋买卖合同有效，促进市场流通并维护诚信交易。

2. 抵押权存续期间，抵押人转让抵押物未通知抵押权人或者未告知受让人的，如果抵押物已经登记的，抵押权人仍可以行使抵押权；取得抵押物所有权的受让人，可以代替债务人清偿其全部债务，使抵押权消灭；受让人清偿债务后，可以向抵押人追偿。

【相关法条】

1.《最高人民法院关于审理商品房买卖合同纠纷案件适用法律若干问题的解释》第二条：出卖人未取得商品房预售许可证明，与买受人订立的商品房预售合同，应当认定无效，但是在起诉前取得商品房预售许可证明的，可以认定有效。

2.《最高人民法院关于适用〈中华人民共和国担保法〉若干问题的解释》第六十七条：抵押权存续期间，抵押人转让抵押物未通知抵押权人或者未告知受让人的，如果抵押物已经登记的，抵押权人仍可以行使抵押权；取得抵押物所有权的受让人，可以代替债务人清偿其全部债务，使抵押权消灭；受让人清偿债务后，可以向抵押人追偿。

【基本案情】

颜玲向一审法院诉称，其与青岛北苑房地产开发公司（以下简称北苑公司）于2010年9月6日签订商品房买卖合同，约定颜玲购买北苑公司开发的青岛市市北区辽宁路7号"御苑山水"网点，建筑面积为1800平方米，每平方米20 600元，总房价暂定为3 708万元，北苑公司应当在2010年11月30日前取得商品房竣工验收后交付颜玲使用。合同约定，颜玲在签定购房合同后1日内向北苑公司支付购房定金300万元，在签定合同10个工作日内再支付购房款438万元，剩余房款在北苑公司协助颜玲办理房屋产权手续后20日内付清。2011年4月7日，双方签订《房屋交接书》，载明北苑公司向颜玲交付所购三层网点房。2011年4月12日，双方签订补充协议，约定颜玲追加预付购房款200万元，用于工程款支付；2011年5月6日，双方签订补充协议，约定颜玲追加预付购房款200万元，用于办理正式用电；2011年6月29日，双方签订补充协议，约定颜玲追加预付购房款50万元，用于办理消防安装验收手续；2011年8月15日，双方签订补充协议，约定颜玲追加预付购房款15万元，用于办理消防安装验收手续；2012年11月21日，双方签订商品房买卖合同补充协议，约定颜玲追加预付购房款100万元，作为消防验收专用资金。北苑公司至今未办理涉案房屋的产权手续，未能将房屋过户到颜玲名下。经查，北苑公司于2013年12月27日将坐落于青岛市市北区辽宁路288号地下及1、2层设定了在建工程抵押，抵押权人为青岛银行股份有限公司台东六路支行（以下简称青岛银行），房地产他项权证编号为青房地建市字第2013165882号。颜玲所购涉案房屋包含在上述抵押范围内。综上，

北苑公司辩称：1. 根据《最高人民法院关于审理商品房买卖合同纠纷案件适用法律若干问题的解释》第二条规定，涉案房屋至今未取得预售许可证，颜玲与北苑公司签订的《青岛市商品房买卖合同》无效。2. 根据《山东省商品房销售条例》第十四条规定，商品房竣工验收并备案后，预售才能转化为现售。涉案房屋尚未竣工验收，不符合现房销售的条件，故上述房屋买卖合同无效。3. 涉案的辽宁路288号网点整体面积为3 600多平方米，颜玲仅购买了其中的1 800多平方米网点房。网点分割拆零销

售，必须变更规划设计，否则无法办理房地产权登记。因规划变更尚未完成，故北苑公司无法办理房屋产权登记。4. 双方之间房屋买卖合同的签订时间，系在北苑公司与青岛银行设定的抵押期间。因此，北苑公司与青岛银行签订的借款合同以及所产生的抵押不存在恶意串通。综上，颜玲的诉讼请求无事实和法律依据，请求依法予以驳回。

青岛银行述称，颜玲的诉讼请求没有事实和法律依据，应予驳回。一、颜玲与北苑公司签订的商品房买卖合同无效。1. 本案中，涉案房屋的土地使用权性质为划拨，根据《中华人民共和国城市房地产管理法》第四十条规定，以划拨方式取得土地使用权的，转让房地产时，应当按照国家规定报有批准权的部门审批。颜玲与北苑公司之间的房屋买卖行为如果没有获得有关部门的审批，应属无效。2. 虽然颜玲与北苑公司于2010年9月6日签订了《商品房买卖合同》，但是涉案房产至今未取得预售许可证。根据《最高人民法院关于审理商品房买卖合同纠纷案件适用法律若干问题的解释》第二条规定，上述合同应当认定为无效合同。3. 《商品房销售管理办法》第七条规定，商品房现售应当符合七个条件，并非只要涉案建设项目经过政府批准即可。颜玲与北苑公司于2010年9月6日签订购房合同时，竣工验收、拆迁安置、水电热燃气通讯、物业管理方案四个条件均未成就。即使到目前为止，涉案项目仍未通过竣工验收。颜玲与北苑公司签订的《商品房买卖合同》违反上述规定，应属无效。4. 《中华人民共和国物权法》第一百九十一条规定，抵押期间，抵押人未经抵押权人同意，不得转让抵押财产，但受让人代为清偿债务消灭抵押权的除外。据青岛银行了解，在颜玲与北苑公司于2010年9月6日签订合同时，涉案房产由交通银行享有抵押权，且没有证据证明上述买卖行为获得抵押权人交通银行的同意或者受让人颜玲代为清偿债务消灭抵押权。因此，颜玲与北苑公司签订的《商品房买卖合同》为无效合同。二、青岛银行的抵押权合法有效，应予支持。本案涉及的贷款及在建工程抵押，并非初始发生于2012年，而是涉案项目在2009年贷款及在建工程抵押的延续。2009年9月27日，青岛银行与北苑公司签订《借款合同》，向其放款8 000万元用于涉案项目建设，借款期限为2009年9月27日至2010年9月15日，并于2009年9月28日办理了涉案项目B区的在建工程抵押登记。因涉案工程并未结束，双方于 2010 年 12 月 24 日签订《借款合同》，将贷款金额调整为 6，500 万元，借款期限为 2010 年 12 月 24 日至 2012 年 12 月 14 日，仍以涉案项目 B 区办理在建工程抵押登记。在履约过程中，因 B 区房屋不断被北苑公司对外抵顶工程款等使用，导致 B 区抵押价值不断下降，不能满足要求。2012 年 9 月 18 日，因交通银行撤销了对 A 区的抵押，青岛银行与北苑公司签订《最高额抵押合同》，追加包括涉案房产在内的 A 区在建工程商业部分作为抵押物，并于 2012 年 9 月 27 日办理了在建工程抵押登记。贷款到期后，北苑公司无能力偿还，青岛银行与北苑公司签订《借款展期合同》，将还款期限延至 2013 年 11 月 7 日，抵押物不变，仍为涉案项目 B 区、A 区的在建工程抵押。展期到期后，北苑公司仍无力还款。根据相关规定，青岛银行不能再办理展期，故双方于 2013 年 11 月 28 日签订《借款合同》，以借新还旧的形式办理了展期，还款期限调整至 2014 年 10 月 6 日，抵押物仍然同上。到期后，北苑公司同样无力还款，直至今日。由此可见，虽然涉案房产的抵押登记办理于房屋买卖合同签订之后，但相关在建工程贷款业务开始于房屋买卖之前，只是一直延续至房屋买卖之后，且将涉案房屋追加为抵押物。在青岛银行为包括涉案房屋在内的 A 区商业办理在建工程抵押登记时，涉案项目并未办理预售许可证，亦未竣工验收，青岛银行无从得知北苑公司是否对外出售房产。因此，青岛银行不存在恶意行为，青岛银行与北苑公司签订的抵押合同合法有效。

三、退一步讲，即使颜玲与北苑公司签订的房屋买卖合同有效，青岛银行的抵押权亦应当优于颜玲的购房权受到法律保护。1. 青岛银行的物权请求权优于颜玲的债权请求权。如前所述，青岛银行的抵押权合法有效，青岛银行行使抵押权的权利为物权请求权。颜玲虽然占有涉案房屋，但是其产权未经依法登记，不发生物权效力，亦无其他证据证明颜玲对涉案房屋享有物权。因此，颜玲要求北苑公司办理产权过户登记手续的请求是依据双方签订的房屋买卖合同而产生的债权请求权。现青岛银行就北苑公司的欠款已经申请强制执行，并请求对涉案房屋行使抵押权。根据物权优于债权的理论，青岛银行的物权请求权应当优于颜玲的债权请求权得到法律的保护。2. 本案不适用《最高人民法院关于建设工程价款优先受偿权问题的批复》。首先，《批复》保护的是购买商品房的消费者的生存利益，而颜玲并不属于《批复》中的消费者。《批复》中的消费者含义与《中华人民共和国消费者权益保护法》规定的含义相同，即为生活消费需要购买商品房的消费者，不包括为经营目的而购买商品房的消费者。本案中，颜玲购买的房屋为商业，面积高达 1 800 平方米，且占有涉案房屋后一直出租牟利，年租金收入达数百万元之巨，显然不适用《批复》的规定。另外，根据《最高人民法院关于人民法院民事执行中查封、扣押、冻结财产的规定》第十七条规定，颜玲虽然实际占有涉案房屋，但其仅支付了约 30% 的购房款，尚且不能对抗北苑公司的普通债权人的强制执行中的查封，更遑论青岛银行的抵押权。综上，青岛银行的抵押权应当优先于颜玲的购房权得到法律保护，青岛银行的上述意见亦得到山东省高级人民法院（2015）鲁民提字第 416 号民事判决书的支持。虽然我国并非判例法国家，但是上级人民法院的生效判决亦可以作为裁判的重要参考。颜玲在仅支付 900 万元房款后，就占有使用涉案房屋至今已六年之久，获得了巨额的出租利益。综上所述，青岛银行的抵押权合法有效，且优于颜玲的债权请求权，颜玲的诉讼请求均没有事实与法律依据，应予驳回。

（一）涉案房屋所在工程项目的审批手续办理情况

2007 年 10 月 12 日，青岛市人民政府向青岛市国土资源和房屋管理局作出青政地字［2007］374 号《关于将大连路北、临邑路两侧部分国有土地使用权划拨给青岛北苑房地产开发公司的批复》，载明："同意将大连路北、临邑路两侧面积为 14 277.4 平方米国有土地使用权划拨给青岛北苑房地产开发公司，用于建设经济适用住房，土地用途为住宅（三级类为城镇混合住宅用地）。"

2007 年 10 月 19 日，北苑公司取得大连路 B—5 地块 A 区划拨国有土地使用权，并在青岛市房地产交易中心进行划拨土地设定登记，房地产权证编号为青房地权市字第 200712960 号，面积为 7 037 平方米。

2007 年 12 月 3 日，青岛市规划局为北苑公司核发大连路 B—5 地块改造项目的《建设工程规划许可证》，编号为青规建管字［2007］133 号。2009 年 7 月 10 日，北苑公司取得大连路 B—5 地块 B 区划拨国有土地使用权，并在青岛市房地产交易中心进行划拨土地设定登记，房地产权证编号为青房地权市字第 200947558 号，面积为 7 240.4 平方米。

2008 年 3 月 11 日，青岛市发展和改革委员会、青岛市建设委员会、青岛市国土资源和房屋管理局向青岛市市北区发展和改革局作出青发改投资核〔2008〕13 号《关于核准青岛北苑房地产开发公司大连路 B—5 地块经济适用住房项目的通知》，载明："根据项目核准制管理有关规定，同意核准青岛北苑房地产开发公司开发建设的大连路 B—5 地块经济适用住房项目。"

2009 年 9 月 14 日，青岛市城乡建设委员会为北苑公司核发大连路 B—5 地块改造项目二标段《建筑工程施工许可证》，编号为 370200200909140101 号。2009 年 12 月 11 日，青岛市城乡建设委员会为北苑公司核发大连路 B—5 地块改造项目一标段《建筑工程施工许可证》，编号为 370200200912110301 号。

2015 年 9 月 28 日，青岛市公安消防支队出具青公消验字〔2015〕第 0197 号《建设工程消防验收意见书》，载明：北苑公司开发的大连路 B—5 地块 A 区 1、3、4 号楼住宅及网点、车库建设工程消防验收合格。

（二）颜玲与北苑公司签订及履行房屋买卖合同情况

2010 年 9 月 6 日，颜玲与北苑公司签订《青岛市商品房买卖合同》。合同约定，颜玲购买北苑公司开发的位于青岛市市北区辽宁路 7 号"御苑山水"网点，建筑面积暂测为 1 800 平方米，建筑面积单价为每平方米 20 600 元，按照暂测面积计算总价暂定为 3 708 万元。付款方式和付款期限：颜玲在签订购房合同后一日内，付给北苑公司购房定金 300 万元，在签订合同十个工作日内再付给北苑公司 438 万元购房款，剩余购房款在北苑公司协助颜玲办理好房屋产权手续后 20 日内付清。合同还约定了其他事项。

2011 年 4 月 7 日，颜玲与北苑公司签订《房屋交接书》，载明：北苑公司将青岛市辽宁路 7 号三层网点（暂测面积 1，800 平方米）交付给颜玲，同时确认颜玲已支付 938 万元。北苑公司向颜玲交付涉案房产后，颜玲将涉案房产对外出租。现涉案房屋已经空置。

双方分别于 2011 年 4 月 12 日、2011 年 5 月 6 日、2011 年 6 月 29 日、2011 年 8 月 15 日、2012 年 11 月 21 日签订五份《补充协议》，约定由颜玲追加预付购房款。

根据合同及补充协议约定，颜玲分别于 2010 年 9 月 9 日支付 300 万元、2010 年 9 月 20 日支付 200 万元、2010 年 9 月 28 日支付 160 万元、2010 年 10 月 19 日支付 78 万元、2011 年 3 月 14 日支付 200 万元、2011 年 5 月 9 日支付 200 万元、2011 年 7 月 1 日支付 50 万元、2011 年 8 月 16 日支付 15 万元、2012 年 11 月 21 日支付 50 万元、2012 年 12 月 3 日支付 50 万元。上述款项总计 1 303 万元。

涉案房产至今未办理商品房预售许可证。

后双方发生纠纷，颜玲请求法院判决：1. 北苑公司协助颜玲办理涉案房屋的产权过户登记手续；2. 确认青岛银行与北苑公司对涉案房屋签订的抵押合同无效，青岛银行与北苑公司解除房屋抵押登记。

（三）北苑公司与青岛银行对涉案房屋设定抵押及诉讼情况

2013 年 11 月 28 日，北苑公司与青岛银行分别签订《固定资产借款合同》一份、《最高额抵押合同》两份，将"御苑山水"项目土地及在建工程抵押给青岛银行，借款金额为 6 500 万元，并于 2013 年 12 月 27 日、28 日办理了在建工程抵押登记。2013 年 12 月 31 日，青岛银行向北苑公司发放贷款 6 400 万元。北苑公司至今尚未偿还贷款，亦未办理撤押及展期手续。

2016 年 10 月 8 日，青岛银行向一审法院提起诉讼，请求判令北苑公司、王庆支付欠款本金、利息及罚息。根据青岛银行的申请，一审法院依法作出（2016）鲁 02 民初 1426 号民事裁定书，并于 2016 年 10 月 18 日查封了北苑公司名下包括本案争议房屋在内的多处房屋。审理过程中，各方当事人于 2016 年 11 月 15 日自愿达成如下调解协议：一、北苑公司于 2017 年 3 月 15 日前偿还青岛银行借款本金 6 400 万元、利息 5 648 580.66 元、罚息 1 359 322.76 元（暂计算至 2016 年 9 月 30 日，其后的利息、复利、罚息按照借款合同的约定计算至本息清偿之日止）；二、王庆对上述第一项还款义务承担连带清偿责任，王庆承担保证责任后有权向北苑公司追偿；三、青岛银行对北苑公司提供的抵押担保财产（他项权证号为青房地建市字第 2013165882 号、青房地建市字第 2013166645 号、青房地权市他字第 20146493 号项下）经折价、拍卖或变卖所得价款享有优先受偿权；四、如果未按本调解书指定的期间履行给付金钱义务，应当依照《中华人民共和国民事诉讼法》第 253 条之规定，加倍支付迟延履行期间的债务利息；五、案件受理费 396 840 元，减半收取 198 420 元，保全费 5 000 元，共计 203 420 元，由北苑公司、王庆负担。一审法院据此作出（2016）鲁 02 民初 1426 号民事调解书对上述调解协议予以确认。该调解书已经生效。

2017 年 3 月 22 日，青岛银行以上述民事调解书为执行依据向一审法院申请强制执行。

本案审理中，颜玲明确表示不同意代替北苑公司向青岛银行清偿全部债务以消灭抵押权。

（四）山东省高级人民法院（2016）鲁民终 822 号民事裁定书对颜玲与北苑公司签订的房屋买卖合同效力的认定

山东省高级人民法院于 2016 年 8 月 25 日作出的（2016）鲁民终 822 号民事裁定书已经生效，该裁定书认定："本案中，颜玲与北苑公司于 2010 年 9 月 6 日签订《青岛市商品房买卖合同》时，虽然没有取得商品房预售许可证，但在 2011 年 4 月 7 日北苑公司即将房屋交付颜玲使用，当时签订的预售合同已经转化为现售合同，若涉案建设项目经过政府批准，应当认定有效。原审判决认定涉案合同无效，致使围绕颜玲诉讼请求的基本事实不清。"

一审法院认为，山东省高级人民法院在生效的（2016）鲁民终 822 号民事裁定书中认定，颜玲与北苑公司签订的预售合同已经转化为现售合同，若涉案建设项目经过政府批准，应当认定有效。根据本案查明事实，青岛市人民政府于 2007 年 10 月 12 日作出青政地字［2007］374 号文件，同意将涉案房屋所在土地划拨给北苑公司建设经济适用住房；北苑公司于 2007 年 10 月 19 日、2009 年 7 月 10 日分别取得大连路 B—5 地块 A 区、B 区的划拨国有土地使用权，并分别办理了划拨土地设定登记；青岛市规划局于 2007 年 12 月 3 日为北苑公司核发大连路 B—5 地块改造项目的《建设工程规划许可证》；青岛市发展和改革委员会、青岛市建设委员会、青岛市国土资源和房屋管理局于 2008 年 3 月 11 日作出青发改投资核［2008］13 号文件，同意核准北苑公司开发建设的大连路 B—5 地块经济适用住房项目；青岛市城乡建设委员会于 2009 年 9 月 14 日、2009 年 12 月 11 日为北苑公司分别核发大连路 B—5 地块改造项目二标段、一标段

《建筑工程施工许可证》；青岛市公安消防支队于 2015 年 9 月 28 日为北苑公司出具青公消验字［2015］第 0197 号《建设工程消防验收意见书》，对北苑公司开发的大连路 B—5 地块 A 区 1、3、4 号楼住宅及网点、车库建设工程消防验收合格。上述事实，足以证明涉案建设项目经过政府批准。因此，颜玲与北苑公司签订的房屋买卖合同有效，一审法院予以确认。

根据《最高人民法院关于适用〈中华人民共和国担保法〉若干问题的解释》第六十七条的规定，抵押权存续期间，抵押人转让抵押物未通知抵押权人或者未告知受让人的，如果抵押物已经登记的，抵押权人仍可以行使抵押权；取得抵押物所有权的受让人，可以代替债务人清偿其全部债务，使抵押权消灭；受让人清偿债务后，可以向抵押人追偿。本案中，一审法院在生效的（2016）鲁 02 民初 1426 号民事调解书中确认，青岛银行对北苑公司提供的包括本案争议房屋在内的抵押担保财产享有优先受偿权。颜玲明确表示不同意代替北苑公司向青岛银行清偿全部债务以消灭抵押权，在此情况下，颜玲要求北苑公司协助办理涉案房屋的产权过户登记手续，条件尚不成就，一审法院在本案中不予处理。颜玲可在北苑公司还清银行贷款本息消灭抵押权后，另行主张权利。

生效的（2016）鲁 02 民初 1426 号民事调解书已经确认，青岛银行对北苑公司提供的包括本案争议房屋在内的抵押担保财产享有优先受偿权。在此情况下，颜玲要求判决确认青岛银行与北苑公司对涉案房屋签订的抵押合同无效并要求青岛银行与北苑公司解除在涉案房屋上设立的抵押登记，应通过审判监督程序或第三人撤销之诉程序解决，一审法院在本案中对此亦不予处理。

据此，一审法院裁定：驳回颜玲的起诉。案件受理费 227 200 元，退回颜玲。诉讼保全费 5 000 元，由颜玲负担。宣判后，各方当事人均未提起上诉。

【案件评析】

根据《最高人民法院关于审理商品房买卖合同纠纷案件适用法律若干问题的解释》第二条的规定，出卖人未取得商品房预售许可证明，与买受人订立的商品房预售合同，应当认定无效，但是在起诉前取得商品房预售许可证明的，可以认定有效。该款规定的无效情形限于预售合同，且该无效并非绝对无效，可以经过事后补正。对于起诉前合同标的物已经由期房转化为现房的商品房预售合同效力认定问题，基于现房销售无需取得预售许可证可以直接进入市场交易，人民法院应当遵循《中华人民共和国合同法》立法宗旨，尊重当事人真实意思表示，在不损害国家、集体或者第三人利益原则下，积极补正认定房屋买卖合同有效，促进市场流通并维护诚信交易。作为房地产开发企业的出卖人一直未取得开发项目的商品房预售许可证明，但建设用地规划许可证、国有土地使用证等手续齐全，如果合同已经基本履行完毕或者房屋已交付买受人使用多年，买受人请求继续履行合同的，为维护交易安全和社会稳定，应当认定商品房买卖合同有效。至于开发商违规开发问题，应当由行政主管部门另行处理，不应影响合同的履行。本案中，虽然涉案房屋在起诉前并未取得商品房预售许可证明，但北苑公司已经将房屋交付颜玲使用多年，双方签订的预售合同已经转化为现售合同，如果涉案建设项目经过政府批准，应当认定双方签订的房屋买卖合同有效。

根据《最高人民法院关于适用〈中华人民共和国担保法〉若干问题的解释》第六十七条的规定，抵押权存续期间，抵押人转让抵押物未通知抵押权人或者未告知受让人的，如果抵押物已经登记的，抵押权人仍可以行使抵押权；取得抵押物所有权的受让人，可以代替债务人清偿其全部债务，使抵押权消灭；受让人清偿债务后，可以向抵押人追偿。本案中，一审法院在生效的（2016）鲁02民初1426号民事调解书中确认，青岛银行对北苑公司提供的包括本案争议房屋在内的抵押担保财产享有优先受偿权。颜玲明确表示不同意代替北苑公司向青岛银行清偿全部债务以消灭抵押权，在此情况下，颜玲要求北苑公司协助办理涉案房屋的产权过户登记手续，条件尚不成就，一审法院在本案中不予处理。颜玲可在北苑公司还清银行贷款本息消灭抵押权后，另行主张权利。

（青岛市中级人民法院民一庭团队长　谢雄心）

【十】受害人对损害的发生有过错的，可以减轻侵害人的民事责任

——即墨市鹤山工贸总公司诉青岛圣美纳地毯有限公司房屋租赁合同纠纷案

关键词：房屋租赁合同　损害赔偿　过错责任　消防验收

【裁判要点】

1. 公民、法人由于过错侵害国家的、集体的财产，侵害他人财产、人身的，应当承担民事责任。受害人对于损害的发生也有过错的，可以减轻侵害人的民事责任。

2. 依法成立的合同，对当事人具有法律约束力。当事人应当按照约定履行自己的义务，不得擅自变更或者解除合同。

【相关法条】

1.《中华人民共和国民法通则》第一百零六条第二款：公民、法人由于过错侵害国家的、集体的财产，侵害他人财产、人身的应当承担民事责任。

2.《中华人民共和国民法通则》第一百三十一条：受害人对于损害的发生也有过错的，可以减轻侵害人的民事责任。

3.《中华人民共和国合同法》第八条：依法成立的合同，对当事人具有法律约束力。当事人应当按照约定履行自己的义务，不得擅自变更或者解除合同。依法成立的合同，受法律保护。

4.《中华人民共和国合同法》第一百零七条：当事人一方不履行合同义务或者履行合同义务不符合约定的，应当承担继续履行、采取补救措施或者赔偿损失等违约责任。

【基本案情】

即墨市鹤山工贸总公司（以下简称鹤山公司）向一审法院诉称，其与青岛圣美纳地毯有限公司（以下简称圣美纳公司）于 2012 年 5 月 8 日签订《协议书》，约定鹤山公司将其所有的位于青岛市龙泉镇龙泉鹤山工业园面积为 10，800 平方米的厂房租赁给圣美纳公司使用。合同第四条约定，圣美纳公司有妥善合理使用厂房的义务，并不得毁损。2015 年 4 月 17 日，圣美纳公司在使用厂房过程中，其自行安装的锅炉发生爆炸并引起火灾，造成鹤山公司厂房严重受损，估计损失高达 1，700 万元左右，具体数额以鉴定为准。按照法律规定及合同约定，圣美纳公司应对此次事故所造成的鹤山公司厂房的损坏承担赔偿责任。综上。

圣美纳公司辩称：1. 本次火灾是事实，圣美纳公司无异议。2. 本次火灾相关的调查正在进行，经过初步了解，火灾给鹤山公司造成的厂房损失不到 300 万元，鹤山公司的主张缺乏事实依据。3. 双方合同仍在履行，火灾发生的原因查清后，圣美纳公司会实事求是予以赔偿。4. 根据协议约定，即使涉案厂房有损坏，也应按照厂房的原价进行赔偿，不应按照评估价赔偿。5. 鹤山公司提供给圣美纳公司的厂房未经消防验收，鹤山公司未按照法律规定和合同约定履行义务，应承担较大责任。6. 鹤山公司出租给圣美纳公司的厂房已经使用 15 年，鹤山公司要求圣美纳公司按照新建造厂房的标准进行赔偿，有失公平。7. 涉案火灾事故发生后，圣美纳公司也受到严重损失，鹤山公司应向圣美纳公司赔偿损失，双方的损失可以互相抵偿。综上，请求依法判决驳回鹤山公司的诉讼请求。

一审法院认定事实如下：

一、双方当事人签订及履行房屋租赁合同情况

2012 年 5 月 8 日，鹤山公司（甲方）与圣美纳公司（乙方）签订《协议书》。协议第一条约定，甲方拥有厂房和场地一处，位于青岛市龙泉镇烟青一级路东，其中厂房建筑面积为 10 800 平方米，由乙方租赁用于生产经营，水电费由乙方直接与供电供水部门结算；出租的建筑物符合图纸要求，布局合理，水电设施齐全，场地平整，道路畅通，并符合国家有关规定。协议第二条约定，租赁期限共计 10 年，自 2012 年 8 月 1 日起至 2022 年 7 月 31 日止。协议第三条约定，厂房每平方米每年租赁费为 75 元，共计 81 万元/年。协议第五条约定：1. 建筑物结构按设计年限，墙

面、地面、屋面漏水保修 5 年，5 年后租赁物的维修费用由乙方承担，不经甲方同意和设计部门许可，乙方不得擅自改建和扩建。2. 租赁期内，乙方应当妥善合理使用厂房，搞好厂房内环境卫生，保持厂房整洁。3. 乙方不经甲方同意，不得扩建或改建，不得毁损，届时应完好地归还厂房及场地以及水电设施；如有损坏，乙方原价赔偿。双方还约定了其他事项。

涉案厂房于 2001 年竣工，鹤山公司于 2002 年 5 月 8 日取得涉案厂房的房屋所有权证，证号为即房自字第 002299 号。

2015 年 4 月 17 日，圣美纳公司在使用涉案厂房过程中，因其自行安装的锅炉发生爆炸并引起火灾，造成鹤山公司厂房受损。圣美纳公司安装锅炉时，未办理有关登记手续。庭审中，圣美纳公司称其安装锅炉经过鹤山公司口头同意，但未提交证据予以证明，鹤山公司不予认可。鹤山公司起诉请求法院判决：1. 圣美纳公司向鹤山公司赔偿因火灾给鹤山公司造成的厂房损失 1 700 万元（具体数额以鉴定为准）；2. 诉讼费、保全费由圣美纳公司承担。

二、当事人自行委托评估机构对涉案厂房受损及维修费用进行评估及质证情况

本案审理中，鹤山公司（甲方）与圣美纳公司（乙方）于 2015 年 6 月 30 日签订《共同委托评估鉴定协议》。协议约定：1. 甲、乙双方共同委托青岛理工大学建筑设计研究院，对 2015 年 4 月 17 日火灾导致甲方受损房屋的损失程度、损失数额、预计需要维修费用进行评估鉴定；2. 青岛理工大学建筑设计院收取的评估鉴定费用，由乙方承担；3. 本协议自双方盖章之日起生效，未尽事宜由双方另行签订补充协议，补充协议与本协议具有同等法律效力。

2015 年 7 月 10 日，圣美纳公司（甲方）与青岛理工大学（乙方）签订《技术服务合同》。合同约定：甲方委托乙方就青岛市龙泉镇烟青一级路东侧建筑物质量进行如下鉴定：1. 在现场对其结构形式、结构布置、建筑结构构件的材料强度、构件的损伤状况进行检测，鉴定其存在安全隐患的部位或问题；2. 对建筑物出具书面鉴定意见。

2015 年 8 月 14 日，青岛理工大学建筑设计研究院作出《鉴定报告》。

鉴定意见及处理建议为：1. 本次火灾对该建筑物结构安全主要影响范围为一层部分和二层全部梁、板、柱，火源和主要可燃物上方的砼预制板受损严重。2. 过火区域二层和一层 A 轴 13 轴 D 轴 6 轴 F 轴 17 轴所围预制板初步鉴定评级为 IV 级，详细鉴定评级为 d 级；该区域梁、柱初步鉴定评级为 IIb 级，详细鉴定评级为 c 级。其它过火区域预制板初步鉴定评级为 III 级，详细鉴定评级为 d 级；该区域梁、柱、初步鉴定评级为 IIa 级，详细鉴定评级为 b 级。3. 应对一层顶、二层顶过火范围内的预制混凝土顶板进行拆除替换。4. 应对一层、二层过火范围内因火灾发生变质的梁、柱混凝土剔除并适当增大截面尺寸。5. 建议对一层顶距离过火范围较近的预制砼顶板进行加固处理。6. 因原设计依据标准年限较老，使用以上方法可以恢复原设计使用功能。

2015 年 8 月 18 日，青岛静力工程股份有限公司作出《即墨鹤山工业园厂房加固改造预算书》。结论为：加固改造费用合计参考价为 1，954，012.74 元。

2015 年 10 月 20 日，青岛理工大学建筑设计研究院作出《鹤山工业园厂房检测鉴定报告补充说明》。内容为：依据圣美纳公司、鹤山公司委托对鹤山工业园厂房检测鉴定的要求，我院已经完成对受损厂房损失程度的鉴定以及加固措施的分析，并出具鉴定报告。我院根据实际情况需要，同意青岛静力工程股份有限公司对鹤山工业园厂房加固出具加固施工预算。该公司具有特种专业工程承包（结构补强）资质，应依据我院出具的鉴定报告及相关规范出具合法的加固施工预算。

鹤山公司质证称：1. 对上述鉴定报告、预算书、补充说明的真实性无异议；2. 双方签订的《共同委托评估鉴定协议》约定鉴定的内容是受损房屋的损失程度、损失数额、预计需要维修的费用，圣美纳公司委托青岛理工大学鉴定的内容与上述约定不符；3. 青岛静力工程股份有限公司并非双方协议约定的委托鉴定单位；4. 上述鉴定意见由圣美纳公司单方委托鉴定，与涉案厂房实际受损情况不符。综上，请求法院依法委托鉴定机构对涉案厂房的损坏情况及维修费用进行司法鉴定。

圣美纳公司质证称：1. 同意按照青岛静力工程股份有限公司作出的加固改造预算书，向鹤山公司赔偿维修费用 1 954 012.74 元；2. 如鹤山公司不同意上述意见，由双方共同委托具有加固改造资质的青岛静力工程股份有限公司对涉案厂房进行加固改造。

一审法院经审查认为，鹤山公司与圣美纳公司签订《共同委托评估鉴定协议》，约定双方共同委托青岛理工大学建筑设计研究院对涉案厂房的损失程度、损失数额、预计需要维修费用进行评估鉴定。圣美纳单方与青岛理工大学签订《技术服务合同》，而青岛静力工程股份有限公司并非双方协议约定的委托鉴定单位，且委托鉴定的内容与双方当事人约定的内容不符。因上述鉴定内容背离了双方当事人的合同约定，鉴定范围不能充分反映涉案厂房的全部受损情况，故一审法院对该鉴定意见不予采纳。

三、当事人申请法院委托鉴定机构对涉案厂房受损及维修费用进行评估及质证情况

根据鹤山公司的申请，一审法院依法委托青岛时代建筑工程司法鉴定所、青岛市建筑设计研究院集团股份有限公司、青岛建安工程造价咨询有限公司对涉案厂房的损失、损失与火灾是否存在因果关系、修复及重建费用进行司法鉴定。

青岛时代建筑工程司法鉴定所经鉴定于2016年2月4日出具《司法鉴定意见书》，鉴定意见为：1.4号院主车间。通过初始调查，根据构件表面颜色变化、裂缝与剥落、灼烧损伤，设备外观及其他现象，结合构件的关联程度，建筑物火灾后损伤程度，鹤山公司4号院主车间主体结构综合评定为：一层结构一、二区火灾后混凝土构件耐久性受损损伤，应采取措施处理；一层三、四区和整体二层主体结构不满足火灾后d级的承载力要求，严重影响结构安全，必须及时或立即采取加固或拆除更换措施，建议拆除。2.4号院主车间周边建筑物。（1）4号院宿舍楼东立面瓷砖需整体更换，需要换的门窗尺寸及数量见表3.2（表略）；（2）4号院办公仓库、5号院宿舍和办公楼、6号院宿舍和办公楼现状已修复，修复数量现场难以查证；（3）3号院办公楼、宿舍、车间和9号院车间需更换的门窗、铝合金隔断和石膏板尺寸及数量见表4.2、5.2、6.2、9.2（表略）；（4）10号院车间两处彩钢瓦屋面需局部更换彩钢瓦。

青岛市建筑设计研究院集团股份有限公司经鉴定于2016年5月30日出具《鉴定意见书》，鉴定意见为：1.4号院主车间加固修缮处理建议：

根据鉴定申请人提供的图纸，该车间原有建筑、结构、给排水、电气四个专业，因火灾导致建筑结构和设备无法使用。故建议建筑专业按照原设计施工，结构专业按照我院出具的结构加固改造图纸施工，给排水和电气专业按照我院图纸施工。2.4 号院主车间周边建筑：（1）4 号院宿舍楼东立面瓷砖处理建议：建议将东立面瓷砖凿除，洒水湿润后，按照原有型号及颜色重新黏贴，损坏门窗按照原有型号规格进行更换处理。（2）3 号院办公楼、宿舍、车间和 9 号院车间需要更换的门窗、铝合金隔断和石膏板尺寸数量按照青岛时代建筑工程司法鉴定所出具的司法鉴定意见书进行更换处理。（3）10 号院车间两处屋顶彩钢瓦屋面存在损坏，处理建议：建议将损坏的彩钢瓦拆除更换处理，其型号和规格按照现状处理。特别说明：按照现行规范相关要求，改造加固设计需要按照现行规范进行设计，现行规范与原施工时规范存在差异，已在设计图中进行说明。

青岛建安工程造价咨询有限公司经鉴定于 2016 年 9 月 8 日出具《工程造价司法鉴定报告》，鉴定结论为：根据现有送鉴资料计算的鹤山公司申请鉴定的工程修复造价为 8 116 979.53 元。特别事项说明：1. 送鉴材料内做法不明确的，以现场为准；2. 本鉴定造价基准时间为 2015 年 11 月 18 日。

鹤山公司质证称，对上述鉴定意见书和鉴定报告的真实性和鉴定结论均无异议。

圣美纳公司质证称：1. 对青岛时代建筑工程司法鉴定所出具的鉴定意见基本无异议，认可综合评定一层结构梁柱一、二区为 IIa 级，一层、二层三、四区除个别梁柱灼烧严重评定 IV 级外，其余评定为 III 级或 IIb 级的鉴定意见。2. 对青岛建筑设计研究院集团股份有限公司出具的加固设计方案有异议。（1）根据《火灾后建筑结构鉴定标准》评定损伤状态等级，对结构构件损伤评定为 IIa 级、IIb 级、III 级、IV 级的，均可采取加固和局部更换方案实施。青岛建筑设计研究院集团股份有限公司以鉴定建议和加固难度大为理由，对厂房大部分采取推倒重建的设计方案是不成立的。（2）涉案厂房于 2000 年建造，设计使用年限为 50 年，目前已经使用 16 年。新方案加固完成后，后续使用年限仍然为 50 年，增加了现有厂房使用年限 16 年，违背了加固以恢复原有设计使用功能的前提原则。（3）

原厂房设计按 2000 年以前的设计规范设计，抗震设防为 6 度，新设计规范抗震设防列度提高到 7 度，增加了部分框架梁柱，将部分预应力空心板改为现浇板，梁柱配筋大大增加，且增加了消防系统等原来没有的使用功能，造成工程造价大幅度增加，违背了修旧如旧的原则。综上，涉案厂房应全部采用加固设计方案，选择有类似加固设计经验的设计院进行加固设计，在此基础上由双方协商相关费用。

根据圣美纳公司的申请，一审法院依法要求鉴定人员出庭接受质询。鉴定人员答复：1. 圣美纳公司提出的对涉案厂房部分损伤部分进行加固的方案，从结构整体性和工程造价上看，可能造价更高，且不易实现，不经济，也难以保证结构安全；2. 鉴定机构出具的修复方案，是按抗震 6度设计，并未超出原设计规范的抗震等级；3. 因涉案厂房毁损严重，无法看出涉案厂房的消防设施是否施工或安装。

一审法院经审查认为，鉴定机构基于涉案厂房结构安全、工程造价的经济性、施工的难度等多种因素考虑，对部分受损房屋进行加固设计，对其余部分房屋进行拆除重做设计，并无不当，一审法院予以采纳。圣美纳公司要求对涉案厂房全部采用加固设计方案，缺乏法律依据和专业意见支持，一审法院不予采纳。

四、涉案厂房消防验收情况

本案审理中，根据圣美纳公司的申请，一审法院依法委托山东省即墨市人民法院向即墨市公安消防大队调取涉案厂房的消防验收资料。该消防大队于 2017 年 3 月 7 日向法院出具《证明》，载明："经查阅我大队现有档案，鹤山公司租赁给圣美纳公司使用建筑，未发现办理消防相关手续资料。"

鹤山公司称：涉案厂房竣工时并不需要办理消防验收，故该公司未办理消防验收或备案；圣美纳公司于 2012 年租赁涉案厂房，即使需要办理消防验收，也应当由实际使用者圣美纳公司完成办理手续。圣美纳公司则称：依据 1998 年 9 月 1 日实施的《中华人民共和国消防法》第 10 条的规定，建设工程竣工时，必须经过消防验收，否则不得投入使用；依据 1997 年 3 月 1 日实施的《建设工程消防监督审核管理规定》第 4、9、15条的规定，设计图纸必须经过消防审核才能开工建设；根据 2002 年实施的《机关、团体、企业、事业单位消防安全管理规定》第8条的规定及双方协议第1条第2款的约定，鹤山公司提供给圣美纳公司的厂房应当符合国家相关规定。

五、圣美纳公司在火灾中的损失情况

本案审理中，圣美纳公司向一审法院提交由青岛泰衡正秉价格评估咨询有限公司于2015年8月19日出具的《价格评估报告》，价格评估结果为：即墨市鹤山工业园烟青一级路东侧四号圣美纳公司火灾损失于2015年4月17日的评估价格为20 026 216.65元。圣美纳公司据此主张，因涉案火灾发生导致该公司损失2 000余万元。鹤山公司质证称：1. 从报告的内容看，系圣美纳公司单方委托的所谓火灾损失评估，对真实性无法核实。2. 该评估结果既是圣美纳公司的火灾损失，又系其单方委托，与本案没有关联性，对此不予认可；3. 圣美纳公司主张鹤山公司应对该损失承担责任，至少目前没有证据予以证明。4. 圣美纳公司并未对此提起反诉，不属于本案审理范围。

一审法院经审查认为，圣美纳公司提交的《价格评估报告》系其单方委托，且圣美纳公司并未对其损失提起反诉，故一审法院对其该项主张不予审理。

一审法院认为，鹤山公司与圣美纳公司签订的房屋租赁合同合法有效，双方均应依约履行。根据合同第五条的约定，未经鹤山公司同意和设计部门许可，圣美纳公司不得擅自对涉案厂房进行改建和扩建，且不得毁损，如有损坏应原价赔偿。圣美纳公司未经鹤山公司同意和设计部门许可，擅自在涉案厂房中安装锅炉，且因锅炉发生爆炸并引起火灾，造成鹤山公司厂房严重受损，依法应向鹤山公司承担损失赔偿责任。本案争议的焦点是：鹤山公司是否应对涉案厂房的损失承担相应的法律责任。

根据1997年3月1日实施的中华人民共和国公安部第30号令《建筑工程消防监督审核管理规定》第四条的规定，建设单位应当将新建、改建、扩建、建筑内部装修以及用途变更工程项目的消防设计图纸和资料送公安消防监督机构审核，并填写相应的《建筑消防设计防火审核申报表》、《自动消防设施设计防火审核申报表》或者《建筑内部装修设计防火审核申报表》，经审核批准后，方可开工兴建。根据该规定第九条的规定，建设单位应当向公安消防监督机构提出工程消防验收申请，送达建筑消防设施技术测试报告，填写《建筑工程消防验收申报表》，并组织消防验收；消防验收不合格的，施工单位不得交工，建筑物的所有者不得接收使用。本案中，涉案厂房于 2001 年竣工，依法应受上述公安部 30 号令的约束。鹤山公司未经消防验收即对涉案厂房接收使用，违反了公安部的强制性规定，致使厂房存在消防安全隐患。一审法院据此认定，鹤山公司对涉案厂房因火灾造成的损失依法应承担相应的法律责任。综合考虑圣美纳公司擅自安装锅炉引发爆炸是引起火灾的直接原因，以及圣美纳公司亦在火灾中发生财产损失的事实，一审法院酌情认定圣美纳公司对涉案厂房损失承担 80% 的责任，鹤山公司承担 20% 的责任。因此，圣美纳公司应向鹤山公司支付工程修复费 6 493 583.62 元（8 116 979.53 元×80%）。

据此，一审法院判决：（一）圣美纳公司于判决生效之日起十日内向鹤山公司支付工程修复费 6 493 583.62 元；（二）驳回鹤山公司的其他诉讼请求。案件受理费 128 800 元，鉴定费 462 722 元，共计 475 522 元，由鹤山公司负担 293 884 元，圣美纳公司负担 181 638 元。保全费 5 000 元，由圣美纳公司负担。

圣美纳公司不服，提起上诉。二审法院经审理判决：驳回上诉，维持原判。二审案件受理费 79 195 元，由鹤山公司负担 21 940 元，圣美纳公司负担 57 255 元。

【案件评析】

公民、法人由于过错侵害国家的、集体的财产，侵害他人财产、人身的，应当承担民事责任。受害人对于损害的发生也有过错的，可以减轻侵害人的民事责任。本案中，圣美纳公司未经鹤山公司同意和设计部门许可，擅自在涉案厂房中安装锅炉，且因锅炉发生爆炸并引起火灾，造成鹤山公司厂房严重受损，依法应向鹤山公司承担损失赔偿责任。

根据 1997 年 3 月 1 日实施的中华人民共和国公安部第 30 号令《建筑工程消防监督审核管理规定》第四条的规定，建设单位应当将新建、改建、扩建、建筑内部装修以及用途变更工程项目的消防设计图纸和资料送公安消防监督机构审核，并填写相应的《建筑消防设计防火审核申报表》、《自动消防设施设计防火审核申报表》或者《建筑内部装修设计防火审核申报表》，经审核批准后，方可开工兴建。根据该规定第九条的规定，建设单位应当向公安消防监督机构提出工程消防验收申请，送达建筑消防设施技术测试报告，填写《建筑工程消防验收申报表》，并组织消防验收；消防验收不合格的，施工单位不得交工，建筑物的所有者不得接收使用。本案中，涉案厂房于2001年竣工，依法应受上述公安部30号令的约束。鹤山公司未经消防验收即对涉案厂房接收使用，违反了公安部的强制性规定，致使厂房存在消防安全隐患。一审法院据此认定，鹤山公司对涉案厂房因火灾造成的损失依法应承担相应的法律责任。

依法成立的合同，对当事人具有法律约束力。当事人应当按照约定履行自己的义务，不得擅自变更或者解除合同。本案中，鹤山公司与圣美纳公司签订《共同委托评估鉴定协议》，约定双方共同委托青岛理工大学建筑设计研究院对涉案厂房的损失程度、损失数额、预计需要维修费用进行评估鉴定。圣美纳单方与青岛理工大学签订《技术服务合同》，而青岛静力工程股份有限公司并非双方协议约定的委托鉴定单位，且委托鉴定的内容与双方当事人约定的内容不符。因上述鉴定内容背离了双方当事人的合同约定，鉴定范围不能充分反映涉案厂房的全部受损情况，故一审法院对该鉴定意见不予采纳。

（青岛市中级人民法院民一庭审判员　谢雄心）

【十一】合同的权利义务终止后，当事人应履行通知、协助、保密等附随义务

——青岛联信置业投资有限公司诉初环绕合资、合作开发房地产合同纠纷案

关键词：合资　合作开发房地产　权利义务终止　附随义务

【裁判要点】

合同的权利义务终止后，当事人应当遵循诚实信用原则，根据交易习惯履行通知、协助、保密等义务。

【相关法条】

《中华人民共和国合同法》第九十二条：合同的权利义务终止后，当事人应当遵循诚实信用原则，根据交易习惯履行通知、协助、保密等义务。

【基本案情】

（一）联信公司与初环绕签订及履行合同情况

2004年11月20日，联信公司（甲方）与初环绕（乙方）签订《联建合作合同》，约定双方联建"莱西汽车配件商贸城"项目，土地面积为18,679.7平方米，房屋建筑面积为24,245平方米。合同第四条约定，甲方权利与义务：（1）项目开发完毕后，甲方有权取得3号楼6轴线以东部分及4号、5号楼全部约计9,505平方米房屋的所有权；（2）负责土地出让金和办理项目开发的相关手续（选址意见书、用地规划许可证、建设工程规划许可证、开工许可证、销售许可证、房产证等）费用及文件。（3）负责处理协调与地方各部门的关系。乙方权利与义务：（1）项目开发完毕后，乙方有权取得1、2号楼及3号楼6轴线以西部分约计14,802平方米房屋的所有权。（2）负责项目红线内工程，包括土建、水电、道路

硬化、雨污水所需的所有资金，且负责选定施工队伍及对工程的全部管理。（3）负责上述资金的管理、审核、批准，并按工程进度拨款。合同第九条约定，甲乙双方共同委托房屋营销公司对房屋进行销售，并统一制定起步价。合同还约定了其他事项。

2005年10月22日，联信公司（甲方）与初环绕（乙方）签订《合同书》，约定双方联建合作的莱西汽配城项目因情况发生变化，致使无法继续联建剩余工程。合同约定：（一）本合同签订后，剩余1号、5号、6号（原4号）楼工程的开发建设由甲方自行安排，不再按双方于2004年11月20日签订的《联建合作合同》执行。（二）2、3号楼双方按照2004年11月20日签订的《联建合作合同》继续履行。乙方必须于2005年12月31日前将室内外全部工程施工完毕，甲方应于施工完毕后的15个工作日内办理完毕竣工验收手续，交付使用。（三）甲乙双方互不因与剩余工程相关的事项要求对方承担责任。（四）本合同一式四份，双方各执二份，自双方签字盖章之日起生效。

2006年1月18日，涉案工程通过竣工验收。

2010年4月14日，联信公司到山东省莱西市房产管理局办理房屋登记手续，将莱西汽车配件商贸城2、3号楼的房地产权证登记在该公司名下，证号为房权证西房自字第2806号，建筑面积为5,597.98平方米。该房屋所有权证登记的房屋包括：3号楼1—2层的3—01、3—02、3—67、3—68、3—69号房屋，3层的3—301、3—302号房屋，4层的3—401、3—402号房屋，3号楼房屋面积为1,118平方米；2号楼除2—01号房屋之外的其余房屋，2号楼房屋面积为4,479.98平方米。上述2、3号楼房屋面积合计5,597.98平方米，房屋位置与编号详见房权证西房自字第2806号房屋所有权证。

（二）联信公司与初环绕之间有关诉讼情况

2011年5月24日，初环绕向山东省莱西市人民法院提起诉讼，请求法院判决：1.解除联信公司与初环绕签订的《联建合作合同》，联信公司赔偿初环绕经济损失12 554 096万元；2.诉讼费由联信公司承担。审理中，该法院根据初环绕的申请，依法委托山东舜华房地产评估造价咨询有限公司对双方争议房屋的市场价进行评估，鉴定结论为：莱西汽车配件商贸城2、3号楼的房产，在估价基准日2011年9月6日的所有权价值为12 554 096元。该法院经审理认为，根据物权法的规定，不动产物权经依法登记发生效力，即联信公司已从法律意义上对莱西汽车配件商贸城2、3号楼取得了所有权。联信公司的行为导致初环绕的商品房销售不能，致使初环绕无法实现联建合同所能达到的预期目的。根据物权法的规定，物权人因他人侵权的行为而造成的损失，物权人可以直接请求侵害人赔偿损失，因此给初环绕造成的损失应该由联信公司负担。据此，该法院于2011年11月18日作出（2011）西民初字第2082号民事判决书，判决：（一）解除联信公司与初环绕签订的《联建合作合同》；（二）联信公司付给初环绕莱西汽车配件商贸城2、3号楼折价款12 554 096元；（三）联信公司付给初环绕鉴定费5万元。上述二、三项于判决生效后10日内履行。案件受理费111 200元，保全费5 000元，速递费60元，均由联信公司负担。宣判后，联信公司不服，提起上诉。该案二审法院经审理于2013年3月28日作出（2012）青民一终字第527号民事判决书，判决驳回上诉，维持原判。上述判决书均已经发生法律效力。

2013年9月12日，初环绕向山东省莱西市人民法院提起诉讼，请求判决：联信公司赔偿初环绕以莱西汽车配件商贸城2、3号楼房屋在估价基准日的所有权价值12 554 096元为基数，自估价基准日起至（2012）青民一终字第527号民事判决确定的折价款支付之日止的利息损失，共计1 244 208.55元。该法院经审理于2014年9月9日作出（2013）西民初字第3029号民事判决书，判决：驳回初环绕的诉讼请求。案件受理费15 998元，速递费60元，合计16 058元，由初环绕负担。初环绕不服该判决，提起上诉。该案二审法院经审理于2015年5月8日作出（2015）青民一终字第491号民事判决书，判决驳回上诉，维持原判。

2013年11月4日，联信公司向山东省莱西市人民法院提起诉讼，请求判决：1. 确认初环绕与刘德用等16人签订的房屋租赁合同无效；2. 初环绕立即向联信公司返还非法占用或出租给刘德用等16人的莱西汽车配件商贸城2、3号楼房屋；3. 初环绕赔偿联信公司经济损失1 949 500元。2014年6月10日，联信公司向山东省莱西市人民法院申请撤回起诉。该法院经审查于2014年6月18日作出（2013）西民初字第3525号民事裁定书，裁定准许联信公司撤回起诉。

（三）本案争议房屋现状

为查明本案事实，一审法院于2015年3月25日依职权组织双方当事人到涉案房屋现场进行勘验。经查，莱西汽车配件商贸城2、3号楼房屋，部分上锁，部分闲置，部分由承租户占有使用，部分闲置房屋存在门窗等部位损坏。各承租户称，房屋分别由案外人郑伟、邹玲、左某等人出租，前期支付了部分租金，后期租金因不知向谁交纳而未支付。部分承租户出示其与邹玲签订的《房屋租赁合同》复印件及初环绕向邹玲出具的《委托书》复印件，称初环绕委托邹玲签订房屋租赁合同并收取租金。勘验过程中，联信公司称：其从未出租过涉案房屋，也未收取过房租。初环绕则称：其从未对外出租过涉案房屋，出租房屋的经办人是郑伟和封某；初环绕于2011年5月24日起诉联信公司之前，双方合作愉快，涉案房屋的租金均由初环绕收取；初环绕并未委托郑伟或邹玲代为出租房屋或收取租金。

庭审中，初环绕自认其于2006年11月21日将涉案房屋中3号楼3—67号房屋抵顶工程款给案外人刘治锁，于2006年12月18日将涉案房屋中2号楼2—15号房屋抵顶工程款给案外人高奎强。初环绕称：该2套房屋已经登记在联信公司名下，联信公司享有房屋所有权；初环绕与刘治锁、高奎强之间属于债权债务关系，与本案无关；初环绕与刘治锁、高奎强正在协商退房事宜，目前刘治锁、高奎强没有同意退房的意思表示。

（四）涉案房屋租金损失及抵顶房屋价值鉴定情况

联信公司请求法院判决：1. 初环绕赔偿联信公司占用莱西汽车配件商贸城2、3号楼自2006年1月18日起至今的房屋租金损失620万元，并向联信公司支付以620万元为基数，自2006年1月18日起至今按照银行同期贷款利率计算的利息；2. 初环绕赔偿联信公司将涉案房屋恢复至2006年1月18日工程竣工状态所需的修理费及涉案房屋自2006年1月18日起至今价值贬损的损失，共计400万元，并向联信公司支付以400万元为基数，自2006年1月18日起至今按照银行同期贷款利率计算的利息；3. 初环绕立即向联信公司腾让并交付莱西汽车配件商贸城2、3号楼房屋；4. 诉讼费由初环绕承担。

　　根据联信公司的申请，一审法院依法委托鉴定机构对莱西汽车配件商贸城2、3号楼房屋在2013年3月28日至2015年10月28日期间的市场租赁价格进行司法鉴定。经鉴定，涉案房屋在上述期间的租金总价为857 203.5元。其中2号楼2—15号房屋的租金总价为19 696.61元，3号楼3—67号房屋的租金总价为17 292.53元。联信公司质证称，该鉴定报告对涉案房屋租金的价值鉴定过低，且房屋租金损失的鉴定期间应为自2006年初环绕实际占有涉案房屋之日起至鉴定报告出具之日止，要求对涉案房屋的租金损失进行重新鉴定。初环绕质证称，不同意对涉案房屋的租金损失进行司法鉴定，且该鉴定报告对涉案房屋租金的价值鉴定过高。双方均认可鉴定过程中不存在程序违法的情形。

　　根据联信公司的申请，一审法院依法委托鉴定机构对莱西汽车配件商贸城2号楼2—15号、3号楼3—67号房屋在2015年10月28日的市场价值进行司法鉴定。经鉴定，2号楼2—15号房屋的总价为52.72万元；3号楼3—67号房屋的总价为32.77万元。联信公司质证称，该鉴定报告对涉案房屋的价值鉴定过低，且因其已经撤回要求初环绕按该房屋的现价值价值进行赔偿的诉讼请求，该鉴定报告对本案失去实际意义。初环绕质证称，不同意对该2套房屋的价值进行司法鉴定，且该鉴定报告对2号楼2—15号房屋的价值鉴定过高。双方均认可鉴定过程中不存在程序违法的情形。

　　联信公司为上述鉴定预先支付鉴定费共计8 561元。

　　一审法院认为，本案系因初环绕与联信公司解除联建合同而引起的纠纷，案由应确定为合资、合作开发房地产合同纠纷。本案争议的焦点是：（一）联信公司要求初环绕腾让并交付涉案房屋的请求是否成立；（二）联信公司要求初环绕赔偿自2006年1月18日起至今的房屋租金损失及利息的请求是否成立；（三）联信公司要求初环绕赔偿将涉案房屋恢复至2006年1月18日工程竣工状态所需的修理费和自2006年1月18日起至今价值贬损的损失及相应利息的请求是否成立。根据双方当事人的诉辩主张及本案查明事实，一审法院分别评判如下：

　　（一）联信公司要求初环绕腾让并交付涉案房屋的请求是否成立

　　一审法院认为，一审法院于2013年3月28日作出的（2012）青民一终字第 527 号民事判决书已经发生法律效力,该判决书判决解除联信公司与初环绕签订的《联建合作合同》,联信公司付给初环绕莱西汽车配件商贸城 2、3 号楼折价款 12 554 096 元。该判决书生效后,联信公司应按照判决内容向初环绕支付房屋折价款 12 554 096 元,初环绕亦应承担合同解除后的相关附随义务。从双方签订的《联建合作合同》和《合同书》来看,双方约定项目开发完毕后,初环绕有权取得莱西汽车配件商贸城 2、3 号楼房屋的所有权;从涉案房屋的租金收取来看,初环绕在庭审中自认,其于 2011 年 5 月 24 日起诉联信公司之前,涉案房屋的租金均由其收取;从对涉案房屋的处分来看,初环绕自认其于 2006 年自行将 2 号楼 2—15 号、3 号楼 3—67 号房屋抵顶工程款给案外人。综合考虑上述因素,一审法院认定涉案房屋在双方于 2011 年发生争议前一直由初环绕实际控制并对外出租牟利。虽然生效的(2012)青民一终字第 527 号民事判决书并未直接判令初环绕向联信公司交付房屋,但在该判决书判令联信公司支付房屋折价款的情况下,基于诚实信用原则和交易习惯,初环绕应向联信公司及时交付房屋。如果涉案房屋内有期限尚未届满的承租户继续对房屋占有使用,则应通知承租人将后续的租赁费交付给联信公司,或将其已经收取的后续租赁费交付给联信公司。本案审理中,初环绕自认其在(2012)青民一终字第 527 号民事判决书生效后未再对涉案房屋出租或设定其他权利负担。因此,在该判决书生效后,初环绕作为涉案房屋的原权利人,应将涉案房屋交付给新的权利人即联信公司,并履行相关的通知、协助等义务。如果初环绕在上述判决生效后对涉案房屋设定了出租或其他权利负担而给联信公司造成损失,则应承担相应的赔偿责任。初环绕主张其对涉案房屋没有交付义务,缺乏事实和法律依据,且有违公平和诚实信用原则,一审法院不予采纳。

关于 2 号楼 2—15 号、3 号楼 3—67 号房屋的交付问题,一审法院认为,生效的(2011)西民初字第 2082 号民事判决书已经确认,联信公司从法律意义上对莱西汽车配件商贸城 2、3 号楼房屋取得所有权。虽然初环绕在本案庭审中称其于 2006 年将 2 号楼 2—15 号、3 号楼 3—67 号房屋抵顶给案外人,但自其陈述的抵顶工程款之日 2006 年 11~12 月至今已经长达 9 年多、自联信公司于 2010 年 4 月 14 日取得该房屋的权属证书至今也有 5 年多，案外人在此期间从未对上述房屋提起诉讼要求确权。初环绕在明知上述房屋已经抵顶给案外人的情况下，在双方之间的历次诉讼中均不予披露，导致联信公司按照鉴定机构评估的价值向其支付了上述房屋的价款，主观上存在明显过错。综合考虑生效法律文书确认联信公司是上述房屋的所有权人，初环绕在庭审中自认其与案外人因以房抵账产生的是债权债务关系，以及初环绕在历次诉讼中均未披露顶账事宜存在的主观过错等因素，一审法院认定初环绕对 2 号楼 2—15 号、3 号楼 3—67 号房屋仍然有向联信公司交付的义务。因上述房屋交付给案外人造成的损失，应由初环绕承担相应的赔偿责任。

（二）联信公司要求初环绕赔偿自 2006 年 1 月 18 日起至今的房屋租金损失及利息的请求是否成立

一审法院认为，一审法院于 2013 年 3 月 28 日作出的（2012）青民一终字第 527 号民事判决书生效后，初环绕至今未向联信公司办理房屋交接手续，未履行交付房屋的义务，致使联信公司至今无法行使对该房屋占有、使用、收益、处分的权利，由此给联信公司造成的损失应予以赔偿。根据一审法院委托鉴定机构作出的鉴定结论，初环绕应向联信公司赔偿房屋租金损失 857 203.5 元。联信公司主张鉴定值过低，初环绕主张鉴定值过高，但均未提交证据予以证明，一审法院不予采信。双方均认可鉴定过程中不存在程序违法的情形，一审法院对该鉴定结论予以确认。根据双方签订的《联建合作合同》和《合同书》的约定，初环绕在双方发生争议前享有莱西汽车商贸城 2、3 号楼房屋的所有权。在一审法院作出的（2012）青民一终字第 527 号民事判决书生效前，联信公司并未对其取得涉案房屋的所有权付出相应对价，从公平原则考虑，初环绕对涉案房屋仍然享有占有、使用、收益的权利。因此，联信公司要求初环绕赔偿 2006 年 1 月 18日至 2013 年 3 月 28 日期间的房屋租金损失，缺乏事实和法律依据，一审法院不予采纳。联信公司要求初环绕在赔偿房屋租金损失的同时承担利息损失，亦缺乏法律依据，一审法院不予支持。

（三）联信公司要求初环绕赔偿将涉案房屋恢复至 2006 年 1 月 18 日工程竣工状态所需的修理费和自 2006 年 1 月 18 日起至今价值贬损的损失及相应利息的请求是否成立

一审法院认为，本案系因初环绕与联信公司解除联建合同而引起的纠纷，案由应确定为合资、合作开发房地产合同纠纷。联信公司要求初环绕赔偿涉案房屋恢复至 2006 年 1 月 18 日工程竣工状态所需的修理费及利息，系侵权纠纷，与本案并非同一个法律关系。因此，一审法院在本案中对其该项请求不予处理。

联信公司要求初环绕赔偿涉案房屋自 2006 年 1 月 18 日起至今价值贬损的损失及利息，但其并未提交证据证明涉案房屋存在价值贬损的情形，依法应承担举证不能的法律后果。况且，涉案房屋的价值随着房价走高而得到提升，是众所周知的事实。因此，一审法院对联信公司的该项请求不予支持。

据此，一审法院判决：（一）初环绕于判决生效之日起十日内，向联信公司交付莱西汽车配件商贸城 2、3 号楼房屋（房屋位置与编号详见房权证西房自字第 2806 号房屋所有权证）；（二）初环绕于判决生效之日起十日内，向联信公司赔偿房屋租金损失 857 203.5 元；（三）驳回联信公司的其他诉讼请求。案件受理费 8.3 万元，由联信公司负担 41 500 万元，初环绕负担 41 500 万元。保全费 5 000 元，由初环绕负担。鉴定费 8 561 元，由初环绕负担。

联信公司、初环绕均不服一审判决，提起上诉。二审法院经审理判决：驳回上诉，维持原判。二审案件受理费 89 642 元，由联信公司负担 77 270 元，初环绕负担 12 372 元。

【案件评析】

根据《中华人民共和国合同法》第九十二条的规定，合同的权利义务终止后，当事人应当遵循诚实信用原则，根据交易习惯履行通知、协助、保密等义务。本案中，生效的民事判决书确认联信公司与初环绕签订的《联建合作合同》解除，并判令联信公司向初环绕支付莱西汽车配件商贸城 2、3 号楼折价款 12 554 096 元。虽然该判决书并未直接判令初环绕向联信公司交付房屋，但在该判决书判令联信公司支付房屋折价款的情况下，基于诚实信用原则和交易习惯，初环绕应向联信公司及时交付房屋，履行合同权利义务终止后的通知、协助等义务。上述判决书生效后，初环绕至今未向联信公司办理房屋交接手续，未履行交付房屋的义务，致使联信公司至今无法行使对该房屋占有、使用、收益、处分的权利，由此给联信公司造成的租金损失应予以赔偿。

本案系因初环绕与联信公司解除联建合同而引起的纠纷，案由应确定为合资、合作开发房地产合同纠纷。联信公司要求初环绕赔偿涉案房屋恢复至工程竣工状态所需的修理费及利息，系侵权纠纷，与本案并非同一个法律关系，不宜本案中合并审理。联信公司要求初环绕赔偿涉案房屋价值贬损部分，但并未提交证据证明涉案房屋存在价值贬损的情形，依法应承担举证不能的法律后果。此外，涉案房屋价值随着房价走高而得到提升，是众所周知的事实，故对联信公司的该项请求不予支持。

（青岛市中级人民法院民一庭审判员　谢雄心）

【十二】明确约定用途的房屋租赁合同影响标的房屋的交付条件

——北京健力源餐饮管理有限公司与青岛宝龙房地产发展有限公司房屋租赁合同纠纷上诉案

关键词：房屋租赁合同　特定用途　交付条件　违约责任

【裁判要点】

合同法第六十条规定，当事人在合同履行中应当遵循诚实信用原则，第六十一条规定，约定不明的当事人可以协议补充，不能达成补充协议的，按照合同有关条款或者交易习惯确定。房屋租赁合同，当事人就租赁物的交付条件约定不明且达不成补充协议的，双方在合同中明确约定的租赁房屋用途，可以作为认定房屋交付标准的重要依据。

合同法第一百二十条规定，当事人双方都违反合同的，应当各自承担相应的责任。合同解除，应当根据各自违反合同的行为，承担相应违约责任。

【相关法条】

《中华人民共和国合同法》第六十条、第六十一条、第一百二十条

【基本案情】

北京健力源餐饮管理有限公司（以下简称健力源公司）在一审中诉称，健力源公司与青岛宝龙房地产发展有限公司（以下简称宝龙公司）于2011年签订了《宝龙城市广场商铺租赁合同》，合同约定：健力源公司承租宝龙公司的商铺开设美食广场，租期8年。健力源公司一直为双方约定的美食广场开业日做准备，聘请专业公司对商铺进行设计、装修，招聘多名工作人员负责筹备美食广场建立，并购买厨房设备等，合计花费3 067 514.4元。现因宝龙公司的违约行为，给健力源公司造成重大经

济损失，为维护健力源公司的合法权益，现诉至法院，请求依法判令：1. 解除双方签订的《宝龙城市广场商铺租赁合同》；2. 宝龙公司支付健力源公司违约金 121 204 元；3. 宝龙公司赔偿健力源公司损失及利息共计 3 395 902.69 元；4. 诉讼费由宝龙公司负担。

宝龙公司在一审中答辩并反诉称，双方于 2011 年签订了租赁合同后，宝龙公司依据合同约定向健力源公司交付了青岛市青山路 689 号李沧宝龙房地产城市广场第四层的 4002、4020、4021 三间商铺，自合同签订至今，健力源公司未依照合同约定向宝龙公司支付租金、履约保证金等，也未依据《物业管理服务协议》支付综合管理费等各种费用。截止 2012 年 12 月 31 日止，健力源公司累计拖欠租金、综合管理费、水电费等各种费用合计 2 432 405.95 元。由于健力源公司的上述行为严重违反了合同约定，构成根本违约，宝龙公司已经依法解除了与健力源公司的租赁合同。现提起反诉，要求判令：1. 确认宝龙公司与健力源公司于 2011 年签订的《宝龙城市广场商铺租赁合同》业已解除。2. 健力源公司向宝龙公司支付租金、综合管理费、水电费等各种费用及其逾期利息合计 2 432 405.95 元（截止 2012 年 12 月 31 日），并自 2013 年 1 月 1 日起按照未付金额的日千分之五向宝龙公司支付逾期利息。3. 自 2013 年 1 月 13 日起，健力源公司按照每月 134 672 元的标准向宝龙公司支付延期占用费。4. 诉讼费由健力源公司负担。

健力源公司针对宝龙公司的反诉辩称：宝龙公司无权单方解除合同，无论是否存在解除条件，其行使解除权的期限也应有所限制，通过发函方式解除合同企图恶意增加健力源公司的损失，宝龙公司在发函之前也从未向健力源公司催收过任何费用。本案的过错方在宝龙公司，因宝龙公司未能提供符合合同要求及使用要求的租赁场所，造成健力源公司无法实现合同目的，宝龙公司无权向健力源公司主张损失。宝龙公司向健力源公司交接租赁场所的行为可视为宝龙公司对合同默认的履行及权利的放弃，健力源公司也已相信宝龙公司将继续履行租赁合同，因而宝龙公司无权主张解除合同。宝龙公司主张的各项费用无具体的依据，健力源公司不予认可。因宝龙公司原因导致健力源公司从未实质上使用租赁场所，宝龙公司也从未向健力源公司提供任何物业服务，水电费应由公共事业单位收取，宝龙公司无权收取。请求依法驳回宝龙公司的反诉请求。

一审法院经审理查明：

2011 年 9 月，健力源公司与宝龙公司签订《宝龙城市广场商铺租赁合同》1 份，主要内容如下：宝龙公司将位于青岛市李沧区青山路 689 号的李沧宝龙城市广场 mall 区第四层 4002 号、4020 号、4021 号商铺 3 间（面积 2244.52 平方米）租赁给健力源公司经营使用，租赁期限 8 年，租赁起始日为商场最迟开业日或健力源公司租赁场所实际开业日（以两者较早发生者为准）。租赁场所的交付日为 2011 年 9 月 25 日（简称"约定交付日"），健力源公司同意，宝龙公司可根据实际工程状况对约定交付日作提前或延后的调整。交付时，租赁场所应达到的交付条件为合同附件 2 所述的交付条件。租赁场所的实际交付日系指健力源公司付清交付前应付的全部费用后，宝龙公司向健力源公司交付租赁场所，且双方办理完交接手续并签署《租赁场所交付确认书》之日（简称"实际交付日"）。宝龙公司交付租赁场所时，健力源公司应自行前往广场与宝龙公司或经营管理公司办理租赁场所的交接手续，且健力源公司应于实际交付日后 3 日内进场装修租赁场所。约定交付日到来之日，若租赁场所仍不符合约定的交付条件，则约定交付日相应顺延。健力源公司同意，若宝龙公司负责完成的上述交付条件存在一定瑕疵，但不影响健力源公司进场开始装修的，则应视为租赁场所符合交付条件，健力源公司应按本合同的约定办理租赁场所的交接手续并签署《租赁场所交付确认书》，而宝龙公司应在交付后继续对上述瑕疵予以修补和完善。双方特别同意，如健力源公司已经实际进场开始或准备开始租赁场所的装修，或健力源公司已实际接收租赁场所的，即应视为租赁场所符合交付条件。自实际交付之日起至租赁起始日的期间为装修期，该装修期不因任何原因而延长。装修期内，健力源公司免于向宝龙公司和经营管理公司支付租金和综合管理费，但健力源公司应自行承担并支付使用租赁场所而产生的费用。宝龙公司同意在租赁期限内给予健力源公司租金缓交期共 12 个月，该租金缓交期不因任何原因而延长，第一个租赁年度的优惠期为 8 个月，第二个租赁年度优惠期为 4 个月。租赁期限内，第一个租赁年度每月租金 60 602 元，第二个租赁年度月租金 67 336 元，第三个租赁年度月租金 74 069 元……综合管理费为每月每平方米

21.5 元，每月 48 257 元。健力源公司应于合同签订之日起五日内预付一个月租金及综合管理费，此后，每季度届满前五日内预付下一季度的租金及综合管理费。如果健力源公司逾期支付预付租金、预付管理费等费用，每逾期一日，应向宝龙公司或经营管理公司支付应付未付款项的 5‰ 作为违约金。合同还约定，健力源公司向宝龙公司缴纳 2 个月租金及 2 个月综合管理费作为履约保证金。履行保证金在整个合同期内由宝龙公司保管，宝龙公司无须向健力源公司支付利息。合同期内，健力源公司不得要求以履约保证金冲抵租金或其他未付款项，但如宝龙公司因健力源公司违约而从履约保证金中扣除相应未付款项、违约金或赔偿金的，健力源公司应在收到宝龙公司通知后 5 日内补足该履约保证金，否则宝龙公司有权以健力源公司根本违约而提前解除合同。本合同非因健力源公司违约而终止时，宝龙公司于健力源公司完成相关退租事项后无息退还健力源公司，任何因健力源公司违约导致宝龙公司提前解除合同的，宝龙公司有权提前解除合同时，没收该履约保证金而不予退还。无论何种原因，本合同解除或终止后，健力源公司应在合同解除或终止次日起 7 日内（简称"退还期"）迁出租赁场所。健力源公司遗留的不可移动的添附物或移动后价值受损的添附物归宝龙公司所有，宝龙公司可自行进行处置。若健力源公司未在退还期内撤离并返还租赁场所且未经宝龙公司的书面同意继续占用租赁场所的，其占用不能视为合同续期或合同续订。自退还届满次日起，健力源公司在占用期间需每个月按相当于合同期满前或合同解除前最后一个月租金的 200% 的标准向宝龙公司支付占用费，不足一个月按一个月计算。除合同另有约定外，如发生以下任何情形之一，均视为健力源公司根本违约，宝龙公司有权提前解除合同：健力源公司逾期超过 15 天未能支付、不支付或者延迟支付租金、综合管理费或其他任何应付给宝龙公司或经营管理公司的费用的；非因宝龙公司原因或不可抗力因素，健力源公司迟延开业超过 30 天的，或者在本合同有效期内擅自停业或歇业超过 7 日的。合同任何一方根本违约或存在其他严重影响对方利益之行为导致合同提前终止的，违约方除应按合同约定承担相应违约责任外，还应向守约方支付相当于违约时月租金标准两倍的违约金。合同约定的开业时间为 2011 年 11 月 11 日，但涉案商铺所在商场实际开业时间为 2011 年 12 月 3 日。

健力源公司还于 2011 年 9 月 19 日与青岛李沧宝龙商业物业管理有限公司（以下简称："宝龙物业公司"）签订《物业管理服务协议》及《消防安全责任书》。其中《物业管理服务协议》约定综合管理费起始计收时间为乙方（健力源公司）商铺租赁合同约定的"最迟开业日"，且无论乙方是否空置商铺均应支付。受有关部门或单位及乙方的委托，甲方（宝龙物业公司）可提供水费、电费、燃（煤）气费等代收代缴服务。上述合同签订后，2011 年 10 月 11 日，健力源公司接收涉案商铺并进场装修，但健力源公司一直没有开业，也未向宝龙公司缴纳租金、物业管理费、水电费、履约保证金等各项费用。2013 年 1 月 5 日，宝龙公司向健力源公司邮寄《解除合同通知书》，通知健力源公司解除双方的租金合同，并要求健力源公司于接到通知后 10 日内搬离涉案商铺。2013 年 12 月 27 日，健力源公司、宝龙公司就商铺内物品进行了交接，2014 年 1 月宝龙公司实际收回商铺，现涉案商铺已经对外出租。

上述事实，有健力源公司提交的租赁合同 1 份、宝龙公司提交的租赁合同 1 份、物业管理服务协议 1 份、消防安全责任书 1 份、财产交接确认书 1 份及健力源公司、宝龙公司陈述一致的笔录在案为凭。

健力源公司称，根据合同约定，健力源公司进场需要宝龙公司提供基础的物业条件，但是自健力源公司入场到装修开展时宝龙公司都没有为健力源公司创造各项条件，导致健力源公司的装修不能继续进行下去，最终停滞，无法实现合同目的，也没法开业。健力源公司提交商铺照片 1 宗及双方沟通的电子函件 1 宗、会议纪要 1 份（均为复印件）以证实其主张。宝龙公司对照片的真实性无异议，称照片的内容只能证明涉案商铺的装修情况，不能证明宝龙公司交付的商铺不符合合同约定，会议纪要及电子函件系复印件，宝龙公司不予认可。且宝龙公司内部有工作平台，邮箱均带有宝龙标识，对于健力源公司主张的涉案邮箱为宝龙公司工作人员的邮箱，宝龙公司不予认可。且根据合同约定，如果健力源公司实际进场或者接收租赁场所开始装修，应该视为租赁场所符合交付条件，本案中，经双方共同查勘现场，健力源公司已经接收了商铺，不存在健力源公司主张的商铺不符合基础交付条件的问题。一审法院依法对宝龙公司方工作人员余某某、温某某进行调查，取调查笔录 2 份，余某某称健力源公司提交的电子函件中收件人的邮箱确是其以前用过的，当时宝龙公司的电脑系统不完善，所以其借了朋友的邮箱，但是其从 2011 年开始就不用此邮箱了。经与宝龙公司方工作人员温某某核实，健力源公司提交的电子函件收件邮箱确为宝龙公司方工作人员余某某的个人邮箱。而健力源公司提交的会议纪要中有部分人系该公司工作人员。健力源公司对上述调查笔录无异议。宝龙公司对上述调查笔录的真实性无异议，但称余某某在离开李沧宝龙后就没有用过该邮箱，公司其他人也不知道有该邮箱，所以也没有给健力源公司有过回复。场地交付时，绝大部分是符合交付条件的，只有部分需要宝龙公司协助完善。该事实，有一审法院的询问笔录及庭审笔录在案为凭。

健力源公司称，因宝龙公司违约，导致健力源公司产生人工损失、宿舍损失、厨房设备投入损失、设计投入损失、装修损失、商户损失共计 3 067 514.4 元，该损失自 2011 年 9 月 11 日损失产生之日至 2013 年 6 月 26 日损失确定之日，按照年利率 6.15% 计算有利息损失 328 392.29 元，上述共计 3 395 902.69 元。宝龙公司并应支付健力源公司相当于两个月租金的违约金 121 204 元。健力源公司提交宿舍租赁费收据 1 份、健力源公司与第三方厨房采购合同及支付凭证、健力源公司与第三方装饰公司合同及付款凭证、建筑装饰工程施工合同及付款凭证、部分转租商铺的索赔函、授权委托书、私营企业登记信息查询结果及证人李某的当庭证言以证实其主张。宝龙公司对上述证据的真实性有异议，对证人证言不予认可，对健力源公司主张的损失及违约金不予认可。

经宝龙公司申请，一审法院依法委托山东大信工程造价咨询有限公司就健力源公司的装修工程造价进行评估。该评估公司向一审法院出具评估报告 1 份，称健力源公司已经完成装修工程造价为 1 202 907.45 元；健力源公司已进场未使用的部分装修材料为 65 537.78 元；健力源公司已进场未使用的部分设备为 114 690.4 元，共计 1 383 135.63 元。宝龙公司预交评估费 20 682 元。宝龙公司对该评估报告无异议。健力源公司称该鉴定报告的评估价格偏低，审价范围不完整，缺少大量的工程内容，没有考虑部分施工措施内容，没有考虑垃圾清运费，不予认可。该事实，有山东大信工程造价咨询有限公司司法鉴定报告书 1 份、答复函 1 份及庭审笔录在案为凭。

庭审中，健力源公司就涉案合同履行后的可得利益损失申请进行评估，后一审法院依法委托青岛中天华资产评估有限公司进行评估，2013年4月16日，该评估公司向一审法院出具退案说明，称因申请人无法提供评估相关资料，特将案件退回。该事实，有青岛中天华资产评估有限公司的退案说明及一审法院的司法鉴定委托书、庭审笔录在案为凭。

健力源公司称，双方于2013年12月27日进行了财产交接，故租赁合同的解除时间应为2013年12月27日。宝龙公司称其于2013年1月5日向健力源公司邮寄解除合同通知书，据宝龙公司查询，健力源公司于第二日就收到了函件，故应以2013年1月6日为双方租赁合同的解除时间。该事实，有一审法院的庭审笔录在案为凭。

宝龙公司称，因健力源公司违约，应承担如下违约责任：自2011年12月1日至2012年12月31日，健力源公司共欠付租金242 408元、物业管理费627 341元，共计869 749元，健力源公司应按合同约定向宝龙公司支付该款项的逾期付款违约金，自2013年1月1日起至判决生效之日止按照日千分之五的标准计算；健力源公司实际使用水电费5 578.45元，应支付宝龙公司；相当于解除合同时两个月租金标准的违约金134 672元；因宝龙公司于2013年1月5日通知健力源公司解除合同，并通知其7日内从涉案商铺搬离，而宝龙公司于2014年1月才实际收回涉案商铺，故健力源公司应自2013年1月13日开始至2013年12月31日按照月租金标准的两倍计算，向宝龙公司支付延期占用费；向宝龙公司补交优惠期租金552 152元。宝龙公司还提交宝龙物业公司出具的委托书及营业执照和组织机构代码证，以证实宝龙物业公司委托宝龙公司向健力源公司收取物业管理协议涉及的物业管理费及水电费等费用。健力源公司称其一直处于装修期，按照合同约定宝龙公司不能收取租金及违约金，且在装修期间，宝龙公司没有提供相应的管理服务，没有配合健力源公司装修工作，无权收取综合管理费。2012年1月初，健力源公司就已经停止了装修并不再实际控制涉案商铺，并且也没有影响宝龙公司继续招商引资，不存在延期占用费问题。健力源公司对宝龙公司提交的营业执照及组织机构代码证无异议，但对委托书的真实性及证明事项均有异议，称该物业公司与宝龙公司系关联企业，有利害关系，故对此不予认可，宝龙公司非物业合同主体，且根据目前情况，不具备支付物业管理费的条件。

一审法院认为：健力源公司、宝龙公司就涉案青岛市李沧区青山路689号的李沧宝龙城市广场mall区第四层4002、4020、4021号商铺3间签订的租赁合同，系双方的真实意思表示，合法有效，一审法院对此予以确认。双方均应按合同约定享有各自的权利并履行各自的义务。本案中，虽健力源公司于2011年10月11日入场装修，但健力源公司并未在合同约定的商场开业日之前（2011年12月3日）装修完毕并按期开业。故本案的焦点问题为：造成双方签订的租赁合同无法继续履行的责任方是谁，也即合同违约方是谁。虽健力源公司主张因宝龙公司不能按照合同附件2的约定向健力源公司提供符合合同要求及使用要求的租赁场所，导致健力源公司无法继续装修，但是双方合同明确约定："交付时，租赁场所应达到的交付条件为合同附件2所述的交付条件。约定交付日到来之日，若租赁场所仍不符合约定的交付条件，则约定交付日相应顺延。健力源公司同意，若宝龙公司负责完成的上述交付条件存在一定瑕疵，但不影响健力源公司进场开始装修的，则应视为租赁场所符合交付条件，健力源公司应按本合同的约定办理租赁场所的交接手续并签署《租赁场所交付确认书》，而宝龙公司应在交付后继续对上述瑕疵予以修补和完善"。"双方特别同意，如健力源公司已经实际进场开始或准备开始租赁场所的装修，或健力源公司已实际接收租赁场所的，即应视为租赁场所符合交付条件"。故健力源公司2011年10月11日办理了物业交接手续并入场进行装修的事实，应认定其认可宝龙公司交付的商铺符合交付条件，但是其提交的电子邮件亦说明宝龙公司交付的场地存在一定的瑕疵，宝龙公司也自认场地交付时，绝大部分是符合交付条件的，有部分需要宝龙公司协助完善，故宝龙公司应按照合同约定予以修补和完善。但双方在随后的场地装修工作中就宝龙公司如何进一步完善租赁场地的基础条件未达成一致的合意，健力源公司提交的证据也不足以证实宝龙公司的行为导致无法继续履行合同。故双方就该租赁合同无法继续履行的后果均负有一定的过错，考虑到本案的实际情况，以双方各负担50%的责任为宜。

因双方均主张租赁合同已经解除，关于合同解除的时间问题，一审法院认为，健力源公司于2012年12月17日向一审法院起诉后，宝龙公司于 2013 年 1 月 5 日依照合同约定向健力源公司送达了书面解除合同通知书，故以该通知书送达给健力源公司之日 2013 年 1 月 6 日为双方合同解除日期。因涉案商铺所在商场开业日期为 2011 年 12 月 3 日，故该日期系双方合同起租日期。

因健力源公司、宝龙公司责任均担，故双方均无权按照合同约定向对方主张违约责任，仅就双方因此造成的实际损失向对方承担 50％ 的赔偿责任。关于健力源公司主张的本诉请求，健力源公司对涉案商铺进行了装修是事实，且该装修的大部分无法拆除，已然成为涉案商铺的添附物或固定装修，宝龙公司作为涉案商铺的权利人，因此享有该部分装修利益，因该装修及财产经评估共价值 1 383 135.63 元，而健力源公司于 2013 年 12 月 27 日从涉案商铺取走价值 80 285.4 元的财产，故健力源公司的装修损失为 1 302 850.23 元。宝龙公司应向健力源公司赔偿 651 425 元。健力源公司主张宝龙公司应承担的其他违约责任，一审法院不予支持。

关于宝龙公司的反诉请求，因健力源公司未按期在商场开业日 2011 年 12 月 3 日如期开业，故自该日期至 2013 年 12 月 27 日双方实际交接之日，产生的租金 842 820 元系宝龙公司的正当损失（第一个租赁年度 60 602 元×4 个月＋第二个租赁年度 67 336 元×8 个月＋第三个租赁年度 74 069 元÷30 天×25 天）。健力源公司应向宝龙公司赔偿 421 410 元。

虽健力源公司对宝龙公司提交的宝龙物业公司委托书的真实性有异议，但健力源公司未提交证据证实其异议成立，宝龙物业公司委托宝龙公司代为向健力源公司收取水电费及物业管理费的意思表示，系其对自己权利的处分行为，并未违反法律强制性规定，亦未侵犯其他人的合法权益，一审法院对此予以准许。因健力源公司并未实际营业，故宝龙物业公司也未向其提供物业服务，考虑到本案的实际情况，以综合管理费减半收取 313 670.5 元为宜。因宝龙公司在书面通知健力源公司解除租赁合同时告知其欠付水电费 5 578.45 元，健力源公司对此并未提出异议，故宝龙公司主张健力源公司支付欠付的水电费 5 578.45 元，一审法院予以支持。该综合管理费及水电费共计 319 248.95 元系宝龙公司的正当损失，健力源公司应向宝龙公司支付 159 624 元。至于宝龙公司主张健力源公司应承担的其他违约责任，一审法院不予支持。

据此，一审法院依照《中华人民共和国合同法》第八条、第六十条、第九十三条、第九十七条、第一百零七条、第一百一十三条、第一百二十条之规定，判决：（一）健力源公司与宝龙公司于 2011 年 9 月就坐落于青岛市李沧区青山路 689 号李沧宝龙城市广场 mall 区第四层 4002、4020、4021 号商铺 3 间签订的《宝龙城市广场商铺租赁合同》于 2013 年 1 月 6 日解除。（二）宝龙公司向健力源公司支付上述商铺装修款 651 425 元。（三）健力源公司向宝龙公司支付租金 421 410 元、水电费及综合管理费 159 624 元，共计 581 034 元。（四）装修评估费 20 682 元（宝龙公司已预交），健力源公司、宝龙公司各负担 10 341 元，健力源公司向宝龙公司支付 10 341 元。上述二、三、四项支付义务相折抵后，宝龙公司于判决生效之日起 10 日内支付健力源公司人民币 60 050 元。（五）驳回健力源公司的其他诉讼请求。（六）驳回宝龙公司的其他反诉请求。本诉案件受理费 32 183 元、保全费 5 000 元，共计 37 183 元（健力源公司已预交），健力源公司负担 30 296 元，宝龙公司负担 6 887 元；反诉案件受理费 13 668 元（宝龙公司已预交），健力源公司负担 3 323 元，宝龙公司负担 10 345 元。本诉与反诉的案件受理费折抵后，宝龙公司给付健力源公司 3 564 元，宝龙公司于判决生效之日起 10 日内直接给付健力源公司。

宣判后，上诉人健力源公司不服一审判决上诉至二审法院。

上诉人健力源公司上诉请求：撤销一审判决，发回原审法院重新审理或依法改判、一二审诉讼费用、评估费用由宝龙公司负担。其上诉理由主要为：（一）宝龙公司交付的租赁场所不具备使用功能，已构成根本违约，致使健力源公司无法实现合同目的，一审判决双方就原租赁合同无法继续履行的后果各承担 50％ 的责任，属于事实认定错误。1. 一审法院对宝龙公司交付的租赁场所是否具备使用功能认定事实不清。健力源公司认为一审判决虽认定宝龙公司交付场地存在瑕疵，但是到底存在何种瑕疵没有查清，更未对宝龙公司是否安装排烟管道、中央空调没有查清，判决双方各承担 50％ 责任纯属认定事实错误。2. 一审法院认定双方就交付的场地存在需修补完善的事项未达成合意与事实不符。健力源公司的主营业务为餐饮，因此天花板上的排烟管道、中央空调系统是健力源公司开业经营的前提条件，也是合同约定的宝龙公司的合同义务，宝龙公司应当将上述设备在开业时间之前安装到位。宝龙公司要求健力源公司支付自 2011 年 12 月 3 日起的租金，也可推断出宝龙公司承诺将排烟管道、中央空调的完善时间定为开业日之前，否则宝龙公司无权要求租金。宝龙公司的违约行为致使合同履行成为不可能，导致健力源公司无法实现餐饮经营特定的经济目的。宝龙公司违约在前，其无权要求健力源公司支付租金。3. 一审法院依据合同"承租方实际接收租赁场所的，即应视为租赁场所符合交付条件"的约定，认定宝龙公司交付的租赁物符合交付条件属认定事实错误。双方合同约定宝龙公司交付租赁场所应当安装排烟管道、空调等关键设施。健力源公司基于对宝龙公司的信任，相信其后续会予以完善，同时考虑宝龙公司将这些设施完善之前暂不影响部分装修工程的进行，将无关装修工程和租赁场所的完善工作同步进行，可以缩短装修工期。故，健力源公司在宝龙公司未按照排烟管道、空调等关键设施的情况下，先行接收、装修了涉案租赁场所，但接收并非同意交付，健力源公司的行为并不视为对宝龙公司未按照合同约定的条件交付租赁场所的认可。健力源公司曾通过各种途径敦促宝龙公司履行安装排烟管道和空调的义务并修缮相关设施设备。但宝龙公司始终未采取任何措施，最终导致合同无法继续履行。

(二) 一审法院将物业费收取争议作为反诉理由加入到本案一并审理属适用程序错误。1. 物业管理合同和租赁场所租赁合同不属于同一案由，不应在本案中一并审理。水电费、物业管理费的收取主体应当是青岛李沧宝龙商业物业公司，该公司与健力源公司形成的法律关系系物业服务合同关系。本案的案由为房屋租赁合同纠纷，非物业服务合同纠纷。物业费的收取与本案无牵连关系，因此不应作为反诉理由在本案中一并审理。2. 一审判决判令健力源公司支付青岛李沧宝龙商业物业公司一半的综合管理费，将宝龙公司的过错判令由青岛李沧宝龙商业物业公司承担，混淆了房屋租赁和物业管理合同关系，损害了青岛李沧宝龙商业物业公司的利益。且一审过程中未通知青岛李沧宝龙商业物业公司的利益，属于漏列诉讼主体。

被上诉人宝龙公司答辩称，宝龙公司向健力源公司交付的租赁场所符合交付条件，租赁合同中明确约定双方共同查验租赁场所符合交付条件后由健力源公司予以验收，本案中健力源公司已经接收租赁场所，应确认宝龙公司交付的租赁场所符合交付条件。如像健力源公司所说租赁场所的排烟管道、中央空调导致健力源公司无法开业，则健力源公司不可能对租赁场所进行达70%的装修，该事实说明健力源公司同意接收租赁场所并同意自行安装排烟管道、中央空调等。健力源公司毁约的根本原因是健力源公司装修期间进行的二次招商不成功。宝龙公司一审陈述的租赁场所瑕疵是指与原租赁合同约定不一致的情况，并不是指宝龙公司交付的租赁场所不符合交付条件，交付后宝龙公司仅需要配合健力源公司进行装修等相关工作。物业费等费用，青岛宝龙商业物业管理有限公司向法庭提交了书面委托书由宝龙公司承担相应的权利义务，一审法院从节约司法资源角度予以判决符合法律规定。

二审法院查明的事实与一审法院查明的事实一致。

本案经调解，未能达成协议。

二审法院认为，本案诉争焦点为：1. 涉案租赁场所未安装排烟管道及空调等实施，双方合同解除，违约责任的承担及赔偿数额；2. 宝龙公司是否有权就涉案水电费、综合管理费在本案提起反诉。

对于第一个诉争焦点，涉案场所未安装排烟管道及空调等实施，双方合同解除，违约责任的承担及赔偿数额。

二审法院认为，健力源公司、宝龙公司于2011年9月19日签订的《宝龙城市广场商铺租赁合同》系双方当事人真实意思表示，不违反法律、行政法规的强制性规定，合法有效。根据《中华人民共和国合同法》（以下简称"合同法"）第六十条之规定，"当事人应当按照约定全面履行自己的义务。当事人应当遵循诚实信用原则，根据合同的性质、目的和交易习惯履行通知、协助、保密等义务。"健力源公司、宝龙公司在合同中约定，健力源公司租用涉案场所经营业态为餐饮，同时约定宝龙公司向健力源公司交付房屋时，除满足合同规定的其他条件外，宝龙公司应当提供1500 MM×600 MM排烟管道、30—40 KW离心式风机（含油烟净化器），以及中央空调系统。同时双方在合同中约定，宝龙公司交付条件存在一定瑕疵，不影响健力源公司进场开始装修的，视为宝龙公司租赁场所符合交付条件，健力源公司应当接收租赁场所，宝龙公司在交付后继续对存在的瑕疵予以修补和完善。本案，健力源公司已经实际进场装修涉案场所，根据如前所述双方的约定，应当视为宝龙公司交付的租赁场所符合约定的交付条件。但根据查明的事实，宝龙公司交付涉案场所时，并未向健力源公司提供 1500 MM×600 MM 排烟管道、30—40 KW 离心式风机（含油烟净化器），以及中央空调系统，至健力源公司提起诉讼要求解除双方租赁合同相应设施未安装到位。根据健力源公司、宝龙公司在合同中的约定，健力源公司接收并装修涉案场所仅视为租赁场所符合约定的交付条件，但并不免除宝龙公司在交付后继续对存在的瑕疵进行修补和完善的义务，即宝龙公司在向健力源公司交付房屋后，宝龙公司仍然有义务及时向健力源公司提供 1500 MM×600 MM 排烟管道、30—40 KW 离心式风机（含油烟净化器）、中央空调系统，安装相应设施。宝龙公司在合同履行过程中未向健力源公司提供 1500 MM×600 MM 排烟管道、30—40 KW 离心式风机（含油烟净化器），以及中央空调系统，属于违约。

健力源公司在宝龙公司向其交付涉案场所后，对涉案场所进行装修，但健力源公司并未按照双方合同约定及时向宝龙公司足额缴纳租赁费。健力源公司主张其公司未及时缴纳租赁费的行为属于对宝龙公司未提供排烟管道、离心式风机、中央空调系统等违约行为行使先予履行抗辩权。对此，二审法院认为，健力源公司、宝龙公司在涉案租赁合同中约定，健力源公司接收、装修涉案场所的，视为宝龙公司交付的场所符合约定的交付条件，虽宝龙公司应当对缺失的相应设施承担继续完善的义务，但合同并未明确约定该义务与健力源公司支付租赁费的先后履行顺序，健力源公司不及时支付租赁费亦属于违约行为。

本案中，健力源公司、宝龙公司均在合同履行过程中存在违约行为，但双方合同中明确约定租赁涉案场所用于餐饮经营，缺少排烟管道、离心式风机（含油烟净化器）、中央空调系统，涉案场所明显无法用于餐饮经营。双方合同约定宝龙公司在交付涉案场所时即应提供符合约定的排烟管道、离心式风机（含油烟净化器）、中央空调系统，但宝龙公司交付涉案场所时未提供，其在合同履行过程中亦未按约定对交付时存在的瑕疵予以完善，未及时安装相应设施，且直至本案诉讼中，宝龙公司一直主张其不负有安装相应设施的义务，其行为严重违背双方的合同约定，宝龙公司应当承担主要的违约责任，健力源公司未及时支付租赁费应当承担次要违约责任。

健力源公司、宝龙公司在租赁合同中约定，涉案场所所在广场开业日或涉案场所开业日较早发生的日期作为租赁起始日，涉案场所因双方纠纷未实际开业，所在广场于2011年12月3日开业，故应认定双方起租日为2011年12月3日。根据《中华人民共和国合同法》第九十四条之规定，"有下列情形之一的，当事人可以解除合同：（一）因不可抗力致使不能实现合同目的；（二）在履行期限届满之前，当事人一方明确表示或者以自己的行为表明不履行主要债务；（三）当事人一方迟延履行主要债务，经催告后在合理期限内仍未履行；（四）当事人一方迟延履行债务或者有其他违约行为致使不能实现合同目的；（五）法律规定的其他情形。"本案双方在合同履行过程中均存在违约行为，但因宝龙公司未及时提供排烟管道、离心式风机（含油烟净化器）、中央空调系统等设施，致使租赁涉案场所从事餐饮经营的合同目的不能实现，宝龙公司承担主要违约责任，健力源公司有权起诉要求解除双方之间的租赁合同，并按过错责任程度向宝龙公司追究违约责任。健力源公司于2012年12月17日起诉要求解除双方租赁合同，属于对合同解除权的行使，应当认定双方合同于该日解除。一审法院认定双方合同于2013年1月6日解除，属于适用法律错误，二审法院依法予以纠正。

根据《中华人民共和国合同法》第一百零七条之规定，"当事人一方不履行合同义务或者履行合同义务不符合约定的，应当承担继续履行、采取补救措施或者赔偿损失等违约责任。"健力源公司、宝龙公司在合同履行过程中均存在违约行为，应当分别根据自己过错责任程度向对方承担赔偿责任，综合考量双方在合同履行过程中的过错程度，二审法院认为宝龙公司应当承担80％的违约责任，健力源公司应当承担20％的违约责任。

诉讼过程中，根据宝龙公司的申请，一审法院依法委托具有鉴定资质的鉴定机构按照法定程序对健力源公司装修工程造价进行了评估，确认健力源公司对涉案场所进行的装修共计价值为1 383 135.63元，健力源公司自认从涉案商铺取走价值80 285.4元的财产，剩余装修损失1 302 850.23元。宝龙公司预交评估费20 682元。健力源公司主张的合同履行后的可得利益损失，其未提供证据证明，且因其无法提供评估相关资料，鉴定机构无法进行鉴定，健力源公司应当承担举证不能的法律责任。综上，合同解除，健力源公司的损失为 1 302 850.23 元。宝龙公司承担 80％的违约责任，宝龙公司应当赔偿健力源公司 1 042 280.18 元

（1 302 850.23 元×80％＝1 042 280.18 元）。对于评估费用宝龙公司应当承担 16 545.6 元（20 682 元×80％＝16 545.6 元）。

双方合同解除，健力源公司未支付的租金数额，应当视为宝龙公司的损失，健力源公司应当按照其违约责任向宝龙公司支付租金。双方起租日为 2012 年 12 月 3 日，健力源公司应当自该日期起至双方 2013 年 12 月 27 日实际交接之日，向宝龙公司支付租金（占有使用费）。该期间租金（占有使用费）共计 842 820.17 元（第一个租赁年度 60 602 元×4 个月＋第二个租赁年度 67 336 元×8 个月＋第三个租赁年度 74 069 元÷30 天×25 天），健力源公司承担 20％违约责任，其应当支付宝龙公司租金 168 564.03 元（842 820.17 元×20％＝168 564.03 元）。

综上，涉案场所未安装排烟管道及空调等实施导致双方合同解除，健力源公司应当承担次要违约责任，宝龙公司应当承担主要违约责任，健力源公司应当支付宝龙公司租赁费 168564.03 元，宝龙公司应当赔偿健力源公司 1 042 280.18 元。

对于第二个诉争焦点，宝龙公司是否有权就涉案水电费、综合管理费在本案提起反诉。

二审法院认为，根据《最高人民法院关于适用〈中华人民共和国民事诉讼法〉的解释》第二百三十三条之规定，"反诉的当事人应当限于本诉的当事人的范围。反诉与本诉的诉讼请求基于相同法律关系、诉讼请求之间具有因果关系，或者反诉与本诉的诉讼请求基于相同事实的，人民法院应当合并审理。反诉应由其他人民法院专属管辖，或者与本诉的诉讼标的及诉讼请求所依据的事实、理由无关联的，裁定不予受理，告知另行起诉。"提出反诉限于本诉的当事人，且反诉与本诉应当具有关联。涉案《物业管理服务协议》系健力源公司与案外人青岛李沧宝龙商业物业管理有限公司签订，宝龙公司非物业服务合同当事人。本案本诉，健力源公司基于其与宝龙公司之间的房屋租赁合同起诉宝龙公司在合同履行过程中违

约，双方之间纠纷属于房屋租赁合同纠纷，宝龙公司主张的水电费、综合管理费系基于青岛李沧宝龙商业物业管理有限公司与健力源公司的物业管理服务合同，属于物业服务合同纠纷。宝龙公司非物业服务合同的当事人，其就此提出的反诉与健力源公司提起的本诉亦属于不同的法律关系，一审法院在本案中审理宝龙公司就支付水电费、综合管理费对健力源公司提出的反诉属于适用法律不当，二审法院依法予以纠正。

综上，上诉人健力源公司的上诉请求，部分理由成立，二审法院予以支持。原审法院认定事实错误，适用法律不当，二审法院依法予以纠正。依照《中华人民共和国合同法》第六十条、第一百零七条，《中华人民共和国民事诉讼法》第一百七十条第一款第（二）项，《最高人民法院关于适用〈中华人民共和国民事诉讼法〉的解释》第二百三十三条之规定，判决如下：（一）撤销青岛市李沧区人民法院（2013）李民初字第365号民事判决；（二）上诉人北京健力源餐饮管理有限公司与被上诉人青岛宝龙房地产发展有限公司于2011年9月就坐落于青岛市李沧区青山路689号李沧宝龙城市广场mall区第四层4002、4020、4021号商铺3间签订的《宝龙城市广场商铺租赁合同》于2012年12月17日解除。（三）被上诉人青岛宝龙房地产发展有限公司向上诉人北京健力源餐饮管理有限公司支付涉案场所装修损失1 042 280.18元；（四）上诉人北京健力源餐饮管理有限公司向被上诉人青岛宝龙房地产发展有限公司支付涉案场所租赁费168 564.03元；（五）装修评估费20 682元（被上诉人青岛宝龙房地产发展有限公司已预交），被上诉人青岛宝龙房地产发展有限公司负担16 545.6元，上诉人北京健力源餐饮管理有限公司负担4 136.4元；（六）驳回上诉人北京健力源餐饮管理有限公司的其他诉讼请求；（七）驳回被上诉人青岛宝龙房地产发展有限公司的其他诉讼请求。上述二、三、四项支付义务相折抵后，被上诉人青岛宝龙房地产发展有限公司于本判决生效之日起10日内支付上诉人北京健力源餐饮管理有限公司869 579.95元。

本诉案件受理费32 183元、保全费5 000元，共计37 183元（上诉人北京健力源餐饮管理有限公司已预交），上诉人北京健力源餐饮管理有限公司负担26 164元，被上诉人青岛宝龙房地产发展有限公司负担11

019 元；反诉案件受理费 13 668 元（被上诉人青岛宝龙房地产发展有限公司已预交），上诉人北京健力源餐饮管理有限公司负担 947 元，被上诉人青岛宝龙房地产发展有限公司负担 12 721 元。二审案件受理费 37 115 元（上诉人北京健力源餐饮管理有限公司已预交），由上诉人北京健力源餐饮管理有限公司负担 24 129 元，由被上诉人青岛宝龙房地产发展有限公司负担 12 986 元。一审本诉受理费、保全费、反诉受理费、二审受理费折抵后，被上诉人青岛宝龙房地产发展有限公司给付上诉人北京健力源餐饮管理有限公司 23 058 元，被上诉人青岛宝龙房地产发展有限公司于本判决生效后 10 日直接给付上诉人北京健力源餐饮管理有限公司。

【案件评析】

合同是资源在市场间自由流动实现最优配置的主要形式，签订合同达成经营目的也是市场主体惯常的行为，故市场经济条件下，尊重当事人意思自治，促进合同履行是现代法治的基本理念，当事人在合同中约定不明的，允许当事人协商补充，不能协商补充的，应当按照合同的约定、合同目的、交易习惯等确定。合同法第六十一条、六十二条专门规定了合同约定不明时的处理方式。本案中，健力源公司、宝龙公司未在合同中明确约定租赁房屋排烟管道、空调设施的安装责任方，即未约定租赁房屋的交付条件，双方对此产生争议，二审法院根据双方在合同中明确约定的"租赁房屋用于餐饮业使用"的合同目的，认定宝龙公司作为房屋出租方在交付房屋时应当保证房屋适合餐饮业使用，应当承担排烟管道及空调的安装义务，宝龙公司拒绝承担该责任，其行为构成违约，健力源公司有权利要求解除双方之间的合同，同时要求宝龙公司承担违约责任。另外，健力源公司在合同履行过程中存在违约行为，合同解除时，亦应当根据违约程度，承担相应违约责任。该案提醒我们，签订房屋租赁合同时，应当对租赁目的、房屋交付条件等作出明确具体的约定，如约定不明，可能因此产生纠纷，导致合同无法顺利履行，给双方带来损失。

（青岛市中级人民法院民一庭法官助理　甘玉军）

【十三】开发商按照合同约定装修标准精装房屋，精装房实际装修价值低于合同约定装修价值的，属于开发商的合理利润

——吕某某与某置业公司房屋买卖合同纠纷上诉案

关键词：精装房屋　装修价值　装修标准　赔偿责任

【裁判要点】

1. 精装房屋的装修价值认定问题。

2. 精装房屋的装修标准认定问题

3. 开发商已经按照合同约定装修标准进行装修的，经鉴定，合同约定的装修价值高于鉴定的实际装修价值，属于开发商的合理利润空间，业主不得据此主张赔偿责任。

【相关法条】

《中华人民共和国合同法》第八条：依法成立的合同，对当事人具有法律约束力。当事人应当按照约定履行自己的义务，不得擅自变更或者解除合同。依法成立的合同，受法律保护。

【基本案情】

2013年某月某日，吕某某与某置业公司签订《青岛市商品房预售合同》，约定吕某某购买青岛市某小区房产一处，其中房屋全装修总价为5 182 536元。该房屋每平方米房屋建筑面积装修单价为3 500元，该房屋装修总价为891 170元。合同第十七条约定：交付的房屋系验收合格的房屋，如该房屋的装修、设备标准达不到本合同附件三约定的标准，业主有权要求某置业公司按实际的装修、设备与约定的装修、设备差价0倍给予补偿。合同补充条款第八条将上述第十七条调整为：1. 某置业公司有权

将装饰材料、设备品牌更换为同档次、同质量规格或更高档次的其他品牌装饰、设备，并不构成违约；业主不得以房屋、设施设备不符合约定为由拒绝接受房屋，某置业公司不承担逾期交房的违约责任。2. 如该房屋的装饰、设备标准低于主合同附件三约定的标准，某置业公司应使之达到主合同附件三的标准或补偿相应差价，且不构成违约。合同补充条款第十三条约定，某置业公司的售楼广告、售楼说明书、效果图、沙盘、模型等宣传资料，工作人员的解说、承诺及现场样板间均不构成要约，均不作为合同附件，与主合同约定冲突之处以主合同及补充条款约定为准，房屋及园林景观等最终以该小区工程竣工现状及该房屋交付现状为准。

合同附件三中对室内部分装修标准约定为：1）入户门：雅帝乐或铸诚或星月神或同档次防火防盗门或防盗门。2）窗户：铝木复合或铝包木、双层中空玻璃窗，户内局部木饰面窗套、石材窗台板，无纱窗，部分窗户为内开内倒。3）玄关：地面大理石拼花，墙面壁纸、木饰面造型，天花石膏线、局部石膏板吊顶刷乳胶漆。4）厨房：墙地面为瓷砖，威乃达或同档次国外品牌橱柜，配备西门子或伊莱克斯或弗兰卡或同档次国外品牌厨房电器（配置：抽油烟机、燃气灶、消毒柜、微波炉），天花采用石膏板吊顶刷乳胶漆。设置前置过滤水装置（该装置设置在管道井内，产权及所有权归乙方所有），设置厨房直饮水。5）餐厅：地面大理石拼花，墙面壁纸、木饰面造型，天花石膏线、局部石膏板吊顶刷乳胶漆。6）客厅：地面大理石拼花，墙面壁纸、局部皮革或木饰面造型，天花石膏线、局部石膏板吊顶刷乳胶漆。7）阳台：封闭，地面大理石或瓷砖，墙面刷乳胶漆，木饰面阳台推拉门，天花石膏线、局部石膏板吊顶刷乳胶漆。8）卫生间：浅色系装修主卫墙面为瓷砖，地面大理石铺贴，客卫墙地面为瓷砖铺贴，天花为石膏板刷防水乳胶漆。钢化玻璃淋浴隔断。木饰面台盆柜，大理石台面，铸铁搪瓷浴缸，科勒或ToTo或美标或同档次品牌卫浴洁具。9）卧室：墙面壁纸。地面大自然或生活家或同档次实木复合地板。天花石膏线、局部石膏板吊顶刷乳胶漆。10）阁楼：有室内楼梯，地面大自然或生活家或同档次实木复合地板，墙面刷乳胶漆，卫生间墙面、地面、天花板同标准层客卫。11）空调：东芝或三菱或海信日立或同档次户氏中央空调。12）5、7号楼设置电热水器，其他楼座设置集中热分户储热太阳能热水系统。13）供热：地暖系统市政集中供热，卫生间设置壁挂式暖气片。以上装修及设施设备内容完成的时间定位 2014 年某月某日。装修及设施设备保修期限自项目整体交付之日 2014 年某月某日起 2 年。厨房电器、前置过滤水装置、直饮水设备、热水器、空调等电器保修期限、保修责任等遵从设备厂家关于售后和保修的要求，由厂家进行保修。

吕某某已依约交付总房款且已接收房屋居住使用至今。其单方委托某工程造价咨询有限公司对涉案房屋的精装修造价所做的装修预算报告书一份，证明涉案房屋的装修预算概算金额为 252 736.59 元。某置业公司公司对该报告书的真实性不予认可，认为该报告书第二页第五项说明本预算的材料价格是由业主提供，业主提供的价格不能真实反映涉案房屋的装修价格，另外该报告书明确写明仅供业主参考，因此不具有证明涉案房屋整体装修价格的证明力，且该报告书是吕某某单方委托，出具该报告书的公司不具备相应的资质，且与合同第十七条约定相违背，该报告书不具有证明效力。并提交各大媒体、网站报道一宗，证明某置业公司实际使用材料与样板间使用材料品牌、价位、外观相差甚远，某置业公司在未通知更未经吕某某同意的情况下，将装饰材料和设备用低品质品牌随意更换事前承诺的高品质品牌，某置业公司实际交付房屋装修材料以次充好，与其宣传的样板房、精装修标准相差甚远，精装修标准大打折扣，涉嫌虚假宣传。某置业公司认为所有网站的网页信息均显示该报道是从新华网转载，并非各个网站经过调查刊载的，并且新华网已经删除了该报道且吕某某主张的这些网站对该事件并没有对是否属于以次充好、虚假宣传进行认定，且新闻报道也不具有可以证实涉案房屋装修是否是以次充好的证明力。

一审法院认为，吕某某与某置业公司签订的《青岛市商品房预售合同》系双方真实意思表示，未违反法律禁止性规定，双方均应依约履行。根据合同第十七条约定"甲方交付的房屋系验收合格的房屋，如该房屋的装修、设备标准达不到本合同附件三约定的标准，乙方有权要求甲方按实际的装修、设备与约定的装修、设备差价 0 倍给予补偿。"，吕某某依据合同第十七条的约定要求支付装修补偿款，但该条款约定的是按照差价的 0 倍给予补偿，且合同补充条款第八条已经将上述第十七条调整为"1. 甲方有权将装饰材料、设备品牌更换为同档次、同质量规格或更高档次的其他品牌装饰、设备，并不构成违约；乙方不得以房屋、设施设备不符合约定为由拒绝接受房屋，甲方不承担逾期交房的违约责任。2. 如该房屋的装饰、设备标准低于主合同附件三约定的标准，甲方应使之达到主合同附件三的标准或补偿相应差价，且不构成违约。"吕某某认为根据其委托评估的涉案房屋装修价值低于合同约定的装修价值，但某置业公司交付的房屋装修价值中包含公司的可得利润，并非仅是装修材料及施工工程款项相加的价值，因吕某某没有证据证明某置业公司交付的涉案房屋的装饰、设备标准低于主合同附件三约定的标准，故吕某某诉求的不成立，一审法院依法予以驳回。

一审判决之后，吕某某上诉主张双方当事人在合同附件三中对装修标准进行了约定，但某置业公司交付房屋与合同约定的装修标准相差很大，且吕某某已经委托鉴定机构进行现场鉴定，某置业公司属于严重违约，应当赔偿。

二审法院认为，吕某某与某置业公司签订的《青岛市商品房预售合同》系双方真实意思表示，未违反法律禁止性规定，合法有效，双方均应依约履行。吕某某所购房屋系某置业公司开发的精装房，双方争议焦点主要集中在精装房的装修标准和装修价值的认定上。根据合同约定，某置业公司交付房屋的装修标准应达到合同附件三约定的标准，二审中，吕某某认可某置业公司用于装修的品牌，大部分与合同约定的品牌一致，对于不一致的部分其未作充分说明，某置业公司则主张其装修均是按照合同约定的品牌档次进行的装修。因此，根据举证责任分配原则及当事人的陈述，可以认定某置业公司系按照合同约定的装修标准对涉案房屋进行的装修。吕某某对涉案房屋装修价值委托第三方进行了评估，评估值虽然低于合同约定的装修价值，但商品房本身就属于交易商品，其在出售过程中必然包含开发商的可得利润，合同约定的装修价值是开发商综合了交易市场的供求关系、价值规律、利润空间等各种因素，在双方当事人自愿平等协商的基础上形成的，并非对房屋装修中各单项项目用材及施工价值的简单累加。合同约定的装修价值高于鉴定的装修价值是符合商品市场正常运行规律的。因此，吕某某对房屋装修进行的评估，对本案不具有参考意义，本案也无需对房屋装修进行评估。吕某某主张装修差价的请求，不应得到支持。二审对吕某某的上诉请求判决予以驳回。

【案件评析】

随着房地产市场的日益活跃，人民生活需求的不断提高，社会分工更加精细，购房者不再满足于购买一般毛坯房，开发商推出的精装房越来越受到购房者的青睐，但新生事物的出现必然催生新的纠纷类型，因精装修房屋产生的纠纷，就是房屋买卖合同纠纷中的一种新类型案件。对于此类案件的审理，首先要看当事人双方在合同中对于装修的约定，通常精装修房屋会对装修标准进行明确的约定，细致到使用何种品牌何种型号的材料、配件等。有些合同中开发商还会作出诸如同档次品牌进行替换的约定。对于此类案件，如果开发商按照合同约定的标准，使用了相应品牌的材料或同档次品牌的材料进行了装修，应当认为开发商已经按照合同约定的标准进行了装修。其次，对于合同约定的装修价值，如果业主认为开发商装修的价值达不到合同约定的价值的，如何认定的问题。精装商品房本身就属于市场交易的商品，其装修价格的构成并不是对房屋装修中各单项项目用材及施工价值的简单累加，其在出售过程中必然包含开发商的可得利润，合同约定的装修价值是开发商综合了交易市场的供求关系、价值规律、利润空间等各种因素，在双方当事人自愿平等协商的基础上形成的，合同约定的装修价值高于房屋的实际装修价值是符合商品市场正常运行规律的。因此，业主以合同约定的装修价值高于鉴定的实际装修价值为由主张赔偿的，不予支持。

（青岛市中级人民法院民一庭审判长　龙　骞）

【十四】业主以开发商未交付《房屋测绘报告书》而拒绝收房，开发商不承担逾期交房违约责任

——傅某与某置业公司房屋买卖合同纠纷上诉案

关键词：房屋测绘报告书　逾期交房违约责任

【裁判要点】

1. 《房屋测绘报告书》亦并非房屋交付的强制性要件。

2. 业主购买房屋的主要合同目的是居住使用，开发商已经交付适于居住的房屋，业主以未交付房屋测绘报告书为由拒绝收房的，开发商不承担逾期交房违约责任。

【相关法条】

《中华人民共和国合同法》第六条、第六十条

【基本案情】

2013 年 1 月 12 日，傅某与某置业公司签订《青岛市商品房预售合同》，其中约定：傅某从购买某置业公司开发的商品房。合同约定房屋的交付必须符合下列条件：该商品房所在楼座获得青岛市建筑工程管理局颁发的《建筑工程竣工验收备案证》。某置业公司于 2014 年 06 月 30 日前将该房屋交付给傅某。房屋交付的标志为某置业公司签署《入住通知单》或发《交付通知》之日起 30 日止；验收交接时，某置业公司应出示符合本合同约定的房屋交付条件的证明文件，提供《商品房质量保证书》和《商品房使用说明书》，还应当根据傅某的要求提供实测面积的有关资料。某置业公司如不出示和不提供前款规定的材料，傅某有权拒绝接受该房屋，由此而产生的延期交房的责任由某置业公司承担。2014 年 6 月 25 日，某置业公司在报纸发布交付通知，通知购房者于 2014 年 6 月 27 日办理结算手续，并称将于 2014 年 6 月 30 日交付使用。傅某以某置业公司未提交实测资料为由，拒绝补交差价并接收房屋。

一审法院认为，相关法律、法规并未规定房地产开发企业在交付房屋时必须提供《房屋测绘报告书》，虽然双方在合同中对某置业公司应提供实测面积的有关资料的义务进行了约定，但实测面积的有关资料并非特指《房屋测绘报告书》。况且，《房屋测绘报告书》并非是房屋交付的强制性要件。结合双方合同上下文理解，某置业公司在交房时主要应提供房屋质量符合交付条件的相关资料，而非不提供《房屋测绘报告书》就不能交付房屋。因此，傅某不应以某置业公司未提交《房屋测绘报告书》的理由拒绝接受房屋。因此，在接到交房通知后，傅某应按照通知确定的房屋交付日期办理房屋交付手续，其拒绝接受房屋所造成的损失，应自行承担。对于其要求某置业公司支付违约金的诉讼请求，依法不予支持。傅某要求某置业公司对房屋质量问题修缮的诉讼请求，经一审法院现场勘验，并未发现明显质量问题，或本来存在的质量问题已经得到修复，因此，傅某的该项诉讼请求不予支持．一审法院据此判决驳回傅某的诉讼请求。

一审判决之后，傅某提起上诉，认为某置业公司未提交《房屋测绘报告》，不符合合同约定的交房条件，应当支付逾期交房违约金。

二审法院认为，傅某与某置业公司签订的《青岛市商品房预售合同》是双方当事人的真实意思表示，内容不违反国家法律、行政法规的强制性规定，合法有效，双方当事人均应当按照合同约定内容予以履行。双方在合同中约定，涉案房屋交付必须符合下列条件：该商品房所在楼座获得青岛市建筑工程管理局颁发的《建筑工程竣工验收备案证》后，某置业公司于 2014 年 06 月 30 日前将该房屋交付给傅某，验收交接时，某置业公司应提供《商品房质量保证书》和《商品房使用说明书》，同时应当根据傅某要求提供实测面积的有关资料。某置业公司如不出示和不提供前款规定的材料，傅某有权拒绝接受该房屋，由此而产生的延期交房的责任由某置业公司承担。根据查明事实，某置业公司于 2014 年 6 月 25 日在报纸发布交付通知，通知购房者将于 2014 年 6 月 30 日交付使用。傅某亦认可其收到交房通知，并到过交房现场，但其主张因某置业公司未向其提供实测面积的有关资料，因此，不同意接收房屋。对此，二审认为相关法律、法规并未规定房地产开发企业在交房时必须提供《房屋测绘报告书》，虽然双方在合同中对提供实测面积有关资料的义务进行了约定，但实测面积的有关资料并非特指《房屋测绘报告书》，而且《房屋测绘报告书》亦并非房屋交付的强制性要件。《房屋测绘报告书》的主要用途是用于房地产行政主管部门进行房屋权属登记，逾期办理行为只会影响办理房屋产权证，并不影响双方进行房屋交接。傅某购房的主要合同目的是居住使用，在涉案房屋已符合交房条件的情况下，傅某应当接收涉案房屋。因此傅某的上诉请求不能成立，应予驳回。一审判决认定事实清楚，适用法律正确，应予维持。因此，判决驳回上诉，维持原判。

【案件评析】

对于商品房交付认定，首先，要根据双方合同的约定予以认定，开发商交付的房屋符合合同约定交付条件的，并履行通知交房义务的，购房者应当接受房屋。其次，也要结合商品房买卖合同的合同目的予以认定，商品房买卖合同的主要合同目的为房屋的居住使用，当事人在合同中对于房屋交付另行约定其他附加条件的，要审查该条件对于合同目的的实现是否具有影响。譬如本案中，双方当事人对房屋交付的约定为商品房取得《建筑工程竣工验收备案证》，并约定了明确的交房日期，开发商也在约定的交房日期之前取得《建筑工程竣工验收备案证》并发出交房通知，双方争议房屋已经具备居住使用的交付条件，能够实现商品房买卖合同的合同目的，购房人应当接收房屋。双方虽然在合同中还约定开发商需要向购房者出具实测面积的有关资料，但实测面积的有关资料并非特指当事人所争议的《房屋测绘报告书》，且开发商在交房时没有提供《房屋测绘报告书》的法定义务。《房屋测绘报告书》的主要用途是用于房地产行政主管部门进行房屋权属登记，逾期办理行为只会影响办理房屋产权证，并不影响双方进行房屋交接。因此，虽然双方当事人在合同中约定了交付房屋时应当出具实测面积的有关资料，但该约定对于合同目的的实现并不产生影响，购房人以此为由拒绝接收房屋的，不能得到支持。

（青岛市中级人民法院民一庭审判长 龙骞）

【十五】未按时行使合同解除权则解除权消灭

——某置业有限公司诉曲某、董某解除商品房预售合同支付违约金纠纷上诉案

关键词：房屋买卖合同　逾期付款　按期行使解除权

【裁判要点】

购房人未按期交纳房款，构成违约。开发商行使解除权应在法定期限内，否则合同解除权消失。

【相关法条】

《中华人民共和国民事诉讼法》第九十四条、《最高人民法院关于审理商品房买卖合同纠纷案件适用法律若干问题的解释》第十五条。

【基本案情】

2015 年 2 月 10 日，某置业有限公司（甲方）与曲某、董某（乙方）签订《青岛市商品房预售合同》一份，约定：乙方向甲方购买青岛市市南区四川路 23 号 2 号楼 2 单元 3001 室住宅房屋一处，建筑面积 135.85 平方米，房屋总价款（不包含房屋全装修价格）暂定为 1 849 266 元；乙方若未按本合同约定时间付款，应向甲方支付违约金，违约金按逾期未付款额的日万分之三计算，自本合同应付款期限之第二日起算至实际付款之日止，逾期超过 60 天后，甲方有权解除合同，本合同自乙方收到甲方书面解除通知之日起解除，乙方应向甲方支付房屋总价款 20% 的违约金，同时乙方应承担因乙方违约而解除合同的包括但不限于诉讼费、律师代理费、差旅费、评估费等所有费用。如乙方逾期办理上述合同解除手续的，自应办理完毕合同解除手续之日起至实际办理完毕合同解除手续之日止，乙方需按日向甲方支付房屋总价款千分之一的违约金，该违约金甲方有权

直接从乙方已付房款中扣除，乙方应另行据实赔偿甲方损失；某置业有限公司不解除合同的，合同继续履行，自本合同规定的应付款期限之第二日起至实际全额支付应付款之日止，曲某、董某按日向某置业有限公司支付逾期应付款万分之五的违约金。

在合同附件一中，关于付款方式，双方约定：付款方式为银行按揭贷款，首付款 559 266 元（含定金 50 000 元），乙方应于 2015 年 2 月 9 日存入本合同指定的账户。贷款 1 290 000 元，乙方以银行按揭贷款方式应于 2015 年 2 月 16 日前办理按揭贷款所需文件全部提交按揭银行，房贷机构于 2015 年 2 月 19 日前将贷款存入本合同指定的账户。

在合同补充条款第七条中，双方就预售合同第七条及附件一补充约定：1. 预售合同及本补充协议签订前，出卖人已向买受人充分告知国家有关部门或金融机构对贷款条件、金额、首付款比例等相关限制性政策及规定。买受人在签订预售合同及本协议前已向贷款机构确认其贷款条件和贷款金额的可行性，买受人保证具备按预售合同约定金额及时间支付全部房款的能力。如预售合同签订后，因买受人自身原因或贷款政策变化（包括但不限于国家或省、市有关税率调整、新增税费、贷款政策调整等新规定或政策的出台等）等任何非出卖人原因导致金融机构未批准买受人的贷款申请或实际批准的贷款金额少于买受人申请金额的，买受人均应在预售合同协议附件一第一条贷款约定的付款期限届满之日起 10 日内，按批准贷款与申请贷款的差额补足房款。否则即视为逾期付款，买受人应按预售合同第七条之规定承担违约责任，同时买受人应赔偿出卖人的损失。2. 如买受人于签约后 5 个工作日未能与银行签署贷款协议及办理完成全部贷款手续，或买受人未能在预售合同签订后 10 个工作日内办理完契税缴纳、预告登记、预抵押登记等相关手续的，则买受人同意出卖人有权选择买受人的付款方式变更为一次性付款，不再采用贷款付款方式。3. 出卖人行使预售合同及本补充协议中约定的单方面解除预售合同权利时，应书面通知买受人，预售合同及本补充协议自买受人收到解约通知时解除。买受人应按总房价款的 20％ 向出卖人支付违约金，出卖人有权自买受人已支付的房价款中直接扣除上述违约金及预售合同解除费用等。

合同签订后，曲某、董某于 2015 年 2 月 10 日向某置业有限公司支付购房款共计 559 266 元。同日，某置业有限公司销售人员陈某向曲某、董某出具收条一份，其上载明："已收到曲某收入证明 1 份，流水原件。"之后，在办理涉案房屋按揭贷款的过程中，由于董某在异地已有两套按揭银行贷款，根据相关政策规定，董某无法再办理涉案房屋的按揭贷款，导致根据合同预定的付款方式无法实现，尚欠房款 1 290 000 元未付。2015 年 7 月 28 日，某置业有限公司通过 EMS 方式向曲某、董某邮寄《业务催办函》一份，其上载明："根据双方签订的《青岛市商品房预售合同》中关于第七条及预售合同补充条款的相关规定，您应予 2015 年 2 月 17 日前到指定银行办理按揭贷款手续，现已超期 161 天。逾期超过 60 天后，甲方有权利另行处分您购买的某小区 2—2—3001 户房屋。请您自收到本函件的三日内，与我司销售人员联系，并按合同约定履行相关义务。"曲某、董某签收该催办函。2016 年 5 月 31 日，某置业有限公司再次通过 EMS 方式向曲某、董某邮寄《业务催办函》一份，其上载明："至今您尚欠我司房款共计 1 290 000 元，违约金 180 729 元（截止 2016 年 5 月 31 日）。曲某先生逾期未向某置业有限公司履行债务的行为，已经违反购房合同的约定及法律规定，依法应当承担继续履行支付欠款的义务并交纳违约金。1. 希望您在收到本函之后，立即与我们取得联系。并将所欠费用直接支付给我们；2. 如仍拒绝履行付款义务，我们将依据法律追究您的法律责任。"曲某、董某签收该催办函。曲某、董某在收到某置业有限公司的催告后，亦多次与某置业有限公司的工作人员及相关办理按揭贷款的银行工作人员联系协商办理贷款有关事宜，因政策限贷问题，曲某、董某方面无法办理涉案房屋的贷款手续。现曲某、董某未将剩余购房款交给某置业有限公司，涉案房屋至今未交付给曲某、董某。

　　某置业有限公司于本案中委托山东雅博律师事务所作为其诉讼委托代理人，双方签订《委托代理合同》，某置业有限公司按照合同约定向山东雅博律师事务所支付律师费 10 000 元。

　　一审法院认为，某置业有限公司与曲某、董某签订的《青岛市商品房预售合同》系双方当事人的真实意思表示，且不违反法律规定，对双方具有约束力，当事人双方应当按照约定全面履行自己的义务。合同签订后，曲某、董某向某置业有限公司支付首付房款 559 266 元，依据合同约定，剩余房款 1 290 000 元以银行按揭贷款方式支付。在履行合同办理银行按揭贷款过程中，因董某在异地已有两套房产按揭银行贷款，根据国家关于房产宏观调控政策规定，董某无法再办理涉案房屋的按揭贷款，导致根据合同预定的付款方式无法实现。据此，本案争议的焦点问题之一是因国家关于房产宏观调控政策规定导致合同约定的付款方式无法履行，某置业有限公司是否可以解约；二是曲某、董某是否需要承担违约责任。关于焦点问题一，国家关于住房限贷政策在性质上具有公共政策的性质，确实会对房屋买卖合同继续履行造成重大影响。在双方签订的《青岛市商品房预售合同》中约定曲某、董某以按揭贷款的方式支付购房款，关于该付款方式，系买卖双方协商的结果。针对按揭贷款的付款方式，因国家关于房产宏观调控政策变化导致曲某、董某无法办理涉案房屋按揭贷款，无法履行合同约定的付款义务的，可认为不可归责于任何一方当事人的原因导致合同无法继续履行。根据最高人民法院《关于审理商品房买卖合同纠纷案件适用法律若干问题的解释》第二十三条，商品房买卖合同约定，买受人以担保贷款方式付款……因不可归责于当事人双方的事由未能订立商品房担保贷款合同并导致商品房买卖合同不能继续履行的，当事人可以请求解除合同，出卖人应当将收受的购房款本金及其利息或者定金返还买受人。本案中，双方签订购房合同至今已有两年时间，在此期间某置业有限公司一直未收到合同约定的购房尾款 129 万元，因此某置业有限公司起诉解除合同并不接受曲某、董某继续履行合同的意见并无不当。根据双方合同约定，某置业有限公司如行使解除合同权，应当书面通知曲某、董某。某置业有限公司通过起诉方式主张解除合同并已送达至曲某、董某，因此对于某置业有限公司主张解除双方之间签订的预售合同诉讼请求予以支持。关于焦点问题二，根据曲某、董某陈述的事实经过，曲某、董某购买涉案房屋之前咨询过某置业有限公司的售房工作人员，就其名下已有两套按揭房屋贷款作出过说明，某置业有限公司工作人员表示曲某、董某的情况不受影响后才签订购房合同并办理相关贷款事宜。因此过错亦不在曲某、董某。之后曲某、董某也积极配合某置业有限公司及相关银行提供相关材料办理贷款事宜，但因为限贷政策导致无法办理按揭贷款。对此法院认为，针对按揭贷款的付款方式而言，即使合同预先规定了购房人需事先向银行了解按揭贷款的可行性，鉴于限贷政策的突发性，将无法办理贷款的风险全部由购房人承担也不合理。因双方的解约事由不可归责于任何一方，故双方当事人均无需承担违约责任。对于某置业有限公司主张的违约金及因违约而解除合同支出的费用法院不予支持。为避免当事人诉累，节约当事人诉讼成本，在合同解除后，某置业有限公司应当将收取的购房款本金及其利息退还曲某、董某。

一审法院判决：（一）某置业有限公司与曲某、董某就《某小区》2号楼2单元30层3001户房产房屋签订的《青岛市商品房预售合同》解除，某置业有限公司于判决生效之日起十日内返还二曲某、董某购房款559 266元并支付自2015年2月10日至本判决确定的履行期限届满之日起按照同期人民银行存款利率计算本金559 266元产生的利息。（二）驳回某置业有限公司其他诉讼请求。

一审宣判后，曲某、董某不服上诉。上诉理由为：（一）被上诉人在以下方面存在违约事实：一是签署购房合同前，被上诉人没有真实告知上诉人因为已经在德州购买按揭楼房，存在可能无法办理按揭贷款的风险。没有按约定向两上诉人充分告知国家有关部门或金融机构对贷款条件、首付款比例等相关限制性政策规定；二是被上诉人多次更换负责上诉人业务的负责人、贷款银行且均未进行通知，未将上诉人办理贷款材料及时交给银行并将上述材料丢失。导致上诉人至2016年7月前无法办理贷款手续；三是被上诉人未向上诉人提供无法办理贷款的证明和依据；四是在被上诉人通知上诉人银行贷款手续无法办理后，上诉人提出按照约定改为一次性付款，遭到被上诉方的拒绝，被上诉人此举违反了双方的约定。（二）根据《最高人民法院关于审理商品房买卖合同纠纷案件适用法律若干问题的解释》（法释［2003］7号）第十五条第二款规定，解除权行使期限是除斥期间，未在此期间行使解除权的，解除权消灭。被上诉人于2015年7月28日和2016年5月31日分别两次向上诉人邮寄了《业务催办函》进行催告，根据上述规定，被上诉人催告后行使解除权的期间为寄发第一份《业务催办函》后的三个月，但是被上诉人却未在法定期间内对上诉人行使解除权，因此被上诉人的解除权在提起诉讼前已经消灭。根据《中华人民共和国合同法》第九十四条以及《最高人民法院关于审理商品房买卖合同纠纷案件适用法律若干问题的解释》第十五条之规定，行使合同解除权的应该是合同双方中的守约一方。在本案中被上诉人属于违约方，其行使合同解除权的主体资格不适格。

二审法院认为，本案系房屋买卖合同。曲某、董某的购房按揭贷款没有按合同约定办成的原因，以及曲某、董某后期是否曾向某置业有限公司表示用现金支付剩余房款问题，双方存在分歧，各执一词，但均未向法庭进行充分的举证证明。在曲某、董某的购房按揭贷款没有办成，没有按合同约定交纳购房余款的情况下，某置业有限公司并没有向曲某、董某明确提出解除合同。而是分别于2015年7月28日和2016年5月31日发出了两份业务催办函。根据两份业务催办函的内容，某置业有限公司只是催促曲某、董某履行合同约定的付款义务，并无明确告知要解除合同的内容。《最高人民法院关于审理商品房买卖合同纠纷案件适用法律若干问题的解释》第十五条规定"根据《中华人民共和国合同法》第九十四条的规定，出卖人延迟交付房屋或者或者买受人延迟支付购房款，经催告后在三个月的合理期限内仍未履行，当事人一方请求解除合同的，应予支持，但当事人另有约定的除外。法律没有规定或者当事人没有约定，经对方当事人催告后，解除权行使的合理期限为三个月，对方当事人没有催告的，解除权应当在解除权发生之日起一年内行使；逾期不行使的，解除权消灭。"本案双方签订的房屋买卖合同，约定了守约方可以向违约方提出解除合同，但没有约定行使合同解除权的期限，因此本案双方签订的商品房买卖合同可否解除，适用上述司法解释第十五条第二款的规定。根据该规定，即使曲某、董某没有依照合同约定按期履行付款义务，存在违约行为，但由于曲某、董某没有催告某置业有限公司行使合同解除权，则某置业有限公司的合同解除权应自解除权发生之日起一年以内行使，逾期行使则解除权消灭。根据双方签订的《青岛市商品房预售合同》，曲某、董某应当于2015年2月19将房屋余款1 290 000元打入公司指定的账户，逾期60天后，某置业有限公司即享有单方解除合同的权利。但从某置业有限公司享有该解除权发生之日起，至其本案正式起诉请求解除合同之日（2017年1月18日立案时），早已超过了一年的解除权行使除斥期间，因此某置业有限公司丧失了本案房屋买卖合同的解除权。一、二审时，上诉人曲某、董某均要求继续履行合同，因此本案双方签订的房屋买卖合同不应解除。某置业有限公司于 2017 年 11 月 27 日与曲虎签订《青岛某小区车位认购书》《青岛某小区车位使用权转让协议》，并收取 20 000 元车位转让定金的行为，能够证明某置业有限公司认可曲某、董某系讼争房屋的业主，是其同意继续履行双方签订的《青岛市商品房预售合同》的行为表示。因此，二审法院认为该合同双方应当继续履行。某置业有限公司请求解除合同，二审不予支持。

二审法院遂判决驳回被上诉人某置业有限公司的诉讼请求。

【案件评析】

《最高人民法院关于审理商品房买卖合同纠纷案件适用法律若干问题的解释》第十五条第二款，体现了合同法鼓励交易的原则，也体现了对开发商权利限制的立法本意。该解释第十五条第二款规定了解除权行使的合理期限：一是经催告后解除权行使的合理期限。解除权发生后，在违约人催告解除权人行使解除权的情况下，解除权人应当在对方当事人催告后的次日起 3 个月内行使解除权，期限届满未行使，解除权消灭。二是违约方不催告解除权人行使解除权的期限。在违约方不催告解除权人行使解除权的情况下，解除权人应当在解除权发生之日起 1 年内行使。也就是说解除权发生之后，如果违约方没有催告，解除权人在解除权发生之日起 1 年内也没有行使解除权的，解除权消灭。本案即属于第二种情况。

（青岛市中级人民法院民一庭审判员　王昌民）

【十六】在一方不具备解除权的情况下，其关于解除合同关系的通知对另一方不具有法律约束力

——张某与某投资公司商品房买卖合同纠纷案

关键词：合同解除权　解除通知　诚实守信原则

【裁判要点】

1. 商品房认购协议对房屋的基本状况、房屋价款的确定方式及付款等进行约定，且购房者已足额交付全部房款，符合最高人民法院《关于审理商品房买卖合同纠纷案件适用法律若干问题的解释》第五条"商品房的认购、订购、预订等协议具备《商品房销售管理办法》第十六条规定的商品房买卖合同的主要内容，并且出卖人已经按照约定收受购房款的，该协议应当认定为商品房买卖合同"的规定，应认定该协议为商品房买卖合同。

2. 有合同解除权的一方主张解除合同时应通知对方，对方提出解除异议的除斥期间为三个月。在一方不具备解除权的情况下，其关于解除合同关系的通知对另一方则不具有法律约束力。

【相关条文】

《中华人民共和国合同法》第八条、第六十条

【基本案情】

2013年1月23日，张某与某投资公司签订了三份《认购协议书》。合同约定："张某购买某投资公司开发的商铺三套，每套销售面积为64.97㎡，单价为4188元/㎡，每套房屋总价款为272094元。（口头约定返三年租金后打9.8折）备注中标明：按揭打9.8折，合同总价210656元。签订本认购书后，认购人应在签订认购书后7日内携此认购书、定金收据及购房产权人的相关证件到本售楼处签订正式合同并交纳房款。"

2013 年 1 月 15 日，张某支付涉案三套房屋定金 60 000 元，未在约定时间内交齐房款，签订正式合同。截止 2016 年 5 月 16 日，张某将涉案全部房款共计 631 968 元支付完毕。2016 年 7 月 3 日，张某书面委托某投资公司对其购买的涉案三套商铺代为销售，某投资公司未能代为售出。2017 年 2 月 25 日，张某通过 EMS 通知某投资公司解除涉案三份购房协议，并要求某投资公司返还购房款及利息。

另查明，2012 年 11 月 23 日，某投资公司取得了涉案房屋的商品房预售许可证。

一审法院认为本案争议的焦点是：1. 张某是否享有合同的解除权。2. 某投资公司对于张某解除合同的通知是否应当以《中华人民共和国合同法》第 96 条规定的方式提出异议。3. 某投资公司应否赔偿张某租金损失。

首先，张某与某投资公司签订的认购协议，均系双方当事人的真实意思表示，不违反法律法规的强制性规定，合法有效，双方应当按照约定全面履行自己的义务。该商品房认购协议约定了房屋的基本状况、房屋价款的确定方式及付款等条款，具备了商品房买卖合同主要内容，且张某已足额交付全部房款，符合最高人民法院《关于审理商品房买卖合同纠纷案件适用法律若干问题的解释》第五条"商品房的认购、订购、预订等协议具备《商品房销售管理办法》第十六条规定的商品房买卖合同的主要内容，并且出卖人已经按照约定收受购房款的，该协议应当认定为商品房买卖合同"的规定，足以认定该协议为商品房买卖合同。根据我国《中华人民共和国合同法》的规定，在民事关系中存在两种解除权，即法定解除权与约定解除权。本案所涉合同中未对张某的解除权进行约定，那么其是否具备法定解除权是解除权成立的关键。张某与某投资公司于 2013 年 1 月 15 日签订协议，某投资公司给予了一次性返三年租金的优惠，张某未按协议约定在 7 日内付清房款并与某投资公司签订正式合同，但其至 2016 年 5 月 16 日已付清全部房款，并于 2016 年 7 月 3 日书面委托某投资公司代为出售，足以认定双方已履行合同主要义务。根据《中华人民共和国合同法》第九十四条，有下列情形之一的，当事人可以解除合同：（一）因不可抗力致使不能实现合同的；（二）在履行期限届满之前，当事人一方明确表示或者以自己的行为表明不履行主要债务；（三）当事人一方迟延履行主要债务，经催告后在合理期限内仍未履行；（四）当事人一方迟延履行债务或者有其他违约行为致使不能实现合同目的；（五）法律规定的其他情形。在该合同履行过程中，未出现《中华人民共和国合同法》第九十四条规定的解除情形，即张某在该案中不享有法定的合同解除权。

其次，《中华人民共和国合同法》第九十六条第一款规定"当事人一方依照本法第九十三条第二款、第九十四条的规定主张解除合同的，应当通知对方。合同自通知到达对方时解除。对方有异议的，可以请求人民法院或者仲裁机构确认解除合同的效力"。《〈合同法〉司法解释（二）》第二十四条规定提出解除异议的除斥期间为三个月。但上述法律规定的适用前提是当事人享有约定或法定的解除权。本案张某在合同的履行过程中，不享有合同解除权，则其关于解除合同关系的通知就不具有法律约束力，某投资公司也无须就该通知行为作出任何回应，双方之间的合同关系就不受任何影响。因此，张某代理人主张某投资公司未对解除通知提出异议，应视为合同已解除的代理意见，本院不予采纳。本案双方当事人应本着诚实信用原则，信守承诺，推动合同最终履行完毕，以维护交易秩序，保障交易安全。

张某至 2016 年 5 月交齐房款时与某投资公司未另行签订代租协议，故对其请求某投资公司自 2016 年 1 月 15 日至 2017 年 2 月 28 日每年按总房款 7% 赔偿租金损失，证据不足，不予支持。据此，法院判决驳回张某的诉讼请求。

【案件评析】

本案涉及在商品房买卖过程中解除权的问题。关于解除权，我国《中华人民共和国合同法》第九十三条、九十四条规定了两种情况，即约定解除权与法定解除权。约定解除是指当事人协商一致，可以解除合同。当事人可以约定一方解除合同的条件。解除合同的条件成就时，解除权人可以解除合同。本案所涉合同中未对张某的解除权进行约定，故张某不具有约定解除权。那么其是否具备法定解除权是解除权成立的关键。根据《中华人民共和国合同法》第九十四条，有下列情形之一的，当事人可以解除合同：（一）因不可抗力致使不能实现合同的；（二）在履行期限届满之前，当事人一方明确表示或者以自己的行为表明不履行主要债务；（三）当事人一方迟延履行主要债务，经催告后在合理期限内仍未履行；（四）当事人一方迟延履行债务或者有其他违约行为致使不能实现合同目的；（五）法律规定的其他情形。在本案合同履行过程中，未出现《中华人民共和国合同法》第九十四条规定的解除情形，即张某在该案中不享有法定的合同解除权。所以张某在合同的履行过程中不具有解除权，其关于解除合同关系的通知就不具有法律约束力，某投资公司也无须就该通知行为作出任何回应，双方之间的合同关系不受影响。

本案张某已经支付了全部的购房款，某投资公司亦将涉案房屋交付，双方已经履行完毕合同的主要义务。双方当事人应本着诚实信用原则，信守承诺，推动合同最终履行完毕，以维护交易秩序，保障交易安全。

（莱西市人民法院民一庭庭长 孙连英）

【十七】商品房预售合同解除后，银行未基于预售商品房抵押权预告登记享有优先受偿权

——青岛某置业公司与孟某、某银行房屋买卖合同纠纷及金融借款合同纠纷案

关键词：商品房　抵押权　预告登记　优先受偿权

【裁判要点】

开发商与购房人之间的商品房预售合同依法解除，银行作为担保权人享有独立请求权，商品房买卖合同纠纷与金融借款合同纠纷可合并审理；开发商提起诉讼解除与购房者的房屋买卖法律关系的情况下，抵押预告登记无法转换为正式抵押登记，银行可通过其他诉讼途径实现权利保护，其要求确认对设定抵押预告登记的预售商品房享有抵押权和优先受偿权的请求不应获得支持。

【相关法条】

1.《中华人民共和国合同法》第八条：依法成立的合同，对当事人具有法律约束力。当事人应当按照约定履行自己的义务，不得擅自变更或者解除合同。依法成立的合同，受法律保护。

2.《中华人民共和国合同法》第九十三条：当事人协商一致，可以解除合同。当事人可以约定一方解除合同的条件。解除合同的条件成就时，解除权人可以解除合同。

3.《中华人民共和国合同法》第九十四条：有下列情形之一的，当事人可以解除合同：（一）因不可抗力致使不能实现合同目的；（二）在履行期限届满之前，当事人一方明确表示或者以自己的行为表明不履行主要债务；（三）当事人一方迟延履行主要债务，经催告后在合理期限内仍未履行；（四）当事人一方迟延履行债务或者有其他违约行为致使不能实现合

同目的；（五）法律规定的其他情形。

4.《中华人民共和国合同法》第九十六条：当事人一方依照本法第九十三条第二款、第九十四条的规定主张解除合同的，应当通知对方。合同自通知到达对方时解除。对方有异议的，可以请求人民法院或者仲裁机构确认解除合同的效力。法律、行政法规规定解除合同应当办理批准、登记等手续的，依照其规定。

5.《中华人民共和国合同法》第九十七条：合同解除后，尚未履行的，终止履行；已经履行的，根据履行情况和合同性质，当事人可以要求恢复原状、采取其他补救措施、并有权要求赔偿损失。

6.《中华人民共和国合同法》第一百零七条：当事人一方不履行合同义务或者履行合同义务不符合约定的，应当承担继续履行、采取补救措施或者赔偿损失等违约责任。

7.《中华人民共和国合同法》第一百一十三条：当事人一方不履行合同义务或者履行合同义务不符合约定，给对方造成损失的，损失赔偿额应当相当于因违约所造成的损失，包括合同履行后可以获得的利益，但不得超过违反合同一方订立合同时预见到或者应当预见到的因违反合同可能造成的损失。经营者对消费者提供商品或者服务有欺诈行为的，依照《中华人民共和国消费者权益保护法》的规定承担损害赔偿责任。

8.《中华人民共和国合同法》第一百一十四条：当事人可以约定一方违约时应当根据违约情况向对方支付一定数额的违约金，也可以约定因违约产生的损失赔偿额的计算方法。约定的违约金低于造成的损失的，当事人可以请求人民法院或者仲裁机构予以增加；约定的违约金过分高于造成的损失的，当事人可以请求人民法院或者仲裁机构予以适当减少。当事人就迟延履行约定违约金的，违约方支付违约金后，还应当履行债务。

9.《中华人民共和国合同法》第一百九十六条：借款合同是借款人向贷款人借款，到期返还借款并支付利息的合同。

10.《中华人民共和国合同法》第二百零七条：借款人未按照约定的期限返还借款的，应当按照约定或者国家有关规定支付逾期利息。

11.《中华人民共和国担保法》第十八条：当事人在保证合同中约定保证人与债务人对债务承担连带责任的，为连带责任保证。连带责任保证的债务人在主合同规定的债务履行期届满没有履行债务的，债权人可以要求债务人履行债务，也可以要求保证人在其保证范围内承担保证责任。

12.《中华人民共和国担保法》第二十一条：保证担保的范围包括主债权及利息、违约金、损害赔偿金和实现债权的费用。保证合同另有约定的，按照约定。当事人对保证担保的范围没有约定或者约定不明确的，保证人应当对全部债务承担责任。

13.《中华人民共和国物权法》第二十条：当事人签订买卖房屋或者其他不动产物权的协议，为保障将来实现物权，按照约定可以向登记机构申请预告登记。预告登记后，未经预告登记的权利人同意，处分该不动产的，不发生物权效力。预告登记后，债权消灭或者自能够进行不动产登记之日起三个月内未申请登记的，预告登记失效。

14.《最高人民法院关于审理商品房买卖合同纠纷案件适用法律若干问题的解释》第二十五条：以担保贷款为付款方式的商品房买卖合同的当事人一方请求确认商品房买卖合同无效或者撤销、解除合同的，如果担保权人作为有独立请求权第三人提出诉讼请求，应当与商品房担保贷款合同纠纷合并审理；未提出诉讼请求的，仅处理商品房买卖合同纠纷。担保权人就商品房担保贷款合同纠纷另行起诉的，可以与商品房买卖合同纠纷合并审理。商品房买卖合同被确认无效或者被撤销、解除后，商品房担保贷款合同也被解除的、出卖人应当将收受的购房贷款和购房款的本金及利息分别返还担保权人和买受人。

【基本案情】

原告青岛某置业公司诉称，2013 年 9 月 27 日，原告与被告孟某签订《青岛市商品房预售合同》，约定：被告孟某采用按揭贷款的方式以房屋总价款 12 182 402 元购买原告开发的青岛市市南区香港中路 8 号乙 2 号楼某户房屋一处。2013 年 11 月 21 日，被告孟某与第三人某银行、原告签订《个人房产抵押贷款合同》一份，约定：被告孟某贷款 609 万元用于购买涉案房屋，以涉案房屋为该笔贷款提供抵押担保；原告为该笔贷款提供阶段性担保。后因被告未按约定偿还贷款，第三人解除《个人房产抵押贷款合同》，要求被告孟某提前偿还全部贷款，并要求原告承担保证责任。依据原告与被告孟某签订的《青岛市商品房预售合同》约定，原告有权解除

《青岛市商品房预售合同》，并要求被告孟某承担相应违约责任；且原告有权在应退购房款中直接扣除剩余贷款本息，并直接支付给第三人，第三人在收到上述剩余贷款本息后，其对被告孟某的债权消灭，抵押预告登记的相应权利一并消灭，第三人应配合原告办理涉案房屋抵押预告登记撤销手续。原告诉至法院，请求依法判令：一、解除原告与被告孟某签订的《青岛市商品房预售合同》，被告孟某将青岛市市南区香港中路8号乙2号楼某户房产腾让给原告，并配合原告办理撤销涉案房屋的网签备案手续；二、原告从应返还被告孟某的购房款中扣除被告孟某所欠第三人就涉案房屋的剩余贷款本金4 878 244.16元及其他费用，将该贷款本息直接支付给第三人；三、被告孟某向原告支付经济损失803 041.59元、违约金60 9120.1元、房屋占用费1 330 588.9元、律师代理费28万元，上述款项自原告应返还的涉案房屋购房款中扣除；四、第三人在收到涉案房屋剩余贷款本息后对涉案房屋的抵押预告登记权利消灭，第三人应办理涉案房屋的抵押预告登记撤销手续；五、本案诉讼费、保全费由两被告承担。

被告孟某辩称，（一）2013年原、被告签署房产预售合同，之后被告支付原告购房款。2013年12月份，被告入住涉案房屋并花费巨额装修，后被告不断要求原告及时办理房产证，但因原告手续不齐全，因其自身原因未能及时办理房产证，导致第三人未能及时办理抵押权证，所以出现违约情况，其主要责任在原告，如果原告及时办理房地产权证，即可以解除其担保责任，亦不会产生第三人索要的罚息、违约金等。另外，原告没有履行保证责任，没有对银行支付全部担保金，原告不存在相应损失。（二）被告依约支付给原告购房款，第三人依约支付给原告购房贷款，涉案房产的所有权属于被告，不存在解除合同的事由。（三）退一步说即使解除房产预售合同，原告应在合同解除后，将被告已经支付的购房款返还给被告，而不是事先予以扣除。（四）因为被告未违约，不应支付原告违约金，原告不能因自身违约导致本案诉讼的发生，又可因此获得违约金利益。（五）涉案房屋属于被告合法所有，不存在房屋占用费，退一步说即使解除合同，那么应是在合同解除后才产生占用费，因此原告现在起诉要求被告支付占用费无依据。（六）原告主张的律师代理费过高，不应由被告支付。（七）若本合同解除，则原告应赔偿被告所花费的巨额装修费用。

第三人辩称，应由开发商承担保证责任或者被告依约偿还贷款本息。

第三人诉称，2013 年 11 月 21 日，第三人与被告孟某、原告签订编号为 2013372271010100002《个人房产抵押贷款合同》，约定：第三人向被告孟某发放贷款 609 万元，被告孟某以青岛市市南区香港中路 8 号乙 2 号楼某户房产提供抵押担保，原告为上述贷款提供连带责任保证担保。合同签订后，第三人对涉案房屋办理抵押预告登记手续，但被告孟某未按照约定还本付息。第三人提出独立诉讼请求，请求法院依法判令：1. 解除第三人与被告孟某、原告签订的《个人房产抵押贷款合同》；2. 被告孟某偿还第三人借款本金 4 878 244.16 元、利息 15 338.01 元（暂计算至 2016 年 7 月 10 日，并持续计算至被告实际支付之日止，按照合同第 24 条约定计算）；3. 原告对上述第二项诉讼请求承担连带清偿责任；4. 第三人对青岛市市南区香港中路 8 号乙 2 号楼某户房产享有抵押权，并就该房产折价、拍卖、变卖所得价款优先受偿；5. 本案诉讼费用由原、被告承担。

原告辩称，第三人解除《个人房产抵押贷款合同》符合约定，原告同意；第三人应出具加盖公章的本息凭证，原告予以认可；涉案房屋尚未办理正式的抵押登记，依据物权法的规定，第三人对涉案房屋不享有优先权。

被告孟某辩称，被告因经济困难无力支付贷款合同项下款项，第三人应提供相应借款合同、借款凭证等证据证明其主张，请求法院依法判决。

一审法院查明，（一）原、被告之间房屋买卖合同的签订及履行的事实。2013 年 9 月 27 日，原告与被告孟某签订《青岛市商品房预售合同》（编号为 25000003311789）一份，约定：被告孟某购买青岛市市南区香港中路 8 号乙青岛国际贸易中心 2 号楼 39 层 4002 户房屋一处，建筑面积 355.25 平方米，总房价款为 1 2187 548 元；原告定于 2013 年 12 月 30 日前将该房屋交付给被告；付款方式为银行按揭贷款，首付款 6 097 548 元（含定金 500 000 元），被告应于 2013 年 9 月 28 日前存入本合同指定账户；贷款 6 090 000 元，被告以银行按揭贷款方式应于 2013 年 9 月 28 日前办理按揭贷款所需文件全部提交兴业银行，放贷机构于 2013 年 10 月 5 日前将贷款存入本合同指定的账户；补充条款 2.4 条：因被告办理银行按揭贷款，原告就被告贷款向银行提供保证的，在原告保证期内，如因被告原因，导致银行从原告处扣款（以银行扣款凭证为准），被告必须自扣款之日起 5 日内归还原告代还款项；被告超出 90 日仍未归还原告代还款项的，应按代还款项的每日万分之五支付代垫期间的利息，并向原告支付代还款项 10％的违约金，同时原告有权解除合同或原价回购该商品房；原告解除合同的，被告应赔偿因此给原告造成的各项损失（包括但不限于市场价格调整导致原告的损失），并且被告应向原告支付自该房屋交付使用之日起的房屋使用费，每个月的房屋使用费按房价款 1.5％的标准计算，此外，被告孟某不得破坏或拆除装修，其所有权转归原告所有，原告不予补偿。（应归还原告的代还款项、利息、违约金、损失赔偿、诉讼费、律师费、增加成本及房屋使用费等原告均有权从被告已付款中优先扣除）；补充条款 2.5 条：如因被告原因导致银行解除与被告之间的担保贷款协议或借款合同，原告亦有权解除主合同，原告解除合同的，被告应按照 2.3 条中关于解除合同的约定承担违约责任（2.3 条：如因被告原因导致合同预售登记备案或预购商品房贷款抵押手续在合同签订之日起 30 日内仍然未办理完毕，原告有权解除合同，要求被告赔偿损失，同时收取被告的总房价款 5％的违约金，违约金从被告已付款中优先扣除）；若因被告原因导致原告向贷款银行支付任何款项（包括但不限于被银行划款）或承担任何责任的，被告应向原告赔偿，原告有权从被告已付款中优先扣除。

2015 年 7 月 24 日，原告向被告出具发票，载明被告缴纳购房款共计 12 182 402 元。2013 年 12 月 21 日，原告将涉案房屋交付给被告；被告现在涉案房屋内开设公司。

二、第三人与原、被告就涉案房屋签订《个人房产抵押贷款合同》的事实。2013 年 11 月 21 日，原告与被告孟某、第三人某银行签订《个人房产抵押贷款合同》（编号：201337227101000002）一份，约定：被告孟某向第三人贷款 609 万元用于购买房屋，贷款期限 120 个月，合同项下贷款利率为浮动利率，即中国人民银行现行相应期限档次贷款的基准利率上浮 10％；逾期贷款的罚息利率为本合同约定利率上浮 50％；被告选择的还款法为等额本息还款法，每期还款额为 71 355.17 元；原告为上述借款提供连带责任保证，保证范围为本合同项下贷款本金及利息、罚息、复利及第三人实现债权的费用，实现债权的费用包括但不限于催收费、诉讼费、保全费、公告费、执行费、律师费、差旅费及其他相关费用；被告未按本合同约定足额偿还任一期还款额或者其他费用时，原告应按第三人的要求立即支付被告的全部到齐应付款项；被告未按时足额偿还贷款本金、支付利息的，应当承担第三人为实现债权而发生的催收费、诉讼费、保全费、公共费、执行费、律师费、差旅费及其他相关费用。

2014年6月17日，第三人就涉案房屋办理抵押预告登记。

被告自2015年8月份开始未按期偿还贷款本息。原告于2016年3月30日、6月28日代被告孟某偿还贷款本金共计468 554.61元，偿还利息共计294 057.98元。第三人出具《欠本息清单》一份，证明截至2016年8月15日，被告孟某欠贷款本金4 878 244.16元，欠付利息54 778.62元。

2015年10月28日，第三人向原告发送《解除合同通知书》一份，内容为："因借款人孟凡华未能按照贵我三方签订的《个人房产抵押贷款合同》的约定按时归还贷款、我行宣布解除三方签订的《个人房产抵押贷款合同》，贷款提前到期。截至2015年10月25日，孟凡华欠我行贷款本金16 495 399.74元、利息283 007.99元，诉讼费用126 339元。请贵公司尽快履行代偿责任，具体数额根据实际还款日确定"。

原告提交《委托代理协议》、山东省律师服务收费标准、律师费发票及收款回单，证明原告支付本案委托代理费28万元。

原告提交青岛惠宇置业咨询有限公司证明、营业执照、房屋租赁合同一宗，证明青岛惠宇置业咨询有限公司系经营房屋租赁等业务，其设立在原告处的租赁部主要经营涉案房屋所在楼盘的房屋租赁业务，涉案房屋所在区域的市场出租价格为每天每平方米5.5元。原告明确其主张的房屋占用费的诉求为：被告支付自2013年12月21日房屋交付之日起至立案之日止的房屋占用费，按照每天每平方米5.5元计算。

涉案房屋于2015年7月份具备房地产登记条件，被告一直未办理涉案房屋的所有权证。

一审认为，（一）《最高人民法院关于审理商品房买卖合同纠纷案件适用法律若干问题的解释》第二十五条第一款规定："以担保贷款为付款方式的商品房买卖合同的当事人一方请求确认商品房买卖合同无效或者撤销、解除合同的，如果担保权人作为有独立请求权第三人提出诉讼请求，应当与商品房担保贷款合同纠纷合并审理…担保权人就商品房担保贷款合同纠纷另行起诉的，可以与商品房买卖合同纠纷合并审理"。因此，第三人作为担保权人，在本案中享有独立请求权，案涉商品房买卖合同纠纷与相关金融借款合同纠纷可合并审理。

本案中，第三人与原、被告签订的编号为 2013372271010100002《个人房产抵押贷款合同》合法有效。第三人按照合同约定向被告孟某发放全部贷款，被告孟某自 2015 年 8 月份开始逾期还款，已构成违约，且被告表示因经济困难，无力偿还贷款，因此，第三人要求解除个人房产抵押贷款合同，于法有据。合同解除后，被告孟某应将其所欠原告贷款合同下本金 4 878 244.16 元偿还给第三人。截至 2016 年 8 月 15 日，被告欠付贷款利息 54 778.62 元，被告应继续向第三人支付自 2016 年 8 月 16 日起至本判决生效之日止的利息、罚息，按照合同约定的计息标准计算。原告为上述借款提供连带责任保证，原告应对被告孟某的上述债务承担连带清偿责任。

预告登记制度是为了保障将来物权的实现而设立，权利人取得物权仍需完成权利登记；未经预购商品房抵押预告登记权利人的同意，处分该预购商品房的，不发生物权效力，依据目的解释，抵押预告登记系保障未来实现抵押权的设立，并非为保障预告登记权利人所有债权的实现。另，优先受偿权必须法律明确规定才能设立，综上，赋予抵押预告登记权利人以预购商品房的抵押权和优先受偿权无法律依据，被告与第三人就青岛市市南区香港中路 8 号乙 2 号楼某户房屋办理预购商品房抵押预告登记手续，现因被告孟某存在违约行为，导致原告提起诉讼解除其与被告的房屋买卖法律关系，抵押预告登记无法转换为正式抵押登记的情况下，第三人可以通过其他诉讼途径实现权利保护，而不应因此曲解抵押预告登记制度的内涵和效力边界，第三人要求确认其对被告设定抵押预告登记的涉案房产享有抵押权和优先受偿权的请求，不予支持。

（二）原、被告之间的《青岛市商品房预售合同》是否符合解除条件。

本案中，原告与被告孟某于 2013 年 9 月 27 日签订的《青岛市商品房预售合同》合法有效。合同签订后，被告向原告支付购房款，原告向被告交付涉案房屋，涉案房屋进行了网签，尚未办理正式的房屋产权证书，涉案房屋买卖合同并未全部履行完毕。被告孟某因逾期偿还贷款，导致原告于 2016 年 3 月 30 日、6 月 28 日代被告孟某向第三人偿还贷款本金共计 468 554.61 元，偿还利息共计 294 057.98 元。合同自由系合同法的基本原则，当事人享有订立合同和确定合同内容等方面的自由，包括变更和解除合同的自由。依据涉案合同补充条款约定：如因被告原因导致第三人解除与被告之间的担保贷款协议或借款合同，原告亦有权解除主合同，被告应向原告支付总房价款 5% 的违约金。该补充条款的约定意图为：原告在向被告交付涉案房屋的情况下，为了确保原告已经收取的购房款能够安全而有保障，避免原告在为被告承担了保证责任或者第三人因解除借款合同而收回贷款从而造成原告既失去对房屋的控制、亦未获得足额购房款的情形发生，约定了原告的合同解除权；该约定亦是为了督促被告及时履行还贷义务，确保房屋买卖合同的顺利履行。现被告孟某因逾期偿还贷款，导致原告在收到第三人向其发送的《解除合同通知书》后代被告向第三人偿还部分贷款本息，且第三人已起诉要求解除与原、被告签订的《个人房产抵押贷款合同》，达到补充条款约定的解除条件。现原告起诉要求解除与被告孟某签订的《青岛市商品房预售合同》，应予以准许。

（三）合同解除后，尚未履行的，终止履行；已经履行的，根据履行情况和合同性质，当事人可以要求恢复原状、采取其他补救措施，并有权要求赔偿损失。本案中，因被告孟某存在违约行为，致使双方签订的《青岛市商品房预售合同》解除，合同解除后，被告孟某应将青岛市市南区香港中路 8 号乙青岛国际贸易中心 2 号楼某户房屋返还给原告，并配合原告办理涉案房屋撤销网签备案手续；原告应向被告孟某返还剩余购房款。本案中，截至 2016 年 8 月 15 日，被告孟某欠第三人贷款本金 4 878 244.16 元未付，该贷款本金在原告处，因此，原告直接向第三人返还贷款本金 4 878 244.16 元。关于贷款本金的利息部分，在前文的分析中已经予以明确。

原告自第三人处收取 609 万元，扣除原告应向第三人返还的贷款本金 4 878 244.16 元，扣除原告已代被告向第三人偿还的贷款本金 468 554.61 元，加上被告向原告支付的首付款 6 092 402 元，上述款项共计 6 835

603.23 元尚在原告处。

关于违约金、律师代理费、经济损失、房屋占用费问题。1. 违约金。依据补充条款约定，如因被告原因导致银行解除抵押借款合同的，原告有权解除主合同，被告应向原告支付总房价款 5% 的违约金。现因第三人与原、被告之间的《个人房产抵押贷款合同》解除，被告对于因其逾期还贷的行为而应承担的《青岛市商品房预售合同》中约定的违约金损失系可以预见的，其应按照合同约定向原告支付违约金 609 120.1 元。2. 律师代理费。依据补充条款约定，被告应归还原告的代还款项、利息、违约金、损失赔偿、诉讼费、律师费、增加成本及房屋使用费等原告均有权从被告已付款中优先扣除。原告已经为本案支付律师费 28 万元，该律师费原告有权自应返还被告的购房款中扣除。3. 经济损失。原告代被告向第三人偿还利息共计 294 057.98 元。依据补充条款约定，若因被告原因导致原告向贷款银行支付任何款项（包括但不限于被银行划款）或承担任何责任的，被告应向原告赔偿，原告有权从被告已付款中优先扣除，因此，该部分款项系原告的经济损失，原告有权自应返还被告的购房款中扣除。4. 房屋占用费。在《青岛市商品房预售合同》解除前，被告孟某支付购房款，原告向被告交付涉案房屋，被告占有使用涉案房屋基于合同约定的购房者在支付购房款后的应有权益，在双方之间的法律关系未发生变化的情况下，被告占有使用涉案房屋的权益受到法律保护；且被告因合同解除已经承担向原告支付违约金的赔偿责任，再由被告向原告支付高额占用费，无事实和法律依据。原、被告之间的房屋买卖合同于 2015 年 12 月 17 日解除，原告主张的房屋占用费系计算至起诉之日即 2015 年 11 月 9 日，因此，在双方房屋买卖合同未解除之前，不产生房屋占用费。

被告应向原告支付的款项与原告应返还给被告的购房款相折抵，被告尚有购房款 5 652 425.15 元（6 835 603.23 元－609 120.1 元－28 万元－294 057.98 元）在原告处。

另，因被告孟某明确表示其现在无经济能力偿还贷款本息，原告就《个人房产抵押贷款合同》项下相应保证责任的承担系可以预见的，原告就第三人主张的欠付贷款利息、罚息、诉讼费用向第三人支付完毕后，有权自其应返还给被告孟某的购房款中抵扣。

第三人应自《个人房产抵押贷款合同》项下贷款本息获得清偿之日起十日内撤销青岛市市南区香港中路 8 号乙 2 号楼某户房屋的抵押预告登记。

被告称原告应赔偿其装修损失，因其并未举证证明，一审不予采信；被告称涉案房屋未办理房产证系由于原告的原因导致，一审不予采信。

一审法院判决如下：（一）原告青岛某置业公司与被告孟某签订的《青岛市商品房预售合同》于 2015 年 12 月 17 日解除。（二）第三人某银行与原告青岛某置业公司、被告孟某签订的编号为 2013372271010100002《个人房产抵押贷款合同》于 2015 年 10 月 29 日解除。（三）被告孟某于本判决生效之日起十日内将青岛市市南区香港中路 8 号乙 2 号楼某户房屋腾让给原告青岛某置业公司，并于本判决生效之日起十日内协助原告青岛某置业公司撤销上述房屋在青岛市房地产交易中心的登记备案手续。（四）原告青岛某置业公司向第三人某银行返还贷款本金 4 878 244.16 元。（五）被告孟某于本判决生效之日起十日内偿还第三人某银行编号为 2013372271010100002《个人房产抵押贷款合同》项下利息 5 4778.62 元及自 2016 年 8 月 16 起至本判决生效之日止的利息、罚息，按照合同约定的计息标准计算。（六）原告青岛某置业公司对上述第五项债务与被告孟某承担连带清偿责任。原告青岛某置业公司就上述第五项债务向第三人某银行支付完毕后，自其应返还给被告孟某的购房款中进行抵扣。（七）第三人某银行应自编号为 2013372271010100002《个人房产抵押贷款合同》项下贷款本息获得清偿之日起十日内撤销青岛市市南区香港中路 8 号乙 2 号楼某户房屋的抵押预告登记。（八）原告青岛某置业公司向被告孟某返还购房款 6 835 603.23 元。（九）被告孟某向原告青岛某置业公司支付违约金 609 120.1 元、律师代理费 28 万元。（十）被告孟某向原告青岛某置业公司支付已代偿利息 294 057.98 元。（十一）驳回原告青岛某置业公司的其他诉讼请求。（十二）驳回第三人某银行的其他诉讼请求。以上第八、九、十项相互折抵，原告青岛某置业公司应于本判决生效之日起十日内返还被告孟某购房款 565 2425.15 元。该案一审生效，三方当事人均未提起上诉。

【案件评析】

本案系因《商品房预售合同》解除而产生的开发商与购房者、商品房按揭贷款银行三者之间权利义务关系梳理与裁判的典型案例。首先，本案涉及两个基础法律关系，开发商与购房者之间的房屋买卖合同关系，开发商与购房者、商品房按揭贷款银行之间的金融借款合同纠纷。该两个纠纷均是基于商品房预售行为而产生，在《商品房预售合同》面临解除的情况下，上述两个基础法律关系是否能在一个诉讼中合并审理并得到妥善裁判，是该类案件司法实践中的难点。《最高人民法院关于审理商品房买卖合同纠纷案件适用法律若干问题的解释》第二十五条第一款规定："以担保贷款为付款方式的商品房买卖合同的当事人一方请求确认商品房买卖合同无效或者撤销、解除合同的，如果担保权人作为有独立请求权第三人提出诉讼请求，应当与商品房担保贷款合同纠纷合并审理…担保权人就商品房担保贷款合同纠纷另行起诉的，可以与商品房买卖合同纠纷合并审理。"因此，商品房按揭贷款银行作为担保权人，在案件中享有独立请求权，商品房买卖合同纠纷与相关金融借款合同纠纷合并审理具有法律依据。其次，该类案件中商品房按揭贷款银行一般基于抵押预告登记而提出对商品房享有优先受偿权的主张，预售商品房抵押预告登记的法律性质与效力的认定是该类案件的审判难点。《中华人民共和国物权法》第二十条规定在条文表述上并未明确抵押预告登记权利人是否因预告登记而享有优先受偿权。一方面，预告登记仅是为保障将来物权的实现，权利人取得物权仍需完成本登记，且债权消灭或者超期未为本登记的，预告登记失效。预告登记所保障的权利并非显示物权，而是将来发生物权变动的请求权，本质上仍是债权性质。因此，抵押权预告登记不能等同于抵押权登记，办理抵押权预告登记，仅表明抵押权预告登记权利人享有请求办理抵押权本登记的权利，但抵押权并未因此设立。另一方面，对于预售商品房抵押权预告登记，法律赋予预告登记权利人享有的未来实现抵押权的请求权以一定的保全效力，基于目的解释，这一保全效力应以保障未来实现抵押权的设立为限，而非为保障预告登记权利人所有债权的实现。优先受偿权需要由法律明确规定才能设立，赋予预售商品房抵押权预告登记权利人对商品房优先受偿的权利在现行法上并无依据，银行可基于贷款合同解除而主张相应的损害赔偿请求权，但不应因此而曲解预告登记制度的内涵和效力边界，故驳回银行要求确认其对预售商品房享有抵押权及优先受偿权的请求。

（青岛市市南区人民法院民一庭庭长　许枫）

【十八】出租人和承租人对房屋租赁合同约定的房屋用途条款产生争议，应综合合同签订日期、约定内容、履行状况等确定该条款的真实意思

——青岛某物业公司与青岛某实业公司房屋租赁合同纠纷案

关键词：房屋租赁　房屋用途　真实意思

【裁判要点】

《房屋租赁合同》约定在合同有效期内，未事前征得出租人书面同意，承租人不得改变使用用途。在合同履行过程中，双方对于承租人是否擅自改变合同约定的房屋用途产生争议，对此，应以合同法第一百二十五条规定的合同解释原则为依据，综合合同签订日期、约定具体内容、实际履行状况，依归于诚实信用原则最终确定该条款的真实意思表示，以维护房地产租赁市场的稳定有序发展。

【相关法条】

1.《中华人民共和国合同法》第六条：当事人行使权利、履行义务应当遵循诚实信用原则。

2.《中华人民共和国合同法》第八条：依法成立的合同，对当事人具有法律约束力。当事人应当按照约定履行自己的义务，不得擅自变更或者解除合同。依法成立的合同，受法律保护。

3.《中华人民共和国合同法》第六十条：当事人应当按照约定全面履行自己的义务。当事人应当遵循诚实信用原则，根据合同的性质、目的和交易习惯履行通知、协助、保密等义务。

4.《中华人民共和国合同法》第一百二十五条：当事人对合同条款的

理解有争议的，应当按照合同所使用的词句、合同的有关条款、合同的目的、交易习惯以及诚实信用原则，确定该条款的真实意思。合同文本采用两种以上文字订立并约定具有同等效力的，对各文本使用的词句推定具有相同含义。各文本使用的词句不一致的，应当根据合同的目的予以解释。

【基本案情】

原告青岛某物业公司诉称，2010 年 1 月 1 日，原、被告签订《房屋租赁合同》，约定：原告承租青岛市市南区宁夏路某号房屋及场地，租期15 年，允许原告转租。合同签订后一直履行至今，被告于 2016 年 5 月 31日无故刊登公告在原告不存在违约行为的情况下要求解除上述房屋租赁合同，并拒收下半年房租 41.2 万元，并于 2016 年 8 月 12 日向原告的转租方发函声称已与原告解除租赁合同。被告的行为侵犯了原告的合法权益，原告诉至法院，请求依法判令：1. 被告继续履行与原告签订的《房屋租赁合同》；2. 被告排除对原告承租涉案房屋的妨害；3. 被告赔偿原告经济损失 5 000 元；4. 本案诉讼费用由被告承担。

被告青岛某实业公司辩称，（一）原告违约在先且不在约定日期内纠正，被告有权解除房屋租赁合同；被告行使约定解除权解除合同的理由为：原告在未经被告书面的同意变更房屋的使用用途，被告通知原告在约定时间内予以纠正，原告一直未纠正。（二）涉案房屋租赁合同已经解除，不应继续履行。（三）原告主张经济损失 5 000 元无法律依据，请求法院依法请求驳回原告的诉讼请求。

被告青岛某实业公反诉称，原告将上述租赁房屋用于开设网吧、快餐、养发沙龙、农业银行等，并存在部分拆除、移动或改扩建等现象，被告已就解除合同事宜以通知、公告等形式多次通知原告，原告拒不搬出。被告请求法院依法判令：1. 确认原、被告签订的《房屋租赁合同》已于2016 年 7 月 16 日解除；2. 原告将涉案房屋及场地交还被告；3. 原告向被告支付租金 33 863 元（2016 年 7 月 1 日至 7 月 15 日期间）；4. 原告向被告支付房屋使用费（自 2016 年 7 月 16 日起至 2016 年 11 月 16 日暂计算为 80 万元，并实际计算至交还房屋之日止）；5. 原告承担本案诉讼费用。

原告青岛某置业公司辩称，1. 被告的反诉请求无事实和法律依据。

被告对原告的转租行为及房屋用途系认可的，且原告一直严格履行合同，按时足额支付房租，不存在任何违约行为。2.被告意图违反合同约定大幅提高房屋租金。根据被告的反诉请求，其要求原告支付的房屋使用费高达240万元/年，其目的可见。

一审法院查明，青岛市市南区宁夏路某号房屋的产权人为被告，共七层，建筑面积3 230.05平方米，设计用途为住宅。

2000年12月1日，原、被告签订《房屋租赁合同》一份，约定：原告承租青岛市市南区宁夏路某号整座楼，楼高七层，建筑面积3 299.49平方米，楼前停车坪一处；租赁期限自2000年12月1日至2013年11月30日；第一年年租金70万元，自第二年起以后每三年递增百分之五，每年73.5万元整，依次类推；被告允许原告转租经营；原告在房屋租用期满时，如需继续承租上述房屋时应提前二个月与甲方协商，双方另签合同。

同日，双方签订《代理协议书》一份，约定：被告委托原告对涉案房屋进行物业管理及对外租赁经营，委托期限自2000年12月1日至2013年11月30日，代理范围为宁夏路某号楼全部，代理权限为对外租赁。

2010年1月1日，原、被告签订《房屋租赁合同》一份，约定：原告承租青岛市市南区宁夏路某号整座楼及楼前场地，房屋建筑面积3299.49平方米，场地面积300平方米；原告租赁房屋及场地的用途为：办公及商务酒店。在合同有效期内，未事前征得被告书面同意，原告不得改变使用用途；租赁期限自2010年1月1日起至2024年12月31日止；该房屋、场地在本合同签订时已实际交付给原告；年租金金额：第一年至第五年每年租金为80万元，第六年至第十年租金在第五年的基础上递增3%，即年租金为82.4万元；第十一年至第十五年租金在第十年基础上递增3%，即年租金为848 720元；支付方式：每年1月1日前、7月1日前一次性付清当年租金总额的50%；原告可将租赁物转租给第三方，转租部分仍由原告向被告行使权利和承担义务；转租后如因原告未全面、实际履行义务导致被告权益受到损害时，被告有权采取相应措施；未经被告书面同意，原告有下列情形之一者为违约：擅自改变合同约定的租赁用途；自原告收到被告书面通知之日起满30日仍未纠正的，被告有权解除合同，本合同自原告收到解除合同之日起即终止。

同日，原、被告签订《代理协议》一份，约定：被告委托原告对涉案房屋进行物业管理及对外租赁，委托期限自 2010 年 1 月 1 日至 2024 年 12 月 31 日，代理范围为宁夏路某号楼全部，代理权限为对外租赁；原告必须严格执行国家有关法令、政策，依法管理及出租。

2003 年 12 月份，隶属于被告的青岛鑫汇源租赁有限公司与隶属于原告的青岛裕丰和写字楼租赁有限公司签订《代理协议书》一份，约定青岛裕丰和写字楼租赁有限公司负责涉案房屋的物业管理及对外租赁。

2005 年 5 月份，青岛某写字楼租赁有限公司与青岛某软件有限公司好读网吧签订《房屋租赁合同》一份，约定软件有限公司好读网吧承租青岛市市南区宁夏路某号房屋面积 208 平方米，租期自 2005 年 5 月 25 日至 2008 年 5 月 24 日。2005 年 7 月份，该网吧的经营地址变更为宁夏路某号。2013 年 3 月 1 日，原告与青岛某网络服务有限公司签订《租赁合同》，约定网络服务有限公司租赁宁夏路某号二层部分房屋，租期至 2018 年 2 月 28 日。

2008 年 4 月 16 日，原告与案外人初某某签订《租赁合同》一份，约定：初某某承租青岛市市南区宁夏路某号一层的房屋面积 90 平方米用于经营美容美发，租期自 2008 年 5 月 20 日至 2013 年 5 月 19 日，年租金 7 万元。后该合同续签至 2018 年 11 月 19 日。

2008 年 8 月 8 日，原告与某银行签订《房屋租赁合同》一份，约定：某银行承租青岛市市南区宁夏路某号一层东南角网点建筑面积 700 平方米的房屋，租期自 2008 年 9 月 1 日至 2014 年 8 月 31 日，年租金 50 万元。后该合同续签至 2017 年 8 月 31 日。

上述次承租人在工商部门的登记材料中均有涉案房屋的房地产权证复印件，其中两份房地产权证复印件上加盖被告公章。

2016 年 5 月 18 日，被告向原告发送《通知书》一份，内容为：原告将部分承租房屋分别转租给他人，用于开办网吧、银行及理发店，依据《房屋租赁合同》第二条、第十五条约定，原告擅自改变合同约定用途构成违约，通知其于收到本通知之日起 30 日内对涉案房屋的使用进行纠正，仅将其用于办公及商务酒店，逾期未纠正的，被告将解除与原告的租赁合同。

2016 年 5 月 31 日，被告于报纸刊登公告一份，载明："青岛某物业公司：贵司租赁我司所有的位于青岛市宁夏路某号整栋楼房，现将部分房屋用于开办网吧、银行及理发店，违反了合同约定用途，构成违约。请贵司 45 日内对该房屋的使用进行纠正，仅将其用于办公及商务酒店。期满未纠正的，我司即解决与贵司的租赁合同。自催告期满之次日视为租赁合同已解除"。

2016 年 6 月 13 日，原告向被告发送《回复函》一份，内容载明：原告一直按照《房屋租赁合同》的约定使用涉案房屋，不存在违约情形，被告无权单方要求解除租赁合同。

原告于 2016 年 6 月 28 日、29 日两次向被告支付 2016 年 7 月 1 日至 12 月 31 日期间的租金 41.2 万元，被告拒收退回。

2016 年 8 月 12 日，被告向租户发送通知一份，告知其与原告的房屋租赁合同已经解除，租户停止缴纳租金并到被告处办理登记手续。

被告提交照片一宗，证明原告将涉案房屋用于开设网吧、养发沙龙、银行、大众快餐，并存在部分拆除及改扩建现象，构成严重违约。原告质证称，对证据的真实性无法确认，仅凭照片无法显示原告有拆除及改扩建的行为，大众快餐系酒店员工食堂，亦无法证明原告拒不搬出涉案房屋。

被告提交鉴定申请一份，申请对原告逾期交还涉案房屋场地期间的使用费进行评估。

一审法院认为，原、被告于 2010 年 1 月 1 日签订的《房屋租赁合同》，系当事人真实意思表示，不违反法律、行政法规的强制性规定，该合同系合法有效的。原、被告就涉案房屋之间的房屋租赁法律关系，于 2000 年 12 月份即成立，双方当事人应本着诚实信用原则，行使权利、履行义务，维护合同有序良好的履行状态。

依据《房屋租赁合同》的约定，原告承租涉案房屋及场地的用途为办公及商务酒店。一审认为，原告承租涉案房屋的过程中其行为并未违反合同约定的房屋用途，理由如下：首先，从时间上看，2000 年及 2010 年的房屋租赁合同均允许原告进行转租，除原告的关联公司在涉案房屋内经营商务酒店之外，原告于 2005 年、2008 年转租给银行、网吧、理发店、大众快餐，依据原告提交的工商登记材料，银行、网吧、理发店的注册登记地址均位于涉案房屋，原、被告于2010年1月1日签订《房屋租赁合同》时，约定租赁期限自2010年1月1日起，此时上述转承租人已经实际经营，快餐作为商务酒店的食堂，包含在酒店运营管理范围内；2010年《房屋租赁合同》签订后，原告未对外进行任何不符合使用用途的转租，因此，原告未违反"在合同有效期内，未事前征得被告书面同意，原告不得改变使用用途"的合同约定，事实上原告一直按照签订2010年《房屋租赁合同》时涉案房屋的现状持续、良好的使用涉案房屋；被告亦未提交证据证明签订2010年《房屋租赁合同》时其对涉案房屋内的转承租人提出过任何异议。其次，从内容上看，合同法第一百二十五条规定：当事人对合同条款的理解有争议的，应当按照合同所使用的词句、合同的有关条款、合同的目的、交易习惯以及诚实信用原则，确定该条款的真实意思。依据《现代汉语大词典》定义，"办公"：处理公事。据此可知，办公的范围包括为公众对象处理特定事物或者提供特定服务，银行、网吧、理发店的经营范围并未超越"办公"范畴，原告亦未将涉案房屋出租给他人用于个人居住等非办公事宜，因此，依据文义解释，原告的转租行为未违反合同约定的房屋用途，亦未违反合同目的；另一方面，被告始终未明确其所称的"办公"的具体指向，被告所称网吧属于娱乐业、理发店属于商业服务、快餐店属于餐饮业、银行属于金融经营行业，系经济实体的行业性分类，与房屋用途并非同一范畴，原告的转租行为未违反合同约定，亦未给被告造成任何损失及影响。第三，从履行上看，原、被告除签订租赁合同外，另行签订《代理协议》，被告明确将涉案房屋的对外租赁权委托给原告，该协议上对于原告获得转租权的范围未进行任何条件限定，且被告在银行、网吧进行工商登记注册时均提供了加盖其公章的房产证复印件，表明被告对此是知情同意的，并给予相应协助；且转承租人于2005年、2008年开始即在涉案房屋内经营，依据被告提交的照片，转承租人的门头系清晰、明确的，被告称其于2016年上半年才得知涉案房屋开设银行、网吧、理发店、快餐的事宜，与客观事实及常理均不符，本院不予采信。原告一直按照其与被告签订的《房屋租赁合同》的约定按期支付租金，维护涉案房屋的良好运营，其守约行为应获得肯定性评价。综上，原告的行为未违反《房屋租赁合同》约定，依据诚实信用及合同严格依约履行的原则，原、被告于2010年1月1日签订的《房屋租赁合同》理应继续履行；原告要求被告排除对原告承租涉案房屋妨害的诉请，原告按期向被告交纳涉案房屋的租金，被告应予接收，且被告对原告按约转租的行为不再通过向转承租人发函的方式进行不适当干预；原告要求被告赔偿经济损失5000元的请求，因原告未举证证明，一审对此不予支持。

被告以原告改变合同约定租赁用途为由要求确认解除其与原告签订的《房屋租赁合同》的反诉请求，不符合合同约定的解除条件，本院不予支持；被告据此要求原告将涉案房屋及场地交还的反诉请求，无事实和法律依据，不予支持；被告要求原告支付2016年7月1日至7月15日期间的房屋租金33863元的反诉请求，原告两次向被告支付租金，被告均拒收，现该请求已包含在原告继续向被告按合同约定支付租金，被告应予接收的判项内，对此不再重复处理。

被告要求原告支付房屋使用费，自2016年7月16日至2016年11月16日暂计算为80万元，并实际计算至交还房屋之日止的反诉请求，因双方之间的房屋租赁合同继续履行，对此，本院不予支持。被告申请对原告逾期交还涉案房屋场地期间的使用费进行评估的申请，不予准许。

被告称原告存在对涉案房屋进行拆除、改建和扩建行为的答辩意见，因被告未提交证据证明，不予采信。

综上，一审判决：（一）原告（反诉被告）青岛某物业公司与被告（反诉原告）青岛某实业公司于2010年1月1日签订的《房屋租赁合同》继续履行。（二）原告（反诉被告）青岛某物业公司依据上述《房屋租赁合同》向被告（反诉原告）青岛某实业公司继续支付租金，被告（反诉原告）青岛某实业公司应予接收。（三）驳回原告（反诉被告）青岛某物业公司的其他诉讼请求。（四）驳回被告（反诉原告）青岛某实业公司的其他反诉请求。该案一审生效，双方当事人均未提起上诉。

【案件评析】

该案系因出租人与承租人对《房屋租赁合同》约定的房屋用途条款："原告租赁房屋及场地的用途为：办公及商务酒店；在合同有效期内，未事前征得被告书面同意，原告不得改变使用用途"产生争议而引发的房屋租赁合同纠纷。处理该类纠纷时客观真实还原当事人真意并妥善定纷止争系案件处理的焦点及难点。合同解释不仅应对条款内容进行分析，还应结合合同签订及履行的全过程中当事人所反映出的真实意思和行为表征，综合判定承租人是否按照合同约定的用途使用租赁房屋，该类案件的裁判思路可以进行如下设定：第一，出租人对于承租人对外转租的行为是否知情并以明示或者默示的方式予以认可。本案中，承租人于 2005 年、2008 年转租给银行、网吧、理发店、大众快餐，次承租人的注册登记地址均位于涉案房屋，2010 年出租人与承租人继续签订《房屋租赁合同》时，次承租人已经在其中经营，出租人对此未提出过任何异议，承租人一直按照签订《房屋租赁合同》时房屋的现状持续、良好的使用房屋。第二，依据文义解释对合同约定的房屋用途条款条分缕析。本案中，双方对于房屋用途的争议主要体现为对"办公"一词内函和外延的理解差异。依据《现代汉语大词典》定义，"办公"：处理公事。据此可知，办公的范围包括为公众对象处理特定事物或者提供特定服务，银行、网吧、理发店的经营范围并未超越"办公"范畴，承租人的转租行为未违反合同约定的房屋用途，亦未违反合同目的；出租人称网吧属于娱乐业、理发店属于商业服务、快餐店属于餐饮业、银行属于金融经营行业，系经济实体的行业性分类，与房屋用途并非同一范畴。第三，从出租人的实际行为来看，出租人明确将涉案房屋的对外租赁权委托给原告，对转租权范围未进行任何条件限定，且出租人在银行、网吧进行工商登记注册时均提供加盖其公章的房产证复印件，表明出租人给予相应协助；且次承租人的门头系清晰、明确的，出租人称其对转租行为不知情，并不符合日常生活经验法则，对其陈述不应予以采信。第四，诚实信用原则是合同法的基本原则，承租人一直按照其与出租人签订的《房屋租赁合同》约定按期支付租金，维护涉案房屋的良好运营，其守约行为应获得肯定性评价。从以上四个方面出发对合同条款进行充分、客观解释，公开法官自由心证，方能正确认定当事人的真实意思，实现该类案件的定纷止争。

（青岛市市南区人民法院民一庭庭长　许　枫）

【十九】分家协议与遗嘱内容不一致时，执行多年的分家析产协议应予维护

——仲某耀与被告仲某辉、第三人仲某夏、第三人仲某礼、第三人仲某智、第三人仲某明、第三人仲某华所有权确认纠纷案

关键词：分家协议　遗嘱　分家析产

【裁判要点】

订立在先的分家析产协议与订立在后的遗嘱内容不一致时，分家协议的效力，应综合其内容、资产分配、协议履行情况等进行分析判定。分家析产协议于多年前订立，且当事人均按照协议内容履行，未提出过异议，因此，依据诚实信用及公平原则，执行多年的分家析产协议应予维护，被继承人之后所立遗嘱应属无效。

【相关法条】

1.《中华人民共和国物权法》第三十三条：因物权的归属、内容发生争议的，利害关系人可以请求确认权利。

2.《中华人民共和国物权法》第三十四条：无权占有不动产或者动产的，权利人可以请求返还原物。

3.《中华人民共和国民法通则》第一百零六条：公民、法人违反合同或者不履行其他义务的，应当承担民事责任。公民、法人由于过错侵害国家的、集体的财产，侵害他人财产、人身的应当承担民事责任。没有过错，但法律规定应当承担民事责任的，应当承担民事责任。

【基本案情】

原告仲某耀诉称，原告、被告、第三人均系兄弟姐妹。1984年5月

12 日，经父亲仲某桂、母亲郭某英证明，案外人李某主持，原、被告订立《分居契约》，约定：原告居住于浮山所村某号旧房，被告居住于南京路某号楼房；父亲钟某、母亲郭某英居住浮山所村某号旧房的东一间半房，原告居住西一间半房。父母百年后该房屋归原告所有。1984 年，父亲仲某桂去世。1999 年 12 月份，浮山所村因规划拆迁，拆迁部门将青岛市市南区南京路某号某户安置给原告及母亲郭某英。2000 年，郭某英起诉原告，要求原告自涉案房屋内迁出，后法院判决驳回郭某英的诉讼请求。2002 年，浮山所村回迁安置，2001 年 1 月 14 日，原告及母亲郭某英作为被拆迁人与拆迁人青岛某置业公司签订《旧村改造私有房屋安置补偿协议》，原告及母亲郭某英分得青岛市市南区南京路某号某户、青岛市市南区徐州路某号某户房屋两套，原告为此支付超面积房款及配套费等。2016 年 1 月 7 日，母亲郭某英去世。原告认为，《分居契约》合法有效，原、被告应遵守《分居契约》约定，原浮山所某号房屋应当归原告所有，浮山所某号房屋经拆迁后安置青岛市市南区南京路某号某户、青岛市市南区徐州路某号某户两套房屋，该两套房屋系原浮山所某号房屋财产形式的转化，应归原告所有。原告诉至法院，请求依法判令：1. 确认原、被告订立的《分居契约》有效。2. 青岛市市南区南京路某号某户、青岛市市南区徐州路某号某户房屋归原告所有。3. 被告自青岛市市南区南京路某号某户房屋迁出。4. 被告承担本案诉讼费。

被告辩称，1. 原浮山所某号私房产权为母亲郭某英所有，1999 年 12 月份，浮山所村拆迁，拆迁部门优先为母亲郭某英异地安置青岛市市南区南京路某号某户房屋，母亲郭某英于当月入住。拆迁改造工期内，拆迁部门就地为母亲郭某英安置徐州路某号某户房屋，母亲郭某英于 2002 年 3 月实际入住。被告及其配偶一直与母亲郭某英共同居住在南京路某号某户房屋，母亲去世后被告居住至今。2. 1993 年 1 月 10 日，母亲郭某英在证人田某某、荆某某、洛某某的见证下立有遗嘱：明确 1984 年 5 月 12 日的"分居契约"未表达其本人意愿，是无效的；在其本人去世后，将归自己所有的全部房产由五子仲某辉继承。3. 原告提交的《分居契约》无母亲郭某英的真实意思表示。该契约正文及落款均为同一人书写，无郭某英本人签字，证明人"郭某英"上的签章为"仲某桂"，且该处无郭某英本人按捺。原告所提交的契约既无郭某英本人的签字，又无本人签章，亦无本人按捺，因此该契约无法反映出郭某英本人真实意思表示。且郭某英于1993年1月10日所立遗嘱中明确说明"分居契约"没有表达其本人意愿，是无效的。综上，该契约不能据以认定本案事实。退一步讲，假设原告提交的分居契约成立，也不能据此认定涉案房屋归原告所有。公民有处分个人合法财产的权利，遗嘱是立遗嘱人生前在法律允许范围内，对其个人合法所有财产进行处分，并于遗嘱人死亡时发生效力的法律行为；而分居协议是对家庭财产进行分割，于签字后即发生效力的约定。该契约第三条明确说明："在父母健在时，其房权应归父母所有，百年后房权归崇耀所有"，该约定明确涉案房屋在父母去世后才归原告所有属于典型的遗嘱行为，即虽名义上系分居契约，实则为遗嘱行为，并非分家析产约定，并不适用最高人民法院《关于对分家析产的房屋再立遗嘱变更产权，其遗嘱是否有效地批复》中有关分家协议的规定。1993年1月10日，母亲郭某英重新订立遗嘱，明确在其本人百年后，将归自己所有的全部房产由被告仲某辉继承所有。依据继承法规定："有数份遗嘱，内容相抵触的，以最后的遗嘱为准。"因此，应以93年遗嘱为准，将本案诉争房产归答辩人继承所有。4.《浮山所旧村改造私有房屋安置补偿协议》已经生效民事判决予以撤销，原告并非超面积房款的实际支付人，母亲郭某英系原浮山所某号私房的唯一合法产权人。综上，母亲郭某英系原浮山所某号私房及南京路某号某户、徐州路某号某户的合法产权人，郭某英于1993年1月10日所立遗嘱系其真实意思表示，本案诉争房产权属于母亲郭某英所有部分的依法应当归答辩人仲某辉继承所有。请求法院查明事实依法判决。

第三人仲某夏、第三人仲某礼、第三人仲某智、第三人仲某明共同辩称，认可原告所述事实，被告所称南京路某号某户情况不属实，旧房拆迁之前郭某英和原告一直共同居住，拆迁之后法院的多份生效判决认定原告对南京路某号某户的共同居住权，后被告实际占用南京路某号某户房屋，并排斥原告根据分居契约的赡养权利和义务。

第三人仲某华辩称，母亲郭某英生前曾经告诉过第三人很多次将南京路和徐州路房屋给被告；被告对母亲郭某英很孝顺；第三人知道分居契约的事情，因为当时郭某英年龄大了，想要原、被告分家过日子。

经审理查明，一、原告提交的《分居契约》及相关事实。

原告、被告及第三人系兄弟姊妹关系，父亲仲某桂、母亲郭某英。1984年5月12日，原、被告订立《分居契约》一份，内容为："立约人：仲某辉、仲某耀，系胞兄弟，兄弟六人。崇霞、崇礼、崇智、崇明早已分居，崇辉、崇耀业已成家，经父母、李某等人协商，建议于一九九四年五月分居生活，经讨论定下以下分居意见：（一）房产问题：现家中有三间房，又分到大队套二宿舍一套，仲某辉、崇耀抓瓦，崇辉抓楼房，崇耀抓平房，考虑到崇辉住公房拿房租，崇耀分二次性付给崇辉人民币1500元，确保崇辉拿房租补偿。（当场崇耀付给崇辉1100元，剩余400元春节交一次付清）（二）父母赡养问题：按已分居哥哥们定的办，兄弟六人一视同仁。崇辉、崇耀也每月负担父母生活费10元，如父母因病花费较多，兄弟六人公平承担。（三）父母住房问题：现父母住家中东间半房，崇耀住西间半房，在父母健在时，其房权承归父母所有，百年后房权归崇耀所有，不再计较。恐后无凭，立字为证，一式三份，父母、崇辉、崇耀各执一份，以备查照"；该分居契约落款处载明：立约人为原、被告，证明人为仲某桂、郭某英，立字人为李某。

原告称，1. 其提交分居契约复印件，原件存放于（2000）南法民初字第20182号民事卷宗中；依据该分居契约约定，原告分得原浮山所某号旧房，被告分得南京路某号房屋。2、分居契约中"大队套二房"指的是原南京路某号房屋，当时浮山所大队规定家中有两个儿子可以分配一套宿舍，该房屋被拆迁安置人系被告，被告已经取得安置房屋，其他子女在立《分居契约》前已经取得各自分配的房屋。3. 仲某桂于1984年去世，原告与郭某英居住在原浮山所某号房屋内，房屋拆迁后，原告与郭某英共同居住在南京路房屋内，郭某英去世前由兄弟姐妹轮流赡养；自2000年开始，郭某英与原告之间发生了多次诉讼，原告于2004年开始无奈离开南京路房屋，但原告居住的房间一直由原告上锁，春节期间会回南京路房屋过节；郭某英去世后，被告居住到郭某英生前居住的房间，原告被迫搬离该房屋。

被告称，1. 该分居契约上被告的签字和印章系真实的，李某系当时村里人员，当时在场人员为原告、被告、父亲仲某桂、母亲郭某英、李某。2. 分居契约中"大队套二宿舍"指的是南京路某号房屋，原由被告承租，1996 年 9 月份，该房屋进行房改，1998 年 11 月 18 日，被告缴纳购房款 7 337 元购买该房屋，现该房已经拆迁后安置南京路房屋；被告收到分居契约中的 1 500 元，其中 500 元系郭某英支付给被告；父亲去世后母亲郭某英自己居住，原浮山所某号房屋拆迁后，被告及其配偶一直与郭某英居住在南京路某号房屋内并照顾郭某英的饮食起居；兄弟六人每人每月承担赡养费 10 元钱。3. 该分居契约中无郭某英的真实意思表示，其中郭某英的签字并非其本人所签，亦无郭某英的盖章、捺印；即使该分居契约成立，也不能据此认定涉案房屋的产权归原告所有，分居契约的内容系遗嘱行为，并非分家析产的约定，郭某英于 1993 年 1 月 10 日重新立下遗嘱，将全部房产由被告继承，因此，涉案房屋应依据 1993 年的遗嘱由被告继承所有。

第三人仲某夏、第三人仲某礼、第三人仲某智、第三人仲某明认可原告所述事实。

第三人仲某华称，其知道分居契约的事情，对于其内容，母亲郭某英说过将原浮山所某号房屋分为东、西房，东间郭某英居住，西间给原告；浮山所的分家是指将房子分给家里的男孩，其他四个兄弟已经分过家了。

2000 年 5 月 24 日，法院作出民事判决书，载明：郭某英诉请要求本案原告迁出南京路某号某户；法院经审理认为，1984 年 5 月 12 日的《分居契约》合法有效，南京路某号某户系浮山所村某号因拆迁而安置的住房，该房屋应由本案原告与郭某英共同居住使用，郭某英以该房屋产权属于其为由要求本案原告迁出该房，理由不充分，判决驳回郭某英的诉讼请求。后郭某英提起上诉，二审法院判决驳回上诉，维持原判。

2002 年 1 月 14 日，原告、郭某英作为被拆迁人，与拆迁人青岛某置业公司签订《旧村改造私有房屋安置补偿协议》一份，载明浮山所某号房屋系被拆迁房屋，建筑面积 94.17 平方米，安置房屋两套，分别为南京路某号某户和徐州路某号某户。

原告提交收据 7 份，证明原告在原浮山所某号房屋拆迁后缴纳相应费用，包括超面积房款及配套费。被告质证称，因郭某英年事已高行动不便，委托原告代为支付，不能证明相应费用由原告缴纳。

2003 年 6 月 10 日，法院作出民事裁定书一份，载明：郭某英起诉要求判令南京路某号某户和徐州路某号某户房屋归其所有；法院裁定驳回郭某英的起诉。后郭某英提起上诉，二审法院裁定驳回上诉，维持原裁定。

2004 年 9 月 21 日，法院作出民事判决书，载明：郭某英起诉青岛某置业公司、青岛市市南区拆迁服务中心、本案原告要求确认《旧村改造私有房屋安置补偿协议》无效、青岛某置业公司、青岛市市南区拆迁服务中心与郭某英重新签订房屋拆迁安置补偿协议并赔偿原告损失费 1 万元；本院经审理认为，《旧村改造私有房屋安置补偿协议》主体合法有效，判决驳回郭某英的诉讼请求。后郭某英提起上诉，二审法院判决：青岛某置业公司与本案原告于 2002 年 1 月 14 日签订的《浮山所旧村改造私有房屋安置补偿协议》无效。

现原告居住于青岛市市南区徐州路某号某户，被告居住于南京路某好某室。该两处房屋均未办理房产证。

第三人仲某夏提交说明一份，载明："一九九三年一月十日遗嘱不是本人仲某夏写的，手印不是本人写（签字）图章不真实不是本人，图章"夏"字有误，遗嘱人郭某英本人签字有误。注解：老人写遗嘱未有双方在场当面验证，弟兄们在当面验证，无效。2016 年 10 月 15 号 本人执笔"。

第三人仲某礼、第三人仲某智、第三人仲某明提交情况说明，载明："自 1984 年抓瓦分家后母亲郭某英一直和六弟仲某耀住在原浮山所村某号房屋，由六弟仲某耀一家照顾母亲郭某英的生活起居，后 1999 年浮山所拆迁，母亲郭某英和六弟仲某耀搬进了南京路某号某户楼房，为此五弟仲某辉和六弟仲某耀吵闹过多次且相处得很不愉快，直至最后母亲郭某英也和六弟仲某耀打起了官司。六弟仲某耀一家一直在对母亲郭某英尽孝，且兄弟们一直轮流照顾母亲郭某英直到其去世，老二、老三、老六轮周一到周四，老四值周六，崇辉值周五，仲某华值周日。母亲郭某英去世后五弟仲某辉就住进了南京路某号某户房屋内"。

第三人仲某华提交情况说明，载明："原浮山所某号房屋权属于母亲郭某英，后 1999 年房屋拆迁时母亲分的一套过渡房即南京路某号某户，在此期间由我和仲某辉帮母亲搬家，其他人不闻不问，后于 2014 年 12 月下旬仲某耀夫妇强行将废旧的家具等物品放置母亲屋内，双方引起争执并迫使母亲对仲某耀提起诉讼，十六年间仲某辉夫妇非但没有尽到任何的赡养义务，从未照顾过母亲的生活起居，还对母亲进行谩骂、欺负，作为女儿全部看着眼里。在 2013 年 11 月份仲某辉夫妇和我一起给母亲过生日时，其他的哥哥嫂子们第一次到南京路某号某户房屋内，并提出以后也要照顾母亲，后母亲勉强同意周一到周四由哥嫂照顾，周五到周日由仲某辉夫妇和我照顾"。

二、被告提交的遗嘱及相关事实。

被告提交 1993 年 1 月 10 日，郭某英所立遗嘱一份，内容为："本人现年 76 岁，系青岛市南区浮山所某号房屋产权人（房产计有正房三间、东厢一间、西厢二间，共计建筑面积 110 平方米）。一九八四年五月十二日的'分居契约'，没有表达我的意愿，是无效的。我于一九九三年元月八日将房产均等分为东侧于西侧二份，东侧归我所有，西侧分给我的六子仲某耀所有，并向房管部门申请分别登记。待浮山所房屋统一规划后，本人所分的一套居室仍归我所有。我的其他儿女均有房产，唯有五子仲某辉住公房，而无分寸房产，使我一直惦记在心，经过再三考虑，决定在我百年之后，将归我所有的全部房产，由五子仲某辉继承所有，其他兄弟姊妹不得涉入。立此遗嘱，了我心愿"。该遗嘱右下方书写有郭某英签字捺印、代书人仲崇侠签字，证明人田枢平签字捺印、荆秀英签字、洛本君签字捺印；时间为一九九三年一月十日。该遗嘱主文部分为打印件，中间有涂黑的内容；郭某英于 2016 年 1 月 7 日去世。

原告称，原告之前从不知道遗嘱的存在。被告称，遗嘱系打印件，由代书人仲某夏草拟，被告打印出来，立遗嘱的地点位于原浮山所某号房屋内；仲某夏即仲崇侠。

经被告申请，证人田某某、荆某某、洛某某出庭作证。田某某作证称，其以前曾经和被告是同事，但与原告仅一面之缘；其认识郭某英，郭某英生前立有遗嘱，具体时间记不清楚；其住在田家村，在浮山所旧房翻建时被告找到证人画图纸，将老房翻建，因为画图纸的事情认识郭某英；立遗嘱的过程：被告受郭某英的嘱托找到证人，地点在浮山所某号房屋，立遗嘱的在场人员是洛工、郭某英、被告、仲崇侠、荆老师、我六人在场，郭某英向在场人员介绍房屋情况，在建设涉案房屋的时候，被告及配偶出过力，本想申请继续盖房但大队不批准，被告及配偶对郭某英很孝顺，郭某英还有一个孙子，有一处大队的公房但住不开，如果有一天房屋拆迁，就分块给被告，孙子也会得到安置，郭某英担心百年后出现纠纷，故让在场人员进行见证，大儿子仲崇侠也在场，郭某英是否讲过分居契约的事情证人记不清楚了；遗嘱不是郭某英书写的，由郭某英口述的，仲崇侠书写，后期让洛姓见证人打印，遗嘱是先用笔书写，因书写潦草后来洛姓见证人打印出来，找到证人签字捺印，不是当天进行的签字捺印，具体哪一天记不清楚了，签字捺印之前大略看了一遍内容，没有看到该遗嘱打印件上有其他人签字；遗嘱是郭某英的真实意思表示。

荆某某作证称，其以前在浮山所小学担任老师，认识被告，没有见过原告，通过被告配偶认识的被告；其认识郭某英，曾在自己家中和郭某英谈话的时候郭某英说谁孝顺就把房子给谁，以后要把房子给老五即被告，因为被告两口子很孝顺；立遗嘱的当天其在现场，证人到家中来玩，郭某英说要立遗嘱，证人先到场，之后姓田的和姓洛的相继到场，被告及配偶王瑞芬也在场，被告的一个姐妹在场，被告的男兄弟没有在场的；一开始证人问郭某英这个老房将来要给谁，郭某英称给被告及配偶，因为两人很孝顺，他们还有一个孙子；这个遗嘱是当天写的，是在场的一个人员书写的，后来在现写的遗嘱上签字盖章，之后没有人让其回去签字，没有见过打印件的遗嘱，立遗嘱的时候是证人第一次见到郭某英，与另外两个见证人不认识，遗嘱内容是郭某英真实意思的表示，遗嘱里的改动部分是证人改的并且签字捺印，划黑的部分是证人划掉自己的名字。

洛某某作证称，其原系环保局工作人员，与被告认识，见到原告打招呼，证人的母亲与郭某英关系不错；1993年1月份，郭某英在证人家中说起对浮山所某号房屋要立遗嘱的事情，之后在该房屋内立下遗嘱，立遗嘱时在场人员：郭某英、仲崇侠、被告、荆老师、我、田工；其到家中的时候其他人均在场，当时遗嘱的原稿已经出来，是仲某侠书写的，其到场后对书写的遗嘱进行适当修改，因当时手写的遗嘱不清楚，有修改比较乱，就说让证人帮忙打印出来，当时没有在原稿遗嘱上签字，证人打印了一份遗嘱后将其交给郭某英，另外两个见证人签字，证人好像是最后一个签字的；遗嘱上划掉的部分不清楚是谁改的，证人给郭某英遗嘱时，该遗嘱上没有划掉的部分，签字的时候未注意是否有划掉的部分，原稿一并交给郭某英；郭某英曾在证人家中说过涉案房屋的情况，想把涉案房屋往被告这边倾斜，所以郭某英下决心对房屋进行调整，觉得之前做法不妥；立遗嘱当天证人看过文字稿的内容，与之前在证人家里表述的内容一致；证人记不清被告是否在场。

2003 年 3 月 26 日，青岛市公证处出具（2003）青证内民字第 1962 号公证书，对郭某英的手印进行公证。

被告称，其记不清立遗嘱的时候自己是否在场，遗嘱的原件系母亲郭某英几年前给被告的；遗嘱上郭某英落款的签字是仲某夏代签的，捺印是郭某英本人捺印，被告不清楚遗嘱上涂黑的内容是什么。

第三人仲某华称，郭某英生前一直说要将房子给被告，其生前于 2015 年将遗嘱给第三人看过，立遗嘱的时候第三人不在场；郭某英年轻的时候不识字，未上过学，会写自己的名字，年老的时候不会写自己的名字了。

被告提交录音录像一份，证明郭某英生前立下遗嘱，去世后将全部房产由被告继承，被告及配偶王瑞芬一直照顾郭某英晚年的饮食起居并与之共同居住。原告质证称，关于房屋处分对话的录音及视频，真实性不予确认，即便该证据是真实的，郭某英明显处于意识模糊的状态，录音体现很强的引导；关于日常对话的录音，赡养老人的问题与本案无关，且该证据只能证明被告和老人一起聊家常，不能证明被告尽赡养义务，更不能证明只有被告赡养老人。

被告提交声明一份，证明郭某英已经撤销对原告的房屋分配，原告的配偶对郭某英不但未尽到赡养义务还进行虐待。原告质证称，对该证据真实性不予认可，郭某英的姓名书写错误，没有郭某英的签字捺印，亦不能推翻分居契约。

郭某英于 2016 年 1 月 7 日去世。

1985 年 11 月 28 日，最高人民法院作出《关于对分家析产的房屋再立遗嘱变更产权，其遗嘱是否有效的批复》，载明："四川省高级人民法院：你院（85）川法民字第 3 号《关于处理张家定、张家铭、张家慧诉张士国房屋产权纠纷一案的请示》收悉。关于建国前已经析产确权，能否再予以重新分割或立遗嘱继承等问题，经研究答复如下：张家定之祖父张文卿（张士国之父）于1948年将其家中自有的房宅，除自己居住的一处外，其余四处均分给四个儿子。建国后由人民政府颁发了产权证。1953年张文卿召开由镇政府干部参加的家庭聚会，经协商，重新调整各自分得的房产，以清偿分家前的债务，立了经镇政府认可的房屋分管字据，均无异议。1955年张文卿夫妇将调整给儿媳妇的房产，又立遗嘱由四子张士国继承。1966年巫溪县人民法院按遗嘱作了调解。二儿媳的女儿张家定等人不服，提起申诉。据上，我们认为，对张家在1948年析产后，经财产所有人共同协商，于1953年分家时达成的各自营业已执行多年的房产协议，应予以维护。张文卿夫妇于1955年所立遗嘱无效"。

一审认为，1. 家庭成员之间订立分家协议，是家庭成员之间就共有财产进行分配的协议，系我国农村地区存在的一种家庭传统。分家协议的效力，应综合其内容、资产分配、协议履行情况等进行分析判定。具体到本案的情况，首先，《分居契约》从其内容上看，系仲某桂与郭某英对于其家庭财产在原、被告之间的分配，且第三人仲某夏、第三人仲某礼、第三人仲某智、第三人仲某明均已经与仲某桂和郭某英进行过分家，因此，该《分居契约》是仲某桂、郭某英与原、被告之间的分家协议，且有案外人李某在场见证，原、被告均认可订立该契约时原、告与父母在场；原告提交的《分家契约》虽为复印件，但生效民事判决中对该《分居契约》予以认可，卷宗中的分居契约复印件与原告提交的一致，且被告对于原告提交的分居契约载明的内容并未予以否认，本院认为，原告提交的《分居契约》系当事人的真实意思表示，对其真实性予以认可。其次，从内容上看，该分居契约于1984年订立，将家中原有的浮山所某号房屋与南京路某号两套房屋通过抓阄的形式由原、被告一人分得一处房屋居住，原告依约向被告支付了1 500元的补偿费用，被告认可收到该费用。因此，该契约的内容不违反法律、行政法规的强制性规定，符合当时的家庭实际情况，并无显失公平的内容，原、被告在分居契约上签字、盖章，亦表明双方及其他在场人员对于该契约的内容无异议。综上，本院认为，该《分居契约》是合法有效的。第三，诚实信用是民事行为的基本准则。从契约的履行过程来看，原告与郭某英居住在原浮山所某号房屋中，原告住西面，郭某英住东面，被告居住在原南京路某号房屋内，后该房屋拆迁，安置房屋位于南京路某号某户，被告系该房屋所有权人，可以看出，被告亦履行了该《分居契约》并取得相关房产；该契约中关于每月负担父母生活费10元的约定亦予以履行，依据原、被告陈述及第三人提交的说明，郭某英生前系由原、被告及第三人轮流照顾赡养。因此，原、被告一直依照该《分居契约》内容履行，被告从未提出过对该《分居契约》有任何异议。郭某英生前虽提起过诉讼，但并未否认该《分居契约》的效力。现仲某桂和郭某英均已经去世，依据该分居契约"父母健在时，其房权承归父母所有，百年后房权归崇耀所有，不再计较"的约定，原浮山所某号房屋的权益应归属于原告。

2. 被告提交遗嘱一份，意图证明涉案房屋应由其继承。本院认为，依据《最高人民法院关于分家析产的房屋再立遗嘱变更产权，其遗嘱是否有效的批复》规定的精神，执行多年的分家析产协议应予维护，被继承人之后所立遗嘱应属无效；且被告提交的遗嘱系打印件，存在涂改，其证人证言前后不一致，对于该打印件如何形成、内容由谁拟定未陈述清楚明白，该遗嘱不符合继承法第十七条规定的遗嘱形式要求。综上，本院对该遗嘱不予认可。

物权法第三十三条规定："因物权的归属、内容发生争议的，利害关系人可以请求确认权利。"物权确认是指在物权的归属和内容不明或者发生争议的时候，利害关系人请求有权机关对争议内容予以明确，从而解决物权争议的行为。确认物权的逻辑前提是存在物权争议，具体到本案即为两处涉案房屋的物权归属存在争议。本案中，原浮山所某号房屋拆迁后安置两套房屋：青岛市市南区徐州路某号某户、青岛市市南区南京路某号某户。该两处房屋系原浮山所某号房屋在财产形式上的转化，依据原告提交的收据，原告在房屋拆迁过程中亦缴纳相应费用，依据分居契约载明的"父母去世后，原浮山所某号房屋系归原告所有"的约定，综上，该两处房屋应归原告所有。被告应将青岛市市南区南京路某号某户腾让给原告。一审判决：（一）原告仲某耀与被告仲某辉于1984年5月12日签订的《分居契约》有效。（二）徐州路某号某户房屋、南京路某号某户房屋归原告仲某耀所有。（三）被告仲某辉于本判决生效之日起三十日内将南京路某号某户房屋腾让给原告仲某耀。该案经二审维持原判。

【案件评析】

本案涉及订立在先的"分家析产协议"与订立在后的"遗嘱"内容不一致时的审理原则。家庭成员之间订立的分家协议，是家庭成员之间就共有财产进行分配的协议，系我国农村地区存在的一种家庭传统。分家协议的效力，应综合其内容、资产分配、协议履行情况等进行分析判定。案涉《分居契约》自1984年5月12日订立以来，原、被告均按照协议内容履行，双方均未提出过异议，因此，依据诚实信用及公平原则，执行多年的分家析产协议应予维护，被继承人之后所立遗嘱应属无效；原浮山所某号房屋拆迁后安置的两套房屋系房屋财产形式的转化，依据物权法的相关规定可确认该两套房屋归原告所有。

（青岛市市南区人民法院民一庭庭长　许　枫）

【二十】二手房买卖合同签订后，发现二手房无土地登记、无地籍，买受人有权要求解除合同且解除合同的行为不视为买受人的违约行为

——刘某（反诉被告）、王某（反诉被告）与何某（反诉原告）、第三人青岛某公司房屋买卖合同纠纷案

关键词：二手房　房屋买卖　解除合同　违约

【裁判要点】

房屋买卖属于生活中重大事项的交易，双方采用谨慎的方式来进行沟通、交易符合常理。无土地登记、无地籍的房屋虽能够正常交易，但其登记的土地信息与实际土地信息不符，买受人以此要求解除合同并返还购房款符合正常的交易习惯，于法于理应当得到支持。

【相关法条】

1.《中华人民共和国民法通则》第四条：民事活动应当遵循自愿、公平、等价有偿、诚实信用的原则。

2.《中华人民共和国民法通则》第五条：公民、法人的合法的民事权益受法律保护，任何组织和个人不得侵犯。

3.《中华人民共和国合同法》第八条：依法成立的合同，对当事人具有法律约束力。当事人应当按照约定履行自己的义务，不得擅自变更或者解除合同。依法成立的合同，受法律保护。

4.《中华人民共和国合同法》第六十条：当事人应当按照约定全面履行自己的义务。当事人应当遵循诚实信用原则，根据合同的性质、目的和交易习惯履行通知、协助、保密等义务。

【基本案情】

（一）原、被告双方的诉辩主张

原告刘某、原告王某提出诉讼请求：1. 依法判令解除原告与被告签署的《青岛是存量房屋买卖合同》；2. 依法判令被告向原告双倍返还定金4万元；3. 依法判令被告协助原告办理中国光大银行青岛宁夏路支行共管账户的解除手续并向原告返还购房首付款56万元，判令被告返还原告代为缴纳的取暖费1 757.40元；4. 依法判令被告向原告支付定金、首付款、取暖费的利息3 474元（依据中国人民银行同期贷款利率暂计算至2017年1月3日，请求判决至被告实际付款日为止）及其他损失；5. 判令本案诉讼费用、财产保全费用由被告承担。事实与理由：2016年9月9日，原告刘某作为买方向作为卖方的何某支付购房定金2万元。2016年9月12日，原告刘某与被告何某签署《青岛市存量房屋买卖合同》。2016年11月17日，原告王某作为买方在中国光大银行青岛宁夏路支行向作为卖方的被告何某在该行开设的账户支付56万元，买方王某、卖方何某共同委托中国光大银行青岛宁夏路支行对该笔交易资金进行监管。原、被告签署的《青岛市存量房屋买卖合同》第二条房屋权属情况第（一）款约定该房屋房地产权证证号为青房地权市字第房改456569号。该房地产权证由被告提供，内容显示：被告何某同时拥有交易房屋所有权和对房屋所占用土地的使用权两项权益。但2016年12月2日，买卖双方与第三人在青岛市房地产交易中心办理过户时，原告作为买方第一次被告知：交易所涉《房地产权证》中所记载的土地信息（包括地号A6—35—32（0201300031002000）和土地状况）以及房地产权证附图与实际情况不符，这些土地信息是其他楼座的，本次交易主体并无土地资料和土地使用权证，故交易主体无法办理土地使用权权属转移登记。本次交易的目的、买受人的真实意思表示都是在房屋变更登记后取得房屋所有权和对房屋所占用土地的使用权两项权属，但2016年12月2日原告被告知无法取得拥有这两项权属的"房屋权属证书"。原告对这个结果无任何违约或过错，这是被告未如实陈述该房屋所占用土地权属状况、提供了与实际情况记载不符的《房地产权证》导致。依据《青岛市存量房屋买卖合同》约定及相关法律法规规定，原告有权解除合同、选择退房并追究被告责任。在2016

年 12 月 2 日过户未果后原告通过第三人以及亲自告知被告解除合同并要求被告立即协助退还相关费用，其后又通过第三人多次与被告沟通，但协商未果，被告的过错行为导致原告损失不断扩大，请求判如所请。

被告何某辩称，双方在合同中约定将被告的房屋是"房改房"，是"已购公有住房（符合上市交易条件）"。在该合同签订时被告已将本人所有的《中华人民共和国房地产权证》交与本案第三人，并经过第三人向原告出示，原告完全知悉该《房地产权证》记载的内容。同时在第三人的《房地产经纪服务告知书》中也记载了"不可交易的房屋"风险提示。因此该被告在房屋的交易不存在任何违法和违约行为。原告过错导致本次交易的违约，将一般商品房的法律法规错误地适用到"房改房"当中。公有住房又称房改房，是指于 1994 年国务院发文实行的城镇住房制度改革的产物，是我国城镇住房由从前的单位分配转化为市场经济的一项过渡政策，该类房屋的土地大多数是"土地划拨"形式，所以土地权属多数是"划拨土地。涉案房屋也是"划拨土地"，因此不存在该房屋没有"土地权属"的说法。房改房是国家对职工工资中没有包含住房消费资金的一种补偿，是住房制度向住房商品化过渡的形式，它的价格不由市场供求关系决定，而是由政府根据实现住房简单再生产和建立具有社会保障性的住房供给体系的原则决定，是以标准价或成本价出售。在双方房屋买卖合同第二条中明确告知：该房屋性质为"已购公有住房（符合上市交易条件）。按《青岛市公有住房出售暂行办法》"第十六条第二款规定：个人以成本价购买的住房，产权归个人所有，住用 5 年后可以依法进入市场交易，按规定补缴土地使用权出让金和缴纳其他有关税费后，收入归个人所有。"同时该房屋买卖合同第七条中明确约定：本合同履行过程中，产生的税费（含本合同签署后政府出台新政策导致增加的税费）、手续费及其他费用（含申请贷款产生的相关费用）由买受人承担。也就是说如果"按规定补缴土地使用权出让金和缴纳其他有关税费"，该类费用都应由原告承担。

第三人青岛某公司辩称，2016 年 9 月 9 日，原告刘某作为买方向作为卖方的何某支付购房定金 2 万元。2016 年 9 月 12 日，原告刘某与被告何某签署《青岛市存量房屋买卖合同》。2016 年 11 月 17 日，原告王某作为买方在中国光大银行青岛宁夏路支行向作为卖方的被告何某在该行开设的账户支付 56 万元，买方王某、卖方何某共同委托中国光大银行青岛宁夏路支行对该笔交易资金进行监管。我方也跟原告夫妇去金门路派出所落实过该房屋是否能过户，答复是可以过户。王某与何某去房地产交易中心办理过户的时候，房产交易中心告知该房屋土地信息与实际不符，出现该状况后，我方经纪人也咨询了房产交易中心服务人员，说是历史遗留问题，但是该房屋可以交易过户。

被告何某反诉请求：1. 同意解除合同，依法判令反诉被告向反诉原告支付合同违约金 26.6 万元；2. 本案本诉及反诉费用全部由反诉被告承担。事实与理由：双方合同中约定反诉原告的房屋是"房改房"，是"已购公有住房（符合上市交易条件）"。在该合同签订时反诉原告已将本人所有的《中华人民共和国房地产权证》交与本案第三人，并经过第三人向反诉被告出示，反诉被告完全知悉该《房地产权证》记载的内容。同时在第三人的《房产经纪服务告知书》也记载了"不可交易的房屋"风险提示。反诉原告在房屋的交易不存在任何违法和违约的行为。反诉被告的过错导致了本次交易的违约。按照双方合同约定，违约方应承担合同总价款 20％ 的违约金，本合同总价款 133 万元，违约金 26.6 万元。

原告刘某、原告王某辩称，被告反诉是对交易的理解错误，本案真实意思表示和合同目的是房屋所有权和占用土地的使用权两项权属，被告提交的房地产权证上显示，何某拥有交易房屋房屋所有权和占用土地的使用权两项权属，本案从签订合同时候，合同目的、真实意思表示，都是该两项权属，不是商品房和房改房的纠纷，但房屋过户时，房产交易中心告知原告，该交易房屋并无土地资料和土地证，实际交易目的无法实现。本案交易无法实现是被告过错造成，被告应当承担交易违约责任，被告主张违约不能支持。

（二）庭审查明的事实

涉案诉争房屋房地产权利人为被告何某。2016 年 9 月 9 日，原告刘某为购买该房屋向被告何某支付定金 2 万元。2016 年 9 月 12 日，原告刘某作为买受人与被告何某（出卖人）在第三人青岛某公司签订《青岛市存量房屋买卖合同》，合同约定：何某将案涉房屋（已购公有住房）以 133 万元的价格出售给刘某。买卖双方同意于 2016 年 12 月 1 日前共同向房屋权属登记部门申请办理房屋权属转移登记手续。买受人未能在房屋权属登记部门规定时间内取得房屋权属证书的，双方同意按照以下方式处理：如因出卖人自身原因导致，买受人有权选择退房或继续履行合同。买受人选择退房的，出卖人应自退房通知送达之日起 15 日内退还买受人全部已付款。买受人有权要求出卖人双倍返还定金或按房屋成交总价的 20％支付违约金。出卖人保证该房屋没有产权纠纷，不存在限制转让情形…。如因一方原因违反承诺而造成该房屋不能办理权属转移登记，由违约方按房屋成交总价的 20％向守约方支付违约金并赔偿损失。本条款为独立条款，即使本合同及其他文件因一方违反前述承诺，依法被变更、撤销、解除、终止或认定无效的，本条约定依然有效，守约方仍可依据本条款追究违约方的法律责任。除本合同另有约定外，出卖人违反本合同其他条款，导致买受人不能取得房屋权属证明的，买受人有权选择退房。买受人选择退房的，出卖人应自退房通知送达之日起 15 日内退还全部已付款。买受人有权要求出卖人双倍返还定金或按房屋成交总价的 20％支付违约金。

2016 年 10 月 12 日，刘某与何某签订《协议》一份，协议约定双方一致同意按原合同时间延后一个月。2016 年 10 月 27 日，刘某为涉案房屋交付了 2016—2017 年度取暖费 1 757.4 元。2016 年 11 月 17 日，王某向何某账户转账首付款 56 万元。2016 年 12 月 2 日，刘某、王某与何某及青岛某公司工作人员前往青岛市房地产交易中心办理房屋过户手续未果。2016 年 12 月 14 日，刘某、王某向何某发出《律师催告函》，要求与何某解除双方签订的房屋买卖合同。

2017 年 3 月 28 日，法院组织当事人前往青岛市房地产交易中心查询涉案房屋的土地状况，在双方当事人见证下青岛市房地产交易中心工作人员回复：涉案房产实际无土地登记、无地籍；涉案房地产权证书上的土地信息应该是房改时借用的土地信息，房产商未办理土地信息，再办理房地产权证书时再登记就是无土地，现在是划拨地；住宅实际不影响交易。

对当事人有异议的的证据，认定如下：

原告刘某、原告王某提交：1. 青房地权市字第房改 456569 号《房地产权证》及买方申请办证材料，以此证明：被告何某提供的房地产权证显示其同时拥有房屋所有权和对房屋所占用土地的使用权两项权益，房地产权证上有明确的土地信息和宗地图。本次交易的目的、买受人的真实意思表示都是在房屋变更登记后、本案买方要取得的"房屋权属证书"应当包括"房屋所有权和对房屋所占用土地的使用权"这两项权属，如果无法取得，就是卖方违约。涉案房屋是卖方单位颐中公司青岛卷烟厂的公房，卖方购买的所属单位的公房。卖方拿到房地产证距离本案纠纷发生时12年。房地产证中宗地图的楼房位置明显不是交易房屋所在楼房位置，卖方应当知道房地产证上土地信息不实不告知买方，构成欺诈，本次交易目的无法达成，是被告过错造成。被告对证据的真实性无异议，证明事项有异议。本交易并没有假设情况产生，按照正常合同履行的话，本房屋现在已经是原告的。原告依据假设来起诉证据不足。对方认为是虚假的话，也是原来卷烟厂出具的，并非被告编造的虚假信息。第三人质证后对证据无异议。对该证据真实性当事人均无异议，但通过该证据无法证明原告所欲证明的被告应当知道房地产证上土地信息不实不告知买方，因此证据的证明事项不予认可。2. 青岛市国土资源和房屋档案馆出具的"青岛市不动产登记信息"以及A6—35—32土地的用地单位情况，目前交易房屋"青岛市不动产登记信息"中所记载的土地信息空白。而且被告所提供的房地产权证中A6—35—32土地的用地在2004年1月13日显示为青岛市南宏大农工商公司，以此证明被告所提供的房地产权证中的土地信息（包括地号A6—35—32、和土地状况、宗地图）与实际情况不符，A6—35—32土地并非交易房屋所占用土地，这也是买方要取得的"房屋权属证书"中无法包括"房屋所占用土地的使用权"的原因。本案买方要取得对房屋所占用土地的使用权的目的无法实现。被告对证据真实性无异议，但认为与本案无关。第三人对该份证据无异议。对于该证据，因各方当事人均认可其真实性，且与本案相关，一审依法予以采纳。

被告何某提交：1. 房屋买卖业务签约文件合订本，以此证明：一、房地产经纪服务告知书中记载：……3. 不可交易的服务（1）不符合上市交易的军产房、校产房、未下证产权房、集体产权房、经济适用房、集资房、限价房等（根据房屋权属证书或原始购房合同来判断）。该证据证明已向合同双方进行了不符合交易房屋的风险提示。二、青岛市存量房屋买卖合同第二条房屋权属情况（二）该房屋性质为已购公有住房。三、在本合同第四条成交价格、交易付款方式及资金划转方式中明确"买受人已经对该房屋状况作了充分了解。"证明原告已经知道明知该房屋为已出售公有住房。四、合同中约定总价款为133万元，第十条（二）买受人未按合同付款，逾期30日出卖人有权解除合同，同时还约定违约金为总价款的20％或没收定金，出卖人退还已付款时可以扣除上述款项。我方有权利扣除共管户中26.6万元。原告质证后对证据的真实性无异议，对证明目的有异议，对第一点，房产中介告知的信息与本案无关，本案交易房屋土地信息虚假，被告欺诈。第二点也与本案无关，被告理解错误，争议是房屋土地信息虚假，被告欺诈。第三点，在交易中，发现土地是虚假的。第四点，我方不存在任何违约，违约金不应当原告支付。第三人对证据无异议。对于该证据，其真实性本院予以确认，但通过该合同无法直接体现违约方系买卖双方的哪一方，因此其证明事项本院不予确认。2.中华人民共和国房地产权证，证明：一、该产权证是有青岛市人民政府颁发的，具行政行为。该产权证明确记载着土地使用类型为国有土地使用权划拨。房地产权证附图是由青岛市房屋勘察测绘处测绘。二、土地权属的记载是政府的行政行为，与合同双方当事人无任何关联性。与房屋交易的民事行为无关。三、土地使用面积上面有明确记载，其为共有使用权，该类房屋的土地使用权性质是有相关法律法规规定，不是被告可以改变的。国有土地使用权也是明确的土地使用权类型，产权证附图记载也是真实的。原告质证后对证据真实性无异议，对证明目的有异议，原告认为根据法律规定，不动产权属证书记载的事项，应当与不动产登记簿一致，记载不一致的，以登记本为准。我方已经提供证据证明目前房地产交易中心登记的信息显示，本案房产证上的信息是虚假的，根据物权法规定，应当以目前房地产交易中心的登记为准。第三人对证据无异议。对于该证据真实性本院予以确认，但根据青岛市房地产交易中心工作人员答复该房产证中的土地信息并非涉案房屋的实际土地信息，因此被告欲证明的产权证附图记载也是真实的事项与事实不符，本院不予采信。3.电话录音光盘一份，证明原告在合同签订前已知悉房屋属性为已购公有住房。原告质证后对证据无异议，其证明目的已购公有住房，但本案争议不是已购公有住房。第三人对证据无异议。对于该证据，涉案房屋为已购公有住房当事人均无异议，本院依法予以认可。

（三）一审法院处理意见

法院认为，本案中，2016 年 9 月 12 日，原告刘某与被告何某签订《青岛市存量房屋买卖合同》，何某将其所有的青岛市市南区银川西路 5 号 4 栋 1 单元 401 户房屋（已购公有住房）以 133 万元的价格出售给刘某。该合同系双方当事人的真实意思表示，双方均应按照合同履行各自的权利义务。刘某、王某在合同约定的时间内支付给何某定金 2 万元，首付款 56 万元，并支付了 2016—2017 年度的取暖费 1 757.4 元。2016 年 12 月 2 日，刘某、王某与何某及青岛某公司工作人员前往青岛市房地产交易中心办理房屋过户手续未果。

现原告刘某、王某主张涉案房屋并无土地资料和土地证，因此实际交易目的无法实现，要求解除合同；被告何某主张涉案房屋房地产权证书是真实的，且可以进行交易，被告不存在违约，同意解除合同，但原告应当支付合同总价款 20% 的违约金。通过庭审查明的事实及青岛市房地产交易中心工作人员的答复可知，青岛市市南区银川西路 5 号 4 栋 1 单元 401 户房屋实际无土地登记、无地籍；房地产权证书上的土地信息应该是房改时借用的土地信息，实际不影响交易。房屋买卖属于生活中重大事项的交易，双方采用谨慎的方式来进行沟通、交易符合常理。涉案房屋虽然能够正常交易，但其登记的土地信息与实际土地信息不符，原告以此要求解除合同并返还购房款符合正常的交易习惯，于法于理应当得到支持。原告的行为并不存在违约，被告主张其支付总房款 20% 的违约金于法无据，不予支持。同时，涉案房屋土地信息不符并非被告原因造成的，因此被告在涉案房屋交易过程中亦未存在过错，原告要求被告双倍返还定金于法无据，购房定金 2 万元直接返还原告即可。对于原告代为缴付的 2016～2017 年度的取暖费 1 757.4 元，因房屋并未交付原告，被告应当返还原告。对于原告主张的定金、首付款、取暖费的利息，因双方均不存在违约情形，结和庭审及本案案情，自起诉之日即 2017 年 1 月 10 日起按照中国人民银行同期存款利率计算至本判决生效之日止较为适宜。

青岛某公司为本案第三人，且原、被告双方并未对其提出诉讼请求，因此原告对青岛某公司的起诉应当予以驳回。

一审判决：（一）解除刘某与何某就青岛市市南区银川西路 5 号 4 栋 1 单元 401 户房屋签订的《青岛市存量房屋买卖合同》；（二）何某于本判决生效之日起十日内返还刘某、王某购房定金 20 000 元、购房款 560 000 元、代为缴纳的取暖费 1 757.4 元并支付利息，利息以 581 757.4 元为本金，按照中国人民银行同期存款利率，自 2017 年 1 月 10 日起计算至本判决生效之日止；（三）驳回何某的反诉请求；四、驳回刘某、王某对青岛某公司的起诉。

该案一审宣判后，被告何某提出上诉。二审驳回上诉，维持原判。

【案件评析】

本案系二手房买卖合同过程中因房屋无土地登记、无地籍信息产生的纠纷。原告主张解除合同，被告返还购房款等。被告同意解除合同，但认为原告违约要求原告给付违约金。本案中，一审法官组织当事人前往青岛市房地产交易中心查询涉案房屋的土地状况，在双方当事人见证下青岛市房地产交易中心工作人员回复：涉案房产实际无土地登记、无地籍；涉案房地产权证书上的土地信息应该是房改时借用的土地信息，房产商未办理土地信息，再办理房地产权证书时再登记就是无土地，现在是划拨地；住宅实际不影响交易。法官认为：房屋买卖属于生活中重大事项的交易，双方采用谨慎的方式来进行沟通、交易符合常理。涉案房屋虽然能够正常交易，但其登记的土地信息与实际土地信息不符；即虽然涉案房屋的土地信息非出卖人的原因造成的，出卖人在交易过程中也不存在过错，但终究涉案房屋存在登记土地信息与实际土地信息不符的问题，原告以此要求解除合同并返还购房款符合正常的交易习惯，于法于理应当得到支持。买受人的行为并不存在违约，出卖人主张其支付总房款 20% 的违约金于法无据，本院不予支持。

（青岛市市南区人民法院民一庭审判员 辛双武）

【二十一】室内财产被盗，业主可否拒缴物业服务费

——某物业公司与宋某物业服务合同纠纷案

关键词：物业服务　室内盗窃　财产损失　故意或重大过失

【裁判要点】

业主、物业公司在物业服务合同中未对业主室内财产保护进行特别约定的情况下，根据物业管理条例相关规定，物业公司亦不承担保护业主室内财产的义务。业主室内财产失窃的损害结果系因犯罪行为所致，物业公司在责任范围内协助维护小区治安，并不能取代公安机关的职能，且对业主的财产损失不存在故意和重大过失，业主主张物业公司未尽到物业服务义务拒交物业服务费缺乏依据。

【相关法条】

1.《中华人民共和国合同法》第八条：依法成立的合同，对当事人具有法律约束力。当事人应当按照约定履行自己的义务，不得擅自变更或者解除合同。依法成立的合同，受法律保护。

2.《中华人民共和国合同法》第六十条：当事人应当按照约定全面履行自己的义务。当事人应当遵循诚实信用原则，根据合同的性质、目的和交易习惯履行通知、协助、保密等义务。

【基本案情】

原告某物业公司一审诉称：被告宋某购买位于青岛市某小区×栋××号房屋。被告宋某作为房屋所有人，应按照《前期物业管理服务合同》约定按时交纳物业费。《前期物业管理服务合同》约定：住宅公共性服务费标准为每月每平方米1.65元、电梯运行费标准为每月每平方米0.4元。被告宋某自2016年4月至2017年3月欠缴住宅公共性服务费1 860元、

电梯运行费 451.2 元。原告某物业公司诉至法院，判令被告宋某支付住宅公共性服务费 1 860 元、电梯运行费 451.2 元。

被告宋某一审辩称：2016 年 3 月×日下午 4 时，被告宋某家中失窃，当时直接通知物业人员，物业人员将嫌疑人误认为是三楼发廊老板，就没有进行阻拦，造成被告宋某财产损失。原告某物业公司没有尽到安全保障业务，双方就物业服务产生争议，协商未果，被告宋某拒缴 2016 年 4 月至 2017 年 3 月住宅公共性服务费、电梯运行费。

一审经审理查明：被告宋某系某小区×栋××号房屋的业主，房屋用途为居住。原告某物业公司与被告宋某所在的小区的开发商签订《前期物业服务合同》，约定：开发商委托原告某物业公司为小区提供物业管理服务；住宅公共性服务费标准为每月 1.61 元每平方米、电梯运行费标准为每月 0.4 元每平方米；物业服务费用按季缴纳，业主应在每季第一个月 10 日前履行交纳义务；委托管理期限自 2009 年 4 月 15 日起至业主大会成立选聘物业公司进驻小区办理移交手续止。原告某物业公司于上述合同约定的期间在小区提供物业服务。被告宋某未缴纳 2016 年 4 月至 2017 年 3 月期间住宅公共性服务费 1 860 元、电梯运行费 451.2 元。期间原告某物业公司向被告宋某书面催收物业服务费。

2016 年 3 月×日下午，被告宋某发现家中失窃，并电话联系物业管家。被告宋某主张告知物业管家有关嫌疑人的着装、体貌特征，但物业人员误将嫌疑人认为是三楼发廊老板，没有进行阻拦，造成财产损失，并提交 2016 年 3 月×日下午 15 时 3 分监控截图。原告某物业公司质证称监控截图真实性没有异议，主张物业管家接到电话后，马上通知值班安管人员前往被告宋某住处，在前往被告宋某住处途中遇到行人数名，因不了解嫌疑人的体貌特征，无法判断行人是否为嫌疑人；安管人员在赶往现场途中告知监控对各个门岗加强监控采取应对措施，到现场后物业管家对业主进行情绪安抚，安管人员进行现场勘查。为证明其已尽到合同约定的公共秩序维护服务义务，原告某物业公司提交 2016 年 3 月来访人员登记本、安全管理区域巡查记录本予以证明。被告宋某对来访人员登记本、安全管理区域巡查记录本真实性没有异议，主张原告某物业公司并未在来访人员登记本中对嫌疑人进行登记。

一审法院认为：原告某物业公司与被告宋某所在小区的开发商签订《前期物业服务合同》，系双方真实意思表示，内容合法有效，原告某物业公司与被告宋某均应按照合同约定的内容完全、及时地履行合同义务。本案中，原告某物业公司与被告宋某双方并未对业主室内财产的保管、保护进行特别约定，根据物业管理条例相关规定，原告某物业公司亦不承担保护业主室内财产的义务。本案被告宋某主张的损害结果系因犯罪行为所致，原告某物业公司在责任范围内协助维护小区治安，并不能取代公安机关的职能，且对被告宋某的财产损失不存在故意和重大过失，被告宋某拒交物业服务费缺乏依据。现被告宋某未缴纳 2016 年 4 月至 2017 年 3 月期间住宅公共性服务费 1 860 元、电梯运行费 451.2 元，原告某物业公司有权要求其依约支付。本案一审宣判后，原告某物业公司与被告宋某均未上诉，一审判决现已生效。

【案件评析】

根据合同法的相关规定及物业服务合同约定，物业公司应当按照物业服务合同的性质、目的和交易习惯履行协助、安全保卫、卫生清洁等义务。但是，在双方没有明确约定的情况下，物业公司对室内财产安全不承担保护、保管等义务。遇有类似情形，业主不能动辄以拒缴物业服务费进行对抗，应当依法、理性行使权利，与物业公司互谅互让、平等协商，共同构建和谐的社区环境。笔者在经办物业服务合同纠纷案件中，发现经常有业主以停放小区车辆损坏、室内财产失窃为由，主张物业公司未尽到物业服务义务，拒缴物业服务费，本案为审理类似案件提供了借鉴与参考。

（青岛市市南区人民法院审判员 梁玲杨）

【二十二】卖房人违约单方提出解除合同，买房人将房款全部交齐，要求继续履行合同的，应予以支持

——吕某某与李某某房屋买卖合同纠纷一案

关键词：房屋买卖　价格上涨　诚实信用

【裁判要点】

我国法律规定，合同双方当事人在行使权力、履行义务方面应当遵循诚实信用的原则，当事人一方不履行合同义务或者履行合同义务不符合约定的，应当承担继续履行、采取补救措施或者赔偿损失等违约责任。本案中李某某通知吕某某因为涉案房屋存在第三方纠纷，不能撤押，不能按合同约定交付房屋。但通过吕某某给李某某的告知书，要求李某某继续履行合同，让李某某提交银行账号，按照合同约定于2017年6月30日以前将购房款全部打到李某某账户，用于解押，按照合同履行办理过户手续。同时吕某某在庭审中将房款64万元交至法院案款账户，代表具有购买能力。同时李某某最高额担保为45万元，法院提存的房款远远超过尚欠抵押借款数额。为了维护合同的稳定性，维护诚实信用原则，法院支持了吕某某的诉讼请求。

【相关法条】

《中华人民共和国合同法》第六条：当事人行使权利、履行义务应当遵循诚实信用原则。

《中华人民共和国合同法》第六十条：当事人应当按照约定全面履行自己的义务。当事人应当遵循诚实信用原则，根据合同的性质、目的和交易习惯履行通知、协助、保密等义务。

《中华人民共和国合同法》第一百零七条：当事人一方不履行合同义务或者履行合同义务不符合约定的，应当承担继续履行、采取补救措施或者赔偿损失等违约责任。

【基本案情】

2017年2月25日吕某某与李某某签订房屋买卖合同，合同约定成交价格66万元，合同签订之日，吕某某向李某某支付人民币2万元作为购房定金。合同签订当日吕某某向李某某支付定金2万元。2017年6月6日，李某某通过房产中介服务部向吕某某出具告知书，表示涉案房屋因有第三方纠纷，不能撤押，不能按合同约定交付房屋；不能继续履行合同，返还吕某某已付定金2万元，并按合同赔付吕某某2万元违约金。2017年6月9日，吕某某通过房产中介服务部向李某某出具告知书，要求李某某继续履行合同，让李某某提交银行账号，按照合同约定于2017年6月30日以前将购房款全部打到李某某账户，用于解押，按照合同履行办理过户手续。李某某称在2017年2月28日晚8点电话告知吕某某解除房屋买卖合同。就是否履行合同双方存在纠纷，吕某某将李某某起诉至法院，要求将涉案房屋交付给吕某某并协助办理房屋过户手续。庭审中，通过到房产管理部门查询，李某某还有一套住房。吕某某将64万购房款存至一审法院账户。

一审法院认为，吕某某与李某某签订的买卖确认书、房地产买卖合同书以及补充条款合法有效，对双方都具有约束力，双方应当按照合同约定继续履行。李某某辩解称涉案房屋存在抵押担保，不能继续履行合同的理由法院不予采纳。吕某某将购房余款64万全部缴纳至一审法院账户，说明其履行完付款义务。且李某某还有一处房屋居住，不存在履行不能的情况，应当继续履行双方签订的房地产买卖合同。故吕某某要求李某某交付涉案房屋并协助李某某办理房屋登记变更手续，一审法院予以支持。

一审判决后，李某某向青岛市中级人民法院提起上诉。1.双方是协商一致解除了房屋买卖合同。2017年2月28日晚，李某某通知吕某某解除合同，吕某某对此予以认可，虽然就购房定金的支付双方存在争议，但对解除房地产买卖合同，双方没有争议。上述事实由中介公司及其员工李某予以证实。吕某某起诉时认可双方解除合同，只是诉求返还房屋定金并赔偿预期可得利益。2同时双方合同第7条约定了合同解除的情况和赔偿责任，即使李某某毁约，其违约责任是"双倍返还定金。"涉案房屋设有抵押，不能进行交易，双方都知情。双方合同约定，吕某某应将购房款在2017年6月30日前交付李某某，但吕某某却于2017年7月27日将款交到法院，也是涉案房屋涨价后才变更诉求，不能否认双方已经实际解除买卖合同的事实。请求二审法院查明事实，依法改判。

青岛市中级人民法院二审认为，吕某某与李某某签订的房地产买卖合同书，是双方真实意思表示，不违背我国法律强制性规定，双方应严格按照合同约定履行。

李某某单方提出解除双方涉案房屋买卖合同，违背了诚实信用原则，属于违约行为。《中华人民共和国合同法》第一百零七条规定，当事人一方不履行合同义务或者履行合同义务不符合约定的，应当承担继续履行、采取补救措施或者赔偿损失等违约责任。在李某某单方解除合同，拒不提供个人账户的情况下，吕某某为主张权利，向人民法院缴纳提存涉案房款，是积极履行双方房屋买卖合同行为，吕某某完成了双方合同约定义务。涉案房屋设立抵押的期限即将届满，已经偿还了大部分抵押借款，且在法院提存的房款远远超过尚欠抵押借款数额，故，不影响双方涉案房屋买卖合同的继续履行。

吕某某根据相关事实，有权选择维权方式及主张，其要求李某某继续履行涉案房屋买卖合同，符合有关法律规定。李某某所称"双方协商一致解除合同，要求承担双倍返还定金违约责任"之理由不能成立，法院不予采信。综上，青岛市中级人民法院判决驳回上诉，维持原判。

【案件评析】

房屋买卖合同按照双方真实意思表示签订后，如果没有出现不可抗力等因素，双方应当按照合同约定履行各自义务。本案除了李某某称的存在第三方纠纷，房屋不能撤押外，还存在房屋价格上涨的客观原因。当事人一方不能因为房价上涨等实际原因，买贵或卖低房屋而单方解除合同，这违背了诚实信用原则，属于违约行为。同时如果买方表示具有实际履行能力，请求继续履行合同的，为了维护合同的稳定性，法院应当予以支持。

（青岛市即墨区人民法院民一庭审判员　周学成）

【二十三】从无权代理中看表见代理构成要素

——李某诉王某某、青岛某公司买卖合同纠纷案

关键词：表见代理　　无权代理　　善意　　无过失

【裁判要点】

没有代理权、超越代理权或者代理权终止后以被代理人名义实施的民事法律行为，未经被代理人的追认，系无权代理，并不构成表见代理，对被代理人不发生效力，由行为人承担责任。

人民法院应当正确适用《中华人民共和国合同法》第四十九条关于表见代理制度的规定，严格认定表见代理行为。《中华人民共和国合同法》第四十九条规定的表见代理制度不仅要求代理人的无权代理行为在客观上形成具有代理权的表象，而且要求相对人在主观上善意且无过失地相信行为人有代理权。合同相对人主张构成表见代理的，应当承担举证责任，不仅应当举证证明代理行为存在诸如合同书、公章、印鉴等有权代理的客观表象形式要素，而且应当证明其善意且无过失地相信行为人具有代理权。

在本案中，上诉人李某不能举证证明代理行为存在诸如合同书、公章、印鉴等有权代理的客观表象形式要素。该欠条由王某某出具而没有加盖青岛某公司公章。同时，上诉人不能举证证明，争议涉及的工地现场公示以及建设部门登记备案资料中王某某是被上诉人的项目经理或其他性质工作人员。李某所提供证据不能证明其善意且无过失地相信行为人王某某具有代理权，其没有尽到合理注意义务。

【相关法条】

《中华人民共和国民法总则》第一百七十二条：行为人没有代理权、超越代理权或者代理权终止后，仍然实施代理行为，未经被代理人追认的，对被代理人不发生效力。相对人可以催告被代理人自收到通知之日起

一个月内予以追认。被代理人未作表示的，视为拒绝追认。行为人实施的行为被追认前，善意相对人有撤销的权利。撤销应当以通知的方式作出。行为人实施的行为未被追认的，善意相对人有权请求行为人履行债务或者就其受到的损害请求行为赔偿，但是赔偿的范围不得超过被代理人追认时相对人所能获得的利益。相对人知道或者应当知道行为人无权代理的，相对人和行为人按照各自的过错承担责任。

《中华人民共和国民法总则》第一百七十二条：行为人没有代理权、超越代理权或者代理权终止后，仍然实施代理行为，相对人有理由相信行为人有代理权的，代理行为有效。

《中华人民共和国合同法》第四十九条：表见代理 行为人没有代理权、超越代理权或者代理权终止后以被代理人名义订立合同，相对人有理由相信行为人有代理权的，该代理行为有效。

【基本案情】

被告王某某与被告青岛某公司无任何劳动关系。自 2005 年始，因其无施工资质，就经人介绍借用被告青岛某公司的资质承揽工程，被告青岛某公司扣除管理费及相应税费后，所有工程款项均归被告王某某所有，工程施工以及工程所有的债权债务均由王某某个人负责。2009 年 12 月 8 日，被告王某某又借用被告青岛某公司的资质承揽某市公安局与被告青岛某公司签订的某市公安局看守所拆迁工程合同，由王某某自己组织施工，王某某自称工程结算价款 1 800 万左右，现仅有 20 万元未支付，其他 1 700 余万元工程款均使用被告青岛某公司的发票分五次领取，2014 年 4 月，被告王某某最后一笔工程款 3 538 378.56 元打入被告青岛某公司账户，青岛某公司以被告王某某有借款、税款及其他债务未清偿为由，未支付给王某某相应工程款。青岛某公司提交了相应借条及欠款明细，对此被告王某某只认可欠税款 74 306 元，对于借条称借款已还，只是借条因被告青岛某公司的原因未收回。

原告李某与被告王某某系同学关系。被告王某某承接工程后，找李某为其供应建筑材料，双方无任何合同，期间王某某仅付给李某 24 万元。2014 年 6 月 13 日，被告王某某为原告出具 2 885 206 元的结算条，同日又出具欠条：截止 2014 年 6 月 13 日双方结算公司共欠李某某市看守所工程材料款贰佰捌拾捌万伍仟贰佰零陆元正（2 885 206.00）。欠款人：青岛某公司 王某某，2014.6.13. 欠条无被告青岛某公司印章。对上述两条的真实性被告青岛某公司提出质疑，要求提交原始单据。原告李某与被告王某某均称所有原始单据均交给王某某了，王某某称原始单据汇总后找不到了。

原告李某诉至法院要求判令被告青岛某公司和王某某立即付清材料款 2 885 206 元以及自起诉之日起的利息，诉讼费由被告承担。

本案在审理中，原告李某主张被告王某某和被告青岛某公司是内部承包关系，但未提交任何证据证明，更未提交与被告青岛某公司甚至与被告王某某的任何合同。即墨市人民法院作出民事判决，判决被告王某某于判决生效后十日内支付原告李某欠款 2 885 206 元；被告王某某于判决生效后十日内支付原告李某欠款利息；驳回原告李某对被告青岛某公司的诉讼请求。宣判后，原告李某提出上诉，青岛市中级人民法院终审民事判决，驳回上诉，维持原判。

法院生效裁判认为，当事人各方无争议的是，上诉人李某持有原审被告王某某为其出具的欠条，双方争议焦点是：该欠条的效力范围，被上诉人青岛某公司是否应当对上诉人李某承担付款责任。

鉴于原审被告王某某并非被上诉人青岛某公司在争议涉及到工程的项目经理或其他性质工作人员，青岛某公司没有授权王某某以青岛某公司名义和上诉人签订合同以及进行结算，因此王某某属于无权代理。王某某出具欠条的行为是否构成表见代理决定了被上诉人青岛某公司是否对欠条承担付款责任。

【案件评析】

表见代理从严格意义上讲属于无权代理，但法律为了维护交易安全，从促进交易的角度出发，将表见代理视为有权代理，在相对人有理由相信行为人有代理权的，该代理行为有效。表见代理行为应该具备以下构成要件：

第一，行为人须无代理权。表见代理本质上是无权代理，因此行为人应是在没有代理权、超越代理权限或者代理权终止后仍进行代理的行为。如果代理人是在被代理人的授权范围内从事合同行为，则为有权代理；如果是以自己而不是以被代理人名义与他人订立合同则是自主行为。本案中，被告青岛某公司并未授权被告王某某与原告李某从事相关的民事法律行为，且欠条中仅落款人处载明欠款人系青岛某公司与王某某，这就仅以此无法证明授权代理关系的存在。

第二，客观上应当有足以使相对人相信行为人是有代理权的表象，尽管行为人没有被实际授权，一个以正常人的逻辑，根据前述表象有正当理由相信或能推断出行为人有代理权。实践中，合同书、公章、印鉴等形式要素都可以作为有权代理的客观表象，但本案中恰恰没有这些客观表象，仅有载明欠款人系青岛某公司与王某某的欠条上，是无法让人相信王某某与青岛某公司存在授权代理关系的。原告李某据此要求被告青岛某公司承担清偿责任的请求根本无法支持。

第三，相对人必须是善意的、无过失的。表见代理制度建立的初衷是为了保护相对人的利益和交易的安全，从某种程度上讲，是牺牲了被代理人的利益保护善意交易第三人的利益。因而，一个无权代理行为的相对人能否得到法律的保护关键看相对人是否是善意的，并且不存在主观上的过失。本案原告李某仅凭一张王某某手写欠条而向被告青岛某公司主张权利，而无被告青岛某公司为被告王某某出具的授权委托书，更无法举证存在合同书、公章、印鉴等有权代理的客观表象形式要素，显然原告李某对此存有重大过失或系恶意。

第四，行为人与相对人之间的民事行为，须具备民事行为成立和生效的有效要件，包括二者具有相应的民事行为能力、行为内容合法、意思表示真实等。简单地讲，就是表见代理的行为人与相对人均应具有完全民事行为能力，在行为能力上不应具有瑕疵；所订立的合同不违反国家明文法的规定；在意思表示上不具有可变更、无效或可撤销的情形。

只有在无权代理行为同时具备上述四个要件的时候，才能认定构成表见代理。就本案而言，原告李某没有任何证据材料证实自己善意且无过失的相信被告王某某与被告青岛某公司存在表见代理关系，被告王某某的行为属于无权代理。而被告王某某为原告出具欠条，又自认系借用被告青岛某公司的资质承揽工程，对于李某的欠款，其应承担清偿责任。至于被告王某某与被告青岛某公司工程款项的结算，属另外法律关系，应另行处理。

（青岛市即墨区人民法院民一庭庭长　宋金修）

【二十四】开发商超过法定期限行使合同解除权不受法律保护

——青岛银座地产有限公司诉于洁房屋买卖合同纠纷上诉案

关键词：商品房预售合同　逾期付款　合同解除

【裁判要点】

出卖人迟延交付房屋或买受人迟延支付购房款，经催告后在三个月的合理期限内仍未履行，当事人一方请求解除合同的，应予支持，但当事人另有约定的除外。法律没有规定或当事人没有约定，经对方当事人催告后，解除权行使的合理期限为三个月。对方当事人没有催告的，解除权应当在解除权发生之日起一年内行使；逾期不行使的，解除权消灭。

【相关法条】

《最高人民法院关于审理商品房买卖合同纠纷案件适用法律若干问题的解释》第十五条：根据《中华人民共和国合同法》第九十四条的规定，出卖人迟延交付房屋或买受人迟延支付购房款，经催告后在三个月的合理期限内仍未履行，当事人一方请求解除合同的，应予支持，但当事人另有约定的除外。法律没有规定或当事人没有约定，经对方当事人催告后，解除权行使的合理期限为三个月。对方当事人没有催告的，解除权应当在解除权发生之日起一年内行使；逾期不行使的，解除权消灭。

【基本案情】

银座地产公司在一审中诉称，银座地产公司与于洁双方签订《青岛市商品房预售合同》，由其购买银座地产公司开发的房屋。合同约定该房屋的总价款为人民币 2 910 600.07 元。合同履行过程中，于洁并未及时支付全部房款，至今仍未全部支付。根据合同约定，出卖人有权解除合同，收回房屋，出卖人解除合同的，买受人应承担产生的律师费、诉讼费等费用。据此，特向法院提起诉讼，请求依法判令：1. 解除银座地产公司与于洁的编号201000128048，由于洁购买即墨市埠惜路760号一山一墅6号楼一单元13层房屋的《青岛市商品房预售合同》，银座地产公司收回房屋；2. 撤销银座地产公司与于洁的预售合同网签手续；3. 于洁向银座地产公司偿付解除合同违约金58 212元；4. 于洁向银座地产公司偿付律师费128 824元；5. 本案诉讼费等依法由于洁承担。

于洁在一审中辩称，银座地产公司诉讼请求违法法律规定和合同约定，请求法院依法驳回银座地产公司诉讼请求。

一审法院认定的事实：2010年11月16日，银座地产公司作为甲方（卖方）与于洁作为乙方（买方）订立了《青岛市商品房预售合同》（合同编号：201000128048），网上合同签订时间为2010年11月16日10时36分50秒。该合同主要约定：1. 房屋位置（合同第二条）：乙方向甲方购买即墨市埠惜路760号6号楼1单元1层1—3层。2. 房屋价值（合同第三条）：乙方购买该房屋，每平方米房屋建筑面积单价（不包含房屋全装修价格）为8 852.19元。根据甲方暂测的房屋建筑面积，乙方购买该房屋的总房价款（不包含房屋全装修价格）暂定为2 910 600.07元。3. 违约责任（合同第七条）：乙方若未按合同约定的时间付款，应当向甲方支付违约金，违约金按逾期未付款额的日万分之0.5计算，违约金自本合同的应付款期限之第二天起算至实际付款之日止，逾期超过60天甲方有权选择下列第贰种方案追究乙方责任：贰、逾期超过60日后，甲方有权解除合同。甲方解除合同的，乙方按房屋总合同额的2%向甲方支付违约金。甲方不解除合同的，合同继续履行，自本合同规定的应付款期限之第二天起至实际全额支付应付款之日止，乙方按日向甲方支付逾期应付款万分之一的违约金。4. 付款方式和付款期限（附件一）：乙方按下列第2种方式按期付款：银行按揭：（1）乙方应于合同签订当日交付总房款的50.18%计：1 460 600.07元。（2）剩余合同价款壹佰肆拾伍万元，由乙方向银行申请个人住房贷款，并委托银行一次性支付给甲方（于签订本合同之日起7日内交纳全部银行要求的乙方资料并同时办理银行按揭）。5. 合同补充条款：第二条第2项关于选择贷款方式的付款约定：乙方承诺在签订《青岛市商品房预售合同》后 7 日内提交申请个人住房贷款所须的全部资料，并积极协助银行办理相关贷款。如在 7 日内未提交全部真实有效个人住房贷款所需的资料，则视为逾期付款。如乙方逾期 30 日仍未提交全部贷款资料或提交的贷款资料不真实或其他非甲方原因而导致无法获得贷款，甲方有权单方解除本商品房买卖合同，且扣除乙方总房款百分之二的款项作为违约金。商品房预售合同自甲方寄出解除合同的书面通知 3 日起解除。……（3）乙方无法获得银行授信房贷的，乙方应将剩余房款一次性补齐。自甲方向乙方发出补齐房款书面通知之日起，30 日仍未交纳全部房款，甲方有权单方面解除合同且扣除乙方总房款百分之二的款项作为违约金。甲方未单方解除合同，则自银行或甲方向乙方发出补齐房款书面通知第 31 日起视为乙方逾期付款，直至乙方交清房款，或者甲方解除合同为止。乙方采用银行按揭方式付款的，在按揭贷款办理完毕后按月还款的过程中，如果因连续三个月未按期还款导致甲方承担连带保证责任时，视为乙方逾期付款。甲方按照本合同乙方逾期付款的相关约定有权解除合同将该房屋另行出售并有权向乙方追偿，追偿的范围包括但不限于未按期还款本金、按同期银行贷款利率的二倍计算的利息、违约金、因追偿该债权和抵押权发生的诉讼费、评估费、拍卖费、差旅费、律师代理费等各项费用。

合同签订后，2010 年至 2011 年期间，于洁向银座地产公司交付房款共计 1 810 600.07 元。余款未支付，也未办理银行按揭。

涉案房屋银座地产公司未交付于洁。

一审法院认为，根据查明的事实，银座地产公司与于洁订立的《青岛市商品房预售合同》，未违反法律禁止性的规定，是各方当事人的真实意思表示，为有效合同，合同双方均应按照合同约定履行各自的权利和义务。经查明，银座地产公司与于洁双方约定：于洁于 2010 年 10 月 30 日前支付首付款 1 460 600.07 元，余款 1 450 000 元由于洁办理个人住房贷款支付。但是截至 2011 年 7 月份，于洁陆续支付银座地产公司购房款共计 1 810 600.07 元，余款 1 100 000 元未办理银行按揭贷款也未支付。结合双方的实际履行情况，银座地产公司与于洁双方已用实际行动变更了付款方式。关于银座地产公司以于洁逾期 30 日未获得贷款为由要求解除商品房买卖合同的主张，一审法院不予支持。根据双方订立的《青岛市商品房预售合同》中合同补充条款第三条关于付款方式的约定，于洁无法获得银行授信房贷的，其应将剩余房款一次性补齐。自银座地产公司向于洁发出补齐房款书面通知之日起，30日仍未交纳全部房款，银座地产公司有权单方面解除合同且扣除于洁总房款百分之二的款项作为违约金。根据《中华人民共和国合同法》第九十三条的规定，银座地产公司未书面通知于洁补齐涉案房屋余款，其解除与于洁订立的《青岛市商品房预售合同》的条件尚不成就。因此，关于银座地产公司要求解除双方签订《青岛市商品房预售合同》、撤销预售合同网签手续，并要求于洁偿付解除合同违约金58 212元、律师费128 824元的诉讼请求，一审法院不予支持。

综上，一审法院根据《中华人民共和国合同法》第九十三条，最高人民法院《关于适用〈中华人民共和国民事诉讼法〉的解释》第九十条之规定，判决：驳回青岛银座地产有限公司的诉讼请求。案件受理费4 041元，由青岛银座地产有限公司负担。

宣判后，银座地产公司不服，提起上诉。

上诉人银座地产公司上诉请求：1. 撤销一审判决，改判支持银座地产公司的一审诉讼请求；2. 上诉费用由于洁负担。事实与理由：1. 于洁没有按照约定办理贷款，已经构成违约，导致银座地产公司的合同目的不能实现，应当解除合同。一审法院认为根据双方的履行，于洁未办理贷款或不存在违约是错误的；2. 一审法院认为，于洁没有贷款支付房款之后，银座地产公司没有发出补交的通知要求于洁付款，因此解除合同的条件不具备，属认定错误；3. 从法定解除权和公平诚信的角度，也应解除涉案合同。

被上诉人于洁答辩称，1. 银座地产公司的合同解除权应在法定期间行使，现已丧失；2. 于洁已支付超过总价款65％的大部分房款，银座地产公司无权单方解除合同；3. 银座地产公司只能主张债权保护，现其已超过诉讼时效期间，丧失胜诉权。

二审中，银座地产公司提交特快专递邮件详情单及催告函留底各一份，证明银座地产公司曾经于2011年6月1日向于洁邮寄催告函，要求于洁支付剩余房款。于洁对上述证据的真实性无异议，但主张其未收到催告函。二审查明的其他事实与一审查明事实一致。

二审法院认为，银座地产公司与于洁于 2010 年 11 月 16 日签订的《青岛市商品房预售合同》系双方的真实意思表示，不违反法律、行政法规的禁止性规定，合法有效，双方均应严格依约履行。于洁作为购房者，按时依约支付房款系其主要合同义务。根据双方合同约定：于洁于 2010 年 10 月 30 日前向银座地产公司支付首付款 1 460 600.07 元，剩余房款 1 450 000 元由于洁向银行或公积金管理机构申请个人住房贷款，并委托银行一次性支付给银座地产公司。但直至 2011 年 6 月 8 日，于洁共向银座地产公司交付房款 1 810 600.07 元，余款至今未支付。双方合同第七条约定：于洁若未按合同约定的时间付款逾期超过 60 天后，银座地产公司有权解除合同。银座地产公司解除合同的，于洁按房屋总合同金额的 2% 向银座地产公司支付违约金。银座地产公司不解除合同的，合同继续履行，自本合同规定的应付款期限之第二天起至实际全额付款之日止，于洁按日向银座地产公司支付逾期应付款万分之一的违约金。根据上述约定，银座地产公司有权选择解除合同，但直至银座地产公司提起本案诉讼前，银座地产公司并未向于洁发出解除合同通知。《最高人民法院关于审理商品房买卖合同纠纷案件适用法律若干问题的解释》第十五条规定："根据《中华人民共和国合同法》第九十四条的规定，出卖人迟延交付房屋或买受人迟延支付购房款，经催告后在三个月的合理期限内仍未履行，当事人一方请求解除合同的，应予支持，但当事人另有约定的除外。法律没有规定或当事人没有约定，经对方当事人催告后，解除权行使的合理期限为三个月。对方当事人没有催告的，解除权应当在解除权发生之日起一年内行使；逾期不行使的，解除权消灭。"据此，银座地产公司于 2017 年 3 月提起本案诉讼要求解除合同，早已超过一年的行使期限，其解除权已消灭。一审法院驳判决回银座地产公司的诉讼请求，并无不妥，本院予以维持。

综上，上诉人银座地产公司上诉理由不能成立，其上诉请求本院不予支持。原审判决并无不当，本院予以维持。依照《中华人民共和国民事诉讼法》第一百七十条第一款第（一）项规定，判决：驳回上诉，维持原判。二审案件受理费 4 041 元，由上诉人青岛银座地产有限公司负担。

【案件评析】

《最高人民法院关于审理商品房买卖合同纠纷案件适用法律若干问题的解释》第十五条规定："根据《中华人民共和国合同法》第九十四条的规定，出卖人迟延交付房屋或买受人迟延支付购房款，经催告后在三个月的合理期限内仍未履行，当事人一方请求解除合同的，应予支持，但当事人另有约定的除外。法律没有规定或当事人没有约定，经对方当事人催告后，解除权行使的合理期限为三个月。对方当事人没有催告的，解除权应当在解除权发生之日起一年内行使；逾期不行使的，解除权消灭"。据此，银座地产公司的诉讼请求不应得到支持。

（青岛市中级人民法院民一庭审判长　徐镜圆）

【二十五】房屋租赁合同履行过程中拆迁补偿分配问题

——原告追星汽车销售（青岛）有限公司诉被告青岛佳晖汽车销售服务有限公司房屋租赁合同案

关键词：房屋租赁合同　拆迁补偿　经营性补偿

【裁判要点】

房屋租赁合同履行过程如遇到拆迁，应依据双方合同约定确认相关补偿的分配，如双方无约定，应依据合同约定的租赁期限、剩余租赁期限、有无过错及过错程度、装修投入等综合考量，合理分配有关拆迁补偿。

【相关法条】

中华人民共和国合同法》第五条、第六条、第八条、第六十条，《最高人民法院关于审理城镇房屋租赁合同纠纷案件具体应用法律若干问题的解释》第十一条

【基本案情】

原告向本院提出诉讼请求：1. 确认搬迁青岛市崂山区龙岗路 9 号的保时捷 4S 店的搬迁补偿费、搬迁补助费、经营性补助费等共计 47 409 238.4 元全部归追星公司所有并判令佳晖公司将其支付；2. 本案诉讼费用由佳晖公司承担。事实与理由：追星公司与佳晖公司于 2009 年 9 月 1 日签订《租赁合同》一份，约定：追星公司承租佳晖公司位于青岛市崂山区龙岗路 9 号的房屋，用于经营保时捷品牌汽车的销售、维修等业务，租赁期限自 2009 年 11 月 1 日至 2017 年 10 月 31 日。但追星公司承租后发现，佳晖公司的租赁物属于临时建筑，且早已超过政府批准的临时建筑期限，该租赁期限不能满足保时捷 4S 店的经营要求。2010 年，追星公司在征得佳晖公司的同意后将原租赁房屋拆除，并投入 4 000 多万元

在原址新建了现在的保时捷汽车4S店（以下简称保时捷4S店）。保时捷4S店建成后，追星公司一直在此从事保时捷汽车的销售、维修等业务至今。由于青岛市地铁2号线车辆段建设工程，追星公司收到政府部门的通知，追星公司拥有并持续经营的保时捷4S店需要搬迁。根据崂山区政府公布的《青岛市地铁2号线车辆段建设工程涉及的崂山汽车城搬迁补偿方案》，龙岗路9号土地所属地上建筑物的的拆迁补偿原则和标准包含如下三个方面：1.房屋及其附属物的拆迁补偿。2.涉及到机器设备的拆迁补偿。3.拆迁补助费和经营性补助费。根据青岛贝斯特房地产评估咨询有限公司对保时捷4S店的评估报告和搬迁补偿方案，涉案保时捷4S店补偿金额约5 000万元左右。追星公司认为，保时捷4S店由追星公司投巨资兴建，佳晖公司原有的租赁物属于早已过期的临时建筑，且早已灭失。自保时捷4S店建设完工以来的4年多的时间内，追星公司一直在该店经营，且评估公司是根据追星公司提供的关于保时捷4S店的建设和经营资料作出的评估。因此，追星公司应作为保时捷4S店搬迁受偿主体，关于该4S店建筑物及其附属物的搬迁款、机器设备搬迁补偿款、经营性补助款以及搬迁补助款应由追星公司享有。

佳晖公司辩称，被拆迁人是佳晖公司而不是追星公司，追星公司的诉请无法律依据，应依法驳回。追星公司诉状中的事实和理由多处与事实不符。

第三人崂山区政府述称，第一次证据交换之后其对汽车4S店进行了交接，补偿款扣除提存费之后提存到崂山公证处，由法院依法分割，与崂山区政府再无关联。

当事人围绕诉讼请求依法提交了证据，本院组织当事人进行了证据交换和质证。各方事人对如下证据无异议，本院予以确认并在卷佐证：1.佳晖公司与追星公司于2009年9月1日签订的《租赁合同》。2.追星公司向佳晖公司支付租赁费用明细清单、发票和支付凭证。3.追星公司营业执照。4.追星公司组织机构代码证。5.崂山区政府搬迁通知（复印件）。6.青岛市地铁2号线车辆段建设工程涉及的崂山汽车城搬迁补偿方案。7.房地产估价报告（复印件）。8.保时捷4S店建筑物及其设施的评估文件签收清单。9.佳晖公司与追星公司及青岛市崂山区房屋征收管理局签订的《搬迁补偿款项提存协议书》及《补充协议》。10. 委托付款通知书。11. 青岛市崂山区公证处出具的公证书。12. 崂山区中韩街道办事处车家下庄村委与佳晖公司于 2008 年签订的汽车特约销售店临时用地租赁协议。14. 青岛市临时建设工程规划许可证复印。

对有争议的证据，本院认定如下：1. 追星公司提交建造保时捷 4S 店费用明细清单、发票和支付凭证、青岛保时捷 4S 店工程审价报告、青岛保时捷 4S 店工程工期审核报告、佳晖公司在龙岗路 9 号的原有建筑物照片、青岛市市中公证处公证书。该组证据证明佳晖公司原有建筑物已被全部拆除；追星公司在龙岗路 9 号建设了全新的青岛保时捷 4S 店，投入总费用 42 925 419.18 元；青岛保时捷 4S 店由追星公司投入巨资建筑，追星公司是青岛保时捷 4S 店的实际建造者使用证经营者和实际权利人。经质证，佳晖公司称，佳晖公司不是该组证据主体，真实性无法确认，且与其无关。建筑物照片是是当时的现状。崂山区政府称，该组证据与其无关，假使给予搬迁补偿也不是以上述证据为依据。追星公司提交的该组证据中，因青岛市市中公证处公证书系公证处依法出具，本院依法对公证书予以认定。其他证据因涉案保时捷 4S 店的价值在拆迁过程中已由崂山区政府对外委托鉴定，本院不予认定。2. 追星公司提交的青岛保时捷 4S 店的现场营业照片，证明青岛保时捷 4S 店在搬迁之前的营业现场的状况。经质证，佳晖公司称，该证据与本案无关。该证据与本案不具有关联性，本院不予认定。3. 追星公司申请本院调取的《青岛市地铁 2 号线车辆段建设工程涉及的崂山汽车城搬迁协议》。追星公司主张上述协议约定的房屋及补偿金额为 18 921 174 元，佳晖公司所建原南汽名爵汽车青岛旗舰店档次明显低于上述协议项下房屋，故补偿金额也应低于上述协议补偿金额。佳晖公司称，该协议与本案无关联性，不能作为证据使用。因佳晖公司所建原南汽名爵汽车青岛旗舰店已被追星公司拆除，故上述协议不能证明待证事实，本院不予认定。4. 佳晖公司提交的崂山区政府与佳晖公司于 2007 年 5 月 29 日签订的框架协议，证明佳晖公司建设南汽名爵汽车青岛旗舰店系应青岛崂山深蓝汽车港概念性规划的要求建设的，是合法建设。追星公司称，该证据系复印件，真实性有异议。因该证据系复印件，与本案不具有关联性，本院不予认定。5. 苏州市中级人民法院的判决书，证明经营性损失应当给佳晖公司而不是追星公司。追星公司称，中国不是判例法国家，用它印证本案没有意义，该案事实也与本案不一致，对本案没有任何参考作用。该判决与本案不具有关联性，本院不予认定。

根据当事人陈述和经审查确认的证据，本院认定事实：2009年9月1日，佳晖公司（出租方、甲方）与追星公司（承租方、乙方）签订《租赁合同》一份。双方约定：1.1甲方将位于青岛市崂山区龙岗路9号的4S店（以下简称租赁物）租赁于乙方使用。土地面积为7061平方米，建筑面积约4500平方米。1.2本租赁物的功能为汽车展厅、汽车维修、汽车仓储及办公室使用，甲方将租赁物包租给乙方使用。如乙方需转变使用功能，须经甲方书面同意，因转变功能所需办理的全部手续由乙方按政府的有关规定申报，因改变使用功能所应交纳的全部费用由乙方自行承担。1.3本租赁物采取包租的方式，由乙方自行管理。1.4甲方保证其作为租赁物的合法房地产权利人与乙方建立租赁关系。签订本合同前，甲方已告知乙方租赁物未设定抵押。如甲方于租赁期间需要抵押租赁物，应当书面告知乙方。2.1租赁期限为8年，从2009年11月1日起至2017年10月31日止。2.2乙方于租赁期限届满前6个月提出，经甲方同意后，甲乙双方将对有关租赁事项重新签订租赁合同。在同等条件下，乙方有优先权。3.1甲方最迟在2009年11月1日前将租赁物按现状交付乙方使用，且乙方同意按租赁物及设施的现状承租。4.1保证金：本协议签订时乙方向甲方支付50万元的定金，乙方于2009年10月31前向交付一次性支付第一年租金（定金直接折抵租金）。4.2租金：租金第1年为280万元元（含30万元税金，如实际缴纳的税费超过30万元，超额部分由甲乙双方各分担50％。），第2年至第8年，每年租金将在上年基础上每年递增5％，每年的11月1日作为租金调整日。5.1租金的支付方式为提前支付，依法第一年租金应于2009年10月31日向甲方一次性支付第一年租金，并由乙方汇至甲方指定的下列帐号，或按双方书面同意的其他支付方式支付。从第二年开始每半年支付一次租金，租金支付时间为：每年的10月31日前支付下年度上半年租金，每年的4月30日前，支付下半年的租金。8.1在租赁期限内如乙方需对租赁物进行装修、改建，须事先向交付提交装修、改建设计方案，如没有违反8.2，甲方应予书面方式同意。乙方同时须向政府有关部门申报同意，如有需要，甲方应提供协助。如装修、改建方案可能对公用部分及其他相邻用户影响的，甲方可对该部分方案提出异议，乙方应予以修改。改建、装修费用由乙方承担。8.2 如乙方的装修、改建方案可能对租赁物主体结构造成影响的，则应经甲方及原设计单位书面同意后方能进行。11.1 若因政府有关租赁行为的法律法规的修改导致甲方无法继续履行本合同时，将按 11.2 执行。因政府行为征用租赁物及土地导致甲方无法继续履行本合同时，将按照 11.2 执行。11.2 凡因发生严重自然灾害、战争或其他不能预见的、其发生和后果不能防止或避免的不可抗力致使任何一方不能履行本合同时，遇有上述不可抗力的一方，应立即用邮递后、或者传真通知对方，并应在三十日内，提供不可抗力的详情及合同不能履行或不能部分履行，或需延期履行理由的证明文件。遭受不可抗力的一方由此而免责。12 本合同提前终止或有效期届满，甲、乙双方未达成续租协议的，乙方应于终止之日或租赁期限届满之日迁离租赁物，并将其返还甲方。乙方逾期不迁离或不返还租赁物的，应向甲方加倍支付租金，但甲方有权书面通知乙方其不接受双倍租金，并有权收回租赁物，强行将租赁场地内的物品搬离租赁物，且不负保管责任。合同终止后，依附在租赁物上的装修归甲方所有。乙方交还租赁物应符合正常使用的状态，并由甲方验收认可。

上述合同签订后，双方开始依约履行。2010 年，追星公司将佳晖公司的涉案租赁物全部拆除，另行建设了现在的保时捷 4S 店。追星公司主张保时捷 4S 店于 2010 年 7 月 31 日建成，佳晖公司对此表示不清楚。追星公司在拆除租赁物及建设保时捷 4S 店之前，并未取得佳晖公司的书面同意。追星公司已支付租赁费至 2015 年 4 月 30 日。

2014 年 10 月 31 日，崂山区政府发出搬迁通知，搬迁范围为青岛市地铁 2 号线车辆段建设工程规划红线范围内的各类建筑物及构筑物等，搬迁期限至 2014 年 12 月 31 日止。涉案保时捷 4S 店在搬迁范围内。追星公司主张其依据上述通知经营保时捷 4S 店至 2014 年年底，但其未提交有效证据予以证实。佳晖公司对追星公司的主张不予认可。2015 年 7 月 10 日，追星公司申请青岛市市中公证处对涉案保时捷 4S 店现场进行保全证据公证，通过该保全证据公证照片显示，涉案保时捷 4S 店内物品已清空。

另查明，受崂山区政府委托，青岛贝斯特房地产评估咨询有限公司于 2015 年 6 月 26 日作出《房地产估价报告（2015）青崂房地估字第 049 号》，估价结果为：涉案保时捷 4S 店在 2014 年 10 月 31 日的评估价值为 40 877 154 元。

2015 年 8 月 31 日，崂山区政府（甲方）与佳晖公司（乙方）及青岛千禧拆迁安置服务有限公司（承办方）签订《青岛市地铁 2 号线车辆段建设工程涉及的崂山汽车城搬迁补偿协议》一份，约定：一、搬迁补偿总费用．就青岛正诚测绘有限公司作出的《2014110007—3》测绘报告及青岛贝斯特房地产评估咨询有限公司作出的《（2015）青崂房地估字第 049 号》估价报告，甲、乙双方均无异议。1. 房屋及附属等补偿 依据青岛贝斯特房地产评估咨询有限公司作出的《（2015）青崂房地估字第 049 号》估价报告，甲方应付给乙方的房屋及附属物等补偿金额计 40 877 154 元。2. 依据青岛正诚测绘有限公司作出的《2014110007—3》测绘报告，房屋建筑面积为 5 267.81 平方米，搬迁补助费计 210 712.40 元。3. 依据青岛正诚测绘有限公司作出的《2014110007—3》测绘报告，房屋建筑面积为 5 267.81 平方米，经营性补助费计 6 321 372 元。4. 依据本协议中第一条第 1.2、1.3 款的约定，甲方应付给乙方的搬迁补偿总费用为 47 409 238.40 元，上述金额即为乙方和上述房屋及附属物等在本次搬迁中之全部和最终的补偿。二、本协议签订后 1 个工作日内，甲方授权崂山区房屋征收管理局与乙方、中国农业银行青岛市分行崂山支行签订搬迁补偿资金管理协议（由崂山区房屋征收管理局在中国农业银行青岛市分行崂山支行开设本搬迁补偿资金的三方监管账户）；搬迁补偿资金监管协议签订后，甲方将上述搬迁补偿总费用打入三方监管账户内。同日，佳晖公司（甲方）与追星公司（乙方）、青岛市崂山区房屋征收管理局（丙方）签订《搬迁补偿款项提存协议书》一份，约定：三方确认房屋及附属物评估价值为 40 877 154 元，4S 店搬迁补助费为 210 712.4 元，经营性补助费为 6 321 372 元，上述各项搬迁补偿款合计为 47 409 238.4 元。甲、乙双方确认，丙方将上述 47 409 238.4 元支付至青岛市崂山区公证处账户，即视为丙方及崂山区政府业已履行搬迁补偿协议项下的全部付款义务。协议签订后，涉案保时捷 4S 店已交给崂山区政府。2015 年 9 月 8 日，佳晖公司（甲方）与追星公司（乙方）、青岛市崂山区房屋征收管理局（丙方）又签订《搬迁补偿款项提存协议书补充协议》一份，约定：将搬迁补偿款中 10 万元支付给青岛市崂山公证处作为提存公证费，提存款为 47 309 238.4 元。提存公证费视为甲、乙两方的共同支出，原协议及本补充协议中的青岛市崂山公证处、崂山区公证处均指该山东省青岛市崂山公证处。上诉协议及补充协议签订后，青岛市崂山区房屋征收管理局已将 47 409 238.4 元通过银行转账至青岛市崂山区公证处账户内，其中 10 万元作为公证费，47 309 238.4 元为提存款项。2015 年 9 月 9 日，青岛市崂山公证处作出（2015）青崂山证经字第 735 号公证书，证明：青岛市崂山区房屋征收管理局根据 2015 年 8 月 31 日与佳晖公司、追星公司签订的《搬迁补偿款项提存协议书》第三条的约定，于 2015 年 9 月 9 日将 47 309 238.4 元提存于该公证处。

还查明，涉案保时捷 4S 店所占用土地系集体土地，土地所有权人为青岛市崂山区中韩街道办事处车家下庄社区居民委员会，佳晖公司系从该居委会租赁涉案土地。佳晖公司在承租涉案土地后，在涉案土地上建设了青岛市崂山区龙岗路 9 号的原房屋（租赁物），青岛市规划局崂山分局于 2007 年 8 月 28 日为佳晖公司颁发了《青岛市临时建设工程规划许可证》（青规崂临字〔2007〕21 号）。在涉案房屋被征用过程中，有关土地的补偿问题已由崂山区政府与青岛市崂山区中韩街道办事处车家下庄社区居民委员会另行签订补偿协议。

本院认为，本案当事人争议的焦点问题是：一、涉案租赁合同的解除问题；二、搬迁补偿款的分配问题。

关于第一个焦点问题，本院认为，佳晖公司与追星公司于 2009 年 9 月 1 日签订的《租赁合同》系双方的真实意思表示，现崂山区人民政府也已对涉案保时捷 4S 店进行搬迁并给予补偿，故双方均应按合同依约履行。2014 年 10 月 31 日，崂山区政府发出搬迁通知，要求追星公司在 2014 年 12 月 31 日前将涉案保时捷 4S 店搬迁。追星公司主张涉案保时捷 4S 店经营至 2014 年底，但其未提交有效证据予以证实，且对此佳晖公司也不予认可，本院对追星公司的该主张不予采纳。本院认为，2015 年 7 月 10 日，追星公司申请青岛市市中公证处对涉案保时捷 4S 店现场进行保全证据公证，通过该保全证据公证照片显示，涉案保时捷 4S 店内物品已清空。考虑到涉案保时捷 4S 店清空需要一定时间，结合追星公司已将租赁费交至 2015 年 4 月 30 日的实际，本院酌情认定双方合同实际履行至 2015 年 4 月 30 日，追星公司于同日搬离保时捷 4S 店。鉴于追星公司已搬离保时捷 4S 店，双方签订的租赁合同实际已无法继续履行，本院确认双方签订的租赁合同于 2015 年 4 月 30 日解除。

关于第二个焦点问题，本院认为，2010 年，追星公司将佳晖公司所建原租赁房屋全部拆除并重新建设了涉案保时捷 4S 店。根据双方合同约定，追星公司要对租赁物进行装修、改建，须事先向佳晖公司交付提交装修、改建设计方案，并经佳晖公司书面方式同意。追星公司的上述拆除重建行为虽未取得佳晖公司的书面同意，但从追星公司重建保时捷 4S 店到本案诉讼发生前，在长达 5 年的时间里佳晖公司并未对追星公司的拆除重建为提出异议，故应视为佳晖公司对追星公司的拆除重建行为已默认。双方虽在租赁合同履行中未对追星公司新建保时捷 4S 店在合同到期后如何处理及佳晖公司应否给予追星公司补偿进行约定，但双方在合同约定："合同终止后，依附在租赁物上的装修归甲方所有。"追星公司作为承租人在拆除佳晖公司所建租赁物时，应当预见到合同到期后其可能不能继续租赁保时捷 4S 店，佳晖公司也不给予其补偿，但其在未与佳晖公司达成书面补偿协议的情形下仍将原租赁物拆除并重建保时捷 4S 店，应视为追星公司对该结果已认可。故，涉案保时捷 4S 店在合同期满后应属于佳晖公司所有。现因青岛市地铁 2 号线车辆段建设需要，涉案保时捷 4S 店被崂山区政府征用搬迁，导致佳晖公司与追星公司签订的涉案租赁合同解除，对此，双方均无过错。《最高人民法院关于审理城镇房屋租赁合同纠纷案件具体应用法律若干问题的解释》第十一条规定：承租人经出租人同意装饰装修，合同解除时，双方对已形成附合的装饰装修物的处理没有约定的，人民法院按照下列情形分别处理：……（四）因不可归责于双方的事由导致合同解除，剩余租赁期内的装饰装修残值损失，由双方按照公平原则分担。法律另有规定的，适用其规定。根据崂山区政府与佳晖公司及青岛千禧拆迁安置服务有限公司签订的《青岛市地铁 2 号线车辆段建设工程涉及的崂山汽车城搬迁补偿协议》约定，崂山区政府应付给佳晖公司：房屋及附属物等补偿金额 40 877 154 元、搬迁补助费 210 712.40 元、经营性补助费 6 321 372 元，共计搬迁补偿总费用为 47 409 238.40 元。对上述搬迁补偿费用如何分配，本院认定如下：1. 关于房屋及附属物等补偿费问题。如前所述，虽然涉案保时捷 4S 店在合同期满后应属于佳晖公司所有，但鉴于合同尚未履行期满及追星公司建造涉案保时捷 4S 店投入较大的实际，根据公平原则，房屋及附属物等补偿费中应对追星公司予以适当补偿。双方约定租赁期限为 8 年，从 2009 年 11 月 1 日起至 2017 年 10 月 31 日止，共计 96 个月。现双方合同于 2015 年 4 月 30 日解除，尚有 30 个月未履行，该 30 个月的残值损失应补偿给追星公司。追星公司应得补偿款为 12 774 110.63 元（40 877 154 元÷96 个月×30 个月）。2. 关于搬迁补助费问题。因涉案保时捷 4S 店系由追星公司实际经营，涉案保时捷 4S 店向崂山区政府交付前，需要追星公司将保时捷 4S 店内物品搬离，故上述搬迁补助费 210 712.40 元应补偿给追星公司。3. 关于经营性补助费问题。崂山区政府与佳晖公司及青岛千禧拆迁安置服务有限公司签订的《青岛市地铁 2 号线车辆段建设工程涉及的崂山汽车城搬迁补偿协议》约定：依据青岛正诚测绘有限公司作出的《2014110007—3》测绘报告，房屋建筑面积为 5 267.81 平方米，经营性补助费计 6 321 372 元。从上述约定可以看出，经营性补助费的发放系依据涉案保时捷 4S 店的面积，而非依据搬迁行为对追星公司经营造成损失的多少进行补偿，但考虑到追星公司在保时捷 4S 店经营的实际，搬迁行为给追星公司造成的损失会更大。同时，因追星公司与佳晖公司的营业执照显示其住所地均为青岛市崂山区龙岗路 9 号，佳晖公司也应获得部分经营性补偿。本院酌情认定上述经营性补助费中的 70% 应补偿给追星公司，即追星公司应得经营性补助费 4 424 960.4 元（6 321 372 元×70%）。综上，追星公司应得搬迁补偿款共计为 17 409 783.43 元（210 712.4 元＋12 774 110.63 元＋4 424 960.4 元），佳晖公司应得搬迁补偿款共计为 29 999 454.97 元。有关公证费 10 万元，双方应按所得搬迁补偿款的比例予以分担。

综上所述，原告追星公司的诉讼请求部分成立，本院予以部分支持。依照《中华人民共和国合同法》第五条、第六条、第八条、第六十条，《最高人民法院关于审理城镇房屋租赁合同纠纷案件具体应用法律若干问题的解释》第十一条,《最高人民法院关于民事诉讼证据的若干规定》第二条规定,判决:(一)涉案搬迁补偿款中 17 409 783.43 元(含公证费)为原告追星汽车销售(青岛)有限公司所有,涉案搬迁补偿款中 29 999 454.97 元(含公证费)为被告青岛佳晖汽车销售服务有限公司所有。(二)驳回原告追星汽车销售(青岛)有限公司的其他诉讼请求。案件受理费 292 090 元、保全费 5 000 元,共计 297 090 元,由原告追星汽车销售(青岛)有限公司负担 187 968 元,被告青岛佳晖汽车销售服务有限公司负担 109 122 元。

上述判决作出后,原被告双方均未上诉,双方已按判决内容履行完毕。

【案件评析】

《最高人民法院关于审理城镇房屋租赁合同纠纷案件具体应用法律若干问题的解释》第十一条规定:承租人经出租人同意装饰装修,合同解除时,双方对已形成附合的装饰装修物的处理没有约定的,人民法院按照下列情形分别处理:……(四)因不可归责于双方的事由导致合同解除,剩余租赁期内的装饰装修残值损失,由双方按照公平原则分担。法律另有规定的,适用其规定。双方虽在租赁合同履行中未对追星公司新建保时捷4S店在合同到期后如何处理及佳晖公司应否给予追星公司补偿进行约定,但双方在合同约定:"合同终止后,依附在租赁物上的装修归甲方所有"。追星公司作为承租人在拆除佳晖公司所建租赁物时,应当预见到合同到期后其可能不能继续租赁保时捷4S店,佳晖公司也不给予其补偿,但其在未与佳晖公司达成书面补偿协议的情形下仍将原租赁物拆除并重建保时捷4S店,应视为追星公司对该结果已认可。故,涉案保时捷4S店在合同期满后应属于佳晖公司所有。现合同尚未履行期满,相关拆迁补偿费用由双方按一定比例分配。

(青岛市中级人民法院民一庭审判长　徐镜圆)

【二十六】附解除条件的租赁合同于条件成就时解除后，当事人主张租赁物相关拆迁补偿款项不予支持

——青岛德惠木业有限公司诉胶州市前店口乡经济开发区建材经销部、陈立兴、陈思斌房屋租赁合同纠纷一案

关键词：租赁合同　表现代理　附解除条件　条件成就　合同解除　合同权利义务终止

【裁判要点】

双方租赁合同在履行过程中，当事人通过补充协议的方式约定了其间合同的解除条件，双方合同应在所附解除条件成就时解除，双方合同权利义务即行终止，当事人再依据原租赁合同主张租赁物相关拆迁补偿款项的，不予支持

【相关法条】

《中华人民共和国合同法》第四十五条、第四十九条

【基本案情】

德惠公司在一审诉称，2011 年 1 月 26 日，青岛德惠木业有限公司（以下简称"德惠公司"）与胶州市前店口乡经济开发区建材经销部（以下简称"前店口建材部"）及陈立兴签订 4 113 平方米的厂房租赁合同，于 2013 年 10 月 1 日签订了补充协议，约定德惠公司共计租用陈立兴 4 800 平方米厂房等建筑物，现该租赁物拆迁后共计获得补偿款等费用 3 081 000 元（4 800 平方米×640 元）＋设备搬迁费 9 000 元，扣除德惠公司欠付租赁费等 28 万元，前店口建材部、陈立兴、陈思斌共计欠德惠公

司款 2 801 000 元，且机器设备应归德惠公司所有。双方合同期限至 2016 年 2 月 19 日终止，协议明确约定厂房被征用产生的经营性补偿款及工厂搬迁费等全部费用归德惠公司所有，故请求判令前店口建材部、陈立兴及陈思斌返还搬迁补助费等 2 801 000 元并承担本案诉讼费。诉讼中，德惠公司变更诉讼请求，要求确认涉案厂房的停产停业损失费 2 704 455 元、搬家补助费 186 148.50 元、生产设备补偿费 33 368 元，合计 2 923 971.50 元中的 2 801 000 元归德惠公司所有，由前店口建材部、陈立兴及陈思斌协助德惠公司领取。

前店口建材部、陈立兴、陈思斌共同辩称：2013 年下半年，德惠公司开始欠付房租，双方为此于 2014 年 4 月 10 日签订了协议书，约定因德惠公司欠 2013 年下半年的房租 102 000 元无法偿还，便用德惠公司的设备折抵该房租；德惠公司如在 30 日内交齐房租，设备仍归德惠公司所有，反之，该设备归前店口建材部所有。协议签订后，德惠公司并未在规定的时间内交纳租金，因此该设备归前店口建材部所有。双方还于 2014 年 5 月 11 日签订了设备租赁合同，前店口建材部、陈立兴、陈思斌将该设备出租给德惠公司使用，由德惠公司支付该设备的租金每年 12 000 元，分两次付清。该合同签订后，德惠公司并未履行付款义务，继续欠房租及设备租金。无奈，前店口建材部、陈立兴、陈思斌于 2015 年 2 月 18 日找到德惠公司的张继臣催要租金，张继臣出具了字据，约定："截止 2015 年 2 月 12 日共欠房租 172 000 元，承诺在 2015 年 3 月 20 日前全部还清，如到期不还，德惠公司自动退出工厂，所有设备及物品归陈立兴所有"。因张继臣不但与该公司的法定代表人张红莲系兄弟姊妹的亲属关系，而且在公司从事监事职务，是公司的股东，与公司关系密切，且签订的四份协议均由其代表德惠公司签订（2013 年 10 月 1 日的补充协议、2014 年 4 月 10 日的协议书、2014 年 5 月 11 日木工机械租赁合同、2015 年 2 月 18 日的字据），鉴于张继臣的这种特殊身份和地位，前店口建材部、陈立兴、陈思斌有理由相信张继臣完全可以代表公司对外行使职务，其行为是一种表见代理行为。但德惠公司出具该字据后直至今天依然未履行付款义务。根据张继臣出具的字据上所承诺的内容，租赁合同已经于 2015 年 3 月 20 日自动解除，双方不存在租赁关系。鉴于双方之间的租赁合同关系已经解除，德惠公司自 2014 年年底便已经停产，且德惠公司所有的设备物品均属前店口建材部、陈立兴、陈思斌所有，故其主张的所有款项应归前店口建材部、陈立兴、陈思斌所有，请求法院依法驳回德惠公司的起诉。

一审法院认定事实：1999 年 2 月 3 日，前店口建材部以胶国用 (1999) 字第 080005 号国有土地使用证，取得前店口村西 4 720 平方米商业服务业出让土地的使用权。2000 年 7 月 21 日，前店口建材部以胶镇 (乡) 房自字第 105 号房屋所有权证取得前店口乡 3 464.85 平方米自管房屋的所有权。

2011 年 1 月 26 日，陈立兴代表前店口建材部作为甲方，金成林代表德惠公司作为乙方，就乙方租赁甲方的场地及房屋用于成立德惠公司签订《租赁合同书》，合同第一条场地及厂房的地址、面积约定：该场地厂房位于胶州市胶东镇前店口村工业园中心路西侧，场地面积 4 000 平方米，建筑面积 4 113 平方米；第二条合同期限约定：自 2011 年 2 月 20 日至 2016 年 2 月 19 日，合同期为五年整；第三条年租赁费及支付方式约定：该厂房、场地年租赁费为 168 000 元，合同签订后按年度租赁费额全部付清，次年按年度提前 15 日付清，拖延交费时间超过一个月，甲方每日按拖费额 1% 收取滞纳金；未按合同期限提前撤离，已交房租不退还；第六条约定：甲乙双方应严格遵守合同中规定的合同期限，任何一方违约应赔偿对方由此造成的经济损失，赔偿额按年租赁费的 50% 计算。

2013 年 10 月 1 日，陈立兴代表前店口建材部作为甲方，张继臣代表德惠公司作为乙方，就 2011 年 1 月 26 日签订的场地、厂房租赁合同达成《补充协议》，约定：乙方租赁甲方厂房等建筑总面积从 2013 年 10 月 1 日起增加至 4 800 平方米（原合同面积 4 113 平方米），租赁费增加至 192 000 元/年（原租赁费 168 000 元/年）。在乙方租赁期内，租赁场地、厂房被征用，由此产生的经营性补助补偿费和工厂搬迁费全部归乙方所有。厂房、场地拆迁补偿费全部归甲方所有。乙方抵押给甲方的设备，在工厂拆迁补偿费到乙方账后，乙方按抵押合同的金额全部收回。

2014 年 4 月 10 日，陈立兴代表前店口建材部，张继臣代表德惠公司，双方签订《协议书》，约定：德惠公司租赁前店口建材部房屋（4 800 平方米），租赁费每年 192 000 元，2013 年下半年的房租 102 000 元没有按期付给前店口建材部，经双方协商后决定，德惠公司以车间内的木工机械暂时抵押给前店口建材部抵作房租费 102 000 元，德惠公司在协议签订后 30 天内付清拖欠的 102 000 元房租，则本协议作废，木工机械仍归德惠公司所有；如在合同签订 30 天内，德惠公司仍没有付清 102 000 元房租，则木工机械归前店口建材部陈立兴所有。

2014 年 5 月 11 日，陈立兴代表前店口建材部作为机械出租方，张继臣代表德惠公司作为机械使用方，签订《木工机械租赁合同》，约定：根据德惠公司与陈立兴于 2014 年 4 月 10 日签订的以机械代替所欠房租的协议，现已到期生效。按合同现有在工厂内的一切机械设备归陈立兴所有，机械设备数量以协议书所列明细为准。经双方协商，自 2014 年 5 月 11 日起陈立兴将以上机械设备租给德惠公司使用，年租赁费为 12 000 元整，每年 5 月 11 日和 11 月 11 日分两次每次交纳租费的 50%，如不能按时交费，陈立兴将把设备收回。

涉案厂房 2015 年的电费由德惠公司分别于 2015 年 2 月 10 日、4 月 18 日、6 月 18 日、8 月 19 日、8 月 27 日交纳。

2015 年 7 月 18 日，胶州市人民政府下发胶政发（2015）49 号文件，印发《胶东国际机场建设区内集体土地上企业房屋征迁补偿方案》，对涉案租赁厂房进行拆迁。

2015 年 8 月 18 日，胶州市房产管理局作为甲方，前店口建材部作为乙方，签订《国有土地上房屋征收补偿协议》，协议书尾部盖有胶州市房产管理局、前店口建材部的公章，陈立兴作为前店口建材部的法定代表人签名捺印。该协议书载明：被征收房屋坐落在前店口村西，产权人为陈立兴，有证房屋建筑面积 4 214.85 平方米，无证房屋建筑面积 3 328.04 平方米，国有土地的性质工业出让 4 000 平方米，商业服务业 4 720 平方米，有证集体土地 5 450 平方米；被征收房屋补偿总额 16 590 505 元，乙方承诺在 2015 年 8 月 20 日前搬迁腾房。

2015 年 9 月 7 日，胶州市胶东街道办事处给胶州市公证处出具书面材料，内容为：经核对，德惠公司租用陈立兴的厂房，其中有证面积 4 214.85 平方米，无证面积 585.15 平方米，停产停业损失 2 704 455 元、搬家补助费 186 148.50 元、生产设备补偿 133 368 元、搬迁奖励 738 660

元，共计 3 762 631.50 元。

2015 年 9 月 11 日，胶州市公证处出具（2015）胶州证经字第 389 号公证书，其中载明：胶州市胶东街道办事处申请办理提存公证。根据申请人提供的证明材料及陈述，胶州市房产管理局和产权人陈立兴于 2015 年 8 月 18 日签订了《国有土地上房屋征收补偿协议》（编号 52），征收产权人陈立兴坐落在前店口村西的房屋。产权人陈立兴和承租人德惠公司对征迁补偿金额无异议，但对其中停产停业损失 2 704 455 元、搬家补助费 186 148.50 元、生产设备补偿 133 368 元、搬迁奖励 738 660 元，共计 3 762 631.50 元的分配有争议。产权人和承租人均同意将上述争议补偿款提存我处，若产权人和承租人能够达成协议，则产权人和承租人共同持协议书到我处领取上述提存款；若产权人和承租人未能达成协议，则凭生效的法律文书领取上述提存款。

2015 年 9 月 17 日，德惠公司出具证明，内容为：德惠公司已将全部设备及生产原材料全部拉走。"收到人"德惠公司，"经办人"处有张红莲的签字，"房主"处有陈立兴签名及签署的"同意"，"证明人"处有刘炳才的签字。

德惠公司为证明自己的主张，提交 2015 年 8 月 21 日德惠公司的张继臣与陈立兴、拆迁办工作人员刘萍、刘炳才的谈话录音，其中陈立兴说：俺是建材经销部，你在这也是这么多钱，而且你在这的话我还得分一块、割一块，咱俩协商，我给你钱也好，按你定的搬出日期给你钱也好，你拿着该搬家搬家，我的房子租给你就不受损失啦？你一共有多少台机子你知道吧？也有我的设备，我补偿的应该给你的，你让我给你多少？上次咱们算该我 28 万，我剔去你欠我的钱就对了，我应该给你的分成，我没有权利管你要这个钱，我只有权利管你要租金，我给你 100 不是 90，你是 4 800 就是 48 万，你该我房租 28 万，48 万减去 28 万还剩 20 万，你认为少了可以上公证处调解也好上法院调解也行，你觉得 100 少了，我觉得 100 多了，让人过来调解。该给你的我陈立兴现在还说，该给你的一分也不少给你。张继臣说：当初那个企业补偿不就是给企业的吗？你说我等了一年，你给我的钱都不够我给你的房租钱，经营性补偿，你没在经营，怎么给你，你把补偿的那个给我，我觉得那些都应该给我的，你的意思就打算给我 20 万，那意思我们工厂算是白搭的不算被征迁人，我也属被征迁人，我本身在正常经营也是合法经营的，你把该给我的给我就行了。刘萍说：所有的搬迁奖励和搬迁补助都是给被征迁人，（工厂）也不是白搭，毕竟也停产。德惠公司以此欲证明前店口建材部、陈立兴及陈思斌不履行协议，想侵占德惠公司部分补偿款，德惠公司不同意。前店口建材部、陈立兴及陈思斌对该录音证据的真实性不予认可。

前店口建材部、陈立兴及陈思斌为证明自己的主张，提交 2015 年 2 月 18 日张继臣出具的字据，内容为：今德惠木业欠陈立兴房租费合计 172 000 元，截止 2015 年 2 月 12 日共计拖欠以上款项，其中包含设备抵押的 102 000 元，上述拖欠款承诺在 2015 年 3 月 20 日全部还清，如到期还不清欠款，德惠公司自动退出工厂，德惠公司所有设备及车间内所有物品归陈立兴所有。前店口建材部、陈立兴及陈思斌以此欲证明德惠公司自动退出厂地，同时德惠公司所有的设备、原材料全部归其所有。德惠公司对张继臣的字据不予认可，认为无公司委托没有公司盖章，系张继臣的个人行为，也违反合同法的公平公正原则。

另查明，1993 年 2 月 3 日，胶州市税务局颁发胶州市前店口乡经济开发区前店口建材部税务登记证，记载其为个体，负责人为陈思斌。1993 年 12 月 1 日，胶州市税务局颁发给胶州市前店口乡经济开发区前店口建材部的税务登记证还载明其有效期限为 1992 年 9 月 4 日至 1996 年 9 月 4 日。

双方及原审法院经到工商部门查询，均未查询到前店口建材部的工商登记情况。前店口建材部、陈立兴及陈思斌在庭审中均称陈立兴系陈思斌的儿子，陈思斌注册成立前店口建材部后并未年审，也未进行注销登记，后该建材部不再经营，只是把房屋土地租赁给他人经营；因陈思斌年龄大了，委托陈立兴经办涉案房屋土地的租赁、拆迁等相关事宜。

2015 年 9 月 17 日，双方经拆迁部门负责人刘炳才协调，前店口建材部、陈立兴及陈思斌同意由德惠公司将设备拉走，将房屋土地腾出后，陈立兴将涉案房屋土地交给了拆迁部门，涉案房屋被拆除。

一审法院认为，租赁合同是出租人将租赁物交付承租人使用、收益，承租人支付租金的合同。本案中，双方之间的租赁合同是当事人真实意思表示，并不违反法律、行政法规的强制性规定，应为有效。

本案的焦点问题一，2011 年 1 月 26 日双方签订的《租赁合同书》是否已经于 2015 年 3 月 20 日自动解除。双方签订的租赁合同对期限约定为自 2011 年 2 月 20 日至 2016 年 2 月 19 日，前店口建材部、陈立兴及陈思斌提交 2015 年 2 月 18 日张继臣代表德惠公司出具的字据，欲证明德惠公司因欠租赁费自动退出涉案场地，已经于 2015 年 3 月 20 日自动解除租赁合同。根据《中华人民共和国合同法》规定，当事人协商一致，可以解除合同。本案双方在合同中并未约定解除合同的条件，前店口建材部、陈立兴及陈思斌在德惠公司欠交租赁费时也未及时依照法律的规定主张解除合同，而根据该字据载明的德惠公司自动退出工厂、所有设备及车间内所有物品归陈立兴所有的内容，双方并未约定租赁合同的解除；从租赁合同履行的实际情况看，2015 年 9 月 7 日，胶州市胶东街道办事处给胶州市公证处出具的书面材料中载明了"经核对，德惠公司租用陈立兴的厂房"。2015 年 9 月 11 日，胶州市公证处出具的公证书中载明了"产权人陈立兴和承租人德惠公司对征迁补偿金额无异议"；特别是 2015 年 9 月 17 日，双方经拆迁部门负责人刘炳才协调，前店口建材部、陈立兴及陈思斌同意由德惠公司将设备拉走，可以认定该字据约定的内容并未实际履行；且德惠公司截止 2015 年 8 月仍然交纳涉案厂房的电费，可见德惠公司对涉案厂房一直实际控制；德惠公司提交的 2015 年 8 月 21 日德惠公司的张继臣与陈立兴的谈话录音，亦证明德惠公司实际控制涉案厂房并未搬出，虽然前店口建材部、陈立兴及陈思斌对该录音的真实性不认可，但未申请鉴定否定其真实性。因此，原审认定双方间的租赁关系并未于 2015 年 3 月 20 日自动解除，而是 2015 年 9 月 17 日，德惠公司将设备及原材料全部拉走，将房屋土地腾出后，双方才解除租赁关系。

本案的焦点问题二，胶州市公证处提存公证的涉案房屋停产停业损失 2 704 455 元、搬家补助费 186 148.50 元、生产设备补偿 133 368 元、搬迁奖励 738 660 元，共计 3 762 631.50 元，应当如何分配的问题。根据《国有土地上房屋征收与补偿条例》第十七条规定，作出房屋征收决定的市、县级人民政府对被征收人给予的补偿包括：（一）被征收房屋价值的补偿；（二）因征收房屋造成的搬迁、临时安置的补偿；（三）因征收房屋造成的停产停业损失的补偿。可见，上述法条并未将承租人作为补偿主体。承租人是否可以获得拆迁补偿，主要取决于拆迁补偿合同和租赁合同的约定。本案中，双方于2013年10月1日签订的《补充协议》约定，在租赁期内租赁场地、厂房被征用，由此产生的经营性补助补偿费和工厂搬迁费全部归德惠公司所有，因双方当事人在该问题上的约定不明确，相关补偿项目未明确约定，故原审根据公平原则，结合本案的实际情况酌情予以认定：

1. 对于德惠公司主张的搬家补助费186 148.50元、停产停业损失2 704 455元诉请，因搬家补助费、停产停业损失均是按照房屋面积计算，德惠公司在搬离涉案厂房时需要花费，并因拆迁造成了停产停业损失。根据公平原则，原审确认双方平均分配，故搬迁补助费德惠公司分得93 074.25元（186 148.50元÷2），停产停业损失分得1 352 227.50元（2 704 455元÷2）。

2. 对于德惠公司主张的生产设备补偿133 368元，因该补偿系对生产设备的补偿，与房屋土地面积无关，因此原审认定该补偿归德惠公司所有。

3. 对于德惠公司主张的搬迁奖励738 660元，根据2015年8月18日签订的《国有土地上房屋征收补偿协议》，协议约定在2015年8月20日前搬迁腾房，而至2015年9月17日德惠公司才搬离，可见该搬迁奖励与德惠公司无关，系给予房屋所有权人的一种补偿奖励。

综上，应由德惠公司分得的以上款项归德惠公司所有，由前店口建材部、陈立兴及陈思斌协助德惠公司领取。

本案的焦点问题三，关于责任主体，即应当承担义务的责任人问题。前店口建材部系涉案被拆迁房屋、土地的权利人，陈思斌作为该建材部的负责人，均有协助办理的义务。前店口建材部系个体工商户，陈立兴作为其代表人签订了补偿协议书，并作为前店口建材部的代表人，与德惠公司签订了相关协议；陈立兴系陈思斌的儿子，前店口建材部、陈立兴及陈思斌在庭审中均称因陈思斌年龄大了，委托陈立兴经办涉案房屋土地的租赁、拆迁等相关事宜，且胶州市公证处（2015）胶州证经字第389号办理提存的公证书认定涉案房屋、土地产权人为陈立兴。因此，原审认定陈立兴的行为均为代表陈思斌行使，前店口建材部、陈立兴及陈思斌均有协助德惠公司领取拆迁补偿款的义务。

综上，原审依照《中华人民共和国合同法》第五条、第八条、第六十条，《国有土地上房屋征收与补偿条例》第十七条、第二十三条的规定，判决：（一）胶州市公证处出具的（2015）胶州证经字第389号公证书提存公证的胶州市前店口乡经济开发区建材经销部位于胶州市前店口的厂房拆迁所得的补偿款中，其中搬迁补助费93 074.25元、停产停业损失1 352 227.50元、生产设备补偿133 368元，合计1 578 669.75元归青岛德惠木业有限公司所有；（二）胶州市前店口乡经济开发区建材经销部、陈思斌、陈立兴于判决生效后十日内协助青岛德惠木业有限公司领取上述拆迁补偿款；（三）驳回青岛德惠木业有限公司的其他诉讼请求。如果未按判决指定的期间履行给付金钱义务，应当按照《中华人民共和国民事诉讼法》第二百五十三条之规定，加倍支付迟延履行期间的债务利息。案件受理费29 208元，由胶州市前店口乡经济开发区建材经销部、陈思斌、陈立兴负担16 462元，青岛德惠木业有限公司负担12 746元。

德惠公司上诉请求：撤销原判，依法改判支持德惠公司的全部诉讼请求。事实与理由：原审未根据事实及法律规定做出公平判决。双方签订的厂房租赁合同应为合法有效合同，公证机构根据当地政府的申请依法出具的公证书也具有法律效力，该公证书载明德惠公司停产停业损失2 704 455元、搬家补助费186 148.50元、生产设备补偿133 368元、搬迁奖励738 660元，共计3 762 631.50元。其中，前三项赔偿额为2 923 971.50元，该赔偿额系对德惠公司因拆迁所受损失的补偿。因欠付前店口建材部、陈思斌及陈立兴部分租金，德惠公司主张2 801 000元归其所有。但原审却仅支持德惠公司1 578 669.75元，而未根据事实和法律规定支持德惠公司的全部请求，并将德惠公司应得补偿款判给前店口建材部、陈思斌及陈立兴1 222 330元，既无事实及法律依据，也不符合公平原则。而且，搬迁奖励738 660元本属于对德惠公司的奖励，德惠公司放弃对该款项的主张，已是对前店口建材部、陈思斌及陈立兴的让步，但原审却认为德惠公司逾期搬迁，与事实不符。原审已确认前店口建材部无工商登记，无法查询，其税务登记证书已过期，但其依据拆迁协议应得补偿款16 590 505

元，且现其他补偿款已赔付。因此，请求二审查明事实，依法公平公正处理此案。

前店口建材部、陈立兴及陈思斌共同答辩称：德惠公司的上诉理由不成立，其上诉请求不应得到支持。

前店口建材部、陈立兴及陈思斌向本院上诉请求：撤销原判，依法改判驳回德惠公司的诉讼请求。事实与理由：（一）原审认定事实错误。1.双方租赁合同已于2015年3月20日解除，故原审认定其解除时间为2015年9月17日是错误的。因德惠公司屡次拖欠前店口建材部、陈立兴及陈思斌房屋及设备租金，德惠公司的代表人张继臣于2015年2月18日向前店口建材部、陈立兴及陈思斌出具《字据》，承诺：拖欠的款项在2015年3月20日全部还清，如到期不还清欠款，德惠公司自动退出工厂，其所有设备及车间内所有物品归陈立兴所有。但到期后，德惠公司表示无法按照承诺偿付欠付的租金，陈立兴遂接管工厂，双方租赁合同于2015年3月20日即告解除。2.原审根据双方在2015年3月20日后一系列沟通调解的事实认定涉案合同尚未解除，直到2015年9月17日德惠公司搬离工厂后才解除，系认定事实错误。陈立兴接管工厂后，德惠公司不顾其所有设备、材料已折抵给前店口建材部、陈立兴及陈思斌的事实，仍无理纠缠，声称若不给其拆迁补偿就不撤离工厂。拆迁部门为顺利推进拆迁工作，经多次做调解工作后，前店口建材部、陈立兴及陈思斌为配合拆迁工作遂同意将设备归还德惠公司。经双方重新结算确认德惠公司欠前店口建材部、陈立兴及陈思斌租金28万元，前店口建材部、陈立兴及陈思斌同意给德惠公司补偿48万元，扣除欠付租金后给其20万元。因德惠公司不同意上述补偿方案，经拆迁部门协调，前店口建材部、陈立兴及陈思斌虽同意将376万余元拆迁补偿款予以提存公证，但并不代表其认可德惠公司可以得到上述款项。提存公证后，经拆迁部门协调，经前店口建材部、陈立兴及陈思斌同意，德惠公司于2015年9月17日将设备及材料拉出并离开工厂。而且，德惠公司交纳电费的事实不能成为其继续经营的证据。事实上，德惠公司于2014年年底就停业了，其所交纳电费数额的变化可以证明该事实。（二）在双方租赁合同已经解除、德惠公司无权获得相应拆迁补偿的情况下，原审判决酌情认定部分补偿款归其所有，不仅违背事实和法律，也显失公平。1. 一审已查明，根据拆迁政策，搬家补助费、停产停业损失费均按照房屋面积计算，与是否实际使用无关，故该两项利益与德惠公司无关，且其已于2014年年底停业，搬家费用极小，原审对该两项判决显失公平。2. 德惠公司主张其生产设备补偿为33 368元，原审判决却将该项补偿额认定为133 368元，而实际上该项补偿应为9 350元。3. 德惠公司在一审自认其欠前店口建材部、陈立兴及陈思斌租金28万元，但原审在分配给德惠公司部分拆迁款项时却未予折抵，显属错误。三、在双方租赁合同已于2015年3月20日解除、德惠公司无权获得拆迁补偿的情况下，原审以"公平原则"做出本案判决，系适用法律错误。

德惠公司答辩称：其于2015年9月17日将设备拉走，双方解除租赁关系，请求法院依法判决。

二审查明，（一）根据德惠公司提交的起诉状，德惠公司认可其尚欠付前店口建材部、陈立兴、陈思斌租金28万元，而前店口建材部、陈立兴、陈思斌在上诉状中亦认可德惠公司尚欠付其租金28万元。（二）德惠公司在本案一、二审期间提交的电费发票显示，德惠公司于2015年2月10日交纳电费6 967.91元，用电量6 492度；2015年4月18日交纳电费282.09元，用电量296度；2015年6月18日交纳电费270.27元，用电量276度；2015年8月19日交纳电费681.26元，用电量687度；2015年8月27日交纳电费139.01元，用电量833度。

二审查明的其他事实与原审查明一致。

本案经调解，双方当事人未达成一致意见。

二审法院认为，前店口建材部与德惠公司就涉案场地、厂房于2011年1月26日签订的租赁合同，以及陈立兴代表前店口建材部与张继臣代表德惠公司就上述租赁合同于2013年10月1日签订的补充协议，均不违反法律、行政法规的效力性强制性规定，合法有效，对双方均具有法律约束力，当事人均应按照诚实信用的原则全面履行其合同义务。综合双方的诉辩主张，本案的焦点问题是：1. 双方租赁合同及补充协议是否已于2015年3月20日解除；2. 德惠公司主张涉案厂房拆迁所得的停产停业损失、搬家补助费以及生产设备补偿应否支持。现根据本案查明的事实，评判如下：

一、关于双方争议的涉案租赁合同及补充协议是否已于 2015 年 3 月 20 日解除的问题。双方租赁合同及补充协议签订后，前店口建材部依约将涉案场地、厂房交付德惠公司使用，德惠公司亦应按照合同及协议约定交纳相应的资金。但因德惠公司未按期支付 2013 年下半年租金 102 000 元，陈立兴代表前店口建材部与张继臣代表的德惠公司就上述租金支付事宜于 2014 年 4 月 10 日签订协议，约定：德惠公司以车间内的木工机械暂时抵押给前店口建材部抵作房租费 102 000 元，若德惠公司在协议签订后 30 天内未付清拖欠的 102 000 元租金，则木工机械归前店口建材部陈立兴所有。因德惠公司未按照上述协议约定支付拖欠的租金 102 000 元，2014 年 5 月 11 日，陈立兴代表前店口建材部、张继臣代表德惠公司签订《木工机械租赁合同》，约定：根据双方 2014 年 4 月 10 日协议，德惠公司现有在工厂内的一切机械设备归陈立兴所有；自 2014 年 5 月 11 日起陈立兴将以上机械设备租赁给德惠公司使用，年租赁费为 12 000 元整。此后，因德惠公司仍然未支付拖欠的租金，经前店口建材部催要，张继臣于 2015 年 2 月 18 日向前店口建材部陈立兴出具《字据》，其中载明：今德惠木业欠陈立兴房租费合计 172 000 元，截止 2015 年 2 月 12 日共计拖欠以上款项，其中包含设备抵押的 102 000 元；上述拖欠款项承诺在 2015 年 3 月 20 日全部还清；如到期还不清欠款，德惠木业自动退出工厂，德惠木业所有设备及车间内所有物品归陈立兴所有。虽然德惠公司未在上述字据中盖章，但鉴于张继臣自 2013 年 10 月 1 日以来一直代表德惠公司就涉案租赁合同的补充、租金的交纳、木工机械租赁等事宜与前店口建材部签订补充协议、租金支付协议及木工机械租赁合同，故前店口建材部有理由相信张继臣向其出具字据系代表德惠公司的行为，即上述字据对德惠公司具有法律约束力。德惠公司称出具字据系张继臣个人行为，因不符合《中华人民共和国合同法》第四十九条关于表见代理之规定，二审法院不予采纳。因前店口建材部对德惠公司出具的字据予以接受且未提出异议，故该字据对双方均具有法律约束力。根据《中华人民共和国合同法》第四十五条关于"当事人对合同的效力可以约定附条件，附生效条件的合同，自条件成就时生效；附解除条件的合同，自条件成就时失效"之规定，上述字据系双方当事人对于其间租赁合同及补充协议设定解除条件的约定，双方租赁合同及补充协议应在字据约定的解除条件成就时解除。因德惠公司未按照其所出具字据的承诺于 2015 年 3 月 20 日支付拖欠的租金 172 000 元，双方约定的合同解除条件即"如到期还不清欠款，德惠公司自动退出工厂，德惠公司所有设备及车间内所有物品归陈立兴所有"成就，双方租赁合同及补充协议于 2015 年 3 月 20 日解除。德惠公司称上述租赁合同及补充协议并未于 2015 年 3 月 20 日解除，无事实及法律依据，二审法院不予采纳。

二、关于德惠公司主张的涉案厂房拆迁所得的停产停业损失、搬家补助费以及生产设备补偿问题。因双方租赁合同及补充协议已于 2015 年 3 月 20 日解除，而涉案租赁厂房于 2015 年 8 月 18 日签订《国有土地上房屋征收补偿协议》后被拆除，故德惠公司依据双方租赁合同及补充协议主张停产停业损失，二审法院不予支持。虽然德惠公司交纳了涉案租赁厂房 2015 年 8 月以前的电费，但此举仅能证明其在双方租赁合同及补充协议解除后未按照承诺退出涉案租赁物的事实，而不能证明其在双方合同及补充协议解除后系合法占有使用涉案厂房的事实；而且，德惠公司提交的电费交纳发票显示其在 2015 年 4 月后交纳的电费及用电量比同年 2 月双方合同解除前的电费及用电量显著减少，差额巨大，故上述电费发票也可证明德惠公司于双方合同解除后未正常生产经营的事实。因此，德惠公司主张停产停业损失证据不足，不应得到支持。

尽管双方租赁合同及补充协议已于 2015 年 3 月 20 日解除，但因德惠公司并未实际撤离涉案厂房，后经拆迁部门调解，前店口建材部同意将涉案厂房内的设备及生产原材料交还德惠公司全部拉走，属于对其自身权利的合法处分。因此，上述设备及生产原材料所涉及的相关补偿费用应归德惠公司所有。根据胶州市胶东街道办事处于 2015 年 9 月 7 日给胶州市公证处出具的书面材料，涉案厂房搬家补助费为 186 148.50 元、生产设备补偿费为 133 368 元，故德惠公司应得的拆迁补偿费用为 319 516.5 元。上述费用扣除德惠公司拖欠前店口建材部的租金 28 万元，德惠公司应得剩余拆迁补偿费 39 516.5 元，该款项应由前店口建材部、陈立兴、陈思斌协助领取。德惠公司上诉主张其应得停产停业损失费、搬家补助费、生产设备补偿费共计 2 801 000 元，因超出上述数额部分的请求无事实及法律依据，二审法院不予采纳。前店口建材部、陈立兴、陈思斌上诉称德惠公司不可迁移的设备补偿应为 9 350 元，因无有效证据证明，二审法院亦不予采纳。

综上，德惠公司的上诉理由不成立，其上诉请求不应得到支持；前店口建材部、陈立兴、陈思斌的上诉理由部分成立，其相应上诉请求应予支持。原审判决认定事实及适用法律部分有误，依法应予纠正。依照《中华人民共和国合同法》第四十五条、第四十九条、第六十条，《中华人民共和国民事诉讼法》第一百六十八条、第一百六十九条、第一百七十条第一款第（二）项、第一百七十五条规定，判决：一、撤销山东省胶州市人民法院（2015）胶民初字第 5714 号民事判决；二、山东省胶州市公证处以（2015）胶州证经字第 389 号公证书提存公证的上诉人胶州市前店口乡经济开发区建材经销部位于胶州市前店口村西的厂房拆迁所得补偿款中的 39 516.5 元归上诉人青岛德惠木业有限公司所有，该款项由上诉人胶州市前店口乡经济开发区建材经销部、陈思斌、陈立兴于本判决生效后 10 日内协助上诉人青岛德惠木业有限公司领取；三、驳回上诉人青岛德惠木业有限公司的其他诉讼请求。

【案件评析】

首先，张继臣的行为构成表见代理。虽然德惠公司未为张继臣出具书面授权委托书，但鉴于张继臣自 2013 年 10 月 1 日以来一直代表德惠公司就涉案租赁合同的补充、租金的交纳、木工机械租赁等事宜与前店口建材部签订补充协议、租金支付协议及木工机械租赁合同，故前店口建材部有理由相信张继臣于 2015 年 2 月 18 日向其出具字据系代表德惠公司的行为，依照《中华人民共和国合同法》第四十九条关于表见代理之规定，上述字据对德惠公司具有法律约束力。其次，因前店口建材部对德惠公司出具的字据予以接受且未提出异议，故该字据对双方均具有法律约束力。上述字据系双方当事人对于其间租赁合同及补充协议设定解除条件的约定，双方租赁合同及补充协议应在字据约定的解除条件成就时解除。因德惠公司未按照其所出具字据的承诺于 2015 年 3 月 20 日支付拖欠的租金 172 000 元，双方约定的合同解除条件即"如到期还不清欠款，德惠公司自动退出工厂，德惠公司所有设备及车间内所有物品归陈立兴所有"成就，双方租赁合同及补充协议于 2015 年 3 月 20 日解除。第三，双方租赁合同及补充协议解除后，双方合同权利义务即行终止。因涉案租赁物系在双方租赁合同解除后被拆迁，德惠公司依据原租赁合同主张租赁物的相关拆迁补偿权益，无事实及法律依据，不应得到支持。

（青岛市中级人民法院民一庭审判员　安太欣）

【二十七】存有争议的条款在内容确定之前不能认定当事人违约

——未晓玲诉罗弘、第三人青岛乐其房产经纪有限公司房屋买卖合同纠纷一案

关键词：争议条款　协议补充　违约责任

【裁判要点】

对于内容存有争议的条款，未晓玲、罗弘应当进一步协商确定，在争议的内容确定之前，无法认定违约责任，当事人主张违约与双方的合同及法律规定不符，不予支持。

【相关法条】

《中华人民共和国合同法》第六十一条

【基本案情】

未晓玲向本院提出诉讼请求：1. 判决解除房屋买卖合同；2. 判令罗弘向未晓玲返还已付购房款 10 万元并支付违约金 339 000 元；3. 判令罗弘承担中介费 21 000 元；4. 诉讼费用由罗弘承担。诉讼过程中，未晓玲变更诉讼请求为：1. 判令未晓玲、罗弘继续履行双方于 2017 年 2 月 20 日关于涉案房屋签订的房地产买卖契约；2. 判令罗弘于判决生效之日起 10 日内协助未晓玲办理涉案房屋的银行贷款手续；3. 判令罗弘协助未晓玲办理涉案房屋的产权过户手续；4. 判令罗弘于产权过户至未晓玲名下后三十日内搬离涉案房屋将房屋交付未晓玲，并缴清涉案房屋过户之前的水、电、煤等费用；5. 判令罗弘于产权过户至未晓玲名下后三十日内自行到派出所将涉案房屋内的户口全部迁出；6. 判令罗弘支付未晓玲违约金 4 200 元（自 2017 年 3 月 24 日起至 2017 年 4 月 7 日），并按每日 300 元的标准承担自起诉之日起至房屋过户之日止的违约金；7. 判令罗弘承

担本案全部诉讼费用。事实和理由：未晓玲、罗弘于 2017 年 2 月 20 日签订房地产买卖契约，青岛乐其房产经纪有限公司（以下简称乐其公司）向双方提供居间服务。罗弘向未晓玲出售的房屋位于青岛市市北区东莞路 4 号 3 单元 501 户商品房一套，成交价 113 万元。签约当日未晓玲支付定金 2 万元，支付中介费 2.1 万元。2017 年 3 月 6 日，未晓玲向罗弘再次支付定金 8 万元用于涉案房屋的解押。合同同时约定，房屋过户当日再支付现金 53 万元，余款 50 万元通过银行按揭的方式支付。合同约定未晓玲、罗弘应于 2017 年 3 月 15 日前准备齐所有贷款资料并积极配合居间方前去银行办理相关贷款签订手续，同时约定房屋过户手续办结时间为 2017 年 4 月 15 日前，银行贷款也需要在 2017 年 4 月 15 日前完成审批。2017 年 3 月 8 日，未晓玲、罗弘及乐其公司共同向工商银行办理购房贷款手续，银行要求罗弘出具办理贷款手续所需的首付款收据，罗弘要求未晓玲将 17 万支付罗弘后才签署该收据。虽然合同未约定需要提前支付 17 万元，未晓玲为积极履行合同于 2017 年 3 月 24 日支付给罗弘 17 万元。罗弘提出不予出售房屋，解除合同，同日将 17 万元退还未晓玲。因罗弘不配合签署首付款收据未完成贷款合同签订。罗弘无故拒绝履行合同，请求法庭判决罗弘按合同履行义务，并承担违约责任。

罗弘辩称，未晓玲违约在先，已经造成事实上的违约，拒绝商谈违约的事情，请求解除房屋买卖合同，在第一条不成立的情况下，下面的都不成立。

乐其公司述称，没有要谈的意见。

罗弘向本院提出反诉请求：1. 判决未晓玲、罗弘解除房地产买卖契约；2. 判令未晓玲支付违约金 33.9 万元，定金 10 万元不予返还；3. 未晓玲承担全部诉讼费用。事实和理由：2017 年 2 月 20 日未晓玲、罗弘签订房地产买卖契约，由乐其公司向双方提供居间服务。罗弘向未晓玲出售的房屋位于青岛市市北区东莞路 4 号 3 单元 501 户商品房一套，成交价 113 万元。自签订合同之日起，罗弘一直积极配合办理各项手续。罗弘于 3 月 8 日在银行办理贷款手续时，乐其公司的郑晓东要求罗弘签署收到 27 万元的首付款收据，在未收到款项的情况下罗弘拒绝给与收据。合同中并未约定罗弘必须给出不成事实的收据，该要求已超出合同范围。未晓玲在诉状中称其于 2017 年 3 月 26 日将 17 万元打入罗弘账户，罗弘退回款项、不配合办理贷款致使合同无法履行。按合同规定，银行贷款手续必须于 3 月 15 日前办完，3 月 26 日已远远超过该期限，未晓玲的行为已构成违约，且拒绝谈违约。按照双方合同第九条、第十一条规定，逾期 10 天的守约方有权单方面解除契约，违约方还应支付总价款的 30% 作为违约金。为维护自己的合法权益，故提出反诉。

未晓玲针对反诉辩称，无事实和法律依据，应依法驳回其全部诉求。按照合同第 11 条约定，未晓玲没有根本违约，合同应继续履行。

乐其公司针对反诉述称，罗弘反诉状中提到的首付款收据是银行经理提出的，罗弘看到首付款收据拒绝签署，后来协商该手续仅做贷款使用，并让未晓玲签署一份协议，罗弘拒绝。银行经理提出原件可以留在罗弘处，银行先留复印件，过户当日再把原件给银行。我们可以保证首付款收据不会到客户手中。

对于当事人双方没有争议的事实，本院确认如下：2017 年 2 月 20 日，由第三人乐其公司提供中介服务，未晓玲（作为乙方）与罗弘（作为甲方）签订房地产买卖契约，约定：乙方购买甲方出售的青岛市市北区东莞路 4 号 3 单元 501 户房屋，成交价 113 万元；乙方于 2017 年 2 月 20 日支付甲方 2 万元作为购房定金，于甲方解押当日支付甲方 8 万元，于过户当日支付甲方 53 万元作为购房首付款，乙方以银行贷款形式向甲方支付 50 万元，由银行一次性划拨到甲方的银行账号，贷款不足部分乙方于办理过户之前以现金一次性支付给甲方；甲方应于过户当日将房屋交给乙方，乙方扣留房款 5 000 元作为房屋交接水、电、数字电视、天然气、暖气、物业等各项使用费用及室内设施的结算押金；甲乙双方应于 2017 年 3 月 15 日之前准备齐所有银行贷款资料并积极配合居间方前去银行或公积金管理中心办理相关贷款签订手续，如因违约导致后续手续延期或无法办理贷款手续，具体违约事宜按本契约第十一条执行；甲方应于过户之前自行到户口所在派出所将户口迁出，若过户前不能迁出，则乙方按照每人扣留甲方 2 万元作为户口迁出押金暂放居间方，以及其他约定。该买卖契约第十一条第（一）款约定：本契约签订后，甲、乙双方中若有任何一方未按照本买卖契约中的约定时间全面履行自己的义务时，每逾期一天，按照 300 元/天支付给对方作为违约金，逾期超过 10 天的，守约方除有权要求对方继续履行契约并支付违约金外，还有权单方解除契约，但应书面通知违约方。守约方解除契约后，违约方还应另行支付契约总价款的 30% 作为违约金。

合同签订当天，未晓玲支付罗弘定金 2 万元，于 2017 年 3 月 6 日罗弘办理房屋解押手续当日支付罗弘 8 万元。2017 年 3 月 9 日，未晓玲、罗弘及第三人到银行办理贷款，银行要求罗弘出具 27 万元的首付款收据，罗弘认为仅收到 10 万，需未晓玲再支付 17 万元才能出具收据。未晓玲当日未能支付给罗弘 17 万元，罗弘未出具 27 万元的首付款收据，银行贷款未能办理。关于 2017 年 3 月 9 日是否对支付该笔 17 万元有过口头约定，双方当事人在庭审中陈述不一致：未晓玲称合同没有约定当时付该笔款项，而是约定分 3 笔付清，同意会支付这笔款，是否约定支付日期记不清了；罗弘称第三人的工作人员郑晓东让未晓玲付款，自始至终没有听到未晓玲答应付这笔款；第三人的工作人员郑晓东称未晓玲说当时没有这笔款，3 月 14、15 日前支付。

2017 年 3 月 24 日，未晓玲向罗弘支付 17 万元，当日罗弘将该笔款项退还未晓玲。罗弘在庭审中称，未晓玲应在 3 月 15 日前办完银行贷款手续，未晓玲的付款日期 3 月 24 日是周末，银行不办理信贷手续，等到周一已经超过 10 天，罗弘有权单方解除合同。未晓玲称 3 月 24 日是星期五，早上 9 点左右付款，完全有时间办理银行审批手续。罗弘称未晓玲在 3 月 15 日至 3 月 24 日期间的最后一天付款，罗弘当天有自己的事情，不能在这么仓促的时间去银行面签，即使不算超过 10 天解除合同，未晓玲已经违约，但未晓玲拒谈违约的问题。

诉讼期间，未晓玲将涉案房屋房款 103 万元存入本院账户，并同意在涉案房屋过户至其名下当日支付给罗弘 96.5 万元，在罗弘将涉案房屋水、电、暖、物业等各项费用结清并将房屋交付未晓玲后支付罗弘 5 000 元，在罗弘将涉案房屋内的户口全部迁出后支付罗弘户口押金 6 万元。

经本院询问，罗弘确认涉案房屋内有三人户口。

一审认为，未晓玲、罗弘签订的合同是双方真实意思表示，符合法律规定，具有法律效力。双方在办理银行贷款过程中发生纠纷，原因在于买卖合同约定了未晓玲的付款金额和期限的情况下，对罗弘如何出具27万元首付款收据没有明确约定。《中华人民共和国合同法》第六十一条规定："合同生效后，当事人就质量、价款或者报酬、履行地点等内容没有约定或者约定不明确的，可以协议补充；不能达成补充协议的，按照合同有关条款或者交易习惯确定。"据此规定，未晓玲、罗弘应当进一步协商确定存有争议的条款，在争议的内容确定之前，无法认定违约责任，因此罗弘以未晓玲未能在2017年3月15日前完成贷款手续为由主张未晓玲违约，该理由与双方的合同及法律规定不符，本院不予支持。而且，未晓玲已经在2017年3月24日向罗弘支付了17万元，超过3月15日仅9天，罗弘以未晓玲逾期10天单方面解除契约，不符合合同和法律规定，故罗弘的反诉不能成立，本院不予支持。现未晓玲已向法院支付全部房款，确保未晓玲能履行付款义务，故未晓玲要求罗弘协助过户、交付房屋，符合双方合同约定和法律规定，本院予以支持。由于合同条款内容不明确引起本案纠纷，故对于未晓玲主张的违约金，本院不予支持。因未晓玲已交清全款，不再需要办理银行贷款，故对该请求本院不再予以处理。未晓玲关于迁出户口的请求，不属于法院受理范围，本院亦不予处理，但罗弘在户口迁出之前，未晓玲有权不支付6万元的户口迁出押金。一审法院据此判决如下：罗弘于本判决生效后10日内协助未晓玲将青岛市市北区东莞路4号3单元501户房屋产权转移登记至未晓玲名下，未晓玲同时支付罗弘房款96.5万元；罗弘于本判决生效后40日内付清青岛市市北区东莞路4号3单元501户房屋的水、电、暖气、物业、数字电视、天然气费用并将该房屋腾出交付未晓玲，未晓玲同时支付罗弘房款5 000元；未晓玲在罗弘迁出涉案房屋内的全部户口后10日内支付罗弘6万元；驳回未晓玲的其他请求；驳回罗弘的反诉请求。一审判决后双方当事人均未上诉，该判决已经生效。

【案件评析】

买卖双方所签合同以下两个条款在履行中发生冲突：1. 付款条款约定买方于过户当日支付甲方53万元作为购房首付款，余款以银行贷款形式支付；2. 贷款条款约定买卖双方应于2017年3月15日之前准备齐所有银行贷款资料并积极配合居间方办理相关贷款签订手续。贷款买房的流程是：先到银行办理贷款审核手续，审核通过后双方办理房屋过户并办理抵押，之后银行发放贷款。本案当事人在办理贷款时，银行要求卖方出具27万元的首付款收据才能进一步办理贷款手续，卖方认为没有收到27万元不能出该收据，买方认为须等到过户时才能支付剩余房款。于是出现了卖方不出收据无法办贷款、不办贷款无法过户、不过户买方不付款、买方不付款卖方不出收据的僵局。审判实践中应当正确认定现实中出现的问题。一审法院认为，该局面系当事人合同条款约定内容不明确所导致，即对卖方如何出具27万元首付款收据没有明确约定。既然合同约定不明确，则根据《中华人民共和国合同法》第六十一条规定："合同生效后，当事人就质量、价款或者报酬、履行地点等内容没有约定或者约定不明确的，可以协议补充；不能达成补充协议的，按照合同有关条款或者交易习惯确定"双方应当进一步协商确定存有争议的条款，在争议的内容确定之前，无法认定违约责任，而且，买方已经提前向卖方支付了17万元。通过以上解释，维护了合同效力，保证了合同履行，有效化解了当事人之间的争议。

（青岛市市北区法院民一庭庭长　李焕章）

【二十八】父母子女间房屋买卖合同的撤销

——吕以香诉李国旗房屋买卖合同纠纷案

关键词：房屋买卖合同　重大误解　显失公平　合同撤销

【裁判要点】

当事人系成年人，即使其不识字，也应当了解，在相关的文书中签字捺印代表着对该文书中记载事实的确认。当事人之间系母子关系，长期共同生活，双方约定较低的交易价格，并不违反有关法律规定，不构成显失公平。

【相关法条】

《中华人民共和国合同法》第八条、第四十四条、第五十四条、第六十条、《最高人民法院关于适用〈中华人民共和国民事诉讼法〉的解释》第九十条。

【基本案情】

原告吕以香向一审法院提出诉讼请求：1. 撤销原、被告于 2017 年 8 月 11 日签订的关于青岛市市北区南宁路 104 号 1 栋 4 单元 301 户《青岛市存量房买卖合同》；2. 本案案件受理费、财产保全费由被告承担。事实和理由：原、被告系母子关系，青岛市市北区南宁路 104 号 1 栋 4 单元 301 户房屋是原告个人财产，原告与被告一家共同居住。2017 年 8 月 11 日，被告哄骗原告在《青岛市存量房买卖合同》上按了手印，以买卖的方式将上述房屋作价人民币 20 万元转让给了被告，合同要求原告于 2017 年 9 月 11 日前腾出房屋，并办理了房产过户，目前原告已经搬出了该房屋。原告认为被告采取欺诈手段，在原告违背真实意思的情况下订立的合同，且原告对订立合同存在重大误解，合同实质条款显失公平。故原告请求法院依法撤销双方签订的房屋买卖合同。

被告李国旗辩称，（一）原、被告签订的《青岛市存量房买卖合同》有效，是双方的真实意思表示，原告知晓合同内容，具有出卖涉案房屋的意思表示，并在合同落款处按捺了手印，不存在欺诈、重大误解以及合同可撤销的其他情形。（二）原、被告双方到青岛市房产交易中心办理过户手续时，原告在回答办理过户工作人员的询问时也表示予以转让所有权，登记申请事项为双方真实意思表示，据此原告签订房屋买卖合同是其真实意思表示。（三）被告尽心尽力赡养原告三十多年，关系融洽亲密，不存在欺诈目的。综上，原告的诉讼请求没有法律依据，请求法院依法驳回其诉讼请求。

一审法院查明，原告吕以香系文盲，与丈夫李连芝于1951年结婚，育有三子一女，长子李国强、长女李国荣、次子李国旗、三子李国华。李连芝于1993年去世。原告与被告一家共同居住在青岛市市北区南宁路104号1栋4单元301户（以下简称301户）房屋，原告于1999年通过公房出售购得该房屋并办理了301户房屋的产权登记。

2017年8月11日原告与被告签订《青岛市存量房买卖合同》一份，约定原告将301户房屋以人民币20万元价格转让给被告，被告于2017年9月11日前一次性支付原告人民币20万元，原告于2017年9月11日前腾出房屋。合同落款处原、被告签字捺印（原告由李慧代签字，原告本人捺手印）。2017年8月14日原、被告到房产登记部门办理房产过户手续，原、被告以双方申请方式向房产登记部门申请存量房转移登记，并在登记申请书上签字捺印（原告由李慧代签字，原告本人捺手印）。同日，原、被告在不动产登记询问记录中均表示登记申请是申请人的真实意思表示，申请人充分了解了申请登记的内容，申请材料是申请人所签。原、被告在被询问人处签字捺印（原告由李慧代签字，原告本人捺手印）。2017年8月21日青岛市不动产登记中心核准了原、被告的申请，被告李国旗取得301户房产所有权。2017年8月30日原告被其孙李鹏接走后居住在其他子女家中。2017年9月11日前被告未支付原告购房款人民币20万元。

另查明，被告提交原、被告所在海顺社区居委会2007年3月28日出具"情况说明"一份，该记载：1.吕以香……3.吕以香同志要求百年后将南宁路104号1号楼4单元301户的房屋赠与二儿子李国旗。上述情况属实，特此说明。海顺社区居委会加盖印章。原告对该"情况说明"的真实性无异议，质证认为该证据属于遗嘱继承的意思表示，与原告在世期间将房屋过户给被告是两个不同的法律后果。

原告提交海顺社区居委会 2007 年 12 月 27 日出具"情况说明"记载：吕以香老人一直与家中二儿子、二儿媳及孙女生活在一起。该家庭因"房屋归谁"问题产生矛盾，而且矛盾越加严重。子女之间经常发生口角，严重到动手，110 也来过多次。社区居委会也给调解过许多次，并劝说老人及子女，但该家庭矛盾始终没有平息，而且矛盾越发激烈，所以社区该做的工作，也尽职尽责的做到了。希望吕以香老人该走法律程序，应走法律程序。以上情况属实。海顺社区居委会加盖印章。被告对该"情况说明"的真实性无异议，质证认为因"房屋归谁"问题产生矛盾的是原告子女之间，并未否认原告承诺将 301 户房屋给予被告的承诺。

再查明，原告申请证人李鹏（李国强之子）、李国强、李国华出庭作证，证实原告不认字，被告在原告不知情的情况下，通过欺骗的方式以买卖的形式将 301 户房屋转让给了被告，并且被告与原告共同生活期间，对原告存在虐待情形。被告质证认为，三名证人与原告存在利害关系，其证人证言不可信，被告不存在虐待原告的情形。

被告申请证人孙英花（原、被告的邻居）出庭作证，证实 2017 年 8 月中旬原告告诉孙英花，原告已经将 301 户房屋过户给了被告，同时证明被告夫妇照顾原告很好；王世荣（原、被告的邻居）证实被告对原告不存在虐待的情形；证人胡美兰（原、被告的邻居，原社区居委会主任）证实被告夫妇与原告共同生活 30 多年，家庭和睦，被告夫妇照顾原告很好，原告也表示愿意同被告共同生活，愿意将 301 户房屋给被告。原告质证认为，证人孙英华系被告女儿李慧的婚姻介绍人，存在利害关系，且孙英华对原、被告间因房屋争执产生的矛盾并不清楚，其证言不可信；证人王世荣陈述与事实不符；证人胡美兰 2003 年已经不再是居委会主任了，对之后的事情并不清楚，其证言不可信。

以上事实，由原告提交青岛市公有住房买卖合同书、青岛市存量房买卖合同档案查询材料、原告的房地产权证档案查询材料、2007 年 12 月 27 日海顺社区居委会出具的情况说明、证人李鹏、李国强、李国华的证人证言；被告提交的 2007 年 3 月 28 日海顺社区居委会出具的情况说明、青岛市存量房买卖合同档案查询材料、登记申请书档案查询材料、不动产登记询问记录材料、证人孙英花、王世荣、胡美兰的证人证言及当事人陈述在案佐证。

　　一审法院认为，本案原、被告双方争议焦点问题为双方在签订《青岛市存量房买卖合同》时是否存在被告采取欺诈手段，在违背原告真实意思的情况下订立合同的情形以及原告对订立合同的行为存在重大误解、合同显失公平的情形。根据《最高人民法院关于适用〈中华人民共和国民事诉讼法〉的解释》第九十条规定：当事人对自己提出的诉讼请求所依据的事实或者反驳对方诉讼请求所依据的事实，应当提供证据加以证明，但法律另有规定的除外。在作出判决前，当事人未能提供证据或者证据不足以证明其事实主张的，由负有举证证明责任的当事人承担不利的后果。原告提出双方签订的房屋买卖合同时存在欺诈及重大误解可导致合同被撤销的法定情形，其应提交具有证明力的证据对该主张进行证明，承担相应的举证责任。本案中，原告以其不识字、年龄较大为由，主张其被被告哄骗，在不了解具体情况下捺了手印，签订了该合同。一审法院认为，原告系成年人，即使其不识字，也应当了解，在相关的文书中签字捺印代表着对该文书中记载事实的确认。原告在相关文书中签字捺印前，应当了解其签字捺印的文书内容，并清楚其在相关文书中签字捺印所产生的法律后果。房屋买卖合同及登记申请书和不动产登记询问记录中的签字虽非原告本人所签，但原告认可其在签字处按捺了手印，据此应当认定原告对自己出卖301 户房屋的行为是明知的，其具有出卖 301 户房屋的意思表示。原告主张被告存在欺诈行为以及原告对房屋买卖具有重大误解的情形，因未能提交相关证据予以证实，一审法院不予采纳。原告主张双方签订的房屋买卖合同显失公平，一审法院认为基于原、被告之间的母子关系，结合被告长期赡养原告的事实，原、被告之间约定较低的交易价格，并不违反有关法律规定，不构成显失公平。据此一审法院认定，原、被告双方签订的《青岛市存量房买卖合同》系基于双方的真实意思表示，不违反法律法规的强制性规定，合法有效，且双方亦基于该合同办理了对涉案房屋产权转移登记手续。因此，原告主张双方签订的房屋买卖合同时存在欺诈、重大误解和显失公平，请求撤销该合同的诉讼请求，一审法院不予支持。

据此，一审法院依照《中华人民共和国合同法》第八条、第四十四条第一款、第五十四条第一款第一项、第二款、第六十条第一款、《最高人民法院关于适用〈中华人民共和国民事诉讼法〉的解释》第九十条之规定，判决：驳回原告吕以香的诉讼请求。一审宣判后，原告吕以香不服，提起上诉。二审法院经审理，判决驳回上诉，维持原判。

【案件评析】

《中华人民共和国合同法》第五十四条规定，下列合同，当事人一方有权请求人民法院或者仲裁机构变更或者撤销：（一）因重大误解订立的；（二）在订立合同时显失公平的。一方以欺诈、胁迫的手段或者乘人之危，使对方在违背真实意思的情况下订立的合同，受损害方有权请求人民币法院或者仲裁机构变更或者撤销。本案中，原告虽然不识字，但其神志清醒、思维反映正常，能够亲自参与庭审，接受询问，正确表达自己的意见，认可在房屋买卖合同中捺印的事实，因此原告对于房屋买卖的事实应当是明确、清楚的，其主张存在重大误解、欺诈、胁迫的情形，无证据支持，不予认定。关于原告主张的显失公平，基于双方的母子关系和赡养事实，不予认定。故，原告请求撤销合同的主张，不予支持。

（青岛市市北区人民法院民一庭副庭长　梁志鹏）

【二十九】借名购房，合同有无效

——刘咏梅诉赵淑静物权保护纠纷一案

关键词：合同效力

【裁判要点】

房屋权利人虽应以房地产交易中心登记为准，但当事人之间约定产权实际归属的，该约定在当事人之间有效。

【相关法条】

《中华人民共和国合同法》第五十二条、第六十一条

【基本案情】

原告刘咏梅向本院提出诉讼请求：1. 依法确认青岛市市北区绍兴路59号10号楼1单元602户房屋归原告所有；2. 依法判令被告协助原告办理上述房屋过户手续；3. 诉讼费由被告承担。在审理过程中，原告明确诉讼请求为：判令被告协助原告办理青岛市市北区绍兴路59号10号楼1单元602户房屋的产权转移登记手续。事实与理由：2009年6月，被告获得单位购房资格，但因其无购房需求和购房能力，故与原告约定，原告以被告的名义购买青岛市市北区绍兴路59号10号楼602户房屋，待上述房屋符合办理过户条件时，配合原告办理过户手续。原告按约支付了全部购房款，且自2009年10月房屋交付居住至今。2016年7月7日开始，该房屋已符合办理过户的客观条件，经多次催告，被告始终以各种理由拒绝配合办理过户手续。为此，诉至法院，请求解决。

被告赵淑静辩称，涉案房屋登记产权人为赵淑静，是其购买的限价商品房，原告诉求无事实和法律依据，请求驳回原告诉求。

当事人围绕诉讼请求依法提交了证据，对当事人无争议的证据本院予以确认并在卷佐证。当事人对下列事实无异议，本院予以确认：被告赵淑

静系原告刘咏梅的弟媳。被告赵淑静系青岛经济技术开发区海尔热水器有限公司的职工。海尔尊园商品房项目是由青岛海尔房地产开发投资有限公司开发建设。2009年3月5日，被告赵淑静取得购买该项目中的市北区绍兴路59号10号楼1单元602户（以下简称涉案房屋）限价商品房资格。2009年6月27日，赵淑静与青岛海尔房地产开发投资有限公司签订青岛市商品房预售合同，约定由赵淑静以432 423.7元的价格购买涉案房屋。购买涉案房屋的全部购房款432 423.7元及涉案房屋所产生的契税、印花税等各种税费均是由原告刘咏梅支付。涉案房屋于2011年7月办理产权证时，被告赵淑静通知原告刘咏梅一起前往房产登记部门办理，办理房产证所产生的费用也均由原告刘咏梅支付。产权证办理下来后，被告赵淑静即将房产证交给了原告刘咏梅。涉案房屋自交付之日，就由原告刘咏梅管理使用至今。

当事人对下列证据或事实产生争议，本院予以查明：关于原、被告之间是否存在借款关系。原告称，双方之间是借名买房，不存在借款的事实。原告为此提交了如下证据：1. 2009年6月27日被告赵淑静出具的借条一张。该借条的内容是：今借到刘咏梅三姐人民币432 423.7元。借款人：赵淑静。备注：（因海尔集团分给单位职工现价房，房主是赵淑静，因赵淑静没有钱，我给三姐刘咏梅。5年后过户给刘咏梅，借条还我赵淑静）2009年6月27日．赵淑静。2. 原告刘咏梅的弟弟即被告赵淑静的丈夫刘学峰生前于2017年6月24日为原告出具的证明一份。主要内容证明涉案房屋是海尔集团分给赵淑静，因其两人无力购买而主动找刘咏梅让其购买，现房屋已过5年期限，赵淑静、刘学峰两人均同意给原告办理房屋过户。被告赵淑静对于借条的真实性予以认可，并认为双方系借款合同关系。对于刘学峰出具的证明，被告称刘学峰在临终前告诉过被告其为原告出具上述证明的事实，但认为刘学峰无权代表被告承诺将房屋过户给原告。另外，被告赵淑静称，房屋一直让原告居住是抵偿所欠原告借款。本院认为，根据涉案房屋的全部购房款及所有的税费均是由原告支付，涉案房屋从交付至今也一直由原告方居住使用，房屋的产权证被告也已交付给原告保存的事实，结合被告所出具的借条中的备注内容及刘学峰生前为原告出具的证明，能够相互佐证原告刘咏梅系借用被告赵淑静的名义购买涉案房屋。被告收到原告 432 423.7 元实际是购房款，而非借款。被告所称双方之间系借款合同关系的陈述与事实不符，本院不予采信。被告赵淑静所称房屋一直由原告方管理使用是抵偿所欠原告的借款，但其承认双方对于抵偿期限、抵偿标准均无约定，故对于被告的该主张本院也不予采信。

一审认为，原告刘咏梅借被告赵淑静之名购买涉案房屋的事实清楚，本院予以确认。原、被告之间借名购房的行为，不具有合同法第五十二条规定的合同无效的情形，应为有效。在借名买房时，由于涉案房屋系限价商品房，存在 5 年内不得上市交易的限制，现涉案房屋已过 5 年的限制期限，具备了上市交易的条件，被告赵淑静应按约定为原告刘咏梅办理涉案房屋的转移登记手续。故本院对于原告要求被告协助办理青岛市市北区绍兴路 59 号 10 号楼 1 单元 602 户房屋的产权转移登记手续的诉讼请求予以支持。一审法院据此判决：被告赵淑静自本判决生效之日起七日内协助原告刘咏梅将青岛市市北区绍兴路 59 号 10 号楼 1 单元 602 户房屋的产权转移登记至原告刘咏梅名下。一审判决后被告赵淑静提出上诉，后在二审审理期间撤回了上诉，该判决已经生效。

【案件评析】

外部人员借单位内部职工名义购房，实际是被借名人与借名人签订合同买卖被借名人将来一定时间取得的房屋，借名人为此向被借名人支付对价，买卖关系的标的物最终指向的是房屋，买卖合同签订时，借名人享有最终取得房屋所有权的期待权。被借名人与借名人之间的买卖行为系双方的真实意思表示，被借名人处分的是其基于单位职工特殊身份享有的单位福利，主观上并无损害第三人利益的故意，不违反法律和法规的强制性规定，就认定合同有效。

（青岛市市北区法院民一庭审判员　张　玲）

【三十】违法效力性强制性规定的房屋买卖合同有效

——张某与赵某、魏某房屋买卖合同纠纷案

关键词：效力性强制性规定　法不溯及既往　共有财产处分

【裁判要点】

未依法登记领取权属证书的房地产不得转让的规定属管理性强制性规定，不符合该项规定的房地产，房地产登记部门可以根据该项规定不予过户登记，而非效力性强制性规定，未依法登记取得权属证书的房屋买卖合同不违反法律的效力性强制性规定。

根据"法不溯及既往"原则，《中华人民共和国物权法》自 2007 年 10 月 1 日起施行，其第九十七条规定不能调整该法生效前已经发生的事实和行为。

共同共有人对共有财产享有共同的权利，承担共同的义务。在共同共有关系存续期间，部分共有人擅自处分共有财产的，一般认定无效。但第三人善意、有偿取得该财产的，应当维护第三人的合法权益；对其他共有人的损失，由擅自处分共有财产的人赔偿。

【相关法条】

《立法法》第九十三条

《最高人民法院关于适用〈中华人民共和国合同法〉若干问题的解释（二）》第十四条

《最高人民法院关于贯彻执行〈中华人民共和国民法通则〉若干问题的意见（试行）》第八十九条

【基本案情】

原告张某一审中诉称：原、被告于 1999 年 12 月 22 日签订《房屋转让协议书》，约定被告将华城路二小区 26 号楼东一单元西户房屋（即涉案房屋）和一处 12 平方米煤屋一并转让给原告所有，共计 66 000 元整，以后不再随市场变动；被告将该房屋钥匙及有关手续与原告购房款 66 000 元在签订协议时一次交割清楚，剩余 5 000 元待被告房产证办妥后交与原告，原告一次付清；房屋正式交易过户时，交易手续由原告办理，交易时所需一切费税均由原告承担，被告要及时提供所需有关证明材料。但当该房屋具备条件办理过户手续后，虽经原告多次要求，被告均无正当理由拒绝办理过户手续。

被告赵某、被告魏某辩称，（一）原告张某与被告赵某于 1999 年 12 月 22 日所签订的《房屋转让协议书》违反法律禁止性规定，属无效合同。当时建房用地使用权属农村集体所有，无法取得房产权证，属于禁止买卖范畴，其交易行为违法。根据我国《城市房地产管理法》第三十八条第（六）项规定，未依法登记取得权属证书的房地产不得转让。再根据我国《中华人民共和国合同法》第五十二条第（五）项、第五十六条规定，违反法律、行政法规等强制性规定签订的合同无效。（二）被告赵某与原告签订的《房屋转让协议书》，未经被告魏某同意，事后也未履行告知义务，其配偶在不知情的情形下，赵某擅自处分共有人财产，直接违背我国《中华人民共和国物权法》第九十七条规定，系无权处分。根据《城市房地产管理法》第三十八条第（四）项规定，该协议无效。"买卖合同中，买受人受让的客体，只能是出让人享有完全处分权的标的物或权利，如果出卖人无权处分，即使买卖双方在合同中进行了约定，买受人也无法通过该买卖合同而取得相应的权属"（见《最高院公报》2013 第 3 期）。（三）从 1999 年至 2016 年，如果维持 17 年前交易价值而进行物权变动，既对被告显失公平，亦有失市场公允。"因房屋价值涨跌而产生的损失，原则上可比照最相类似房屋的市场成交价与买卖合同成交价之差确定房屋涨跌损失或通过专业机构评估确定房屋涨跌损失"。（四）签约时原告并不在场，其签字不是张某本人真实所为，请法庭予以审查。综上，被告赵某在未取得涉案房屋所有权和征得其配偶出售认可之情形下，擅自处分他人财产，而原告明知赵某无权处分，还故意与其交易，故双方行为违法，协议无效，请求按照《中华人民共和国合同法》第五十八条规定判决。

一审经审理查明，被告赵某、被告魏某系夫妻关系。涉案房屋位于华城路 255—1 号 26 号楼 1 单元 102 户，系被告赵某自其单位青岛市公安局城阳分局购得，两被告在涉案房屋居住过一段时间。原告张某提交一份 1999 年 12 月 22 日《房屋转让协议书》载明："甲方：城阳公安局赵某 乙方：张某 甲方有华城路二小区 26 号楼东一单元一楼西户房屋一处，经协商转让给乙方，在个人持有房屋进入市场交易之前，特将有关事宜具列如下：（一）甲方将房屋连同煤屋一处 12 ㎡一并转让给乙方，共计人民币陆万陆仟元整（66 000），以后不再随市场变动；（二）甲方将该房屋钥匙及有关手续与乙方购房款人民币陆万壹仟元在签订协议时一次交割清楚，剩余伍仟元待甲方房产证办妥后交与乙方，乙方一次付清；（三）房屋正式交易过户时，交易手续由乙方办理，交易时所需一切费税均由乙方承担，甲方要及时提供所需有关证明资料；（四）此协议一式两份，甲乙双方各执一份，签字生效，不得反悔，此协议签字后即产生法律效力，正式交易手续办妥后，本协议失效。甲方签字：赵某 乙方签字：张某 证明人签字：王传永 于兴沛"。原告张某认可该《房屋转让协议书》乙方签字"张某"是由其夫王文沛代写的，但本人在"张某"签字上捺了手印，并称证明人王传永是公安民警，与原告是邻居关系，向原告提供了买房线索，证明人于兴沛是原告亲属，已经去世。两被告称对两证明人身份不清楚。同日，被告赵某出具一份收条，载明："今收到：买房款陆万壹仟元整，61 000 元。"

另查明，两被告认可原告张某自 1999 年 12 月 22 日开始居住使用涉案房屋，但认为属非法侵占使用至今。被告魏某称其一直不知道被告赵某已将涉案房屋处分，直到原告张某起诉后才知道，在近 17 年时间里从未向被告赵某询问涉案房屋情况。涉案房屋已于 2016 年 4 月份办理出房地产权证书，载明的产权人为赵某。

一审法院认为，《中华人民共和国民法通则》第六十三条规定："公民、法人可以通过代理人实施民事法律行为。代理人在代理权限内，以被代理人的名义实施民事法律行为，被代理人对代理人的代理行为，承担民事责任。依照法律规定或者按照双方当事人约定，应当由本人实施的民事法律行为，不得代理。"本案中，原告张某通过其夫王文沛代理签字方式实施了民事法律行为，不违反法律法规规定，该代理行为所产生的相关权利义务应由原告张某履行，故原告张某是涉案《房屋转让协议书》当事人。

本案争议的焦点问题是原告张某与被告赵某之间 1999 年 12 月 22 日的《房屋转让协议书》是否合法有效。现根据被告抗辩的无效理由和本案查明的事实，逐一评判如下：

一、两被告辩称 1999 年 12 月 22 日签订《房屋转让协议书》时建房用地使用权属农村集体所有，无法取得房产权证，属于禁止买卖范畴，其交易行为违法，根据我国《城市房地产管理法》第三十八条第（六）项和《中华人民共和国合同法》第五十二条第（五）项、第五十六条规定，未依法登记取得权属证书的房地产不得转让，违反法律、行政法规等强制性规定签订的合同无效。一审法院认为，被告赵某已于 2016 年 4 月份办理出涉案房屋房地产权证书，故两被告辩称交易行为违法，一审法院不予采信。《最高人民法院关于适用〈中华人民共和国合同法〉若干问题的解释（二）》第十四条规定："合同法第五十二条第（五）项规定的"强制性规定"，是指效力性强制性规定。"两被告辩称依据的《中华人民共和国城市房地产管理法》第三十八条第（六）项关于"下列房地产，不得转让：（六）未依法登记领取权属证书的"之规定属管理性强制性规定，而非效力性强制性规定，不符合该项规定的房地产，房地产登记部门可以根据该项规定不予过户登记，未依法登记取得权属证书的房屋买卖合同不违反法律的效力性强制性规定，故两被告以此为由辩称合同无效于法无据。

二、两被告辩称被告赵某与原告张某签订的《房屋转让协议书》，未经被告魏某同意，事后也未履行告知义务，其配偶在不知情的情形下，赵某擅自处分共有人财产，直接违背我国《中华人民共和国物权法》第九十七条规定，系无权处分，根据《城市房地产管理法》第三十八条第（四）项规定，该协议无效。一审法院认为，《中华人民共和国立法法》第九十三条规定"法律、行政法规、地方性法规、自治条例和单行条例、规章不溯及既往，但为了更好地保护公民、法人和其他组织的权利和利益而作的特别规定除外"，这一条款确立了我国"法不溯及既往"原则，《中华人民共和国物权法》自 2007 年 10 月 1 日起施行，《中华人民共和国物权法》第九十七条规定不能调整该法生效前已经发生的事实和行为。涉案《房屋转让协议书》1999 年 12 月 22 日签订，应当按照当时的规定或者约定处理，《最高人民法院关于贯彻执行〈中华人民共和国民法通则〉若干问题的意见（试行）》第 89 条对此规定："共同共有人对共有财产享有共同的权利，承担共同的义务。在共同共有关系存续期间，部分共有人擅自处分共有财产的，一般认定无效。但第三人善意、有偿取得该财产的，应当维护第三人的合法权益；对其他共有人的损失，由擅自处分共有财产的人赔偿。"本案中，涉案房屋系被告赵某自其单位购得，房地产权证书载明的产权人亦系赵某，两被告在涉案房屋居住过一段时间，被告赵某自 1999 年 12 月 22 日将涉案房屋交付原告张某使用，被告魏某对此知情，称原告张某非法侵占使用至今，但被告魏某未举证其通过何种方式主张过权利。被告魏某另称其至本案起诉前一直不知道被告赵某已将涉案房屋处分，在近 17 年时间里也从未向被告赵某询问涉案房屋情况，明显与常理不符，故一审法院对两被告所称被告魏某对被告赵某处分涉案房屋不知情、未同意的意见不予采纳。原告张某 1999 年 12 月 22 日向被告赵某购买涉案房屋属善意、有偿，根据《最高人民法院关于贯彻执行〈中华人民共和国民法通则〉若干问题的意见（试行）》第 89 条规定，应当维护原告张某的合法权益，两被告以《中华人民共和国物权法》第九十七条和《城市房地产管理法》第三十八条第（四）项为据抗辩被告赵某无权处分，协议无效的意见，一审法院不予采纳。

综上所述，本案原告张某 1999 年 12 月 22 日向被告赵某购买涉案房屋善意、有偿，所签订的《房屋转让协议书》意思表示真实，不违反当时法律法规强制性规定，合法有效。被告赵某已于 2016 年 4 月份办理出涉案房屋房地产权证书，涉案房屋已具备过户给原告张某的条件，原告张某要求被告赵某、被告魏某将华城路 255—1 号 26 号楼 1 单元 102 户过户给原告张某，理由正当，于法有据，予以支持，但原告张某应同时依约支付涉案房屋余款。据此，法院判决：被告赵某、被告魏某协助原告张某办理华城路 255—1 号 26 号楼 1 单元 102 户房屋的产权过户手续。宣判后，赵某、魏某不服原判决，提起上诉。

上诉人赵某、魏某上诉称，涉案房屋系上诉人赵某的福利分房，当时与被上诉人是在无任何手续情况下交易的，不仅违背了相关法律，严重侵害了上诉人魏某的利益，而且还损害了单位公共利益。本案系2016年4月受理，不存在溯及既往的问题，本案应适用物权法及其司法解释规定。被上诉人不构成善意取得。涉案房屋系夫妻公共财产，原审置上诉人魏某利益不顾，推定被上诉人属于善意取得错误。双方明知该房屋无法过户、不允许交易而为之，被上诉人不属于善意第三人。原审判决存在瑕疵，程序违法，显失公平公正。综上，原审认定事实以及适用法律错误，请求二审法院查明事实，依法改判或发回重审。

被上诉人张某答辩称，一审判决认定事实清楚，适用法律正确，证据确实充分，请求驳回上诉，维持原判。

二审查明的事实与原审一致。

二审法院认为，本案的焦点：上诉人赵某与被上诉人张某签订的《房屋转让协议》的效力问题。

上诉人赵某与上诉人魏某系夫妻关系。1999年12月22日，上诉人赵某与被上诉人张某签订协议，将上诉人分得的涉案房屋出售给被上诉人张某。协议签订后，被上诉人张某依约支付相应价款，上诉人完成合同约定交付涉案房屋义务。《最高人民法院关于适用〈中华人民共和国婚姻法〉若干问题的解释（一）》第十七条明确规定，（一）夫或妻在处理夫妻共同财产上的权利是平等的。因日常生活需要而处理夫妻共同财产的，任何一方均有权决定。（二）夫或妻非因日常生活需要对夫妻共同财产做重要处理决定，夫妻双方应平等协商，取得一致意见。他人有理由相信其为夫妻双方共同意思表示的，另一方不得以不同意或不知道为由对抗善意第三人。上诉人赵某作为丈夫，收取的房款是用于家人治病公共开支，作为妻子的上诉人魏某应当知晓，故，上诉人赵某与被上诉人张某签订的房屋买卖协议真实有效，对上诉人魏某也具有约束力，各方均应依约严格履行相关义务。上诉人称"不知道其出售房屋事宜，双方房屋买卖协议无效"之理由，不能成立，二审法院不予采信。

涉案房屋的权属已办理到上诉人赵某名下，该房屋已具备办理变更登记的条件。现被上诉人张某依照相关法律规定和事实，主张将涉案房屋变更登记，符合双方合同约定和法律规定，理应得到支持。被上诉人张某认可协议的真实性，且双方已经按照该协议实际履行大部分义务，上诉人赵某、魏某未在一审中提出对《房屋转让协议》被上诉人张某捺印鉴定申请，该鉴定结果真实与否，不影响对本案事实的认定。故，二审中上诉人申请鉴定，二审法院不予准许。综上，一审法院认定事实及适用法律正确，二审法院予以维持。二审判决：驳回上诉，维持原判。

【案件评析】

强制性规范分为效力性强制性规范和管理性强制性规范。所谓效力性强制性规范，指法律及行政法规明确规定违反了这些禁止性规定将导致合同无效或者合同不成立的规范。而管理性强制性规范，指法律及行政法规没有明确规定违反此类规范将导致合同无效或者不成立，而且违反此类规范后如果使合同继续有效也并不损害国家或者社会公共利益，而只是损害当事人的利益的规范。关于两者之间的区分方法主要有三种，第一，法律、法规规定违反该规定，将导致合同无效或不成立的，为当然的效力性强制性规定；第二，法律、法规虽然没有规定：违反其规定，将导致合同无效或不成立。但违反该规定若使合同继续有效将损害国家利益和社会公共利益，这也属于效力性强制性规定；第三，法律、法规没有规定：违反其规定，将导致合同无效或不成立，虽然违反该规定，但若使合同继续有效并不损害国家利益和社会公共利益，而只是损害当事人利益的，属于管理性强制性规定。

本案中，被告主张涉案房屋因未取得房地产权证书，故以转让该房屋为内容的买卖合同违反法律、行政法规的强制性规范，应属无效合同。被告实际上混淆了效力性强制性规范与管理性效力性规范，其依据的《中华人民共和国城市房地产管理法》第三十八条第（六）项为管理性强制性规定，效力是房地产登记部门可以根据该项规定不予过户登记。而《中华人民共和国合同法》第五十二条第（五）项规定"违反法律、行政法规的强制性规定的合同"中的这一强制性规定为效力性强制性规定。因此未依法登记取得权属证书的房屋买卖合同不违反法律的效力性强制性规定，合同是双方真实意思表示的体现，合法有效。

本案还涉及被告赵某的无权处分行为所适用的法律规定这一问题。法的作用主要包括指引与预测，具有未来性，因此我国确立了"法不溯及既往"的原则，即国家不能用当前制定的法律指导人们过去的行为，更不能用当前的法律处罚人们过去从事的当时是合法而当前是违法的行为。2000年我国的《立法法》对"法不溯及既往"原则作出了明确的规定，"法律、行政法规、地方性法规、自治条例和单行条例、规章不溯及既往，但为了更好地保护公民、法人和其他组织的权利和利益而作的特别规定除外"，2015年修正后的《立法法》第九十六条对保留了该条规定。其确立了任何法律、行政法规、地方性法规、自治条例和单行条例、规章不得溯及既往的原则性规定，同时为法律预留了调整空间，允许对溯及既往作出特别规定，从而更好的保护了当事人的合法权益。因此适用《最高人民法院关于贯彻执行〈中华人民共和国民法通则〉若干问题的意见（试行）》第89条的规定。

最高人民此项解释涉及到民法的两个基本原则：共同共有关系和善意取得制度。共有是指两个以上的人对同一项财产共同享有财产所有权，分为按份共有和共同共有。共同共有是指两个或两个以上的人对某项共有财产不分份额地共同享有权利、共同承担义务。共同共有人只能共同行使权利，包括对财产处分权的行使；在未经其他共有人同意的情况下，既不能处分共有财产的全部，也不能处分共有财产的一部分。最高人民法院此项司法解释规定在共同共有关系存续期间，部分共有人擅自处分共有财产的，一般认定无效。但法律为了保护交易的安全和第三人的利益，同时确定了善意取得制度。善意取得是指无权处分他人动产的占有人，在不法将其占有的他人动产让与第三人时，如果受让人取得该动产系出于善意，则原动产所有人不得要求受让人返还。本案中，被告赵某作为共同共有人对涉案房屋的处分虽未经被告魏某的同意，但被告魏某亦未举证其通过何种方式主张过权利，称不知原告张某在长达十七年的时间里占有使用房屋一事，明显不合常理。因此，法院有理由相信原告张某有偿购得被告赵某涉案房屋是基于善意，因此根据善意取得制度，依法取得涉案房屋的所有权。

（青岛市城阳区人民法院民一庭审判员　纪仁峰）

【三十一】原告请求继续履行房屋租赁合同的强制履行成本过高，将给无过错第三方造成巨大损失，不应得到支持

——魏某某与某居委会房屋租赁合同纠纷案

关键词：房屋租赁合同　违约责任　继续履行成本

【裁判要点】

在守约方要求违约方继续履行合同的请求下，以合同履行为原则，以不履行为例外。具体到本案中，原被告之间的房屋租赁合同能否继续履行，应当在履行结果与履行成本之间进行比较，衡量利弊及可执行性。

【相关法条】

《中华人民共和国合同法》第一百零七条、第一百一十条，《最高人民法院关于民事诉讼证据的若干规定》第二条

【基本案情】

原告向本院提出诉讼请求：1. 继续履行原、被告于 2015 年 10 月 1 日至 2016 年 9 月 30 日签订的房屋租赁合同；2. 被告赔偿原告经济损失 10 万元；3. 诉讼费用由被告承担。事实和理由：原、被告于 2016 年 10 月签订房屋租赁合同，并于 2009 年 2 月 23 日对原合同进行变更，重新签订租赁合同，约定租赁期限自 2006 年 10 月 1 日起至 2026 年 9 月 30 日。但被告在原告足额缴纳租金的情况下，于 2016 年 1 月 11 日将原告物品从涉案房屋中强行搬离，给原告造成经济损失。

某社区居委会辩称，原告的诉讼请求无事实及法律依据，请求驳回原告的诉讼请求。1. 关于合同违约问题，2006 年 8 月 9 日被告第一次与王某某签订了房屋租赁合同，约定了期限为 20 年，每年租金为 120 万元，

每五年按百分之三递增一次，但王某某违约没有按时缴纳租赁费，造成被告很大的经济损失；原告为了长期租赁房屋让其夫人即本案原告第二次与被告某领导在 2009 年 2 月 23 日私自变更合同，2006 年 10 月 1 日起改为每年租金 70 万元，每五年按百分之三递增一次，第二次协议损害了党的原则又伤害了民心，这次变更既未经过党员讨论研究又未公布，超越了当时领导人的权限；原告长期拖欠租金，2006 年～2008 年期间分别缴纳的租赁费为：2006 年 206 920 元，2007 年 413 420 元，2008 年 436 730 元，原告这三年就欠缴租金 2 542 930 元，即使按照第二份合同计算原告也欠缴 1 040 000 元，这还没有计算利息及滞纳金。从上述缴费情况看原告严重违约；2. 原告在租赁期间未经被告同意擅自改变房屋结构，擅自在经营场所乱搭乱建，并将一层西侧墙壁打通变更为网点房对外出租，破坏了房屋结构及用途，严重影响楼房结构安全；3. 原告擅自转租，根据双方约定不经甲方同意不得转租第三方，但原告未经被告同意将承租的房屋及改造的房子全部出租；4. 经营场所会乱，管理不善，卫生脏乱差，存在食品安全隐患，农学院及该校的学生意见很大。被告对消防设施不重视，阻塞消防通道。鉴于原告严重违反协议约定及法律法规，给被告造成重大经济损失，危害房屋安全，影响餐厅经营秩序，已构成根本违约。经社区全体党员及社区居民代表同意，于 2006 年 1 月 11 日终止合同，提前 10 天通知业主全部搬离，对于原告违约的严重性及给被告造成经济损失的情况，特向法院提出下列请求：1. 终止合同。2. 驳回原告诉讼请求。3. 被告承担诉讼费。4. 支付拖欠租赁费 2 542 930 元，滞纳金 270 000 元。另外，被告并非强行单方解除合同，合同解除前 10 天被告下达了通知并进行了张贴，并对经营的业主进行了多次动员，有业主提出东西过多无处安放，被告租赁了集装箱为业主安放物品。针对解除合同事宜被告先后四次与原告沟通，多次电话沟通，原告拒接。

一、原告提交：1. 房屋租赁合同一份，据此证明原告与被告存在租赁合同关系，租赁期限为 20 年，至 2026 年 9 月 30 日止。双方合同尚未到期。

被告质证称，对该证据的真实性无异议，但鉴于原告的以上违约行为，被告有权解除合同。按照合同第七条约定原告拖欠租金 30 天以上，被告有权解除合同。

2. 收据 10 张共 21 份，据此证明原告自 2006 年开始一直按约定履行支付租金的义务。

被告质证称，对该证据的真实性无异议，但原告未足额缴纳租赁费。

原告反驳称，被告所述的王某某签订的租赁合同，与本案无关，被告未能举证证明本案原告与此前的租赁合同有关联关系，对于 2009 年 2 月 23 日之前的房屋租赁情况与原告无关；原告与被告签订房屋租赁合同后，虽然在合同中约定租赁费用缴纳费用为每年十月一日前，但被告在租赁过程中未按照合同约定的期限要求原告支付租金。被告经常在提前数月向原告催要租金，原告均履行了支付租金的义务；关于被告提出的拖欠租金达 30 天以上其有权解除合同的问题，原告于 2015 年 9 月 18 日要求向被告支付租金，但被告村主任拒绝接收租金并禁止被告方会计向原告提供支付租金的账号及出具发票，因此，并非原告故意拖欠房屋租金。

被告针对原告的反驳意见抗辩称，既然被告主张前后两份合同没有关联性，为何还要提交王某某的缴费凭证。

3. 农村信用社回款凭证，据此证明原告已将租金 805 000 元支付给被告的事实。

被告质证称，对该证据的真实性无法确认，原告将租金打入哪个账号被告不清楚，被告现在的账号及公章都在街道保管。

该证据显示交易日期为 2016 年月 2 日，付款人为原告，收款人名称为某街道经管统计服务中心。经本院询问，被告认可原告向被告汇款 805 000 元，但认为是原告自愿缴纳，被告未要求原告缴纳，且已超过约定缴纳期限 3 个月；另被告认为 2015 年 10 月 2 日至 2016 年 10 月 1 日期间的租赁费尚未到缴费期限，原告不可能缴纳 2016 年的租赁费，所以该 805 000 元是原告缴纳的 2015 年欠缴被告的租赁费。

原告反驳称，原告提交的收据能够证明 2014 年 10 月～2015 年 10 月已经缴纳，该款是 2015 年 10 月 2 日至 2016 年 10 月 1 日期间的租赁费。

4. 录音光盘 1 份，据此证明原告于 2016 年 9 月 18 日要求向被告支付租金，但被告拒绝接受租金。以及被告方解除合同的原因并非原告违法合同约定，而是各方利益驱使。后被告以原告未按期支付租金为由强行解除合同。

被告质证称，对该证据的真实性无异议，但该证据与本案没有关联性，录音中张主任是被告的负责人张水厚主任，原告的录音是在村民与村委发生矛盾之后，原告无奈才在录音中所说的。另，录音之前原告欠缴了三个月的租金，村民对此不满并解除了合同，原告违约在先。

原告反驳称，805 000 元在 2016 年 1 月 2 日就通过汇款形式支付给村委会，在此之前录音中被告村主任说"那是 9 月 18 号，已经过了三个月了，9 月 18 号不到期你交什么？"证明原告在合同约定的缴纳租金期限之前便向被告提出支付租金被被告拒绝。而原告并非拖欠租金，且合同并未解除。

5. 视频光盘 1 份，据此证明 2015 年 12 月被告组织村民，强行将租赁房屋收回的违约行为及造成的损失。

被告质证称，对该证据的真实性无异议，但当时合同已经终止，村民自发把业主清走。

二、被告提交：1. 照片打印件 20 张，证明被告经营期间，卫生脏乱差、破坏房屋主体结构、堵塞消防通道，这些均是被告解除合同的原因，其中屋顶的消防喷嘴全部用吊顶封死。被告多次通知原告对上述问题进行整改。

原告主张称，对该证据的真实性不予认可，该证据形成的时间地点不明，不能证明是原告租赁的房屋。该证据与租赁合同没有关联关系，被告所称的上述问题并不构成解除合同的原因，合同并未约定解除合同的原因。

2. 房屋租赁合同复印件 1 份，据此证明 2006 年被告曾经与案外人王某某签订租赁合同。被告称原件丢失。

原告质证称，该证据系复印件，对其真实性不予认可；即便是真实的，该合同第四条约定入住学生不足 90%，按照实际入住人数的比例计算每年的比例。原告确认与王某某系夫妻关系。

经本院询问，原告认可王某某与被告曾经存在房屋租赁合同关系，合同约定每年以一万学生计算，合同中约定若入住学生人数不足 90% 则按实际入住人数的比例进行计算；合同实际履行中租金基数是按 70 万元计算的；2006 年入住 2 956 人，租金 206 920 元，2007 年 5 906 人，租金 413 420 元。2008 年 6 239 人，租金 436 730 元。

被告反驳称，王某某与被告租赁合同关于以学生入住率计算是无法履行的，入住学生是未知数，不能以实际入住人数计算，应当以 120 万元计算，并依约递增；2. 原告并未按照约定按时交纳租金，都存在延迟缴纳；3. 况且原告所述的 2006 年—2008 年学生入住是从何处得来。

原告针对被告的反驳意见抗辩称，2006 年—2008 年学生入住数是被告提供的，原告缴纳租金的时间早于合同约定的时间，不存在缴纳租金延迟的情况。

3. 通知书 1 份，据此证明被告已通知原告解除合同，被告电话通知原告领取该通知书，原告拒绝领取，被告便向涉案房屋内的每一位业主送达了该通知书。

原告质证称，对该证据的真实性不予认可，被告未收到过该通知书，原告对此事并不知情。

4. 共建大学生生活区补充协议 1 份，据此证明被告与某大学签订了房屋租赁合同。

原告质证称，对补充协议的真实性不予认可，该证据是与案外人签订的，无法证明事实的真实性。同时该协议为被告与签订某大学共建大学生生活区补充协议，根据合同的内容该补充协议是对 2008 年 7 月 15 日被告与案外人签订的合同的补充。并不是独立的合同，因此在缺乏主合同的情况下无法认定该合同的内容及效力。该协议并非房屋租赁合同，而是共建协议，合同中约定案外人向被告支付委托管理费用，其内容并不符合租赁合同的构成要件。该协议从内容上看被告与第三人恶意串通损害原告利益的情形，当属无效合同。该合同无法证明本案房屋重新招标、重新承租的事实，也无法证明被告与案外人是否实际履行了合同。

该证据中具备真实性、合法性、关联性，可以作为认定案件事实的依据。补充协议签订时间为 2013 年 1 月 22 日，协议约定甲方（本案被告）将某区"食堂（1—4 层）、开水房、浴室"委托给乙方（某大学）管理，期限 10 年，每年"委托管理费"480 万元，乙方支付甲方经营补贴及公共设备设施补偿费 260 万元。

5. 协议书（复印件）1 份，据此证明被告与某大学签订共建大学生生活区协议。协议签订时间为 2008 年 7 月 15 日。被告进一步说明称，被告提交的证据 4 是餐厅合同，该协议书是被告与农大签订的公寓租赁合同，两者无关联。

原告质证称，对租赁合同的真实性无异议，该合同是被告与案外人签订共建大学生生活区协议书，合同内容是被告投资建设案外人某大学西苑学生宿舍、食堂、大学生活动中心等建筑，并未提及租赁事项，并非租赁合同。

6. 通知 1 份、照片 3 张及录像光盘 1 张，据此证明因原告存在违约，原告通知被告将涉案房屋收回，后将涉案房屋出租给某大学，该大学重新装修且已经开始经营。

原告质证称，对通知的真实性不予认可，该证据系被告单方制作，原告从未收到过。照片是原告经营期间拍摄的，无法证明原告存在违约；对录像的形成时间无法确认，无法证明是原告经营期间的情况还是被告另行出租后的情况，录像内容无法证明房屋是否已经出租，且无法证明被告对房屋进行装修的事实。

被告质证称，被告曾多次联系原告搬离涉案房屋，原告不可能对通知不知情。

【案件评析】

原、被告之间签订的房屋租赁合同是双方真实意思表示，已实际履行多年，被告认为其前任领导超越权限订立合同，对此一审认为，其一被告并未就此提出合同无效等具体的诉讼请求或反驳意见，其二被告的内部事务并不具有对外效力，故应当认定该合同合法有效。

一审认为，本案争议的焦点为：一、被告解除与原告的房屋租赁合同是否合法，其中涉及被告的解除理由是否符合法律规定以及是否已通知原告解除租赁合同；二、原、被告之间的租赁合同能否继续履行。

关于焦点一。被告认为，其解除租赁合同的行为合法，主要理由为：原告欠缴租赁费，包括 2006 年～2008 年缴费不足、欠缴 2016 年租赁费；原告擅自改变房屋结构、乱搭乱建；未经被告同意擅自转租；经营场所脏乱差、管理不善；对消防设施不重视、阻塞消防通道等。对此一审认为：

1. 原、被告签订租赁合同的时间为 2009 年 2 月 23 日，在 2006 年至 2008 年系被告与原告之夫王某某签订的租赁合同履行期间，此段时间内的合同履行情况与本案无关，不能因为原告与王某某存在夫妻关系就将两个房租租赁合同关系混为一谈。2. 原、被告合同履行期间，被告收取原告缴纳的房租后并未提出任何异议，而是在相关收款收据中注明房租已付清，即被告对原告的应付款数额已经予以确认，被告称原告缴费不足的理由不能成立，至于为何被告同意原告缴纳的房租数额（合同约定房租每五年按 3％ 递增，实际未递增），属于被告的内部问题，被告可另行解决，不能因此否定被告已经认可房租数额的事实。3. 合同约定每年 10 月 1 日前一次性付清当年度租金，原告提交的证据 2 显示，2015 年 10 月 17 日前的房租已经付清；原告提交的证据 3、4 显示，缴费日期到期前原告就与被告处负责人及相关会计人员沟通，要求缴纳 2016 年租金，在被告表达合同可能不再继续履行的情况下，原告自行将房租 805 000 元汇入被告账户。综上，被告主张原告欠付及拖延缴纳租金的理由不能成立。4. 仅凭被告提交的照片，不足以证明原告存在乱搭乱建、管理不善、对消防设施不重视等行为，且被告所称原告存在的上述行为并未经有关行政机关认定，故被告以此为由解除租赁合同证据不足。5. 合同中约定经营范围为购物超市、网络微机室及美容美发、移动联动通讯、餐饮影视等，原告不可能全部自行开办、经营；原、被告之间的房租租赁合同自 2009 年签订并开始履行，被告未提交证据证明合同履行期间曾就原告转租问题提出过异议，根据《最高人民法院关于审理城镇房屋租赁合同纠纷案件具体应用法律若干问题的解释》第十六条的规定，被告以原告未经被告同意擅自转租为由解除租赁合同的理由不能成立。

另外，被告提交的通知书相对人分别为本案原告及次承租人，从次承租人已经全部搬离的事实来看，可以认定被告已实际通知了次承租人，但被告未提交证据证明通知书已经送达给原告。

综上，依目前双方提交的证据，被告解除与原告的房屋租赁合同的事实及法律依据不足。

关于焦点二。《中华人民共和国合同法》第一百零七条规定："当事人一方不履行合同义务或者履行合同义务不符合约定的，应当承担继续履行、采取补救措施或者赔偿损失等违约责任"，第一百一十条规定："当事人一方不履行非金钱债务或者履行非金钱债务不符合约定的，对方可以要求履行，但有下列情形之一的除外：（一）法律上或者事实上不能履行；（二）债务的标的不适于强制履行或者履行费用过高；（三）债权人在合理期限内未要求履行。"依上述规定，在守约方要求违约方继续履行合同的请求下，以合同履行为原则，以不履行为例外。具体到本案中，原被告之间的房屋租赁合同能否继续履行，应当在履行结果与履行成本之间进行比较，衡量利弊及可执行性。对此一审认为：1. 本案为房屋租赁合同纠纷，合同的履行依赖双方相互信任、相互配合，如果判令继续履行该合同，在被告刻意不予配合的情况下，原告的合同利益未必能够得到保障；2. 被告与某大学于2016年1月22日签订补充协议，以委托管理的名义实际将涉案房屋交由某大学管理、经营，被告提交的证据显示，目前该协议已经实际履行，某大学已经将涉案房屋转租给多名业主经营。如果判令继续履行原、被告之间的房屋租赁合同，不但被告与某大学签订的委托管理协议无法履行，且必然导致某大学与现在的经营业主之间的合同关系被认定为无效或合同被解除，将给无过错的第三人造成巨大损失，进而导致大量纠纷和诉讼出现，由此可见，继续履行原、被告之间房屋租赁合同的强制履行成本过高，并非理性选择，原告因被告违约造成的损失可通过要求被告承担违约责任解决。

另外关于原告要求被告赔偿损失10万元的诉讼请求，对此原告既未说明损失的计算标准及依据，亦未举证，对该诉讼请求一审不予支持。

综上所述，对原告要求继续履行原、被告于2015年10月1日至2016年9月30日签订的房屋租赁合同并由被告赔偿原告损失10万元的诉讼请求，一审法院不予支持。依照《中华人民共和国合同法》第一百零七条、第一百一十条，《最高人民法院关于民事诉讼证据的若干规定》第二条的规定，判决如下：驳回原告魏某某的诉讼请求。

（青岛市城阳区人民法院审判员　徐　鹏）

【三十二】对房款的支付时间，有约定的从约定，没有约定或约定不明确的，按照合同有关条款或交易习惯确定

——王某与徐某房屋买卖合同纠纷一案

关键词：格式合同　约定不明　交易习惯

【裁判要点】

合同生效后，当事人就质量、价款或者报酬、履行地点等内容没有约定或者约定不明确的，可以协议补充，不能达成补充协议的，按照合同有关条款或者交易习惯确定。

【相关法条】

《中华人民共和国合同法》第五条、第八条、第六十条第一款、第九十四条、第一百零七条、第一百一十三条、第一百一十四条

【基本案情】

王某诉称，其经第三人居间介绍与徐某于 2017 年 2 月 19 日签订了《居间服务合同》、《青岛市存量房屋买卖合同》，合同约定徐某将其名下位于城阳区康德居 1—2—402 房屋（房地产权证号：青城房私字第 12348 号，附带储物间一处）以 760 000 元价格出售给王某，王某于当日支付定金 20 000 元并向第三人支付居间服务费 15 200 元。2017 年 3 月 1 日，原、被告及北京理房通支付科技有限公司签订《房屋交易资金监管服务协议》，王某依约于当日将购房首付款 190 000 元、物业交割保证金 20 000 元存入监管账户，后徐某违约拒绝出售房屋、拒绝办理房屋所有权转移登记手续，故请求判令：1. 徐某向王某支付违约金 152 000 元、居间服务费 15 200 元，共计 167 200 元。2. 徐某与第三人继续履行房屋买卖合同，办

理房屋所有权转移登记手续。3. 诉讼费由徐某承担。

徐某辩称：1. 根据三方签订的《青岛市存量房屋买卖合同》第五条约定，徐某一直积极配合王某、第三人办理相关手续，然至今因王某自身原因仍无法办理贷款。2. 根据合同第六条约定，依据交易习惯，双方办理房屋所有权转移登记手续前，买受人应向出卖方支付全部对价，但王某并未向徐某支付全部购房款，无法在约定日期前完成房屋所有权转移登记手续。3. 根据合同第十条约定，王某未按照约定时间办理贷款、房屋所有权转移登记手续等超过 15 日，已构成根本违约，故徐某有权要求解除合同，并依照违约责任条款要求王某支付相当于房屋总价款 20% 的违约金。

第三人辩称，王某与徐某是在第三人提供的居间服务下根据其真实意思表示签署了合法有效的《青岛市存量房屋买卖合同》以及《居间服务合同》，第三人认为王某与徐某均应当按照双方签署的买卖合同及居间服务合同条款中的约定行使各自的权利及履行各自的义务；根据居间服务合同第一条第二款约定双方签订买卖合同后第三人即完成居间行为，王某、徐某双方即应当向第三人支付居间服务费；第三人一直在积极配合协调买卖双方尽最大的努力促进双方继续履行合同，如买卖双方愿意继续履行上述两合同第三人愿意继续为双方提供必要的居间服务。

徐某诉称，经第三人居间介绍其与王某于 2017 年 2 月 19 日签订了《青岛市存量房买卖合同》，合同约定徐某将其名下位于城阳区康德居 10—2—402 房屋（房地产权证号：鲁（2017）青岛市城阳区不动产权第 0004401 号）以 760 000 元价格出售给王某；另约定双方应于 2017 年 3 月 15 日前办理贷款申请手续，2017 年 5 月 19 日前办理房屋所有权转移登记及抵押权登记手续，期间徐某积极配合王某办理相关手续，然至今王某因自身原因无法办理完成贷款手续，未支付相应购房款，按照合同中违约责任条款约定，王某逾期履行合同约定义务超过 15 日，已构成根本违约，故请求判令：1. 解除王某与徐某签订的《青岛市存量房屋买卖合同》；2. 王某向徐某支付违约金 152 000 元；3. 王某承担诉讼费用。

王某辩称，其诚信履约，不存在任何违约行为，更谈不上根本违约，徐某主张其根本违约并要求解除合同、支付违约金无事实依据，请依法驳回其反诉请求，判令继续履行合同。

第三人辩称，王某与徐某是在第三人提供的居间服务下根据其真实意思表示签署了合法有效的《青岛市存量房屋买卖合同》以及《居间服务合同》，第三人认为双方均应当按照双方签署的买卖合同及居间服务合同条款中的约定行使各自的权利及履行各自的义务；根据居间服务合同第一条第二款约定双方签订买卖合同后第三人即完成居间行为，王某和徐某双方即应当向第三人支付居间服务费；第三人一直在积极配合协调买卖双方尽最大的努力促进双方继续履行合同，如买卖双方愿意继续履行上述两合同第三人愿意继续为双方提供必要的居间服务。

经审理查明，坐落于青岛市城阳区德阳路 189 号 10 号楼 2 单元 402 户的房屋权利人系徐某，原房屋所有权证证号为青城房私字第 12348 号，后更换房屋产权证，证号变更为鲁（2017）青岛市城阳区不动产权第 0004401 号，该房屋建筑面积 95.99 m²，用途为住宅，土地使用期限自 2002 年 3 月 15 日起至 2052 年 3 月 14 日止。

2017 年 2 月 19 日，王某、徐某及第三人青岛某房地产经纪公司签订《居间服务合同》，约定王某与徐某就座落于城阳区康德居 10 号楼 2 单元 402 户房屋共同委托第三人作为交易居间人，第三人提供的居间服务包括：（1）提供房屋买卖市场行情咨询。（2）寻找、提供并发布房源、客源信息。（3）协助查看买受人身份情况，引领买受人看房。（4）协助查看出卖人身份情况和房屋权属证书，实地查看房屋。（5）协助双方协商、洽谈，确定成交意向。（6）协助双方协商确定房屋买卖合同的相关条款内容；双方签订《买卖合同》时，居间行为完成，双方应向第三人支付本合同约定的居间服务费；委托代办服务及标准：1. 双方委托第三人代为办理以下事宜：（1）交易房屋的权属转移登记手续（过户手续）及相关事宜，具体委托事项包括但不限于收集办理相关手续应提交的材料、向房屋登记管理机关申请办理过户及协助办理与过户手续有关的全部事项。（2）交易房屋的购房贷款（商业贷款或公积金贷款）手续（贷款手续）及相关事宜，具体委托事项包括但不限于收集办理相关手续应提交的材料、向银行申请办理贷款及协助办理与贷款手续有关的全部事项。2. 贷款银行或公积金管理中心通知批贷成功时，第三人代为办理贷款手续事宜完成；房屋登记管理机关核发新的不动产权证书之时，第三人代为办理过户手续事宜完成。3. 第三人接受双方的上述委托，不收取委托代办费用；居间服务费及支付：各方同意，应向第三人支付的居间服务费为 15 200 元，由王某承担，并应于本合同签订当日向第三人支付。

同日，王某与徐某签订了《青岛市存量房屋买卖合同》，约定王某购买徐某位于青岛市城阳区康德居 10 号楼 2 单元 402 户房屋，该房屋性质为商品房，未设定抵押，房地产权证证号：青城房私字第 12348 号。房屋价款及支付：双方协商一致同意上述房屋及约定留存的家具家电、装饰装修和配套设施总计转让价款 760 000 元，此价格为徐某净得价，不含税，且该价格不因市场价格的波动或面积的变化而变动，王某于 2017 年 2 月 19 日将第一笔定金 20 000 元支付给徐某，2017 年 3 月 15 日将首付款 190 000 元以理房通托管的方式支付给徐某；关于贷款的约定：（1）王某向银行申办抵押贷款，并由贷款机构按其规定将该部分房款直接支付给徐某，王某拟贷款金额为 530 000 元，王某因自身原因未获得贷款机构批准的（包括贷款未获得批准和未按照前述拟贷款金额足额批准的），双方同意：买受人继续申请其他银行贷款，至贷款批准，其间已发生的及要发生的各项费用由买受人自行负担。（2）申请购房贷款：买卖双方应于 2017 年 3 月 15 日前共同前往贷款机构办理贷款申请手续。权属转移登记：双方同意在 2017 年 5 月 19 日前共同办理房屋所有权转移登记手续及抵押登记手续。买卖双方同意，本次交易涉及的税费全部由买受人承担，并直接向主管机关缴纳。房屋的交付：买卖双方应当在买受人取得新不动产权证 5 天内自行办理物业交割手续，居间方陪同，买卖双方一致同意，买受人从本协议约定的购房款中留存 20 000 元作为物业交割保证金，该保证金保证出卖人的物业管理费、供暖、水、电、燃气、有线电视、电信及其他费用的结清情况，交易房屋附属设施设备、装饰装修、相关物品等房屋交接情况及房屋质量瑕疵，该保证金由买受人应于 2017 年 3 月 15 日前以理房通托管的方式支付出卖人。违约责任：（一）买卖双方任何一方逾期履行本协议约定义务的，每逾期一日，违约方应按日计算向守约方支付房屋总价款万分之五的违约金。（二）出卖人若出现下列情形之一的，出卖人构成根本违约，且买受人有权以书面通知的方式解除房屋买卖合同：……（3）

逾期履行本合同约定的义务超过十五日的；（4）拒绝将房屋出售给买受人或者擅自提高房屋交易价格的；……出卖人出现上述根本违约情形之一的，出卖人应在违约行为发生之日起十五日内，以相当于该房屋总价款的20％向买受人支付违约金，居间机构收取的买卖双方的所有费用不予退还，由违约方直接向守约方赔付。（三）买受人若出现下列情形之一的，买受人构成根本违约，且出卖人有权以书面通知的方式解除房屋买卖合同：……（3）逾期履行本合同约定的义务超过十五日的。买受人出现上述根本违约情形之一的，买受人应在违约行为发生之日起十五日内，以相当于该房屋总价款的20％向出卖人支付违约金，买受人向出卖人已支付的全部款项充抵违约金，多退少补，居间方收取的买卖双方的所有费用不予退还，由违约方直接向守约方赔付。

同日，王某与徐某签订《关于房屋附带储物间所有权问题的声明》，载明位于城阳区康德居10号楼2单元402户房屋附带储物间，徐某承诺对该附属设施享有完全所有权，产权清晰无纠纷，但无法提供产权证明，双方约定于2017年4月15日办理此附属设施的交接手续。

2017年2月19日，王某向徐某支付定金20 000元，向第三人支付居间服务费15 200元；第三人收取了徐某的房产证原件。

2017年3月1日，王某、徐某与案外人北京理房通支付科技有限公司签订《理房通房屋交易资金监管服务协议（适用于青岛地区）》，约定王某与徐某就位于城阳区德阳路189号10号楼2单元402户房屋（不动产权证书号：鲁0217青岛市城阳区不动产权第0004401号）签署了《青岛市存量房屋买卖合同》、《居间服务合同》及《补充协议》，就该房屋交易资金监管达成协议：各方同意王某将购房款190 000元于其与徐某签署的交易合同载明的付款时间存入监管账户内，最迟不应晚于办理该房屋产权转移登记手续前1个工作日，监管资金在监管期间内不计息；购房款的划转：该房屋完成房屋产权转移登记手续（即过户），且取得王某是权利人的不动产权证书或具备办理王某是权利人的不动产登记证明的条件，且向居间人提供相关材料，居间方在确认上述材料真实性后1个工作日内通知案外人北京理房通支付科技有限公司，该公司在接到居间方通知后告知王某，王某应在接到案外人告知后的当日通过理房通确认向徐某划转该购房款，若王某在接到案外人告知后的当日未操作，案外人有权将购房款从其子账户划转至徐某指定的理房通账户；监管资金提现至徐某指定的理房通账户关联的银行卡或划转至徐某指定的理房通账户均视为案外人完成监管资金的划转；三方同意监管期限为自王某将第一笔监管资金足额存入监管账户之日起至案外人已按本协议约定将监管资金划转之日止，最长不超过 90 个自然日，监管期限届满后，王某有权书面通知案外人将监管资金按王某要求退回至王某理房通账户或付款账户。

同日，王某向案外人北京理房通支付科技有限公司支付 210 000 元。2017 年 3 月 28 日，王某缴纳住宅专项维修资金 4 895.49 元。

另查明，2017 年 3 月 1 日，王某、徐某及第三人青岛某房地产经纪公司共同到上海浦东发展银行南京路支行办理了银行贷款手续。

2017 年 4 月 29 日，第三人处工作人员厉健强向徐某手机发送短信，内容为："徐哥，我们新合作了正阳路的平安银行，批贷放贷都没问题，五一休息完面签 20 后（应为"号"）之前肯定都能弄完了，客户现在愿意追加两万，您这边给个回信儿吧！"。5 月 8 日，第三人通过顺丰快递方式向徐某发出催告函，载明：为交易位于城阳区康德居 10 号楼 2 单元402 户的房屋之目的，徐某委托第三人提供居间服务，且已签署相关交易文件，基于经纪人通过电话、短信或上门拜访等方式多次与徐某沟通并催促未果，现发出本催告函，提醒徐某及时根据已签署的上述法律文件办理与房屋交易相关的事宜，敬请徐某于 2017 年 5 月 19 日 18 时前，配合本次交易的房屋购买人，办理交易房屋的银行贷款面签手续。

法院认为，本案中，原告王某与被告徐某签订的《青岛市存量房屋买卖合同》，系原、被告双方当事人的真实意思表示，亦不违反法律、行政法规的强制性规定，应属有效，双方均应按照合同约定全面履行自己的义务。王某主张因徐某拒绝出售房屋、拒绝办理房屋所有权转移登记手续，因此要求徐某继续履行房屋买卖合同，办理过户手续，并要求徐某支付违约金，徐某对此不予认可，认为系王某未按照约定时间办理贷款、房屋所有权转移登记手续等超过 15 日，构成根本违约，徐某有权要求解除合同，并要求王某支付违约金，本院认为，该《青岛市存量房屋买卖合同》系由第三人青岛某房地产经纪公司提供的格式合同的约定，同时结合合同文本的提供者及该房屋买卖的中介方第三人青岛某房地产经纪公司的当庭陈述，认定徐某配合王某办理贷款的最晚期限应为 2017 年 3 月 15 日，而徐某在 2017 年 3 月 1 日积极协助王某到上海浦东发展银行南京路支行办理了银行贷款手续，4 月中旬前后第三人再次联系徐某，告知该贷款申请事项不能正常进行；根据王某提交的 2017 年 4 月 20 日与徐某通话录音以及 4 月 23 日王某、徐某及第三人对话录音显示，王某及第三人此时向徐某提出更换银行继续申请贷款，超出合同约定的办理银行贷款的最晚期限 2017 年 3 月 15 日已一月有余，且在该两次对话中，对王某更换哪家银行继续办理贷款手续以及办理该贷款手续的具体时间王某及第三人仍未确定，因此也就不存在徐某拒绝协助办理贷款的违约情形；同时，在该房屋买卖合同关系中，王某作为买受人其主要义务为支付购房款，但王某至今既未能按照合同约定完成贷款手续，也未能按照合同约定支付全部购房款，根据合同约定王某逾期履行合同约定的义务超过 15 日的，构成根本违约，徐某有权解除合同，并要求王某支付违约金，因此对王某要求继续履行合同、办理房屋所有权转移登记手续以及要求徐某支付违约金 152 000 元、居间服务费 152 00 元的主张本院不予支持，对徐某要求解除双方签订的《青岛市存量房屋买卖合同》的主张本院予以支持；对于徐某要求王某支付违约金 152 000 元的主张，本院认为，王某未按照合同约定办理银行贷款手续支付房款并非其主观恶意所致，其违约行为并非恶意，同时考虑到房价上涨的因素以及徐某的实际损失，根据公平原则，本院对徐某要求王某支付违约金 152 000 元的主张予以部分支持，即王某支付给徐某的定金 20 000 元不予退还。综上判决：一、解除原告王某与被告徐某于 2017 年 2 月 19 日签订的《青岛市存量房屋买卖合同》。二、原告王某已支付被告徐某的定金 20 000 元不予退还。三、驳回原告王某要求被告徐某、第三人青岛某房地产经纪公司继续履行房屋买卖合同，办理房屋所有权转移登记手续的诉讼请求。四、驳回原告王某要求被告徐某支付违约金 152 000 元、居间服务费 15 200 元的诉讼请求。

【案件评析】

《中华人民共和国合同法》第六十一条规定：合同生效后，当事人就质量、价款或者报酬、履行地点等内容没有约定或者约定不明确的，可以协议补充，不能达成补充协议的，按照合同有关条款或者交易习惯确定。本案中，原、被告双方对被告配合原告办理银行贷款的最后截止时间存在争议，法院认为，原、被告双方签订的《青岛市存量房屋买卖合同》系由第三人青岛某房地产经纪公司提供的格式合同，该合同中关于贷款双方作出如下约定："（1）王某向银行申办抵押贷款，王某因自身原因未获得贷款机构批准的，买受人继续申请其他银行贷款，至贷款批准，其间已发生的及要发生的各项费用由买受人自行负担。（2）买卖双方应于2017年3月15日期前共同前往贷款机构办理贷款申请手续。"同时结合合同文本的提供者及该房屋买卖的中介方第三人青岛某房地产经纪公司的当庭陈述，徐某配合王某办理贷款的最晚期限应为2017年3月15日，而徐某在2017年3月1日积极协助王某到上海浦东发展银行南京路支行办理了银行贷款手续，4月中旬前后第三人再次联系徐某，告知该贷款申请事项不能正常进行；根据王某提交的2017年4月20日与徐某通话录音以及4月23日王某、徐某及第三人对话录音显示，王某及第三人此时向徐某提出更换银行继续申请贷款，超出合同约定的办理银行贷款的最晚期限2017年3月15日已一月有余，且在该两次对话中，对王某更换哪家银行继续办理贷款手续以及办理该贷款手续的具体时间王某及第三人仍未确定，因此也就不存在徐某拒绝协助办理贷款的违约情形；同时，在该房屋买卖合同关系中，王某作为买受人其主要义务为支付购房款，但王某既未能按照合同约定完成贷款手续，也未能按照合同约定支付全部购房款，根据合同约定王某逾期履行合同约定的义务超过15日的，构成根本违约，徐某有权解除合同，并要求王某支付违约金，因此驳回了王某的相关诉讼请求，对于徐某要求王某支付违约金152 000元的主张，法院认为，王某未按照合同约定办理银行贷款手续支付房款并非其主观恶意所致，其违约行为并非恶意，同时考虑到房价上涨的因素以及徐某的实际损失，根据公平原则，对徐某要求王某支付违约金152 000元的主张予以部分支持，即王某支付给徐某的定金20 000元不予退还。

（青岛市城阳区人民法院民一庭审判员　顾　伟）

劳动争议篇

【一】生效判决确认的事实可以作 为劳动关系确立的依据

——梁某诉青岛某物业管理有限公司劳动争议一案

关键词：生效判决　事实　劳动关系　确认　确立

【裁判要点】

在劳动争议案件中，如何认定双方是否存在劳动关系是焦点问题。在本案中，原告提交（2016）鲁0281刑初463号胶州市人民法院刑事判决书，判决书中载明："经审理查明，2016年4月6日21时许，被告人王某在山东省胶州市锦绣佳苑小区，因琐事与小区保安梁某发生口角……王某将梁某打伤……"该判决已生效。青岛某物业管理有限公司对（2016）鲁0281刑初463号刑事判决书真实性无异议，且没有提供证据推翻该生效判决认定的"小区保安梁某"的事实，因此本院对该事实予以确认。

【相关法条】

1.《劳动合同法》第七条：用人单位自用工之日起即与劳动者建立劳动关系。用人单位应当建立职工名册备查。

2.《劳动合同法》第十条：建立劳动关系，应当订立书面劳动合同。已建立劳动关系，未同时订立书面劳动合同的，应当自用工之日起一个月内订立书面劳动合同。用人单位与劳动者在用工前订立劳动合同的，劳动关系自用工之日起建立。

3.《劳动合同法》第八十二条：用人单位自用工之日起超过一个月不满一年未与劳动者订立书面劳动合同的，应当向劳动者每月支付二倍的工资。用人单位违反本法规定不与劳动者订立无固定期限劳动合同的，自应当订立无固定期限劳动合同之日起向劳动者每月支付二倍的工资。

4.《最高人民法院关于民事诉讼证据的若干规定》第九条：下列事实，当事人无需举证证明：（一）众所周知的事实；（二）自然规律及定理；（三）根据法律规定或者已知事实和日常生活经验法则，能推定出的另一事实；（四）已为人民法院发生法律效力的裁判所确认的事实；（五）已为仲裁机构的生效裁决所确认的事实；（六）已为有效公证文书所证明的事实。前款（一）、（三）、（四）、（五）、（六）项，当事人有相反证据足以推翻的除外。

【基本案情】

本案原告梁某诉讼请求为：1. 要求确认原被告自 2015 年 5 月 1 日起至今存在劳动关系。2. 判令被告支付原告未签订劳动合同二倍差额工资（2015 年 6 月 1 日至 2016 年 4 月 6 日每月工资 1 500 元）：1 500 元×10 个月＋1500 元÷21.75×3 天＝15 206.90 元。3. 诉讼费由被告承担。

本案查明的事实：已经生效的（2016）鲁 0281 刑初 463 号胶州市人民法院刑事判决书载明："经审理查明，2016 年 4 月 6 日 21 时许，被告人王某在山东省胶州市锦绣佳苑小区，因琐事与小区保安梁某发生口角……王某将梁某打伤……"

法院认为，原告主张与被告存在劳动关系的时间为 2015 年 5 月 1 日，被告对原告的主张不予认可的，应提交有效证据予以反驳，否则应承担举证不能的法律后果。另外，依照《最高人民法院关于审理劳动争议案件适用法律若干问题》（一）第十三条，"因用人单位做出的开除、除名、解除劳动合同、计算劳动者工作年限等决定而发生的劳动争议，用人单位负举证责任"的规定，劳动者与用人单位存在劳动关系，用人单位未提供证据证明双方劳动关系终止时间，应承担举证不能的法律后果。故应采信原告主张，原被告自 2015 年 5 月 1 日起存在劳动关系。原告主张每月工资 1 500 元，被告未提交证据证明原告每月实际工资数额和工资发放情况，故承担举证不能的不利后果，应采信原告的主张，确认原告每月工资 1 500 元。原、被告劳动关系存续期间，被告未与原告签订书面劳动合同，故被告应按照《劳动合同法》第八十二条"用人单位自用工之日其超过一个月不满一年未与劳动者订立书面劳动合同的，应当向劳动者每月支付二倍的工资"之规定。原告主张自 2015 年 6 月 1 日至 2016 年 4 月 6 日期间的二倍工资差额为 15 206.90 元（1 500 元×10 个月＋1 500 元÷21.75×3天），符合法律规定，应予以支持。

【案件评析】

在本案中，（2016）鲁 0281 刑初 463 号已生效刑事判决书中载明："经审理查明，……因琐事与小区保安梁某发生口角……"，属于《最高人民法院关于民事诉讼证据的若干规定》第九条第一款第四项规定的"已为人民法院发生法律效力的裁判所确认的事实"。根据该规定第九条第二款，除非当事人有相反的证据足以推翻，否则该事实为判决的事实。青岛市某物业管理有限公司对（2016）鲁 0281 刑初 463 号刑事判决书真实性无异议，且没有提供证据推翻该生效判决认定的"小区保安梁某"的事实，因此法院对该事实予以确认。据此，一审法院确认梁某和青岛某物业管理有限公司存在劳动关系。在劳动者与用人单位存在劳动关系的情况下，用人单位未提供证据证明双方劳动关系终止时间和工资发放情况，应承担举证不能的法律后果。本案青岛市某物业管理有限公司上诉后，二审法院对一审法院的审判结果予以维持，证明一审判决结果正确。

（胶州市人民法院民一庭审判员　匡建玲）

【二】约定不清的解除劳动合同协议
对劳动者无效

——青岛滨鹰机械科技有限公司（以下简称滨鹰机械科技公司）因与尹衍顺劳动争议纠纷上诉案

关键词：劳动争议　解除劳动合同　工伤保险待遇协议无效

【裁判要点】

用人单位批量与劳动者解除劳动合同，若某具体劳动者的工伤认定尚未完成，工伤保险待遇未获支付的情况下，用人单位与劳动者概括性签订的解除劳动合同协议在处理双方之间因工伤保险待遇产生的劳动争议时无效。

【相关法条】

1.《中华人民共和国劳动合同法》第四十二条：劳动者有下列情形之一的，用人单位不得依照本法第四十条、第四十一条的规定解除劳动合同：（一）从事接触职业病危害作业的劳动者未进行离岗前职业健康检查，或者疑似职业病病人在诊断或者医学观察期间的；（二）在本单位患职业病或者因工负伤并被确认丧失或者部分丧失劳动能力的；（三）患病或者非因工负伤，在规定的医疗期内的；（四）女职工在孕期、产期、哺乳期的；（五）在本单位连续工作满十五年，且距法定退休年龄不足五年的；（六）法律、行政法规规定的其他情形。

2.《山东省贯彻〈工伤保险条例〉实施办法》第二十五条第二款："……工伤职工被鉴定为七级至十级伤残的，劳动合同期满终止，或者职工本人提出解除劳动合同，以其解除或终止劳动合同时统筹地区上年度职工月平均工资为基数，支付本人一次性工伤医疗补助金和一次性伤残就业补助金。……一次性伤残就业补助金的具体标准为：七级 20 个月，八级 16 个月，九级 12 个月，十级 8 个月"。

【基本案情】

滨鹰机械科技公司在一审中诉称，尹衍顺于 2013 年 2 月 28 在工作时受伤并被认定为工伤。2014 年 7 月 25 日，黄岛区劳动争议仲裁委员会作出青黄劳仲案字〔2014〕第 280 号裁决书，滨鹰机械科技公司对该裁决书不服，请依法判令：1. 撤销青黄劳仲案字〔2014〕第 280 号裁决书，判决滨鹰机械科技公司不承担一次性伤残补助金 16 830 元、一次性伤残就业补助金 37 404 元，停工留薪期工资 5 610 元。2. 由尹衍顺承担本案诉讼费用。

尹衍顺在一审中辩称，仲裁裁决正确，要求维持仲裁裁决。

一审法院查明和认定的基本事实是：尹衍顺系滨鹰机械科技公司的职工。2013 年 2 月 28 日，尹衍顺在工作中受伤。2014 年 3 月 10 日，尹衍顺受伤经青岛市黄岛区人力资源和社会保障局认定为工伤，2014 年 4 月 18 日由青岛市劳动能力鉴定委员会鉴定为伤残玖级。2013 年 12 月 17 日，滨鹰机械科技公司与尹衍顺解除了劳动关系，并签订协议书，约定滨鹰机械科技公司一次性支付给尹衍顺补偿 14 400 元，双方已结清所有关于借款、工资、奖金、津贴、补助、加班费、经济补偿金等债权债务，双方已经没有任何的经济关系，不存在其他任何劳动争议。尹衍顺受伤前因为企业效益不好，未正常出勤。

2014 年 5 月 4 日，尹衍顺向黄岛区劳动争议仲裁委员会提起仲裁，请求裁决滨鹰机械科技公司支付：1. 一次性伤残补助金 16 830 元、一次性伤残就业补助金 37 404 元、一次性工伤医疗补助金 21 819 元、停工留薪期工资 11 500 元、陪护费 1 300 元。2014 年 7 月 25 日，黄岛区劳动争议仲裁委员会作出青黄劳仲案字〔2014〕第 280 号裁决书，裁决：1. 滨鹰机械科技公司自裁决生效之日起 10 日内支付给尹衍顺一次性伤残补助金 16 830 元、一次性伤残就业补助金 37 404 元，停工留薪期工资 5 610 元。2. 驳回尹衍顺的其他仲裁请求。滨鹰机械科技公司对该裁决书不服，诉至一审法院。

一审认为，尹衍顺因工受伤并构成伤残 9 级，滨鹰机械科技公司应按《工伤保险条例》的规定为尹衍顺落实各项工伤待遇。尹衍顺受伤前滨鹰机械科技公司效益不好未正常出勤，尹衍顺受伤前 12 个月平均工资应参照 2013 年青岛市职工月最低工资 1 380 元计算，故尹衍顺的一次性伤残补助金为 12 420 元（1 380 元/月×9 个月）、停工留薪期工资 4 140 元（1 380 元/月×3 个月）。

尹衍顺所受伤被鉴定为玖级伤残。根据《山东省贯彻〈工伤保险条例〉实施办法》（鲁政发〔2011〕25 号）第二十五条第二款"……工伤职工被鉴定为七级至十级伤残的，劳动合同期满终止，或者职工本人提出解除劳动合同，以其解除或终止劳动合同时统筹地区上年度职工月平均工资为基数，支付本人一次性工伤医疗补助金和一次性伤残就业补助金。……一次性伤残就业补助金的具体标准为：七级 20 个月，八级 16 个月，九级 12 个月，十级 8 个月"之规定，尹衍顺与滨鹰机械科技公司于 2013 年 12 月 17 日解除劳动合同，故滨鹰机械科技公司应以青岛市 2012 年度在岗职工月平均工资 3 117 元为基数，支付给尹衍顺 12 个月的一次性伤残就业补助金 37 404 元（3 117 元/月×12 月）。

滨鹰机械科技公司与尹衍顺于 2013 年 12 月 17 日签订的解除劳动合同协议书未涉及尹衍顺的工伤赔偿，且尹衍顺认定工伤的日期为 2014 年 3 月 10 日，故，滨鹰机械科技公司主张支付给尹衍顺的一次性补偿 14 400 元包括尹衍顺的工伤待遇与事实不符，不予采纳。

据此，一审法院根据《工伤保险条例》第三十三条第一款、第三十七条，参照《山东省贯彻〈工伤保险条例〉实施办法》第二十五条第二款之规定，判决：滨鹰机械科技公司于判决生效之日起 10 日内付给尹衍顺一次性伤残补助金 12 420 元、一次性伤残就业补助金 37 404 元，停工留薪期工资 4 140 元。本案案件受理费 10 元，减半收取 5 元，由滨鹰机械科技公司负担。宣判后，滨鹰机械科技公司不服一审判决，上诉至二审法院。

上诉人滨鹰机械科技公司上诉称，一审判决滨鹰机械科技公司支付尹衍顺一次性伤残补助金、一次性伤残就业补助金、停工留薪期工资，但滨鹰机械科技公司提交的解除劳动合同协议书中明确载明：滨鹰机械科技公司与尹衍顺自 2013 年 12 月 29 日起，解除双方签订的劳动合同，本协议签订之日 15 日内，双方已经结清所有关于借款、工资、奖金、津贴、补助、加班费、经济补偿金等债权债务，双方已经没有任何的经济关系，双方之间不再存在其他任何劳动争议。滨鹰机械科技公司认为，该协议系双方真实意思表示，符合法律规定，滨鹰机械科技公司不应支付尹衍顺一次性伤残补助金、一次性伤残就业补助金、停工留薪期工资。综上，一审认定事实不清，判决错误。请求二审法院依法撤销一审判决，并依法改判滨鹰机械科技公司不支付尹衍顺一次性伤残补助金、一次性伤残就业补助金、停工留薪期工资共计 53 964 元；本案诉讼费用由尹衍顺承担。

被上诉人尹衍顺答辩称，一审判决正确，请求依法维持原判。

二审查明的事实与一审查明事实一致。二审另查明，尹衍顺于 2013 年 2 月 28 日发生工伤时，滨鹰机械科技公司并未为其投缴社会保险。

二审法院认为，本案当事人争议的焦点问题是滨鹰机械科技公司是否应当支付尹衍顺一次性伤残补助金、一次性伤残就业补助金、停工留薪期工资。

滨鹰机械科技公司对一审认定的一次性伤残补助金、一次性伤残就业补助金、停工留薪期工资的数额本身并无异议，但认为滨鹰机械科技公司与尹衍顺于 2013 年 12 月 17 日签订的解除劳动合同协议书中明确约定双方已结清所有债权债务，不存在其他任何劳动争议，该约定属于兜底条款，理应包括尹衍顺的所有工伤待遇，且该协议书已经履行完毕，因此滨鹰机械科技公司不应再支付尹衍顺上述工伤待遇。尹衍顺主张双方签订该解除劳动合同协议书的背景是滨鹰机械科技公司大规模裁员，并不是仅针对尹衍顺，并且当时尚未申报认定工伤，故协议书中对此没有约定，青岛市黄岛区人力资源和社会保障局作出的认定工伤决定书中明确载明是 2014 年 2 月 20 日受理工伤认定申请，且是滨鹰机械科技公司为尹衍顺申报的。对此，二审法院认为，尹衍顺因工受伤并构成伤残 9 级，滨鹰机械科技公司应按相关规定为尹衍顺落实各项工伤待遇。虽然尹衍顺与滨鹰机械科技公司于 2013 年 12 月 17 日签订了解除劳动合同协议书，其中有"双方已结清所有关于借款、工资、奖金、津贴、补助、加班费、经济补偿金等债权债务，双方已经没有任何的经济关系，不存在其他任何劳动争议"的内容，但相关内容系格式条款，亦无明确约定工伤待遇内容，且缔约当时尹衍顺尚未完成工伤认定，故不能据此认定尹衍顺当时对协议条款所作的承诺包括涉案工伤待遇。综上，滨鹰机械科技公司拒绝支付尹衍顺各项工伤待遇的理由不能成立，二审法院不予支持。

综上，一审判决认定事实清楚，适用法律正确，二审法院予以维持。上诉人滨鹰机械科技公司的上诉理由不成立，二审法院不予支持。依照《中华人民共和国民事诉讼法》第一百七十条第一款第（一）项之规定，判决：驳回上诉，维持原判。二审案件受理费 10 元，由上诉人青岛滨鹰机械有限公司负担。

【案件评析】

劳动关系中劳动者天然处于弱势地位，司法机关处理劳动争议的秉持的原则与处理一般民商事案件不同，需要从保障劳动者生存利益的角度对劳动者作倾向性的司法保护。本案，用人单位滨鹰机械科技公司在大量与员工解聘时被解聘员工签订的解除劳动合同协议，时间发生在劳动者尹衍顺工伤认定做出之前，其内容未明确写明包含工伤保险待遇，且工伤职工尹衍顺的解除劳动合同补偿内容与其他解除劳动合同职工并无不同，即滨鹰机械科技公司并未对尹衍顺的工伤保险待遇在解除劳动合同时做出专门的补偿，故法院审理认为双方协议不涉及尹衍顺工伤保险待遇，滨鹰机械科技公司援引双方解除劳动合同协议抗辩不支付尹衍顺工伤保险待遇，不能予以支持。

司法实践中，常见职工工作中受伤，没有为职工缴纳工伤保险的用人单位出于减少给付工伤待遇的目的，不为职工申请工伤认定，而是直接和职工达成给付一定数额工伤保险赔偿的协议，职工在自行申请进行工伤认定后，发现双方协议给付的赔偿数额与用人单位依法应当给付的工伤保险待遇相差较大，职工起诉用人单位要求支付工伤待遇的劳动争议案件，法院一般会以双方达成的赔偿协议在认定工伤之前，职工不清楚自己应当享受的具体工伤保险待遇为由，认定双方达成赔偿协议非工伤职工真实意思表示，赔偿协议无效，判决用人单位继续承担给付工伤保险待遇的责任。故用人单位应当认真履行为职工缴纳社会保险的责任，分散因职工劳动过程中发生工伤承担赔付责任的用工风险，不然在职工发生工伤后，试图通过其他办法减少企业支付工伤保险责任的办法，不会得到法院的认可。

（青岛市中级人民法院民一庭法官助理　高仁青）

【三】与法定代表人的谈话录音可以作为证据认定双方之间存在劳动关系

——青岛奥丰源机械制造有限公司（以下简称奥丰源机械制造公司）因与陈现堂确认劳动关系纠纷上诉案

关键词：确认劳动关系　视听资料

【裁判要点】

视听资料是记录案件真实情况的原始材料，属于直接证据，可以作为单独认定案件事实的依据。没有侵害通话对方或他人合法权益，也没有违反法律禁止性规定的谈话录音，可以作为证据使用。

【相关法条】

1. 最高人民法院《关于适用〈中华人民共和国民事诉讼法〉的解释》第一百零四条：人民法院应当组织当事人围绕证据的真实性、合法性以及与待证事实的关联性进行质证，并针对证据有无证明力和证明力大小进行说明和辩论。能够反映案件真实情况、与待证事实相关联、来源和形式符合法律规定的证据，应当作为认定案件事实的根据。

2. 最高人民法院《关于适用〈中华人民共和国民事诉讼法〉的解释》第一百零六条：对以严重侵害他人合法权益、违反法律禁止性规定或者严重违背公序良俗的方法形成或者获取的证据，不得作为认定案件事实的根据。

3. 最高人民法院《关于适用〈中华人民共和国民事诉讼法〉的解释》第一百一十六条：视听资料包括录音资料和影像资料。电子数据是指通过电子邮件、电子数据交换、网上聊天记录、博客、微博客、手机短信、电子签名、域名等形成或者存储在电子介质中的信息。存储在电子介质中的录音资料和影像资料，适用电子数据的规定。

【基本案情】

陈现堂在一审中诉称，陈现堂从 2013 年 10 月 13 日开始在奥丰源机械制造公司从事锡床工作，双方约定月工资 4 000 元，每月上班 26 天，但奥丰源机械制造公司未与陈现堂签订书面劳动合同，亦未给陈现堂投缴社会保险。2014 年 1 月 24 日，陈现堂在奥丰源机械制造公司从事工作时不慎被重物砸伤左足，经医院诊断为"左足小趾骨骨折"。陈现堂于 2014 年 4 月 15 日向青岛经济技术开发区劳动人事争议仲裁委员会申请确认双方存在劳动关系，该委以陈现堂仅有录音证据不能证明陈现堂与奥丰源机械制造公司之间存在劳动关系，缺乏证据为由，作出青开劳人仲案字[2014] 第 432 号裁决书，驳回陈现堂的申请。陈现堂认为，陈现堂对奥丰源机械制造公司法定代表人的录音资料属证据种类的一种，能够独立证明陈现堂与奥丰源机械制造公司存在劳动关系及陈现堂系工伤的事实，奥丰源机械制造公司作为用人单位对该录音证据没有提供相反的证据反驳，应当承担举证不能的法律后果，该仲裁委作出驳回陈现堂申请并且未指出适用的法律依据，明显错误。故诉请法院判决确认陈现堂、奥丰源机械制造公司自 2014 年 1 月 24 日至 2014 年 4 月 15 日期间存在劳动关系，并由奥丰源机械制造公司负担本案诉讼费用。

奥丰源机械制造公司在一审中辩称，陈现堂、奥丰源机械制造公司之间在 2014 年 1 月 24 日至 2014 年 4 月 15 日期间不存在劳动关系，陈现堂的起诉没有事实依据，应当依法驳回。

一审法院查明和认定的基本事实是：

奥丰源机械制造公司于 2007 年 1 月 10 日在青岛经济技术开发区注册成立，主要从事机械配件及加工及钢材、五金交电、建筑材料、化工产品销售等。陈现堂诉称其于 2013 年 10 月 13 日进入奥丰源机械制造公司工作，工作期间双方未签订书面劳动合同，陈现堂于 2014 年 1 月 24 日在奥丰源机械制造公司工作中不慎被重物砸伤。为证明自己的主张，陈现堂提交其与奥丰源机械制造公司的法定代表人刘德荣的通话录音："……刘（刘德荣）：就是你花两个钱，可能花个三百、五百的可通评了残了。那个评残也好，我输了我给你钱，这个你把所有的单子给我留着就中了。陈（陈现堂）：那么怎么证明在单位受伤？我要是去评残怎么证明在单位受伤？刘：那么你在这里上的班，有病历有什么的，上班的时间受的伤，那么我个单位能不承认你在单位受的伤，有这么些人证明，你不要紧，你该去评残评残行了。陈：好了那就，我知道了。刘：好。"奥丰源机械制造公司对该录音资料的真实性未当庭确认，亦未在法庭指定的七日内提出鉴定申请。

2014年5月6日，陈现堂因与奥丰源机械制造公司的劳动争议纠纷，申诉于青岛经济技术开发区劳动人事争议仲裁委员会，要求裁决确认其与奥丰源机械制造公司之间在2013年10月13日至2014年4月15日期间存在劳动关系，该仲裁委作出青开劳人仲案字〔2014〕第432号裁决书，认为陈现堂提交的《放射线科报告单》、《录音资料》没有其他证据佐证，不能单独作为认定案件事实的依据，对陈现堂的申请未予支持。陈现堂对该裁决不服，诉至一审法院。

陈现堂在仲裁中提交胶州市中医医院2014年1月24日的《放射线科报告单》，该报告单印象为：左足小趾骨骨折。奥丰源机械制造公司在仲裁中提交2013年10月至2014年4月期间的工资表、出勤薄，证明陈现堂在该期间未在其单位工作过。

一审认为，本案为劳动关系确认纠纷，陈现堂、奥丰源机械制造公司之间没有签订书面合同，争议的焦点是双方在2014年1月24日至2014年4月15日期间是否存在劳动关系。首先，视听资料是指采用先进的科学技术，应用录音、录像、摄影、计算机等方法贮存的数据资料和信息图象资料来证明案件事实的一种证据。视听资料是以能看、能听的图象和声音说明案件事实的，记录的是案件真实情况的原始材料，是直接证据，可以作为单独认定案件事实的依据。陈现堂提交的录音证据属于视听资料的一种，可以作为单独认定案件事实的证据。奥丰源机械制造公司未在法庭指定的7天异议期内对陈现堂提交的录音证据的真实性提出司法鉴定申请，二审法院对该录音证据的真实性予以确认。奥丰源机械制造公司的法定代表人刘德荣在录音中认可陈现堂是在奥丰源机械制造公司上班，是在上班的时间受的伤，在奥丰源机械制造公司未主张双方之间存在其他用工关系的情况下，确认陈现堂、奥丰源机械制造公司之间存在事实劳动关系。其次，陈现堂主张其受伤时间为2014年1月24日，胶州市中医医院于2014年1月24日对陈现堂作出《放射线科报告单》，该证据可以证明陈现堂于2014年1月24日受伤，对此予以确认。陈现堂于2014年4月15日向劳动部门提起工伤认定申请，一审法院对陈现堂主张其自2014年1月24日至2014年4月15日期间与奥丰源机械制造公司之间存在劳动关系的主张予以支持。奥丰源机械制造公司提交工资表、出勤薄用以证明陈现堂未在其单位工作过，一审法院认为，该证据系奥丰源机械制造公司单方作出，并非原始会计记帐凭证，对该证据不予采信。据此，一审法院判决：陈现堂与奥丰源机械制造公司自2014年1月24日至2014年4月15日期间存在事实劳动关系。案件受理费10元，由奥丰源机械制造公司负担。宣判后，奥丰源机械制造公司不服一审判决，上诉至二审法院。

上诉人奥丰源机械制造公司上诉称，一审法院认定奥丰源机械制造公司与陈现堂存在劳动关系的唯一证据是陈现堂提交的一段录音资料，奥丰源机械制造公司认为该录音证据在内容及获取途径上均存在瑕疵，不能单独作为认定事实的依据：1. 该录音证据系电话通话录音，明显未取得通话对方的同意，属于偷录，侵犯了被录音人的通信隐私，不能作为证据使用。2. 该录音证据对于录制的时间及被录音人的身份情况，自始至终未能明确体现，故不能确认该录音证据是否与本案存在关联性。3. 该录音中谈话内容极短，录制谈话背景未能充分体现，提问方式诱导性极强，对话内容上也不能体现出双方的关系符合确认劳动关系的几个要素。综上，请求二审法院依法撤销一审判决，并依法改判陈现堂与奥丰源机械制造公司在2014年1月24日至2014年4月15日期间不存在事实劳动关系；本案诉讼费用由陈现堂承担。

被上诉人陈现堂答辩称，陈现堂在2014年1月24日被重物砸伤的是右足，受伤后去的是胶州市人民医院，《放射线科报告单》是胶州市人民医院出具而不是胶州市中医医院，《放射线科报告单》记载的是右足小趾骨骨折。陈现堂在仲裁申请书及起诉状上的对受伤部位的陈述属于笔误。奥丰源机械制造公司的上诉请求没有事实及法律依据，一审法院认定事实清楚，适用法律正确，奥丰源机械制造公司的上诉理由不成立，请求二审法院驳回奥丰源机械制造公司的上诉，依法维持原判。

二审法院审理查明，一审法院对陈现堂提交的《放射线科报告单》出具单位及记载内容查证有误，事实应为：陈现堂在仲裁中提交了 2014 年 1 月 24 日胶州市人民医院出具的《放射线科报告单》，该报告单上印象栏记载为：右足小趾骨骨折。

二审查明的其他事实与一审查明事实一致。

本案经调解，未能达成协议。

二审法院认为，本案当事人争议的焦点问题是：奥丰源机械制造公司与陈现堂在 2012 年 6 月 5 日至 2013 年 1 月 31 日期间是否存在劳动关系。

陈现堂为证明其主张与奥丰源机械制造公司存在劳动关系，在劳动仲裁及一审中提交了电话录音资料及其曾于 2014 年 1 月 24 日受伤的证据佐证，称该录音资料是其与奥丰源机械制造公司的法定代表人刘德荣的录音。对该录音证据的真实性，奥丰源机械制造公司并未明确表示否认，在一审指定的期限内亦未对录音的真实性提出异议，故二审法院确认该电话录音是陈现堂与奥丰源机械制造公司的法定代表人刘德荣的录音。在该电话录音中，奥丰源机械制造公司的法定代表人刘德荣明确承认陈现堂是在其单位受伤，故陈现堂作为劳动者已完成了证明双方存在劳动关系的初步举证责任。在此情况下，奥丰源机械制造公司否认双方存在劳动关系应当提供反证。奥丰源机械制造公司虽提交了 2013 年 10 月至 2014 年 4 月期间的工资表、出勤薄，但上述证据系奥丰源机械制造公司自行制作且陈现堂对此不予认可，上述证据不足以推翻陈现堂提交的电话录音证据。二审中，奥丰源机械制造公司并未有新的证据予以否定，其在上诉理由中提出的该电话录音存疑不能单独作为认定事实的依据，对此，二审法院认为，该录音证据是一份电话交谈录音，交流内容是通话双方对陈现堂受伤事实的确认，录音内容播放清晰，录音内容没有疑点且与本案有关联性，虽陈现堂当时系私自进行录音，但录音的谈话内容并没有侵害通话对方或他人的合法权益，也没有违反法律禁止性规定，故能够作为证据使用。奥丰源机械制造公司虽对此提出异议，但未提交足以反驳的证据，故二审法院对其上诉主张不予支持。

综上，一审判决认定陈现堂与奥丰源机械制造公司在 2014 年 1 月 24

日至 2014 年 4 月 15 日期间之间存在劳动关系并无不当，二审法院予以维持。上诉人奥丰源机械制造公司的上诉理由，证据不足，二审法院不予支持。依照《中华人民共和国民事诉讼法》第一百七十条第一款第（一）项之规定，判决：驳回上诉，维持原判。二审案件受理费 10 元，由上诉人青岛奥丰源机械制造公司有限公司负担。

【案件评析】

本案系常见的认定劳动关系纠纷。书面劳动合同是用人单位与劳动者就劳动内容、劳动报酬、劳动条件、劳动要求等内容达成一致的书面记载，对于保护劳动者利益，减少劳动争议的发生具有重大意义，基于此我国立法规定用人单位应当与劳动者自用工之日起一个月内签订书面劳动合同，用人单位超出一个月不与劳动者签订书面劳动合同的，应当在用工之日满一个月到一年时间段内每月支付劳动者二倍的工资，但现实中仍有部分用人单位法律意识淡薄，不重视与劳动者签订书面劳动合同，在用人单位与劳动者产生纠纷时，引发确认劳动关系诉讼。司法实践中，认定单位与职工之间是否存在劳动关系的证据一般参照劳社部发〔2005〕12 号《关于确立劳动关系有关事项的通知》第二条的规定，但该规定并非认定劳动关系是否存在的全部证据范围，本案，陈现堂提交了其与单位法定代表人之间的谈话录音，首先，该谈话录音没有侵害通话对方或他人的合法权益，也没有违反法律禁止性规定，故能够作为证据使用，其次，该谈话录音的内容可以反映出奥丰源机械制造公司法定代表人认可陈现堂工作过程中受伤的事实，可以证明陈现堂在出奥丰源机械制造公司工作，故法院通过陈现堂提交的证据认定双方之间存在劳动关系。该案提示我们确立劳动关系应当尽快依法签订书面劳动合同，在发生争议后，应当注意及时合法收集能够证明案件事实的证据。

（青岛市中级人民法院民一庭法官助理　高仁青）

【四】用人单位负担解除劳动合同原因的举证责任

——青岛方鑫嘉诚汽车装饰件有限公司（以下简称方鑫嘉诚公司）与李超劳动争议纠纷上诉案

关键词：解除劳动合同　加班事实　加班费　举证责任

【裁判要点】

对于解除劳动合同的原因，用人单位应当承担举证责任。

【相关法条】

最高人民法院《关于审理劳动争议案件适用法律若干问题的解释》第十三条：因用人单位作出的开除、除名、辞退、解除劳动合同、减少劳动报酬、计算劳动者工作年限等决定而发生的劳动争议，用人单位负举证责任。

【基本案情】

李超在一审中诉称，李超于 2012 年 2 月 28 日到方鑫嘉诚公司工作。工作期间，方鑫嘉诚公司一直未支付李超工作期间的加班费及 2013 年 5 月 25 日至 2013 年 7 月 11 日期间的工资。现李超不服青岛经济技术开发区劳动人事争议仲裁委员会的裁决，诉至法院。请求判令：1. 方鑫嘉诚公司支付李超 2013 年 5 月 25 日至 2013 年 7 月 11 日期间的工资 4 500 元。2. 2012 年 2 月 28 日至 2013 年 7 月 11 日期间加班工资 94 896 元。3. 确认方鑫嘉诚公司解除与李超的劳动合同违法，并支付李超违法解除劳动合同赔偿金 9 000 元。4. 诉讼费由方鑫嘉诚公司承担。

方鑫嘉诚公司在一审中辩称，关于李超诉求的 2013 年 5 月 25 日至 2013 年 7 月 11 日期间的工资，方鑫嘉诚公司同意支付李超 3 196.9 元；李超在方鑫嘉诚公司工作期间，方鑫嘉诚公司已经足额支付其加班费，故李超的该项诉求无事实和法律依据；因李超自动离职在先，且李超向方鑫嘉诚公司申请离职，方鑫嘉诚公司解除与李超的劳动合同并无不当，故请求依法驳回李超的诉讼请求。

一审判决查明和认定的基本事实是：方鑫嘉诚公司是具有独立法人资格企业，经营范围为汽车车身内外装饰件的制造和销售。2012年4月11日，李超与方鑫嘉诚公司签订了工作期限自2012年4月11日至2014年4月10日期间的书面劳动合同，该合同约定李超在方鑫嘉诚公司从事操作岗位，试用期为2012年4月11日至2012年5月11日。实行标准工时制，李超月工资为1241元。2013年6月5日，李超接受方鑫嘉诚公司《公司人事管理制度培训》及SGMW相关要求培训。2013年7月11日，方鑫嘉诚公司人事与李超进行了谈话，并形成了《员工谈话记录表》，该记录表中载明的谈话内容为"1.对李超进行调至一车间。2.李超不同意调岗，打算辞职"。方鑫嘉诚公司向李超邮寄了于2013年8月16日出具的通知函，该通知函载明"李超同志，您于2013年7月11日至今未请假且未到公司上班，按公司规定员工连续旷工3天或月内累计旷工6天视为自动离职。公司现在正式通知您于2013年8月19日前到公司办理离职手续；若未在通知日其按时到公司办理离职手续，一切法律责任由个人承担，不影响公司规章制度的执行"。2013年8月19日，方鑫嘉诚公司为李超办理了《解除劳动合同报告书》，解除原因为"个人申请解除劳动合同"。方鑫嘉诚公司称根据《员工谈话记录表》中记载李超"打算辞职"，并且李超自7月11日至14日不在岗，故应该视为李超离职。

一审庭审过程中，李超提交了与方鑫嘉诚公司人事臧义梅及工作人员于2013年7月12日在方鑫嘉诚公司厂区的电话录音，该录音载明方鑫嘉诚公司辞退李超。方鑫嘉诚公司对该录音证据的真实性不予认可。一审法院告知方鑫嘉诚公司如果对该证据的真实性有异议，可在规定的时间提交司法鉴定申请。方鑫嘉诚公司拒绝申请司法鉴定。

方鑫嘉诚公司为证明已经足额支付李超加班费，提交了李超在工作期间的工资表及考勤表。李超对考勤表的真实性予以认可，对工资表中李超的工资数额认可，但对工资构成有异议。

根据方鑫嘉诚公司提交的考勤表，自2012年3月至2013年7月，李超工作日加班1092.5小时，休息日加班1054小时，法定节假日加班 1 164 小时，方鑫嘉诚公司应当支付李超加班费共计 28 301.1 元，已经支付 20 166.8 元。

一审庭审过程中，方鑫嘉诚公司认可未支付李超 2013 年 5 月 25 日至 2013 年 7 月 11 日期间的工资，同意按照仲裁裁决数额支付。

另查明，李超曾因与方鑫嘉诚公司之间存在劳动关系纠纷申诉于青岛经济技术开发区劳动人事争议仲裁委员会，请求裁决：1. 方鑫嘉诚公司支付李超 2013 年 6 月 1 日至 2013 年 7 月 11 日期间工资 4 500 元。2. 方鑫嘉诚公司支付李超 2012 年 2 月 28 日至 2013 年 7 月 11 日期间加班费 94 896 元。3. 方鑫嘉诚公司支付李超未休带薪年休假工资 2 067 元。4. 违法解除劳动合同赔偿金 9 000 元。青岛经济技术开发区劳动人事争议仲裁委员会经审理认为，李超在未请假的情况下自 2013 年 7 月 11 日开始未至公司上班，方鑫嘉诚公司解除其劳动合同并无不当，故对李超请求方鑫嘉诚公司支付违法解除劳动合同赔偿金的请求不予支持；方鑫嘉诚公司提交的工资表显示已经足额支付其加班费，对李超加班费及 2012 年度未休带薪年休假工资的仲裁请求不予支持；2013 年度李超在工作期间，方鑫嘉诚公司未安排李超休带薪年休假，亦未发放带薪年休假工资，应予补发，李超付出劳动，方鑫嘉诚公司应当发放工资。故裁决：1. 方鑫嘉诚公司支付李超 2013 年 6 月 1 日至 7 月 11 日期间的工资 3 196.9 元、2013 年已工作时间未休带薪年休假工资 228 元。2. 驳回李超其他请求。李超不服该仲裁裁决结果，诉至一审法院。

一审法院认为，李超与方鑫嘉诚公司签订的劳动合同，是双方的真实意思表示，合法有效，非因法定事由，方鑫嘉诚公司不得解除与李超的劳动合同。方鑫嘉诚公司未为李超发放自 2013 年 6 月 1 日至 7 月 11 日期间的工资，应当补发。根据方鑫嘉诚公司提交的工资表，方鑫嘉诚公司应当发放李超自 2013 年 6 月 1 日至 7 月 11 日期间的工资 3 196.9 元；根据方鑫嘉诚公司提交的工资表及考勤表，方鑫嘉诚公司应当支付李超自 2012 年 3 月至 2013 年 7 月期间的加班费 28 301.1 元，实际支付 20 166.8 元，剩余 8 134.3 元应予补发；方鑫嘉诚公司在为李超办理解除劳动合同报告书中载明的解除原因为"个人申请解除劳动合同"，方鑫嘉诚公司仅依据与李超的谈话记录中李超"不同意调动，打算辞职"，在李超未正式向方鑫嘉诚公司递交辞职申请的情况下即以李超个人申请解除劳动合同为由解除与李超的劳动合同，明显不当，应当认定为方鑫嘉诚公司违法解除与李超的劳动合同，故方鑫嘉诚公司应当支付李超违法解除劳动合同赔偿金。根据方鑫嘉诚公司工资表计算，李超解除劳动合同前十二个的平均工资为2 589.76 元，故方鑫嘉诚公司应当支付李超违法解除劳动合同赔偿金7 769.28 元（2 589.76 元×1.5×2）。李超并未对仲裁裁决的方鑫嘉诚公司支付李超 2013 年已工作时间未休年休假工资报酬 228 元提起诉讼，应当视为李超接受该项裁决结果，方鑫嘉诚公司亦未对该裁决结果提起诉讼，故方鑫嘉诚公司应当支付李超 2013 年已工作时间未休年休假工资报酬228 元。

综上，一审法院据此判决：（一）方鑫嘉诚公司于判决生效后十日内支付李超 2013 年 6 月 1 日至 2013 年 7 月 11 日期间的工资 3 196.9 元。（二）方鑫嘉诚公司于判决生效后十日内支付李超自 2012 年 3 月至 2013 年 7 月期间加班费差额 8 134.3 元。（三）方鑫嘉诚公司于判决生效后十日内支付李超违法解除劳动合同赔偿金 7769.28 元；四、方鑫嘉诚公司于判决生效后十日内支付李超 2013 年已工作时间未休年休假工资报酬 228 元；五、驳回李超的其他诉讼请求。案件受理费 10 元，由方鑫嘉诚公司负担。

宣判后，方鑫嘉诚公司不服一审判决，上诉至二审法院。

上诉人方鑫嘉诚公司上诉称：一、按照方鑫嘉诚公司的人事管理制度，李超旷工三天自动离职应扣其工资 600 元。二、李超要求支付加班费无事实依据。方鑫嘉诚公司员工工资构成是由基本工资与加班费构成，李超在方鑫嘉诚公司工作期间，方鑫嘉诚公司已经足额支付了加班费。对于一审中所查明的李超的加班时间及加班费金额有异议。三、李超要求方鑫嘉诚公司支付解除合同经济补偿金，没有事实和法律依据。方鑫嘉诚公司解除双方的劳动关系是合法，并不是非法解除，是李超连续旷工在先，按照公司制度连续旷工三天属于自动离职，通过与李超的谈话记录及李超的行为，都是李超解除合同的意思表示。四、一审中所查明的李超的加班时间错误，加班费金额也不对。综上，一审判决事实不清，适用法律错误，请求二审法院撤销一审判决的第一至三项，依法改判；本案诉讼费用由李超承担。

被上诉人李超答辩称：一审查明事实清楚，适用法律正确，请求驳回上诉，维持原判。

经二审法院审理查明，方鑫嘉诚公司根据其提交的自 2012 年 3 月至 2013 年 7 月期间考勤表统计，李超工作日加班 892 小时，休息日加班 841.5 小时，无法定节假日加班。李超不予认可，主张该期间工作日加班 1 496 小时，休息日加班 136 小时，法定节假日加班 14 天，但未提交证据证明。一审法院对此认定事实错误，二审法院予以纠正。

二审查明的其他事实与一审查明事实一致。

本案经调解，未能达成协议。

二审法院认为，本案双方争议的焦点问题是：方鑫嘉诚公司是否应当支付李超违法解除合同赔偿金、加班费。

关于方鑫嘉诚公司是否应当支付李超违法解除合同赔偿金问题。《最高人民法院关于审理劳动争议案件适用法律若干问题的解释》第十三条规定："因用人单位作出的开除、除名、辞退、解除劳动合同、减少劳动报酬、计算劳动者工作年限等决定而发生的劳动争议，用人单位负举证责任。"本案中，方鑫嘉诚公司于 2013 年 8 月 19 日解除了与李超的劳动合同，其理由为"个人申请解除劳动合同"。因李超对此不予认可，方鑫嘉诚公司未提交有效证据予以证明，故方鑫嘉诚公司应承担举证不能的法律后果。因此，二审法院认定方鑫嘉诚公司以"个人申请解除劳动合同"为由解除与李超的劳动合同，事实不成立，方鑫嘉诚公司的行为已构成违法解除劳动合同，依法应向李超支付违法解除劳动合同赔偿金。一审法院对此认定正确，计算数额无误，二审法院予以维持。

关于李超主张方鑫嘉诚公司未足额 2012 年 2 月 28 日至 2013 年 7 月 11 日期间加班费问题。李超主张方鑫嘉诚公司应支付其 2012 年 2 月 28 日至 2013 年 7 月 11 日期间加班工资 94 896 元，并提交了供应商送货单一宗证明加班事实。方鑫嘉诚公司认可李超在工作期间存在加班的事实，但主张已经足额支付李超加班费，并提交了该期间的考勤表、工资表、加班费计算明细表为证。李超在一审中认可方鑫嘉诚公司提交的考勤表，对工资表数额认可但不予认可工资构成。二审法院认为，根据双方当事人的举证质证情况，方鑫嘉诚公司提交的考勤表、工资表、加班费计算明细表能够相互印证，且方鑫嘉诚公司提交的工资构成并不违反双方签订的劳动合同中关于工资数额的约定，李超并未提交证据否认方鑫嘉诚公司提交的考勤表、工资表的真实性，亦未提交有效证据证明其主张的方鑫嘉诚公司存在未足额支付加班费事实，故李超的该上诉请求，证据不足，二审法院不予支持。一审判决对此认定错误，二审法院予以改判。

关于方鑫嘉诚公司应支付李超 2013 年 6 月 1 日至 2013 年 7 月 11 日期间的工资 3 196.9 元、2013 年未休年休假工资报酬 228 元，一审对此分析得当，认定正确，二审法院予以维持，不再赘述。关于方鑫嘉诚公司上诉主张应扣李超工资 600 元，于法无据，二审法院不予支持。

综上，上诉人方鑫嘉诚公司的上诉理由部分成立，二审法院相应予以支持。依据《最高人民法院关于审理劳动争议案件适用法律若干问题的解释（三）》第九条，《中华人民共和国民事诉讼法》第一百七十条第一款第（二）项、第一百七十五条之规定，判决：一、维持青岛市黄岛区人民法院（2013）黄民初字第 8559 号民事判决的第一、三、四项；二、撤销青岛市黄岛区人民法院（2013）黄民初字第 8559 号民事判决的第二、五项；三、驳回上诉人李超的其他诉讼请求。一审案件受理费 10 元，由上诉人青岛方鑫嘉诚汽车装饰件有限公司负担；二审案件受理费 10 元，由上诉人青岛方鑫嘉诚汽车装饰件有限公司 5 元，被上诉人李超负担 5 元。

【案件评析】

劳动合同法在法律体系中属于社会法范围，对于劳动争议案件的举证责任分配与一般民事案件不同，在劳动争议纠纷处理中，用人单位需要承担更多的举证责任，劳动争议调解仲裁法的规定多有体现，最高人民法院更是先后通过四个立法解释确立了一整套特殊的举证责任分配规则。劳动争议调解仲裁法第六条规定，发生劳动争议，当事人对自己提出的主张有责任提供证据，但与争议有关的证据属于用人单位掌握的，用人单位承担有义务提供，用人单位不提供的，承担不利后果。最高人民法院《关于审理劳动争议案件适用法律若干问题的解释》第十三条规定，因用人单位做出的开除、除名、辞退、解除劳动合同、减少劳动报酬、计算劳动者工作年限而发生的劳动争议，用人单位负举证责任。本案，方鑫嘉诚公司系劳动关系中的用人单位，双方就解除劳动合同原因发生争议，方鑫嘉诚公司主张系李超主动辞职双方解除劳动合同，方鑫嘉诚公司应当提交证据证明其主张的事实，其不能提交相应的证据，需要承担举证不能的法律责任，故法院未支持方鑫嘉诚公司主张的李超主动离职双方解除劳动合同的主张，认定方鑫嘉诚公司非法与李超解除劳动合同，判决方鑫嘉诚公司支付李超非法解除劳动合同赔偿金。

（青岛市中级人民法院民一庭法官助理　高仁青）

【五】同一侵权主体的情况下，工伤待遇与人身损害赔偿不能获得双倍赔偿

——青岛某包装品厂诉张某等四人劳动争议纠纷案

关键词：　同一侵权主体　工伤待遇
人身损害赔偿　双倍赔偿

【裁判要点】

在没有第三人存在的情况下，用人单位作为工伤待遇及人身损害赔偿的同一侵权主体，应按照《工伤保险条例》的相关规定对劳动者进行赔偿，劳动者不能同时要求用人单位承担人身损害赔偿责任。

【相关法条】

最高人民法院《关于审理人身损害赔偿案件适用法律若干问题的解释》第十二条规定"依法应当参加工伤保险统筹的用人单位的劳动者，因工伤事故遭受人身损害，劳动者或者其近亲属向人民法院起诉请求用人单位承担民事赔偿责任的，告知其按《工伤保险条例》的规定处理。因用人单位以外的第三人侵权造成劳动者人身损害，赔偿权利人请求第三人承担民事赔偿责任的，人民法院应予支持。"

【基本案情】

张某等四人系戴某直系亲属。2013 年 6 月 1 日，戴某到青岛某包装品厂工作，青岛某包装品厂未为戴某缴纳社会保险费。2013 年 6 月 17 日，戴某因公乘单位车辆外出途中发生交通事故受伤，经抢救无效当日死亡。

2013 年 9 月 24 日，即墨市人力资源和社会保障局作出青即人社伤认决字［2013］第 JM000588 号认定工伤决定书，认定戴某为工伤，伤害部位：死亡。

2013年7月16日，即墨市公安局交通警察大队道路交通事故认定书即公交认字〔2013〕第00550号认定戴某无事故责任。

2013年7月3日，本案四原告张某等四人向法院提起诉讼，要求青岛某包装品厂赔偿抢救费、死亡赔偿金、丧葬费、被扶养人生活费等各种经济损失800 000元。经审理，法院于2013年1月27日组织双方达成调解协议，并作出（2013）即民初字第4579号民事调解书，双方自愿达成如下调解协议：（一）青岛某包装品厂、马某、王某共赔付张某等四人各项损失共计710 000元，当庭赔付370 000元，余款340 000元，由法院查封王某在江苏张家港农业商业银行股份有限公司青岛即墨支行存款中直接划扣后给付张某等四人。张某等四人其他权利自愿放弃，本次事故一次性了结，再无任何纠葛。（二）案件受理费13 410元，减半收取6 705元，保全费4 520元，由张某等四人负担。该调解书内容已全部履行完毕。

2014年4月3日，即墨市公安局灵山派出所出具了死亡注销证明，载明"戴某，男，出生于1971年4月15日，于2013年6月17日死亡，注销户口原因：道路交通事故。"

2014年3月31日，张某等四人向即墨市劳动人事争议仲裁委员会（以下简称仲裁委员会）申请仲裁，要求裁决：青岛某包装品厂支付丧葬补助金18 702元；一次性工亡补助金491 300元；自2013年6月18日起每月支付戴某（死者戴某之父）供养亲属抚恤金935.1元至失去供养条件，并随国家政策的调整而调整；自2013年6月18日起每月支付张某（死者戴某之母）供养亲属抚恤金935.1元至失去供养条件，并随国家政策的调整而调整；自2013年6月18日起每月支付戴某（死者戴某之子）供养亲属抚恤金935.1元至18周岁，并随国家政策的调整而调整。仲裁委员会经审理，于2014年4月24日作出了即劳人仲案字〔2014〕第131号仲裁裁决，裁决：（一）青岛某包装品厂支付申请人戴某（死者戴某之父）、张某（死者戴某之母）一次性工亡补助金245 650元。（二）青岛某包装品厂支付李某（死者戴某之妻）、戴某（死者戴某之子）一次性工亡补助金245 650元。（三）青岛某包装品厂自2013年7月1日起每月支付戴某供养亲属抚恤金561元至失去供养条件，并随国家政策的调整而调整。（四）青岛某包装品厂自2013年7月1日起每月支付张某供养亲属抚恤金 561 元至失去供养条件，并随国家政策的调整而调整。（五）青岛某包装品厂自 2013 年 7 月 1 日起每月支付戴某（死者戴某之子）供养亲属抚恤金 561 元至 2018 年 2 月 17 日，并随国家政策的调整而调整。（六）驳回张某等四人的其他仲裁请求。青岛某包装品厂对仲裁裁决不服，向法院提起诉讼。

即墨市人民法院于 2014 年 11 月 18 日作出（2014）即民初字第 4062 号民事判决书，判决：（一）驳回张某等四人要求青岛某包装品厂支付丧葬补助金、一次性工亡补助金、自 2013 年 6 月 18 日起每月支付戴某供养亲属抚恤金至失去供养条件、自 2013 年 6 月 18 日起每月支付张某供养亲属抚恤金至失去供养条件、自 2013 年 6 月 18 日起每月支付戴某（死者戴某之子）供养亲属抚恤金至 18 周岁的仲裁请求。（二）驳回青岛某包装品厂的其他诉讼请求。

【案件评析】

根据最高人民法院《关于审理人身损害赔偿案件适用法律若干问题的解释》第十二条的规定："依法应当参加工伤保险统筹的用人单位的劳动者，因工伤事故遭受人身损害，劳动者或者其近亲属向人民法院起诉请求用人单位承担民事赔偿责任的，告知其按《工伤保险条例》的规定处理。因用人单位以外的第三人侵权造成劳动者人身损害，赔偿权利人请求第三人承担民事赔偿责任的，人民法院应予支持。"在本案中，戴某乘单位用车发生交通事故，并被认定为因工死亡，应按照《工伤保险条例》的规定处理。但张某等四人首先按照机动车交通事故责任纠纷起诉到即墨市人民法院，在该案审理过程中，青岛某包装品厂在答辩及代理意见中明确提出应按照工伤事故处理，后该案经法院调解结案，且调解协议已全部履行完毕。后张某等四人又在本案中主张青岛某包装品厂支付其工伤待遇。因青岛某包装品厂为同一侵权主体，在不存在第三人的情况下，张某等四人要求青岛某包装品厂承担双重赔偿责任，缺乏法律依据，其请求不应得到支持。

（青岛市即墨区人民法院民一庭审判员　刘平平）

【六】用人单位对其规章制度不具有"最终解释权"

——梅某某诉某集装箱公司劳动争议案

关键词：劳动规章制度　管理行为　重大违纪行为
　　　　违法解除劳动合同

【裁判要点】

企业劳动规章制度规定了"坚决抵制或拒不执行上级主管或其他管理人员的合理工作安排"属于重大违纪行为，可以解除劳动合同。在企业规章制度制定程序合法的情况下，对于此类规定应当如何理解与适用。

【相关法条】

1.《中华人民共和国劳动合同法》第四十八条：用人单位违反本法规定解除或者终止劳动合同，劳动者要求继续履行劳动合同的，用人单位应当继续履行；劳动者不要求继续履行劳动合同或者劳动合同已经不能继续履行的，用人单位应当依照本法第八十七条规定支付赔偿金。

2.《中华人民共和国劳动合同法》第八十七条：用人单位违反本法规定解除或者终止劳动合同的，应当依照本法第四十七条规定的经济补偿标准的二倍向劳动者支付赔偿金。

3.《最高人民法院关于民事诉讼证据的若干规定》第六条：在劳动争议纠纷案件中，因用人单位作出开除、除名、辞退、解除劳动合同、减少劳动报酬、计算劳动者工作年限等决定而发生劳动争议的，由用人单位负举证责任。

【基本案情】

1998年12月25日，梅某某与某集装箱公司签订书面劳动合同，该合同约定的劳动合同期限自1998年12月25日至1999年12月24日。此后，梅某某一直在某集装箱公司工作。至 2008 年 5 月 1 日，梅某某与某集装箱公司签订了无固定期限劳动合同。2013 年 1 月 29 日，梅某某与某集装箱公司又签订劳动合同变更协议书，该协议书约定：自 2012 年 12 月 10 日起梅某某的岗位调整为质检员、原劳动合同仍继续履行（变更条款按照本协议执行）等。梅某某在劳动合同解除前十二个月的平均工资为 5 500 元。

2010 年 9 月，经某集装箱公司工会代表讨论并征求了代表的意见和建议，某集装箱公司对其员工手册进行了修订。修订后的员工手册中重大违纪一项规定："凡具有以下之重大违纪行为者，公司将立即解除其劳动合同且无任何经济补偿金。给公司造成经济损失的，还须赔偿公司经济损失"，其项下第 6.1.38 条规定："坚决抵制或拒不执行上级主管或其他管理人员的合理工作安排（被证明违法违章指挥除外）"；该员工手册第 12 章第 12.1.1 条规定："公司对所有员工配发员工 IC 卡。基于保安工作和出勤管理的要求，所有员工在进出工厂和在厂区范围内必须佩带员工 IC 卡，并按考勤管理要求按时在考勤机上记录个人的上下班时间。如果员工 IC 卡丢失或损坏应立即通知人力资源部补发或更换，员工 IC 卡的补发或更换由人力资源部负责。员工 IC 卡为公司财物，员工离职时应将员工 IC 卡交回公司人力资源部"。2011 年 2 月 28 日，梅某某在员工手册签收单上签字确认，该单载明："今收到某集装箱公司《员工手册》（2011 年 1 月版）（共计 117 页，页数完整无缺）一本。现已阅读完毕，对该员工手册中的内容全部了解并同意遵照执行，特此签收。"

某集装箱公司称其于 2013 年 6 月 18 日发布《通知》，告知员工遵守《员工手册》第 12 章第 12.1.1 条规定，随身携带并及时出示员工 IC 卡，配合保安的工作。该通知在公司的公共显示屏上公开宣传。2014 年 9 月 1 日，某集装箱公司又通过公共显示屏发布《通知》，再次强调请广大员工随身携带并及时出示员工 IC 卡，并且告知员工从即日起，一经发现，管理人员有权暂扣员工卡，按照公司相应规定予以警告或其他相应处分。

2014 年 9 月 2 日，梅某某在工作中与某集装箱公司管理人员发生争议。2014 年 9 月 3 日，梅某某在陈述书中称：其在 2014 年 9 月 2 日 20：45 分左右来到自己工作的 ROOF 发泡车间，由于车间内未开灯，于是其借助手机亮光寻找电源开关。此时，罗尼总监开门进入，起初双方语言不通，后梅某某通过罗尼总监的手势才明白，罗尼总监发现其未佩带员工卡，但由于双方语言差异，无法沟通。罗尼总监叫来保安将其带出厂区，后梅某某在同事帮助下在更衣橱内找到员工卡，并将这一情况向当班经理进行反馈，经沟通后又回到工作岗位工作。

2014 年 9 月 3 日，某集装箱公司人力资源科向其工会发出《工厂职员工解除劳动合同征求工会意见函》，以梅某某坚决抵制、拒不执行公司管理人员合理的管理要求为由，拟解除与梅某某的劳动合同。某集装箱公司工会同意依照《中华人民共和国劳动合同法》的规定处理。2014 年 9 月 3 日，某集装箱公司向梅某某发出解除劳动合同通知书，该通知书载明："梅某某先生（身份证号码 370222197307251715）：2014 年 9 月 2 日夜班，公司管理人员在车间内发现你在玩手机，且未佩戴员工卡，管理人员要求你出示员工卡确认身份，但你拒不配合，且态度恶劣。由于你坚决抵制、拒不执行公司管理人员合理的管理要求，违反了《员工手册》第 6.1.38 条相关规定，属重大违纪行为。根据《中华人民共和国劳动合同法》第三十九条及《员工手册》关于重大违纪的相关规定，公司于 2014 年 9 月 4 日解除与你的劳动合同。特此通知！某集装箱公司 2014 年 9 月 3 日"。

梅某某于 2014 年 9 月 11 日向青岛市城阳区劳动人事争议仲裁委员会提起仲裁，请求裁决某集装箱公司支付梅某某工资 5 500 元、违法解除劳动合同赔偿金 20.35 万元、经济补偿金 10.18 万元。劳动人事争议仲裁委员会经审查认为申请人梅某某与被申请人某集装箱公司之间劳动关系不明确，决定对申请人梅某某诉被申请人某集装箱公司劳动争议一案不予受理。仲裁裁决作出后，梅某某不服仲裁裁决向法院起诉。

一审法院认为，本案争议的焦点是某集装箱公司解除与梅某某的劳动合同关系是否违法。一、某集装箱公司的《员工手册》第 12.1.1 条明确规定员工 IC 卡丢失或损坏应立即通知人力资源部补发或更换，梅某某在工作时未佩戴员工 IC 卡，且在某集装箱公司的管理人员发现后及时找到并佩戴员工 IC 卡，梅某某的该行为不足以构成重大违纪。二、某集装箱公司以公司管理人员发现梅某某在车间内玩手机，管理人员要求梅某某出示员工卡确认身份，但梅某某拒不配合为由依据《员工手册》第 6.1.38 条规定解除与梅某某的劳动合同关系，但某集装箱公司未对自己的主张提供证据加以证明，依据举证责任应承担不利后果。综上，某集装箱公司于 2014 年 9 月 3 日解除与梅某某劳动合同关系违反了《中华人民共和国劳动合同》、《员工手册》的相关规定，故梅某某要求某集装箱公司支付违法解除劳动合同的赔偿金，理由正当，予以部分支持。据此，一审法院判决：某集装箱公司于判决生效后十日内支付梅某某违法解除劳动合同的赔偿金 176 000 元。案件受理费 10 元，由某集装箱公司负担。

某集装箱公司不服一审判决，提起上诉。其上诉的主要理由是：（一）一审判决认定事实错误，一审判决认定梅某某的行为不足以构成重大违纪属于认定事实错误。某集装箱公司《员工手册》第 12 章公司安全管理规定中，对于员工进出必须佩戴 IC 卡有明确规定，此后由于发生爆炸事故，安全管理等级提升，某集装箱公司又先后两次下发通知，强调员工佩戴 IC 卡的内容。梅某某作为公司老员工，不仅熟知公司规章制度，还应当起到表率作用。但是，就在通知下发第二天，梅某某被公司管理人员在车间发现时，既不是其工作时间，也未佩带 IC 卡，在管理人员要求其出示时，也无法出示。其行为已构成坚决抵制或拒不执行上级主管或其他管理人员的合理工作安排，属于重大违纪。（二）一审判决认定某集装箱公司未举证证明梅某某的违纪事实属于认定事实错误。某集装箱公司提交的梅某某的《陈述书》中，梅某某认可其存在玩手机、不出示员工卡的行为。某集装箱公司的举证责任已经完成；（三）一审判决适用法律错误，梅某某严重违反公司规章制度，某集装箱公司在依法征求工会意见后与其解除劳动合同，符合法律规定，不应向其支付违法解除劳动合同赔偿金。

二审法院认为，在本案中，某集装箱公司以梅某某严重违纪为由依据其《员工手册》的规定，解除与梅某某的劳动合同，双方由此发生纠纷。因此，某集装箱公司能否依据其《员工手册》的规定处分其职工、梅某某的行为是否已构成严重违纪是本案必须解决的两个问题，即只有上述两个前提条件都满足后，某集装箱公司解除与梅某某的劳动合同方为合法有效，否则某集装箱公司应承担相应的法律责任。

一、某集装箱公司是否可以依据其制定的《员工手册》处分职工。

所谓劳动规章制度，又称劳动纪律、内部劳动规则，是指用人单位制定的适用于该单位的劳动规则，是劳动者在共同劳动过程中必须遵守的行为规范与准则。规章制度是用人单位内部实施的组织劳动和进行劳动管理的规则，其范围可以涉及一切与劳动相关的规定和调整机制，如工时制度、薪酬福利制度、考勤请假制度、奖惩制度、劳动安全卫生等。随着社会化大生产的高速发展，劳动者数量剧增，劳动分工也日益精细。企业为了合理有效地经营管理，制定劳动者所应普遍遵循的劳动规章制度，将各种各样的劳动条件予以整理统一，实有必要。

我国《劳动法》第四条规定："用人单位应当依法建立和完善规章制度，保障劳动者享有劳动权利和履行劳动义务"。我国《劳动合同法》第四条规定："用人单位应当依法建立和完善劳动规章制度，保障劳动者享有劳动权利、履行劳动义务。用人单位在制定、修改或者决定有关劳动报酬、工作时间、休息休假、劳动安全卫生、保险福利、职工培训、劳动纪律以及劳动定额管理等直接涉及劳动者切身利益的规章制度或者重大事项时，应当经职工代表大会或者全体职工讨论，提出方案和意见，与工会或者职工代表平等协商确定。在规章制度和重大事项决定实施过程中，工会或者职工认为不适当的，有权向用人单位提出，通过协商予以修改完善。用人单位应当将直接涉及劳动者切身利益的规章制度和重大事项决定公示，或者告知劳动者"。从以上规定可以看出，我国法律赋予了用人单位制定规章制度的权利，但同时我国法律对于企业规章制度的内容、制定程序、告知程序也做出了相应的规定。

在本案中，某集装箱公司制定的《员工手册》即是其单位的劳动规章制度。2010 年 9 月，某集装箱公司对其《员工手册》进行了修订，从某集装箱公司提交的《员工手册》、《员工手册意见征集函》及《员工手册修订工会综合意见反馈》中可以看出，某集装箱公司在对其《员工手册》进行修订的过程中，对需要修订的条款确系通过民主程序充分讨论，并由代表提出意见和建议，其制定程序符合法律规定。其《员工手册》的内容，不违反国家法律、行政法规及政策规定。而某集装箱公司提交的有梅某某个人签字的《员工手册签收单》则可以证明，某集装箱公司已将修订后《员工手册》的内容告知劳动者个人知悉。因此，根据最高人民法院《关于审理劳动争议案件适用法律若干问题的解释》第十九条"用人单位根据《劳动法》第四条之规定，通过民主程序制定的规章制度，不违反国家法律、行政法规及政策规定，并已向劳动者公示的，可以作为人民法院审理劳动争议案件的依据"之规定，本院认为，某集装箱公司制定的《员工手册》对其员工具有约束力，可以作为本案的审理依据。

二、梅某某违纪问题的认定。

对于某集装箱公司解除与梅某某劳动合同的问题。某集装箱公司认为，就员工在工作中佩戴员工卡的问题，公司曾经三令五申，梅某某拒不配合，已严重违反公司规章制度，某集装箱公司依据其《员工手册》的相关规定，解除与梅某某的劳动合同，符合法律规定。梅某某对此不予认可，认为自己并不存在《员工手册》规定的重大违纪行为，某集装箱公司单方解除劳动合同，属于违法解除劳动合同。

根据《最高人民法院关于民事诉讼证据的若干规定》第六条的规定："在劳动争议纠纷案件中，因用人单位作出开除、除名、辞退、解除劳动合同、减少劳动报酬、计算劳动者工作年限等决定而发生劳动争议的，由用人单位负举证责任"。因此，某集装箱公司作为用人单位，应当对其解除与梅某某劳动合同的合法性、正当性负有举证责任。

在本案中，某集装箱公司向梅某某发出的解除劳动合同通知书中载明的解除合同理由是：梅某某在车间内玩手机，且未佩戴员工卡，管理人员要求其出示员工卡确认身份，但其拒不配合，且态度恶劣。梅某某的行为系坚决抵制、拒不执行公司管理人员合理的管理要求，属于重大违纪行为。而某集装箱公司据以证明梅某某存在重大违纪事实的证据，即梅某某本人书写的《陈述书》。从该《陈述书》的内容来看，梅某某并未承认其在车间内玩手机，尽管其承认自己被管理人员发现未佩带员工 IC 卡，但从其最后在更衣橱内找到员工 IC 卡，并向当班经理反馈的陈述来看，梅某某也未表现出拒不配合。因此，某集装箱公司提交的证据仅能证明梅某某存在未佩带员工 IC 卡的行为。

三、某集装箱公司对梅某某做出解除劳动合同的决定是否适当。

如前所述，单位的规章制度一经制定生效即对本单位的全体职工具有约束力，本单位的职工应严格按照劳动纪律以及规章制度办事，不得违反劳动纪律和规章制度，否则用人单位可以依照劳动纪律规定和规章制度中的相关规定予以处分，甚至可以解除劳动合同。但是，如用人单位欲以违反劳动纪律或规章制度为由解除劳动合同的话，尚须满足三个条件：一是用人单位的规章制度必须合法有效，且是根据民主程序公之于众；二是劳动者存在违反规章制度的客观行为，并且是严重违反用人单位的规章制度，对用人单位的正常生产经营秩序和管理秩序造成了严重影响；三是用人单位对劳动者的处理是按照本单位规章制度规定的程序办理的，并符合相关法律法规的规定。

在本案中，梅某某在厂区范围内确实存在未佩带员工 IC 卡的行为，该行为违反了某集装箱公司《员工手册》第 12 章第 12.1.1 条的规定。但某集装箱公司《员工手册》规定的"重大违纪"一项中并未将员工在厂区范围内未佩带员工 IC 卡列为重大违纪行为。某集装箱公司认为，就员工在工作中佩戴员工 IC 卡的问题，公司曾经三令五申，并在 2013 年 6 月 18 日、2014 年 9 月 1 日先后下发通知，再三强调员工随身携带并及时出示员工 IC 卡的问题。通知下发后，梅某某在厂区范围内被发现不佩带员工 IC 卡，即系坚决抵制、拒不执行公司管理人员合理的管理要求，属于重大违纪行为。本院认为，尽管某集装箱公司《员工手册》第 6.1.38 条规定了"坚决抵制或拒不执行上级主管或其他管理人员的合理工作安排"属于重大违纪行为，但对于何谓"合理工作安排"，某集装箱公司在其《员工手册》中并未做出明确界定。某集装箱公司下发的佩戴员工 IC 卡的通知仅属于管理行为，如依某集装箱公司的逻辑，员工对其任何管理行为的违反，都可解释为坚决抵制、拒不执行公司管理人员合理工作安排，对于其员工显然是不公平的。因此，管理行为不能等同于公司的规章制度，管理行为的实施应当是在公司规章制度的框架下进行。梅某某虽然在厂区范围内被发现未佩带员工 IC 卡，但某集装箱公司《员工手册》中并未将此行为列为重大违纪行为。且从梅某某最后在更衣橱内找到员工 IC 卡，并向当班经理反馈的情况来看，其并未表现出坚决抵制或拒不执行的态度，某集装箱公司亦无证据证明梅某某的行为对其公司的管理秩序造成了严重影响。因此，某集装箱公司以梅某某坚决抵制、拒不执行公司管理人员合理的管理要求为由解除与梅某某的劳动合同，显属不当。原审认定某集装箱公司解除与梅某某的劳动合同属于违法解除劳动合同，并无不当。

四、某集装箱公司应否向梅某某支付违法解除劳动合同赔偿金。

《中华人民共和国劳动合同法》第四十八条规定："用人单位违反本法规定解除或者终止劳动合同，劳动者要求继续履行劳动合同的，用人单位应当继续履行；劳动者不要求继续履行劳动合同或者劳动合同已经不能继续履行的，用人单位应当依照本法第八十七条规定支付赔偿金"。该条明确规定了用人单位违法解除劳动合同的法律后果，并赋予劳动者选择是否继续履行劳动合同的权利。在本案中，梅某某在仲裁阶段提出要求某集装箱公司支付违法解除劳动合同赔偿金的请求，即表明其不再要求继续履行与某集装箱公司之间的劳动合同。因此，双方劳动关系应当自2014年9月3日解除。

《中华人民共和国劳动合同法》第八十七条规定："用人单位违反本法规定解除或者终止劳动合同的，应当依照本法第四十七条规定的经济补偿标准的二倍向劳动者支付赔偿金"。在本案中，梅某某解除劳动合同前12个月的平均工资为5 500元，梅某某自1998年入职某集装箱公司至其解除劳动合同时已满16年。因此，梅某某主张的违法解除劳动合同赔偿金的数额应为176 000元（5 500元×16个月×2）。原审计算赔偿金数额准确，应予维持。

据此，二审法院依照《中华人民共和国民事诉讼法》第一百七十条第一款第（一）项之规定，判决：驳回上诉，维持原判。

【案件评析】

现代企业劳动规章制度的规定越来越细化，劳动者与用人单位之间关于劳动规章制度的适用而引发的纠纷日益涌现，本案即是由此而引发的纠纷。用人单位利用诸如"坚决抵制或拒不执行上级主管或其他管理人员的合理工作安排"等规定，对其规章制度做出任意解读，并据此对劳动者进行处分，对于劳动者显然是不公平的，亦有违《劳动合同法》的立法本意。此案所引发之纠纷当引以为鉴。

（青岛市中级人民法院民一庭审判长　马　喆）

【七】职工严重违反劳动纪律无相应规章制度亦可解除劳动合同

——某置业公司诉丁某劳动争议纠纷案

关键词：解除劳动合同　劳动纪律　旷工

【裁判要点】

《劳动合同法》第三十九条规定，劳动者严重违反用人单位规章制度的，用人单位可以解除劳动合同。但如果劳动者出现严重违反劳动纪律的行为，而规章制度无相应规定或规章制度未来得及向劳动者公示或告知的。用人单位针对劳动者违反劳动纪律的行为与劳动者解除劳动合同的，应属合法有效，无须向劳动者支付赔偿金。

【相关法条】

《中华人民共和国劳动合同法》第三十九条 劳动者有下列情形之一的，用人单位可以解除劳动合同：（一）在试用期间被证明不符合录用条件的；（二）严重违反用人单位的规章制度的；（三）严重失职，营私舞弊，给用人单位造成重大损害的；（四）劳动者同时与其他用人单位建立劳动关系，对完成本单位的工作任务造成严重影响，或者经用人单位提出，拒不改正的；（五）因本法第二十六条 第一款第一项规定的情形致使劳动合同无效的；（六）被依法追究刑事责任的。

《中华人民共和国劳动法》第二十五条 劳动者有下列情形之一的，用人单位可以解除劳动合同：（一）在试用期间被证明不符合录用条件的；（二）严重违反劳动纪律或者用人单位规章制度的；（三）严重失职，营私舞弊，对用人单位利益造成重大损害的；（四）被依法追究刑事责任的。

【基本案情】

某置业公司与丁某签订了 2013 年 5 月 26 日起至法定解除或终止劳动

合同条件出现时止的劳动合同，约定从事建筑工程技术人员岗位，工资为17 769元。丁某自2015年3月2日起向某置业公司请病假休息，并向某置业公司递交青岛黄岛区人民医院、青岛经济技术开发区第一人民医院、青岛大学医学院附属医院等医疗机构出具的诊断为腰椎间盘突出症病历、医疗费单据，及至2015年9月30日的建议休息的病假证明书。2015年3月16日，某置业公司向丁某支付了2015年3月的病假工资9 125.59元。2015年4月29日，某集团公司的工作人员潘某某用其手机向丁某手机发送短信，称有人反映丁某病假期间在境外，要求丁某到公司澄清病假条情况。丁某短信回复否认在境外，因身体不适，去不了单位，以后有事发邮件。某置业公司收取了丁某2015年3月2日至2015年7月24日期间的青岛黄岛区人民医院、青岛经济技术开发区第一人民医院、青岛大学医学院附属医院病历、医疗费单据及病假证明书，拒收丁某之后的病假证明。

2015年8月20日，某置业公司制定《关于征求员工对劳动用工管理规定征求意见稿等十项资源管理制度意见的通知》。2015年9月18日，某置业公司制定并施行《某置业公司考勤及请休假管理规定》、《劳动用工管理规定》、《员工行为规范管理规定》。2015年8月30日、9月18日，某集团公司的工作人员潘向东先后向丁某邮箱发送《劳动用工管理规定征求意见稿》、《某置业公司考勤及请休假管理规定》、《劳动用工管理规定》、《员工行为规范管理规定》。2015年9月28日，某置业公司依据《劳动用工管理规定》第7.1.3条和7.1.4条、《员工行为规范管理规定》第5.2.3条、《某置业公司考勤及请休假管理规定》第17.1条规定，先征求工会意见后，做出与丁某解除劳动合同决定。同日，某集团公司的工作人员潘某某向丁某邮箱发送解除劳动合同通知。2015年9月29日，某置业公司办理了与丁某的解除劳动合同手续。丁某庭审中称，丁某在2015年10月8日才得知潘某某发送其邮箱内容。

2015年12月21日，丁某以某置业公司为被申请人申请劳动仲裁，请求裁决被申请人支付申请人2015年4月至9月期间的病假工资（税后）54 750元；支付申请人2014年奖金（税后）136 303元；支付申请人解除劳动合同赔偿金（税后）492 180元。青岛市黄岛区劳动争议仲裁委员会经审理裁决：（一）被申请人支付申请人解除劳动合同赔偿金363 420元。

（二）被申请人支付申请人 2015 年 4 月至 9 月 28 日期间的病假工资和疾病救济费共计 54 750 元。（三）驳回申请人的其他仲裁请求。被申请人不服裁决诉至法院。申请人在法定期限内未起诉。

丁某自 1999 年 9 月起，在某集团公司安排下，先后与其下属的青岛第三建筑设计院、青岛海景花园酒店管理有限公司、青岛城市建设集团汇泉湾有限公司、某置业公司签订过劳动合同。2013 年 5 月，在某集团公司安排下与某置业公司签订劳动合同时，上述某集团公司下属的公司均未支付过某置业公司经济补偿金。丁某解除合同前月平均工资为 15 646.43 元。

2016 年 2 月 29 日，青岛经济技术开发区第一人民医院向某置业公司出具情况说明：患者丁某在 2015 年 4 月、5 月、6 月、7 月、10 月在医院有多次挂号记录，8 月、9 月无挂号记录。

2016 年 9 月 6 日，青岛市公安局出入境管理局查询系统显示：丁某 2015 年 3 月 28 日出境，2015 年 8 月 27 日入境。

某置业公司《员工行为规范管理规定》第 5.2.3 "有下列行为之一的，视为严重违反公司规章制度，公司有权立即解除劳动合同，且不支付任何经济补偿；2）一年内连续旷工 3 天以上或累计旷工 5 天以上的"。《劳动用工管理规定》内容："7 劳动合同的解除 7.1.3 员工严重违反劳动纪律，符合公司《员工行为规范管理规定》中规定可解除劳动合同行为的"、7.1.4 条 "员工有违反公司其他规章制度中可解除劳动合同行为的"。某置业公司《考勤及请休假管理规定》第 17.1 条 "员工未按本制度规定请假，或请假未被批准，或请假期满未按规定履行续假手续，或续假未获批准，在前述情况下员工未到岗上班或擅自离岗的，均按旷工处理。员工一个自然年度内连续旷工达到 3 个工作日以上，或一个自然年度内累积旷工达到 5 个工作日以上的，属于严重违反规章制度的行为，公司有权解除与该员工的劳动合同，并不支付任何补偿"。

某置业公司向一审法院起诉，请求判决某置业公司不予承担解除劳动合同赔偿金，不予支付丁某 2015 年 4 月至 9 月 28 日期间的病假工资和疾病救济费。

一审法院认为，本案的争议焦点问题是某置业公司、丁某劳动合同的解除问题。我国《劳动合同法》规定，劳动者严重违反用人单位规章制度，严重失职，给用人单位造成重大损害的，用人单位可以解除劳动合同。本案中，某置业公司对丁某做出违纪解除劳动合同处理决定，依据的是某置业公司 2015 年 9 月 18 日制定并实施的《劳动用工管理规定》、《员工行为规范管理规定》、《某置业公司考勤及请休假管理规定》的相关条款规定，因此，某置业公司对丁某做出严重违纪解除劳动合同决定，只能对丁某发生在上述规章制度实施后的严重违纪行为做出。丁某提供了 2015 年 9 月 15 日后的盖有医院诊断专用章的病假证明书和相关病历，某置业公司对此提供了丁某在此期间没有挂号记录的证据，虽丁某的就诊证据存在瑕疵，但丁某的病假证明和病例确系该医院出具，丁某的出入境记录显示丁某此时在国内，所以某置业公司于 2015 年 9 月 28 日以丁某旷工构成严重违纪为由与丁某解除劳动合同不妥，考虑丁某作为一名集团公司安排下在某置业公司及其相关联企业已经工作了十六年的老员工，为公司做出了一定的贡献，几次变换公司均未支付过丁某经济补偿金，现某置业公司向丁某提出解除劳动合同，丁某亦同意不再维持劳动合同关系，此种情形可视为双方协商一致解除劳动合同，某置业公司可向丁某支付解除劳动合同经济补偿金，但丁某的月工资标准过高，应依法按照青岛市上年度职工月平均工资三倍的数额计算，且支付年限最高不超过十二年，具体数额为 145 359 元（4 037.75 元/月×3 倍×12 个月）。因某置业公司对丁某的病假请求对其提出过质疑，丁某的病假证据存在瑕疵，丁某病假工资的仲裁请求，法院不予支持。丁某在劳动仲裁中提出的 2014 年奖金的仲裁请求，劳动仲裁裁决未予支持，丁某亦未就此向法院起诉，视为对劳动仲裁裁决的认可，法院对此不持异议。据此判令某置业公司于判决生效之日起十日内支付丁某解除劳动合同经济补偿金 145 359 元，驳回丁某要求某置业公司支付 2015 年 4 月至 9 月期间的病假工资和 2014 年奖金的仲裁请求。某置业公司不服，提起上诉。

二审法院认为，本案双方争议的焦点为某置业公司解除与丁某之间的劳动合同是否系违法解除劳动合同。对此，某置业公司主张丁某自 2015 年 3 月 28 日起长达半年不到单位上班，已构成旷工，某置业公司依照其单位规章制度解除与丁某的劳动合同合法有效。丁某对此不予认可，其认为该期间虽未到单位上班，但已向单位递交病假证明，其属于休病假而不是旷工，某置业公司解除与其的劳动合同属于违法解除劳动合同。

根据本案双方所提交的证据及当庭的陈述，二审法院作出分析如下：根据青岛市公安局出入境管理局查询系统显示，丁某 2015 年 3 月 28 日出境，2015 年 8 月 27 日入境。丁某亦认可该段期间其确实不在国内。而青岛黄岛区人民医院、青岛经济技术开发区第一人民医院、青岛大学医学院附属医院在该段期间却分别为丁某开具了病历及病假证明，丁某对此解释称其在国外系通过电话视频方式就诊，由国内医院开具的病历及病假证明。对此，丁某未提供相应证据予以证明，其解释亦与常理不符。因此，丁某提交的上述期间的病历及病假证明应与实际情况不符，本院对此不予采信。根据青岛经济技术开发区第一人民医院出具的情况说明，丁某在 2015 年 8 月、9 月在该院并无挂号记录，而该院却分别在 2015 年 8 月 31 日、2015 年 9 月 15 日为丁某出具了病历及病假证明，此与常理不符，丁某对此未能作出合理解释。故，对上述病历及病假证明，本院亦不予采信。结合上述情况，可以认定自 2015 年 3 月 28 日起丁某无正当理由不到单位上班，其行为已构成旷工。

《中华人民共和国劳动法》第二十五条规定："劳动者有下列情形之一的，用人单位可以解除劳动合同：（一）在试用期间被证明不符合录用条件的；（二）严重违反劳动纪律或者用人单位规章制度的；（三）严重失职，营私舞弊，对用人单位利益造成重大损害的；（四）被依法追究刑事责任的"。在本案中，丁某无正当理由持续旷工长达半年之久，本身即为严重违反劳动纪律的行为。且在劳动合同履行当中，按时到岗并向单位提供劳动系劳动者的基本合同义务。劳动者旷工不仅是违反劳动纪律更是拒不履行基本合同义务的违约行为。某置业公司以丁某旷工为由解除与其的劳动合同，符合法律规定。对丁某关于某置业公司系违法解除劳动合同并要求某置业公司支付违法解除劳动合同赔偿金的主张，本院不予支持。

劳动纪律是劳动者在劳动中所应遵守的劳动规则和劳动秩序。一切共同协作的社会生产过程，都必须有一定的劳动纪律，以作为使劳动过程保持秩序的一种手段，其目的是保证生产、工作的正常运行。劳动纪律带有一定的强制性，对于违反劳动纪律的行为，必须进行教育，直至给予相应处罚，如果允许不遵守，任意违反，就等于没有任何纪律，结果就必然会从根本上损害劳动者的利益。遵守劳动纪律是劳动者的本分，应形成一种人人遵守的公序。在一种公正良性的次序下，每个人的权益才能得到更好的保护。

据此，二审法院依照《中华人民共和国劳动法》第二十五条、《中华人民共和国民事诉讼法》第一百七十条第一款第（二）项之规定，判决驳回丁某要求某置业公司支付解除劳动合同赔偿金的仲裁请求。

【案件点评】

旷工属于严重违反劳动纪律的行为。对于违反劳动纪律的行为，即便单位规章制度未作规定，也应给予相应处罚，如若对此予以放任，如若就必然会从损害劳动者的根本利益。本案中，丁某的行为已构成旷工，属严重违反劳动纪律的行为。依照《中华人民共和国劳动法》第二十五条的规定，城建公司以丁某旷工为由解除与其的劳动合同，符合法律规定。

（青岛市中级人民法院民一庭审判长　马　喆）

【八】企业以职工在工作期间打架构成严重违纪为由解除劳动合同符合法律规定无需支付赔偿金

——石某某诉某包装公司劳动争议纠纷上诉案

关键词：职工严重违纪　赔偿金　规章制度

【裁判要点】

1. 企业的规章制度已向职工公示，对职工具有约束力。

2. 职工在工作期间打架斗殴严重违纪，企业以此为由解除劳动合同，符合法律规定，无需支付赔偿金。

【相关法条】

1.《中华人民共和国劳动法》第二十五条第二项：劳动者有下列情形之一的，用人单位可以解除劳动合同：（二）严重违反劳动纪律或者用人单位规章制度的。

2.《中华人民共和国劳动合同法》第三十九条：劳动者有下列情形之一的，用人单位可以解除劳动合同：（二）严重违反用人单位的规章制度的。

【基本案情】

石某某曾系某包装公司职工，于2008年8月20日起进入某包装公司工作。工作期间，某包装公司与石某某签订并续签了劳动合同，双方签订的最后一份劳动合同续订书约定期限自2014年1月1日起至2017年12月31日止，岗位为守卫。某包装公司为石某某缴纳了社会保险。

2015年7月8日，石某某与同事陈某某在守卫室打架，致使陈某某口腔出血。2015年7月9日，石某某又叫外来人员到某包装公司找陈某某，因陈某某没有出面，没有发生进一步打斗。因石某某与同事陈某某存在打架行为，某包装公司于 2015 年 8 月 11 日向某包装公司工会委员会发出《解除劳动合同通知工会函》，内容为：因石某某于 2015 年 7 月 8 日与公司员工陈某某动手打架，严重违反规章制度，根据公司规章制度决定，公司拟与其解除劳动合同，请工会在收到此函后作出回复意见。

2015 年 8 月 22 日，某包装公司工会委员会作出《关于解除石某某劳动合同通知的工会复函》，内容为：工会经研究决定，并查阅相关制度了解，同意公司依据有关法律法规和公司的规章制度解除与石某某的劳动合同。工会对公司以上决定无异议。

2015 年 9 月 1 日，某包装公司作出《解除劳动合同通知书》，内容为：石某某 你与本公司于 2014 年 1 月 1 日签订《劳动合同》，劳动合同期限 2014 年 1 月 1 日起至 2017 年 12 月 31 日，任公司守卫一职（身份证号：372925197710262712）。因你于 2015 年 7 月 8 日在工作时间内与同仁打架，按照公司《员工手册》相关规定（第四款第 3 条）"打架斗殴"作严重违纪处理，公司将以开除论处。同时根据《劳动合同》第二十六条第三项规定：严重违反甲方的劳动纪律、员工手册或规章制度规定的，甲方可以解除劳动合同。针对你上述行为，现公司正式与你解除劳动合同。请你在 2015 年 9 月 1 日前到公司办理离职相关手续。2015 年 9 月 1 日，石某某在某包装公司办理了离职手续。2015 年 9 月 6 日，某包装公司作出《解除/终止劳动合同报告书》，解除了石某某、某包装公司之间的劳动关系，解除时间为"2015.09.01"，解除原因是"企业解除劳动合同"。

2016 年 8 月 10 日，石某某向青岛市黄岛区劳动人事争议仲裁委员会提起仲裁，请求裁决某包装公司支付其违法解除劳动合同赔偿金 69 132 元。2016 年 10 月 8 日，青岛市黄岛区劳动人事争议仲裁委员会作出青黄劳人仲案字［2016］第 20783 号裁决书，裁决驳回石某某的仲裁请求。石某某对该裁决结果不服，诉至一审法院。

某包装公司提交的版本为"0901"的《员工工作手册》工作守则第四条第 3 项规定员工若有以下情形，情节严重者将以开除论处：吸毒、聚众赌博、打架斗殴、酗酒闹事，做有伤风化之事者。石某某签收了该手册，编号为 090127。2015 年 3 月 23 日，某包装公司召开职工大会，会议议题为讨论通过员工工作手册修订稿等事宜，与会的员工同意《员工工作手册》修订稿之所有条款。修订后的《员工工作手册》工作守则第四条第3项规定员工若有以下情形之一，视同严重违反公司规章制度，以解除劳动合同论处：吸毒、聚众赌博、打架斗殴、酗酒闹事、做有伤风化之事者。石某某于2015年8月签收了修订后的《员工工作手册》。

石某某向一审法院起诉，请求判令某包装公司（以下简称某包装公司）支付违法解除劳动合同赔偿金69 132元。

一审法院认为，关于某包装公司解除与石某某之间的劳动关系是否违法问题。某包装公司通过民主程序制定的《员工工作手册》，无论是旧版还是修订版，均规定了员工存在打架斗殴情形的，以开除或者解除劳动合同论处，石某某签收了该《员工工作手册》，因此石某某对某包装公司的规章制度是明知的。作为公司的员工，石某某在工作时间应严格遵守公司的规章制度，正确处理与同事之间的矛盾和纠纷，选择正常途径反映自己对待工作的意见和想法，而不应该感情用事与同事陈某某打架。石某某在亲自书写的打架经过自述及某包装公司提交的《奖惩单》中，均自认存在与同事陈某某打架的行为，但其在仲裁庭审中又否认存在打架的行为，违反了诚实信用原则。石某某在工作中未能正确处理正常工作和私人感情的问题，违背了作为一名劳动者应有的职业素养，且违反了某包装公司的《员工工作手册》，属于严重违反用人单位规章制度的情形。某包装公司据此解除与石某某的劳动关系，且事先征询了工会意见，某包装公司系合法解除劳动合同，不应支付石某某违法解除劳动合同赔偿金。故，对石某某要求某包装公司支付违法解除劳动合同赔偿金的诉讼请求，一审法院依法不予支持。

据此，一审判决驳回石某某要求某包装公司支付其违法解除劳动合同赔偿金69 132元的诉讼请求。

石某某不服，提起上诉，要求依法改判某包装公司支付石某某违法解除劳动合同赔偿金69 132元。上诉理由是：一审判决认定事实不清，证据不足，判决结果显失公正，应依法改判。（一）一审对石某某打架的事实认定不清，证据不足，适用法律错误，应依法改判。2015年7月8日，案外人陈某某（某包装公司的员工）到石某某工作的守卫室，因言语不和，陈某某掐住石某某的脖子，致使石某某呼吸困难，石某某出于自卫本能反击了一下陈某某，但是未将陈某某的口腔打出血，反而是石某某的脖子到现在还有被陈某某掐的痕迹。石某某也不存在一审认定的石某某又叫外来人员到某包装公司找陈某某这一事实。在此次事件中，石某某无过错，过错在陈某某。第一，石某某工作的守卫室并不允许外人进入，而陈某某在上班期间脱岗来到守卫室。第二，陈某某先动手掐住了石某某的脖子，石某某是出于本能反击了一下。第三，在本次事件中，石某某受伤较重，到现在脖子上还有伤痕。鉴于石某某在本次事件中无过错，某包装公司解除与石某某的劳动合同，系违法解除。（二）石某某与陈某某发生打架事件是在 2015 年 7 月，不适用某包装公司于 2015 年 8 月下发的《员工手册》的规定，应适用于 2009 年制定的 0901 版本《员工手册》。0901 版本《员工手册》第四条第三项规定，员工若有以下情形，情节严重者将以开除论处：吸毒、聚众赌博、打架斗殴、酗酒闹事，做有伤风化之事者。对于本条规定，何为情节严重，手册当中没有规定。本案中，陈某某主动挑起事端，先动手掐住了石某某的脖子，陈某某没有伤情，过错在陈某某，石某某无过错。故，石某某的行为不构成情节严重，某包装公司以此为由解除劳动合同系违法解除合同。

二审法院认为，石某某在某包装公司工作期间存在与同事陈某某打架的事实，其该行为违反了某包装公司的规章制度，某包装公司以其该行为严重违反公司规章制度为由解除与石某某的劳动合同，不违反法律规定。故，石某某主张某包装公司系违法解除劳动合同，缺乏事实和法律依据，对其该项主张不予支持。关于某包装公司制定的《员工手册》版本适用问题，无论是 2009 年版本还是 2015 年版本的《员工手册》，均对打架斗殴情形进行了明确约定。因此，某包装公司依据其制定的《员工手册》的相关规定解除与石某某的劳动合同，并无不妥。据此，二审法院判决驳回上诉，维持原判。

【案件评析】

本案涉及劳动者违反用人单位规章制度，用人单位行使劳动合同解除权问题。《劳动合同法》第三十九条规定：劳动者有下列情形之一的，用人单位可以解除劳动合同：（一）在试用期间被证明不符合录用条件的；

（二）严重违反用人单位的规章制度的；……劳动者在履行劳动合同过程中，如果存在违反用人单位规章制度的情形，用人单位有权依据规章制度解除与劳动者的劳动合同，而无需承担法律责任。本案中，某包装公司向石某某公示了公司的规章制度，石某某作为职工应当予以遵守。石某某在工作期间存在与同事打架的事实，其该行为违反了某包装公司的规章制度，某包装公司以其该行为严重违反公司规章制度为由解除与石某某的劳动合同，不违反法律规定，无需支付石某某赔偿金。

（青岛市中级人民法院民一庭审判员　齐　新）

【九】未按法定程序非法注销公司仍应对公司债务承担责任

——杨智、兰仁嵩与石淑娥清算责任纠纷上诉案

关键词：劳动争议　工伤赔偿　清算责任　公司注销

【裁判要点】

1. 职工在劳动过程中受伤，依法认定工伤的，有权要求未为其缴纳工伤保险的用人单位按照《中华人民共和国社会保险法》的规定支付医疗费、鉴定费、护理费、住院伙食补助、停工留薪期工资及一次性伤残补助金、一次性医疗补助金、一次性伤残就业补助金。

2. 公司注销解散应当按照公司法的规定履行清算注销程序，公司注销应当通知已知的债权人，未通知的，清算文件载明的清算组成员应当承担给付义务。

【相关法条】

1.《社会保险法》第三十八条、第四十一条

2.《公司法》第一百八十四条第二项、第五项、第七项、第一百八十六条第三款、第一百八十九条

【基本案情】

石淑娥在一审中起诉称，2010 年 3 月 2 日，石淑娥在杨智、兰仁嵩组建的青岛雪地情制衣有限公司上班期间受伤，构成九级伤残。经莱西市劳动人事争议仲裁委员会裁决，青岛雪地情制衣有限公司应承担赔偿责任。在赔偿款执行过程中，青岛雪地情制衣有限公司注销。请求法院判令杨智、兰仁嵩赔偿石淑娥 117 927.07 元。

杨智、兰仁嵩在一审中共同答辩称，石淑娥所诉主体错误，石淑娥系与青岛雪地情制衣有限公司形成的劳动关系，石淑娥在该公司形成工伤，

应当由该公司对石淑娥进行赔偿。该公司现已被注销，依据公司法的规定，公司注销以前，以公司的财产（股东的出资额）对石淑娥承担责任，注销期间，由清算组对石淑娥承担责任，石淑娥应当在该公司注销期间向清算组申报债权，石淑娥未申报债权，该公司现已经注销，股东不应对公司债务承担无限连带责任。该案属于劳动合同纠纷，即使石淑娥追究杨智、兰仁嵩赔偿责任，按照先仲裁后诉讼原则，石淑娥应对该二人先提起劳动仲裁纠纷，在仲裁结束后才能到法院提起诉讼。

一审法院经审理查明：2004年2月6日，石淑娥到原青岛雪地情制衣有限公司工作，辅工，月均工资2 100元，双方未签订劳动合同。2010年3月20日，石淑娥上班停放电动车时摔伤。2011年10月10日，经莱西市人力资源和社会保障局认定，石淑娥之伤构成工伤。2011年11月23日，原青岛雪地情制衣有限公司不服工伤认定，提起行政复议，莱西市人民政府经复议维持工伤认定。2011年11月25日，经青岛市劳动能力鉴定委员会鉴定，石淑娥之伤构成九级伤残。2011年11月29日，石淑娥向原青岛雪地情制衣有限公司提出辞职，双方解除劳动合同。2011年12月28日，石淑娥向莱西市劳动人事争议调解仲裁委员会提起仲裁申请，请求依法裁决原青岛雪地情制衣有限公司支付医疗费32 258.7元、护理费1 700元、住院生活补助408元、一次性伤残补助金21 411元、一次性工伤医疗补助金16 653元、一次性伤残就业补助金28 548元、停工留薪期工资11 106元、未签订劳动合同工资差额88 848元、解除劳动合同赔偿金88 848元、鉴定费200元、交通费300元。仲裁审理期间，原青岛雪地情制衣有限公司不服莱西市人民政府关于工伤认定的行政复议，于2012年7月16日提起行政诉讼，仲裁委中止石淑娥与原青岛雪地情制衣有限公司之间的劳动争议仲裁审理。2012年10月16日，莱西市人民法院判决驳回青岛雪地情制衣有限公司的起诉。2013年1月8日，莱西市劳动人事争议仲裁委员会恢复石淑娥与原青岛雪地情制衣有限公司之间的劳动争议仲裁审理。2013年2月19日，莱西市劳动人事争议调解仲裁委员会作出西劳人仲裁字〔2012〕第27号裁决书，裁决：青岛雪地情制衣有限公司在裁决生效之日起10日内支付石淑娥医疗费17 540.07元、鉴定费200元、护理费1 700元、未签订劳动合同二倍工资差额20 361元、住院伙食补助 408 元、一次性伤残补助金 21 411 元、一次性医疗补助金 16 653 元、一次性伤残就业补助金 28 548 元、停工留薪期工资 11 106 元，合计 117 927.07 元；对石淑娥要求青岛雪地情制衣有限公司支付赔偿金及交通费的请求不予支持。该裁决送达石淑娥和原青岛雪地情制衣有限公司，原青岛雪地情制衣有限公司由其仲裁期间的委托代理人签收。在法定期限内，双方均未提起诉讼。该裁决书生效后，石淑娥向莱西市人民法院申请执行裁决支付款项。在执行过程中，经审查，青岛雪地情制衣有限公司已于 2012 年 12 月 18 日注销，莱西市人民法院以（2013）西执字第 860 号民事裁定书裁定终结执行。石淑娥以诉讼理由诉来一审法院，请求判令杨智、兰仁嵩支付石淑娥工伤保险待遇 117 927.07 元。

原青岛雪地情制衣有限公司注册资本 50 万元，股东为杨智、兰仁嵩。2012 年 10 月 26 日，公司成立清算组，清算组组长为杨智，兰仁嵩系清算组成员，公司清算后剩余财产 24589.64 元，由股东按出资比例进行分配。2012 年 12 月 28 日，原青岛雪地情制衣有限公司全体股东杨智、兰仁嵩召开股东会议，决议：1. 由于公司经营问题，全体股东一致同意决定注销青岛雪地情制衣有限公司。2. 全体股东一致同意清算组做出的清算报告；3. 全体股东承诺若公司注销后出现未清理完的债权债务，由全体股东按《公司法》有关规定承担责任。

一审法院认为，石淑娥因工伤致残，经莱西市劳动人事争议调解仲裁委员会裁决，原青岛雪地情制衣有限公司应支付石淑娥各项工伤待遇数额为 117 927.07 元。因裁决现已发生法律效力，对裁决确认的工伤待遇数额，一审法院予以采纳。本案争议焦点在于杨智、兰仁嵩是否应对石淑娥的诉讼请求承担赔偿责任。2011 年 12 月 28 日，石淑娥申请劳动争议仲裁。2012 年 10 月 26 日，公司成立清算组。杨智、兰仁嵩既是原青岛雪地情制衣有限公司股东又是清算组成员，其明知公司与石淑娥的工伤待遇纠纷正在仲裁审理期间，而未依法由清算组代表公司参与仲裁，亦未告知石淑娥申报债权。且杨智、兰仁嵩明知石淑娥的工伤保险待遇尚未处理完毕，擅自将公司剩余财产自行分配，并召开股东会通过清算报告，将原青岛雪地情制衣有限公司注销。杨智、兰仁嵩未依法履行清算义务，致使莱西市劳动人事争议仲裁委员生效裁决履行不能。由此给石淑娥造成的损失，应当依法承担赔偿责任。石淑娥请求杨智、兰仁嵩赔偿工伤保险待遇损失 117 927.07 元，于法有据，一审法院予以支持。被告辩称意见缺乏法律依据，一审法院不予采纳。

据此，一审法院依照《中华人民共和国公司法》第一百八十四条第二项、第五项、第七项、第一百八十六条第三款、第一百八十九条之规定，判决：杨智、兰仁嵩于判决生效之日起 10 日内向石淑娥赔偿工伤保险待遇损失 117 927.07 元。宣判后，上诉人杨智、兰仁嵩不服一审判决上诉至二审法院。

上诉人杨智、兰仁嵩上诉请求，撤销一审判决，依法改判驳回被上诉人石淑娥的诉讼请求，诉讼费用由石淑娥负担。其上诉理由主要为，杨智、兰仁嵩系青岛雪地情制衣有限公司股东，石淑娥没有证据证明杨智、兰仁嵩在成立公司时存在虚假出资或者抽逃出资的情况，公司注销后，由公司股东承担公司债务责任，违背公司法的立法原则。青岛雪地情制衣有限公司注销期间，石淑娥没有申报债权，公司清算后仅剩余财产 14 589.64 元，石淑娥应当与其他未申报债权的人在该剩余款项内共同受偿。

被上诉人石淑娥答辩称，一审判决认定事实清楚、适用法律正确，要求驳回上诉，维持原判。

二审法院查明的事实与一审法院查明的事实一致。

本案经调解，未能达成协议。

二审法院认为，本案诉争焦点为：上诉人杨智、兰仁嵩应否对青岛雪地情制衣有限公司未支付给被上诉人石淑娥的工伤保险待遇承担责任。

石淑娥在青岛雪地情制衣有限公司工作期间受伤，经莱西市人力资源和社会保障局认定构成工伤，经青岛市劳动能力鉴定委员会鉴定构成九级伤残。石淑娥与青岛雪地情制衣有限公司因劳动争议纠纷在莱西市劳动人事争议调解仲裁委员会仲裁期间，青岛雪地情制衣有限公司成立清算组，对公司进行清算，于 2012 年 12 月 18 日注销，杨智、兰仁嵩系青岛雪地情制衣有限公司股东，杨智担任清算组组长，兰仁嵩系清算组成员。根据《中华人民共和国公司法》第一百八十四条之规定，"清算组在清算期间行使下列职权：（一）清理公司财产，分别编制资产负债表和财产清单；

（二）通知、公告债权人；（三）处理与清算有关的公司未了结的业务；（四）清缴所欠税款以及清算过程中产生的税款；（五）清理债权、债务；（六）处理公司清偿债务后的剩余财产；（七）代表公司参与民事诉讼活动。"青岛雪地情制衣有限公司清算期间，清算组应当代表青岛雪地情制衣有限公司参加仲裁，并在公司注销之前告知石淑娥公司解散进行清算的事实。杨智、兰仁嵩作为公司股东、清算组成员明知石淑娥与青岛雪地情制衣有限公司劳动争议纠纷尚未仲裁完结，即做出并通过清算报告，擅自分配公司剩余财产，将公司注销，属于违法。根据最高人民法院关于适用《中华人民共和国公司法》若干问题的规定（二）第十一条的规定，"公司清算时，清算组应当按照公司法第一百八十五条的规定，将公司解散清算事宜书面通知全体已知债权人，并根据公司规模和营业地域范围在全国或者公司注册登记地省级有影响的报纸上进行公告。清算组未按照前款规定履行通知和公告义务，导致债权人未及时申报债权而未获清偿，债权人主张清算组成员对因此造成的损失承担赔偿责任的，人民法院应依法予以支持。"莱西市劳动人事争议调解仲裁委员会裁决青岛雪地情制衣有限公司支付医疗费 17 540.07 元、鉴定费 200 元、护理费 1 700 元、未签订劳动合同二倍工资差额 20 361 元、住院伙食补助 408 元、一次性伤残补助金 21 411 元、一次性医疗补助金 16 653 元、一次性伤残就业补助金 28 548 元、停工留薪期工资 11 106 元，合计 117 927.07 元，裁决作出后，青岛雪地情制衣有限公司、石淑娥均未提起诉讼，二审法院对该数额予以确认。因青岛雪地情制衣有限公司清算组在公司解散清算过程中行为违法，致使石淑娥的债权无法向青岛雪地情制衣有限公司主张，其要求清算组成员杨智、兰仁嵩承担赔偿责任，依法应予支持，一审判决杨智、兰仁嵩支付石淑娥 117 927.07 元符合本案事实与法律规定。

综上，二审法院认为，原判认定事实清楚，适用法律正确，应予维持。上诉人杨智、兰仁嵩的上诉理由不成立，二审法院不予支持。依照《中华人民共和国民事诉讼法》第一百七十条第一款第（一）项、第一百七十五条之规定，判决驳回上诉，维持原判。

【案件评析】

公司享有独立的法人资格，具有独立的权利能力、民事行为能力，独立于投资人承担权利义务，股东以其投资对公司运营过程中产生的债务承担有限责任，但法律不允许投资人滥用公司法人资格逃避法律责任，公司注销的，应当依法成立清算组，依法公告公司注销清算的事实，同时对已知的债权人应当履行告知义务，公司未依法注销的，清算组应当承担相应清算责任。本案石淑娥在青岛雪地情制衣有限公司工作期间受工伤，作为用人单位青岛雪地情制衣有限公司有义务向石淑娥支付相应的工伤保险待遇，即便青岛雪地情制衣有限公司注销亦应保证劳动者石淑娥的相应权利，这是企业履行社会责任的需要，在劳动法、破产法等法律规定中也有明确的法律依据。青岛雪地情制衣有限公司注销清算组明知双方之间劳动争议正在处当中，未履行向石淑娥告知的义务，致使石淑娥在青岛雪地情制衣有限公司注销后无法向青岛雪地情制衣有限公司主张权利，青岛雪地情制衣有限公司注销清算组应当承担清算责任，石淑娥有权利要求清算组向其支付相关工伤保险待遇。另，需要说明的是，按照公司法人制度，公司股东有权利决议注销解散公司，公司仍其注销解散时的剩余资产对外承担责任，剩余资产不足以清偿债务的，可以进入破产清算程序。清算组成员在履行清算责任后，不对公司的债务承担责任，但本案算组成员因未履行清算责任，需要对青岛雪地情制衣有限公司承担的给付义务承担责任，事实上将股东的限制责任转变成了清算组成员个人债务，清算组成员承担的责任突破了公司法人股东以资为限的有限责任。

（青岛市中级人民法院民一庭法官助理　甘玉军）

【十】公司以岗位撤销为由解除劳动合同是否合法，劳动者的合法权益与企业的用工自主权应如何保护

——王海燕诉南京大旺食品有限公司青岛分公司违法解除劳动合同案

关键词：岗位撤销合并　违法解除　劳动合同　继续履行

【裁判要点】

1. 《劳动合同法》）第四十条第三项规定，劳动合同订立时所依据的客观情况发生重大变化，致使劳动合同无法履行，经用人单位与劳动者协商，未能就变更劳动合同内容达成协议的。用人单位可以单方解除劳动合同，不构成违法解除。实践中，必须严格审查客观情况所发生的重大变化是否足以致使劳动合同无法继续履行，若双方劳动合同具备实际履行的条件，则应支持继续履行。

2. 用人单位主张适用《劳动合同法》）第四十条第三项规定，单方解除劳动合同，还应履行与劳动者充分协商的程序，从而依法保护劳动者合法权益。

【相关法条】

《中华人民共和国劳动合同法》第三条、第四十条、第四十八条

【基本案情】

原告南京大旺食品有限公司青岛分公司与被告王海燕劳动合同纠纷一案，向青岛市市南区人民法院提起诉讼。原告诉称，1. 原告与被告解除劳动合同行为合法。为顺应市场发展规律，响应集团组织架构变动，原告总公司在 2015 年 9 月 5 日作出了组织架构调整的股东决定，被告所在部

门及所有岗位被撤销。原告在接到总公司股东决定后与被告就劳动合同内容变更进行协商，但双方未达成一致，在征得工会同意后，原告向被告发出书面《合同解除通知函》，被告自此未到原告处继续工作，且原告于2015年9月30日按照"N加1"的计算标准向被告支付经济补偿金。自此原告已履行完毕所有法定义务，双方劳动合同合法解除，但仲裁机构仍然认定原告为先行于被告就变更劳动合同进行协商，且不属于法定的"客观情况发生重大变化"应属认定事实不清，使用法律错误。2. 原被告双方劳动合同不具备继续履行的客观条件。原被告双方均以认可部门撤销的事实，虽然被告所在部门的功能被其他部门所吸收，但所属岗位及部门已确实不存在，双方也未就调岗达成一致，劳动合同如何继续履行，仲裁机构不顾客观条件仍然裁决继续履行劳动合同，应属认定事实不清，使用法律错误。请求依法支持原告的诉讼请求，确认原告解除劳动合同行为合法，判决不继续履行劳动合同。

被告辩称，原告称与被告就劳动合同协商一事并不存在；双方之间仍然存在继续履行劳动合同的条件，原告作为单位主体依然存在，部门也未撤销；请求法院维护被告依法权益，判令双方继续履行原劳动合同。

一审法院经审理查明，王海燕于2012年7月23日到大旺青岛公司工作，双方订立了期限自2012年7月23日起至2015年7月31日止和自2015年8月1日起至2021年7月31日止的劳动合同。上述劳动合同附件《岗位描述》约定王海燕原工作岗位为城区配送组长，所属部门为配送发展事业部。大旺青岛公司于2015年9月24日向王海燕发出《合同解除通知函》，以"公司架构调整无岗位提供，依据劳动合同法第四十条第三款之规定"为由，决定自2015年9月26日与王海燕解除劳动合同。2015年9月30日，大旺青岛公司按照月平均工资3 592.03元为标准，向王海燕账户支付经济补偿金15 582.11元。

2015年10月，王海燕（申请人）向青岛市劳动人事争议仲裁委员会申请仲裁，要求裁决：确认大旺青岛公司（被申请人）解除劳动合同行为违法，并继续履行原劳动合同。该仲裁委于2015年12月2日作出青劳人仲案字〔2015〕第863号裁决书，裁决：确认大旺青岛公司作出的解除与王海燕订立的劳动合同行为违法，并继续履行原劳动合同。大旺青岛公司不服该裁决，诉至原审法院，请求判如所请。

仲裁庭审中，王海燕称 2015 年 9 月 5 日，大旺青岛公司通知其所在配送事业部撤销，改为休三事业部，让其自行在公司内部找岗位安置，其没有找到新的工作岗位，大旺青岛公司也未继续与其协商，即单方作出了解除劳动合同的决定。

一审法院认为：大旺青岛公司与王海燕订立的期限自 2015 年 8 月 1 日起至 2021 年 7 月 31 日止的劳动合同系双方当事人在平等、自愿的基础上签订的，应为合法有效，双方均应严格履行。该劳动合同约定王海燕原工作岗位为城区配送组长，所属部门为配送发展事业部，根据大旺青岛公司提交的集团组织公告、股东决议等证据，可以看出大旺青岛公司虽将配送发展事业部等多部门所有组织及岗位编制予以撤销，但同时将该部功能进行拆分，由休二东区营业部、休二西区营业部和休三营业部等部门进行了承接，故此种情况下不能认定王海燕的工作岗位被真正撤销，双方劳动合同应仍具备实际履行的条件，该情形并不属于《中华人民共和国劳动合同法》（以下简称《劳动合同法》）第四十条第三项规定的劳动合同订立时所依据的客观情况发生重大变化的情形。同时，大旺青岛公司也未提交证据证明其与王海燕就岗位变更进行过协商，故大旺青岛公司解除与王海燕订立的劳动合同，不符合《劳动合同法》第四十条的规定，应予撤销。又根据《劳动合同法》第四十八条"用人单位违反本法规定解除或者终止劳动合同，劳动者要求继续履行劳动合同的，用人单位应当继续履行……"的规定，大旺青岛公司解除王海燕劳动合同行为违法，大旺青岛公司应继续履行原劳动合同。故对大旺青岛公司要求确认其解除王海燕劳动合同行为合法，不继续履行劳动合同的诉讼请求，原审法院不予支持。为此，原审法院依照《中华人民共和国劳动合同法》第四十条、第四十八条之规定，判决：1. 确认南京大旺食品有限公司青岛分公司作出的解除与王海燕订立的劳动合同行为违法，并继续履行原劳动合同。2. 驳回南京大旺食品有限公司青岛分公司的诉讼请求。

原告不服一审判决，向青岛市中级人民法院提起上诉，请求：依法撤销原审判决，确认上诉人解除与被上诉人间劳动合同合法，不继续履行该劳动合同，且一审、二审诉讼费用由被上诉人承担。事实与理由：上诉人与被上诉人订立的期限自 2015 年 8 月 1 日起至 2021 年 7 月 31 日止的劳动合同，合同约定上诉人工作岗位为配送发展事业部，在劳动合同履行期间，因上诉人设立配送发展事业部不能适用市场发展需要，上诉人为摆脱企业发展困境，股东决定将被上诉人所处的工作岗位配送发展事业部撤销，进而导致上诉人与被上诉人订立的劳动合同所依据的工作岗位被撤销无法继续履行，于是单方面解除与被上诉人间劳动合同，并按照劳动合同法规定，支付被上诉人经济补偿金和额外一个月工资。一审盲目要求上诉人继续履行合同，侵害了上诉人自主经营权，加重了上诉人的义务，有失公平，也不符合当前平等保护劳资双方各自合法权益的司法氛围。第一、岗位设置和职位安排属于企业自主经营权，不属于劳动法律、法规调整内容，一审判决忽视该问题，加重了上诉人义务，侵害了企业自主经营权。企业的岗位和职位都受制于企业经营和市场发展等客观情况，任何企业因发展的客观需要都会有不同岗位、不同职位，并且随着企业发展和市场发展客观变化，岗位和职位都是经常变化，所以岗位设置和职位安排属于企业自主经营权，被上诉人与上诉人约定的工作岗位为配送发展事业部，因该部门不能适用市场发展需要，上诉人有权予以撤销，撤销后果对被上诉人而言就是劳动合同订立时约定工作岗位等客观情况发生变化导致劳动合同无法继续履行，双方事实协商对被上诉人劳动岗位进行变更，但被上诉人在仲裁、一审中均承认在上诉人处没有找到其他合适工作，属于双方协商不一致，上诉人有权依法解除与被上诉人之间劳动合同。一审判决要求上诉人继续履行合同，实质上否定了企业设立、撤销工作岗位的权力，进而侵害了企业自主经营权。第二、上诉人已经全面履行了劳动合同法规定的义务，单方解除劳动合同已经通知工会，并书面通知被上诉人，额外支付被上诉人一个月工资和支付经济补偿金，上述各种费用被上诉人也已经收到，上诉人在此并无过错。第三、一审判决认定"上诉人与被上诉人解除劳动合同没有进行协商"与一审判决记载事实不符。被上诉人在仲裁、一审庭审中，都认可"上诉人通知其配送事业部撤销，改为休三事业部，让其自行在公司内部岗位安排，并没有找到新的工作岗位"，该事实证明上诉人与被上诉人之间已经就变更被上诉人工作岗位进行事实协商。第四、当前我国经济发展面临一定困境，包括上诉人在内的生产实体企业普通出现经营困难，在司法实践中，法院一贯提倡应平等保护劳动者与经营者的合法权益。若乙方劳动者皆以维权之名让另一方陷入困境，更容易让其他更多在职职工因企业困难而失去工作，这不利于经济社会的和谐发展。前面已讲，上诉人已经支付被上诉人解除劳动合同经济补偿金和额外一个月的工资，被上诉人的合法权益没有受到侵害。上诉人在一审提交证据3证明，另5名案外人作为上诉人的职工与被上诉人处境完全相同，都取得了上诉人支付的同等经济补偿待遇，另五名案外人已经与上诉人了结纠纷，本案被上诉人也应同等处理。第五、一审判决要求本案上诉人继续履行合同，事实不能。本案具有特殊情况，那就是上诉人与被上诉人约定工作岗位已经被撤销，或者劳动合同履行的关键条款"工作内容"已经不复存在，继续履行劳动合同的合同依据和事实条件不具备，继续履行劳动合同无从谈起，如果确实要继续履行劳动合同，上诉人与被上诉人仍然要首先协商变更工作岗位，但被上诉人在仲裁、一审庭审中都讲过，"在上诉人内部没有找到新的工作岗位"，一审判决结果有违意思自治。

被上诉人王海燕答辩称，同意一审意见。

经审理查明，二审查明的事实与一审查明事实一致。

二审法院认为，依据《中华人民共和国劳动合同法》第三条之规定，依法订立的劳动合同具有约束力，用人单位与劳动者应当履行劳动合同约定的义务。本案中，上诉人与被上诉人订立的期限自2015年8月1日起至2021年7月31日止的劳动合同合法有效，双方均应依约严格履行。现在合同履行过程中，上诉人以被上诉人所属部门撤销、公司架构调整无岗位提供为由，解除与被上诉人的劳动合同，但上诉人在将原部门撤销的同时又增设新部门进行了业务承接。因此，被上诉人的工作岗位实际并未真正撤销，双方的劳动合同具备实际履行的条件，上诉人应依法为被上诉人另行安排工作岗位，而非辩称无岗位提供并让被上诉人自行寻找工作岗位。故原审判令上诉人与被上诉人的劳动合同应继续履行，符合法律规定，本院予以维持。上诉人抗辩称其具有用工自主权，但用工自主权的行使亦应依法遵守我国劳动合同法的相关规定，而不能以用工自主权为由侵害劳动者的合法权益，故本院对上诉人的上诉理由不予采信。鉴于双方的劳动合同应继续履行，故上诉人基于解除劳动合同向被上诉人支付的经济补偿金及额外工资，可依法向被上诉人主张退还。综上，上诉人大旺青岛公司的上诉请求不成立，二审不予支持。原审判决结果并无不当，二审法院予以维持。依照《中华人民共和国民事诉讼法》第一百六十八条、第一百六十九条、第一百七十条第一款第（一）项、第一百七十五条之规定，判决：驳回上诉，维持原判。

【案件评析】

本案争议的焦点问题是王某与某公司所签订的劳动合同是否具备继续履行的条件，判令继续履行是否侵害企业的用工自主权。

依据《中华人民共和国劳动合同法》第三条之规定，依法订立的劳动合同具有约束力，用人单位与劳动者应当履行劳动合同约定的义务。该条立法本意在于通过劳动合同对双方的权利义务进行明确界定，并由双方严格履行，从而维护双方的合法权益，保持劳动关系的稳定。在现实生活中，用人单位为了适应市场经济需要，提高竞争力，有可能对用人单位进行岗位重组或撤销、合并等，这属于用人单位的自主经营权。但如何能既确保企业自主经营的权利，又不侵害劳动者的合法权益，往往需要法官在案件审理中对用人单位调整岗位、变更劳动合同约定、解除劳动合同的行为进行严格依法审查，确保其行为的合法性、合理性，并判断是否影响劳动合同的继续履行，若不属于，则应支持继续履行劳动合同。用人单位若据此解除合同，则其依法应对解除劳动合同的合法性承担举证责任。本案中，某公司并未举证证明双方的劳动合同不具备继续履行的条件，其直接以岗位撤销为由解除劳动合同缺乏依据。同时，依据《中华人民共和国劳动合同法》第四十条之相关规定，劳动合同订立时所依据的客观情况发生重大变化，致使劳动合同无法履行，经用人单位与劳动者协商，未能就变更劳动合同内容达成协议的，用人单位可据此依法解除劳动合同。因此，即使王某的劳动合同无法履行，用人单位亦应履行与劳动者就变更劳动合同内容进行充分协商的程序，而不是由用人单位径行解除劳动合同。因此，只有在保证劳动者合法正当权益的前提下，用人单位方可以行使用工自主权以保证其生存、发展、壮大。

（青岛市中级人民法院民一庭审判长　侯　娜）

【十一】员工违反规章制度中的诚信原则，属于违纪行为，单位据此解除劳动合同系合法解除

——张某与某百货零售公司劳动争议纠纷上诉案

关键词：诚信原则　违法解除劳动合同
协商一致解除劳动合同

【裁判要点】

1. 员工应当遵守规章制度中关于诚信原则的规定。

2. 用人单位依据规章制度中的诚信原则解除劳动合同系合法解除。

3. 用人单位依据规章制度合法解除劳动合同的，不应视为协商一致解除劳动合同。

【相关法条】

《中华人民共和国劳动合同法》第三十九条、第四十六条、第四十七条。

【基本案情】

张某于 2010 年 10 月 25 日入职某百货零售公司，双方先后签订了 2011 年 1 月 15 日至 2014 年 1 月 14 日劳动合同、2014 年 1 月 15 日起的无固定期限劳动合同。张某负责某百货零售公司食品干货区 70 类商品的管理和维护工作。

2016 年 2 月 25 日，张某将已从正常价格 26.4 元/15.8 元降价至 8 元/5 元的 70 类清仓商品 5 盒好丽友派放于后仓，并于当天下班后以降价价格 8 元/盒购买 2 盒好丽友派、5 元/盒购买 3 盒好丽友派，共计 31 元。同日，张某以要买好丽友派为由，向好丽友派厂家促销员索要 5 盒派派福

赠品。2016 年 3 月 3 日，某百货零售公司对张某的行为进行调查后，经工会同意，以张某严重违反公司制度为由解除了与张某的劳动合同，2016 年 3 月 4 日向张某送达解除合同通知。张某解除劳动合同前十二个月月平均工资为 2 257 元。

张某入职时，某百货零售公司安排张某进行了某百货零售公司《员工手册》、《员工购物规定》的培训和学习，张某均有签字认可。某百货零售公司员工手册第 8.1 条规定："……在本手册中，列举了一些不诚实行为，无论该不诚实行为所涉及的金额的大小，违反这些规则或未包括在此员工手册中的其它规则将会受到相应的纪律处分，严重者将直接导致解聘。"第 8.1 条第（5）项规定：不得"上班时间挑选商品、藏匿商品以便稍后购买；购买或委托他人购买未上货架或清仓未超过 24 小时的商品。""禁止向供应商索要赠品"，第 8.2.4 条第（3）3.2 项规定："员工的某些错误行为会立即导致解聘，包括严重违反公司劳动纪律或规章制度，不诚实行为或不坚持诚信原则。……所有不诚实行为，不论其所涉金额的大小，均构成手册规定的严重违反。……"

好丽友派厂家在某百货零售公司商场将 12 枚以上的好丽友派和 6 个以上的有破损的正常售价的好丽友派绑赠派派福赠品。

2016 年 3 月 15 日，张某以某百货零售公司为被申请人申请劳动仲裁，请求：1. 确认双方自 2010 年 10 月 25 日至 2016 年 3 月 4 日期间存在劳动关系。2. 支付申请人违法解除劳动合同赔偿金 24 827 元。青岛市劳动人事争议仲裁委员会经审理做出青劳人仲案字〔2016〕第 301 号裁决书，裁决：（一）确认申请人与被申请人 2010 年 10 月 25 日至 2016 年 3 月 4 日期间存在劳动关系。（二）驳回申请人的其他仲裁请求。申请人张某不服裁决，诉至法院。被申请人某百货零售公司在法定期限内未起诉。

一审法院认为：本案的争议焦点为劳动合同的解除问题。我国《劳动合同法》规定，劳动者严重违反用人单位的规章制度，给用人单位造成重大损害的，用人单位可以解除劳动合同。本案中，张某对某百货零售公司的规章制度均知晓并签字认可，却违反公司规定，自己购买未上货架的降价商品，并向厂家促销员索要应正常售价才有的赠品，构成违纪。但张某的该违纪行为并非多次，且数额不大，也未给某百货零售公司造成重大损害，张某已经在某百货零售公司工作多年，为某百货零售公司做出了一定的贡献，综合以上考虑，一审法院认为，虽然张某的行为构成违纪，但并不构成严重违纪，鉴于某百货零售公司不同意继续履行与张某之间的劳动合同，张某也不要求继续履行双方之间的劳动合同，对此可视为双方协商一致解除了劳动合同。在此情形下，某百货零售公司作为用人单位，应向张某支付解除劳动合同经济补偿金，其标准为按照劳动者在用人单位的工作年限，每满一年支付一个月的工资，不满六个月的，按半个月计算；具体数额为 12 413.50 元（2 257 元/月×5.5 个月＝12 413.50 元）。张某与某百货零售公司对双方劳动关系存续时间无争议、均认可仲裁裁决，一审法院予以认可。一审法院判决：（一）确认张某与某百货零售公司于 2010 年 10 月 25 日至 2016 年 3 月 4 日期间存在劳动关系。（二）某百货零售公司于判决生效之日起十日内给付张某解除劳动合同经济补偿金 12 413.50 元。（三）驳回张某要求某百货零售公司支付解除合同赔偿金的诉讼请求。

一审判决之后，某百货零售公司提起上诉，认为一审法院已经认定张某存在违反公司规章制度的行为，但却认定双方系协商一致解除劳动合同，认定缺乏法律依据，请求予以改判。

二审法院认为，张某在入职时，已经对某百货零售公司的《员工手册》及《员工购物规定》予以学习，因此，对于违反单位规章的行为及后果应当清楚。某百货零售公司在上述规章制度中规定，员工"不得在上班时间挑选商品、藏匿商品以便稍后购买"，上述行为属于员工手册中规定的不诚实行为。对于员工的不诚实行为，其《员工手册》规定"所有不诚实行为，不论其所涉金额的大小，均构成手册规定的严重违反。"经查实，张某在履职过程中存在自己隐匿降价商品并予以购买的行为及向厂家促销人员索要赠品商品的行为，其行为违反了某百货零售公司的规章制度。虽然其行为所涉金额不高，且某百货零售公司亦认可其行为不会对公司造成实际的损失，但其所违反的是规章制度中的诚信原则，而某百货零售公司在规章制度中明确规定违反诚信原则的处理不涉及金额的多少，均构成对员工手册的严重违反。因此，某百货零售公司依据公司规章制度解除与张某的劳动合同，并无不当，二审法院对此予以确认。诚实信用原则系合同履行的基本原则，张某履行劳动合同过程中因违反诚信原则而受到违纪处理后，并未对自己的违纪行为进行反思，而是提起诉讼主张单位的行为违法，更说明张某无视公司规章制度及法律法规的严肃性，其不遵循诚实信用原则的行为及主张，不应得到支持。

综上，二审法院认为某百货零售公司上诉请求成立，一审基于张某的履职时间及违纪次数、金额，而认定张某不构成严重违纪，并基于此认定双方系协商一致解除劳动合同，不符合基本的法律逻辑，予以改判。维持一审法院关于确认双方劳动关系起止时间的判项；驳回张某要求违法解除劳动合同的诉讼请求。

【案件评析】

对于用人单位解除劳动合同的原因，应当由用人单位承担相应的举证责任。程序上需审查用人单位的规章制度是否组织员工进行学习，解除程序是否合法等；事实上需审查员工是否有违反规章制度的行为。本案中，仲裁及一、二审中均明确查明员工存在违反规章制度的行为，用人单位亦组织员工对规章制度进行了学习，并根据规章制度中关于诚信原则的规定依法解除劳动合同，应当属于合法解除劳动合同。一审法院已经明确认定劳动者存在违反规章制度行为，又认为劳动者的违纪行为不严重，且造成损失不严重，视为双方存在协商一致解除劳动合同，缺乏相应的法律依据。某百货零售公司在规章制度中已经明确规定本案劳动者张某所涉及的行为属于违反诚实信用的行为，该行为被认定为违纪时不涉及数额的大小，因此，某百货零售公司的解除行为系依法解除，一审法院的认定双方协商一致解除既缺乏法律依据，亦会对用人单位的管理造成影响，因此，二审法院予以改判。

（青岛市中级人民法院民一庭审判长　龙　骞）

【十二】当事人知道或者应当知道其权利被侵害之日的认定

——原告陶某与被告青岛某资本管理公司追索工资纠纷案

关键词：仲裁时效　知道或应当知道　裁决生效日

【裁判要点】

原告陶某不服劳动争议仲裁裁决向法院起诉后又申请撤诉，经法院审查准予撤诉的，原仲裁裁决自法院裁定送达当事人之日起发生法律效力。仲裁裁决生效之日即为原告陶某知道或者应当知道其权利被侵害之日，其主张工资待遇的仲裁时效应自此起算。

【相关法条】

1.《劳动争议调解仲裁法》第二十七条：劳动争议申请仲裁的时效期间为一年。仲裁时效期间从当事人知道或者应当知道其权利被侵害之日起计算。

前款规定的仲裁时效，因当事人一方向对方当事人主张权利，或者向有关部门请求权利救济，或者对方当事人同意履行义务而中断。从中断时起，仲裁时效期间重新计算。

因不可抗力或者有其他正当理由，当事人不能在本条第一款规定的仲裁时效期间申请仲裁的，仲裁时效中止。从中止时效的原因消除之日起，仲裁时效期间继续计算。

劳动关系存续期间因拖欠劳动报酬发生争议的，劳动者申请仲裁不受本条第一款规定的仲裁时效期间的限制；但是，劳动关系终止的，应当自劳动关系终止之日起一年内提出。

2.《最高人民法院关于人民法院经劳动争议仲裁裁决的纠纷准予撤诉

或驳回起诉后劳动争议仲裁裁决从何时起生效的解释》第一条：当事人不服劳动争议仲裁裁决向人民法院起诉后又申请撤诉，经人民法院审查准予撤诉的，原仲裁裁决自人民法院裁定送达当事人之日起发生法律效力。

【基本案情】

原告陶某一审诉称：原告陶某与被告青岛某资本管理公司追索待岗工资纠纷由青岛市市南区劳动人事争议仲裁委员会审理终结，南劳人仲案字〔2016〕第288号裁决书认定原告陶某与被告青岛某资本管理公司自2012年9月1日至2014年2月27日期间存在劳动关系，但以时效已过为由未支持原告陶某要求被告青岛某资本管理公司支付自2012年9月1日至2014年2月27日期间待岗工资的仲裁请求。原告陶某请求判决被告青岛某资本管理公司支付2012年9月1日至2014年2月27日期间待岗工资19200元。

被告青岛某资本管理公司一审辩称：原告陶某在南劳人仲案字〔2015〕第320号仲裁申请书中自认，双方劳动关系已经于2014年2月27日终止，自劳动关系终止之日至原告陶某于2015年12月16日申请劳动仲裁之日，间隔近一年零十个月，已超过法定仲裁时效，其要求支付自2012年9月1日至2014年2月27日期间待岗工资的仲裁请求不应得到支持。

一审法院经审理查明：原告陶某与被告青岛某资本管理公司签订期限自2010年10月1日至2011年9月30日的劳动合同。劳动合同期限届满后，原告陶某与被告青岛某资本管理公司因终止劳动合同、追索待岗工资等发生争议，经青岛市中级人民法院于2014年7月22日作出的（2014）青民一终字第1264号民事判决书审结完毕，并确认双方劳动关系存续。后原告陶某与被告青岛某资本管理公司再次发生争议，2015年7月22日，仲裁委员会作出南劳人仲案字〔2015〕第320号裁决书，确认双方劳动关系于2014年2月27日解除，被告青岛某资本管理公司为原告陶某办理解除劳动合同手续。该裁决书作出后，原告陶某不服向本院提起诉讼，后又申请撤回起诉，本院于2015年12月7日作出（2015）南民初字第60260号裁定书准予原告陶某撤回起诉，并于2015年12月8日向原告陶某送达了该裁定书。

2015 年 12 月 16 日，原告陶某再次申请仲裁，请求裁决：1. 确认原告陶某与被告青岛某资本管理公司 2012 年 9 月 1 日至 2014 年 2 月 27 日期间存在劳动关系；2. 被告青岛某资本管理公司支付原告陶某 2012 年 9 月 1 日至 2014 年 2 月 27 日期间的待岗工资 19 200 元。2016 年 5 月 12 日，该仲裁委作出南劳人仲案字［2016］第 288 号裁决书，裁决：1. 确认原告陶某与被告青岛某资本管理公司 2012 年 9 月 1 日至 2014 年 2 月 27 日期间存在劳动关系；2. 驳回原告陶某的其他仲裁请求。该裁决书认定原告陶某追索待岗工资的仲裁时效应从 2014 年 7 月 22 日起算，原告陶某主张的该项仲裁请求已经超过申请仲裁时效，应不予处理。原告陶某不服该裁决书，于 2016 年 6 月 7 日提起本案诉讼。

一审法院认为：关于劳动关系解除之日的确定，青岛市中级人民法院于 2014 年 7 月 22 日作出的（2014）青民一终字第 1264 号民事判决书并未认定双方劳动关系解除，且被告青岛某资本管理公司亦未为原告陶某办理解除劳动关系手续，直至 2015 年 7 月 22 日，仲裁委员会作出的南劳人仲案字［2015］第 320 号裁决书，首次认定原告陶某与被告青岛某资本管理公司劳动关系解除之日为 2014 年 2 月 27 日，故原告陶某知道或者应当知道其权利被侵害之日应为南劳人仲案字［2015］第 320 号裁决书的生效之日，原告陶某不服该裁决起诉至本院，后又申请撤诉，本院已作出（2015）南民初字第 60260 号裁定书准予原告陶某撤回起诉，并于 2015 年 12 月 8 日向原告送达了该裁定书。依据《最高人民法院关于人民法院经劳动争议仲裁裁决的纠纷准予撤诉或驳回起诉后劳动争议仲裁裁决从何时起生效的解释》第一条"当事人不服劳动争议仲裁裁决向人民法院起诉后又申请撤诉，经人民法院审查准予撤诉的，原仲裁裁决自人民法院裁定送达当事人之日起发生法律效力。"的规定，南劳人仲案字［2015］第 320 号裁决书的生效之日应为 2015 年 12 月 8 日。依照《中华人民共和国劳动争议调解仲裁法》第二十七条"劳动争议申请仲裁的时效期间为一年。仲裁时效期间从当事人知道或者应当知道其权利被侵害之日起计算"的规定，本院认定本案中原告陶某申请仲裁的时效起算之日应为 2015 年 12 月 8 日，现原告陶某主张待岗工资的仲裁请求未超过仲裁时效。被告青岛某资本管理公司应支付原告陶某待岗工资 19200 元。本案一审宣判后，原告陶某与被告青岛某资本管理公司均未上诉，一审判决现已生效。

【案件评析】

权利人知道自己的权利遭到了侵害，这是其请求劳动争议仲裁机构保护其权利的基础。知道权利遭受了侵害，指权利人主观上已了解自己权利被侵害事实的发生；应当知道权利遭受了侵害，指权利人尽管主观上不了解其权利已被侵害的事实，但根据他所处的环境，有理由认为他已了解已被侵害的事实，他对侵害的不知情，出于对自己的权利未尽到必要的注意或将其作为推延仲裁时效期间起算点的借口的情况。结合本案，之前生效法律文书并未认定双方劳动关系解除，且被告青岛某资本管理公司亦未为原告陶某办理解除劳动关系手续，故裁决书认定原告陶某追索待岗工资的仲裁时效应从 2014 年 7 月 22 日起算明显不当。直至 2015 年 7 月 22 日，仲裁裁决首次确认原告陶某与被告青岛某资本管理公司双方劳动关系于 2014 年 2 月 27 日解除，裁决书的生效日应为 2015 年 12 月 8 日。原告陶某申请仲裁的时效起算之日应为 2015 年 12 月 8 日，原告陶某主张待岗工资的仲裁请求未超过仲裁时效。

（青岛市市南区人民法院劳动人事争议审判庭庭长　侯丽洁）

【十三】劳动者不接受调岗而缺勤能否
作违纪解除劳动合同

——原告庄某庄某与被告北京某世纪公司
劳动合同纠纷案

关键词：岗位调整　缺勤　管理义务

【裁判要点】

劳动者不接受调岗而缺勤能否认定为旷工，用人单位可否作违纪解除劳动合同。综合来看，需要从用人单位进行岗位调整是否合法合理、员工缺勤行为是否构成旷工、用人单位是否尽到管理义务三方面来认定。

【相关法条】

1.《劳动争议调解仲裁法》第六条：发生劳动争议，当事人对自己提出的主张，有责任提供证据。与争议事项有关的证据属于用人单位掌握管理的，用人单位应当提供；用人单位不提供的，应当承担不利后果。"

2.《劳动合同法》第四条：用人单位应当依法建立和完善劳动规章制度，保障劳动者享有劳动权利、履行劳动义务。

用人单位在制定、修改或者决定有关劳动报酬、工作时间、休息休假、劳动安全卫生、保险福利、职工培训、劳动纪律以及劳动定额管理等直接涉及劳动者切身利益的规章制度或者重大事项时，应当经职工代表大会或者全体职工讨论，提出方案和意见，与工会或者职工代表平等协商确定。

在规章制度和重大事项决定实施过程中，工会或者职工认为不适当的，有权向用人单位提出，通过协商予以修改完善。

用人单位应当将直接涉及劳动者切身利益的规章制度和重大事项决定公示，或者告知劳动者。"

3.《劳动合同法》第二十九条：用人单位与劳动者应当按照劳动合同的约定，全面履行各自的义务。

4.《劳动合同法》第三十九条：劳动者有下列情形之一的，用人单位可以解除劳动合同：（一）在试用期间被证明不符合录用条件的；（二）严重违反用人单位的规章制度的；（三）严重失职，营私舞弊，给用人单位造成重大损害的；（四）劳动者同时与其他用人单位建立劳动关系，对完成本单位的工作任务造成严重影响，或者经用人单位提出，拒不改正的；（五）因本法第二十六条第一款第一项规定的情形致使劳动合同无效的；（六）被依法追究刑事责任的。

【基本案情】

原告庄某一审诉称：原告庄某于 2006 年 11 月到被告北京某世纪公司在青岛原巴黎春天大厦设立的专柜从事销售工作。2008 年 5 月，公司安排原告庄某到青岛海信店专柜从事店长工作，双方合同期限至 2015 年 12 月 31 日止。2015 年 5 月 5 日，被告北京某世纪公司单方违法解除劳动合同并拒绝赔偿。原告庄某不服仲裁裁决诉至法院，请求判决：被告北京某世纪公司支付原告庄某违法解除劳动合同赔偿金 104 807.89 元。

被告北京某世纪公司一审辩称：被告北京某世纪公司解除劳动合同符合法律规定，不应支付原告庄某赔偿金。

一审经审理查明：原告庄某系被告北京某世纪公司员工，2008 年 5 月，被告北京某世纪公司安排原告庄某到青岛海信店专柜从事店长工作，双方订立的最后一份劳动合同期限自 2013 年 1 月 1 日起至 2015 年 12 月 31 日止，约定工作岗位为专柜销售人员，未对工作地点进行明确约定。

2008 年 7 月 1 日，原告庄某填写员工入职培训试题，第 9 题"以下行为之一者，视为旷工……⑤不服从工作岗位调动，未按规定日期、时间到职者……"。2013 年 6 月 23 日，被告北京某世纪公司工会讨论、审议《终端员工考勤管理制度》，并于 2013 年 7 月 1 日起执行，其中第 6.3.1 条规定"员工有下列情形之一者，视为旷工：未履行请假手续或假期满未办理续假手续未到岗出勤的……不服从工作调动，未按时到岗且未履行任何请假手续的……"、第 6.4.2 条规定"以下情况属严重违反劳动纪律……1 个月内连续或累计旷工超过 2 天（含 2 天）；全年连续或累计旷工超过 3 天（含 3 天）的。"，原告庄某知晓该制度并签字确认。2014 年 12 月 18 日至 2014 年 12 月 19 日，被告北京某世纪公司第二次职工代表大会再次审议《终端员工考勤管理制度》，决定继续执行该制度。

2014 年 12 月 16 日，青岛海信东海商贸有限公司招商部向被告北京某世纪公司发送通知，因被告北京某世纪公司在 2014 年的销售分析中始终不能完成预期的销售目标，经联席会商议决定，2015 年春季柜位调整时将暂时终止合作。

2015 年 4 月 22 日，被告北京某世纪公司向原告庄某邮寄送达《调岗通知书》，因经营需要将原告庄某由青岛海信店铺调至青岛阳光店铺任职，要求原告庄某 2015 年 4 月 29 日到店铺报到，并告知其若未按时报到，将根据公司管理制度视为旷工，一个月内连续旷工 2 天或累计旷工 3 天及以上者属严重违纪行为，除相应处罚外解除劳动合同。2015 年 4 月 25 日，原告庄某向公司邮寄《调岗通知书不同意回函》，表示因调岗后薪资职位跟原岗位不同，不同意由青岛海信店铺调岗至青岛阳光店铺任职。2015 年 4 月 30 日，被告北京某世纪公司再次向庄某邮寄送达《旷工通知单》，告知原告庄某因 2015 年 4 月 29 日至今未到青岛阳光店铺上班，也未履行任何请假手续，属于旷工，已经严重违反公司规章制度；并要求原告庄某于 5 月 4 日前到青岛阳光店铺说明情况；否则，因旷工所产生的一切法律责任庄某承担，公司将与原告庄某解除劳动合同。2015 年 5 月 4 日，原告庄某向公司邮寄《无旷工情况说明回函》，表示因调整岗位的上下班的交通、工作时间不便，无法接送孩子，不同意调店。

2015 年 4 月 29 日、4 月 30 日、5 月 4 日、5 月 5 日，原告庄某均未到海信店铺或阳光店铺处工作。2015 年 5 月 6 日，被告北京某世纪公司向原告庄某邮寄送达《解除劳动合同通知书》，因原告庄某 2015 年 4 月 29 日至 2015 年 5 月 5 日连续旷工，严重违反单位规章制度，决定解除双方劳动合同。

2015 年 5 月 15 日，原告庄某向青岛市劳动人事争议仲裁委员会申请仲裁，要求裁决被告北京某世纪公司支付其违法解除劳动合同赔偿金 104 807.89 元等请求，该仲裁委裁决驳回原告庄某有关违法解除劳动合同赔偿金的仲裁请求。庄某不服该裁决诉至本院。

一审法院认为：原告庄某、被告北京某世纪公司签订的劳动合同系双方当事人真实意思表示，合法有效，双方均应严格履行。关于被告北京某世纪公司 2015 年 5 月 6 日解除劳动合同是否合法的问题，作如下分析：其一，因青岛海信店撤柜，被告北京某世纪公司将原告庄某由同处于青岛市市南区的青岛海信店铺调至青岛阳光百货店铺任职，工作岗位、工资待遇、工作时间均不变，并未对原告庄某履行劳动合同造成实质性影响或造成原告庄某履行劳动合同困难，可以视为被告北京某世纪公司正常合理的经营安排，在此情况下，原告庄某作为劳动者对此有义务予以配合。其二，劳动关系存续期间，原告庄某作为劳动者应当履行自己向被告北京某世纪公司提供劳动的义务。2015 年 4 月 29 日、4 月 30 日、5 月 4 日、5 月 5 日，原告庄某均未到海信店铺或阳光店铺处工作，亦未能提供证据证明其曾向被告北京某世纪公司履行过请假手续，故本院认定原告庄某旷工的事实成立。其三，被告北京某世纪公司处《终端员工考勤管理制度》经工会讨论、审议，其中对旷工、严重违反劳动纪律有明确规定，原告庄某本人也签字确认表示知晓管理制度的相关规定。在原告庄某 2015 年 4 月 29 日、4 月 30 日两天未到岗的情况下，被告北京某世纪公司又向原告庄某邮寄送达《旷工通知单》要求原告庄某到店说明情况并告知旷工的法律后果，已经充分履行了其作为用人单位对劳动者的管理义务，但原告庄某亦未到店予以说明。综上，被告北京某世纪公司与原告庄某解除劳动合同关系并无不当。本院判决驳回原告庄某要求两被告支付其违法解除劳动合同赔偿金的诉讼请求。一审宣判后，原告庄某、被告北京某世纪公司均未上诉，一审判决现已生效。

【案件评析】

一、用人单位进行岗位调整应当合法合理

每个劳动者都有这样的切身感受，一旦与用人单位签订劳动合同，其生活地点、生活方式、家庭都受此影响，劳动者将基于此产生大量的信赖利益。劳动合同内容的改变不仅可能导致劳动者因劳动合同本身变动的不利，也可能导致劳动者很多信赖利益的丧失。故，《劳动合同法》第十七条明确规定工作内容、工作地点是劳动合同的必备条款，并在第三十五条规定用人单位与劳动者协商一致可以变更工作内容、工作地点，第四十条规定"劳动者患病或非因工负伤，在规定的医疗期满后不能从事原工作"以及"劳动者不能胜任工作"两种情况下用人单位法定单方调岗权。究其立法本意，正是在于保护劳动者享受相对稳定和可预期的劳动报酬，并能在相对稳定的岗位上从事自己愿意从事的工作。

企业作为市场经济的重要主体，其生产经营状况是随着宏观经济态势、市场竞争形势和企业自身情况而不断变化的，根据生产经营需要调整职工的工作岗位及薪酬标准时企业用人自主权的重要内容，对企业的正常生产经营不可或缺。岗位调整的背后，反映的是对企业经营需要和劳动者提供劳动便利性的不同侧重。企业固然有权对劳动者进行调岗，但企业不可滥用此权利而当然地享有单方变更合同的权利，为防止权利滥用，企业应举证其调岗行为具有充分的合理性。

对此问题，青岛市中级人民法院、青岛市劳动人事争议仲裁委员会联合下发的《关于审理劳动人事争议案件会议纪要（六）》（青中法联字〔2014〕4号）第十条规定"用人单位与劳动者在劳动合同履行过程中，因生产经营需要可以调整劳动者工作岗位。双方由此发生争议的，用人单位应对下列事项承担举证责任：（一）用人单位因生产经营需要调整劳动者工作岗位应具备正当性、合理性；（二）调整工作岗位后劳动者的级别、劳动报酬、福利待遇不得低于原岗位；（三）非侮辱性或惩罚性。案件审理中，如用人单位未能对上述事项完成举证责任，则应认定用人单位系违法调整劳动者工作岗位。"

就本案而言，第一，被告北京某世纪公司将原告庄某由同处于青岛市市南区的青岛海信店铺调至青岛阳光百货店铺任职（青岛海信店铺距青岛阳光百货店铺步行距离不足1.5公里、公交车相隔2站），并不会因为通勤路途对其休息时间、交通成本、履行劳动合同产生实质性影响，即并未造成原告庄某履行劳动合同困难。第二，原告庄某调至青岛阳光百货店工作，其工作岗位、工资待遇、工作时间均不变，亦不构成侮辱性或惩罚性的调整，可以认定为被告北京某世纪公司正常合理的经营安排。

二、员工无正当理由缺勤构成旷工

《劳动合同法》第二十九条规定：用人单位和劳动者应当按照劳动合同的约定，全面履行各自的义务。从学理上分析，劳动关系是指在劳动力和生产资料分别归属于不同所有人的情况下，劳动力所有者按照生产资料所有者的指示工作，劳动产品归生产资料的所有者所有，由生产资料所有者向劳动力所有者支付劳动报酬，从而形成的社会关系。即，在正常工作日内，按照用人单位的指示提供劳动、从事工作是劳动者的基本义务。

旷工，顾名思义，指劳动者在正常工作日不请假或请假未获批准的缺勤行为。2015年4月29日、4月30日、5月4日、5月5日，原告庄某均未到海信店铺或阳光店铺处工作，亦未能提供证据证明其曾向被告北京某世纪公司履行过请假手续，故认定原告庄某旷工的事实成立。

三、用人单位的管理义务

《劳动法》第四条规定：用人单位应当依法建立和完善规章制度，保障劳动者享有劳动权利和履行劳动义务。《劳动合同法》第四条规定：用人单位应当依法建立和完善劳动规章制度，保障劳动者享有劳动权利、履行劳动义务。用人单位在制定、修改或者决定有关劳动报酬、工作时间、休息休假、劳动安全卫生、保险福利、职工培训、劳动纪律以及劳动定额管理等直接涉及劳动者切身利益的规章制度或者重大事项时，应当经职工代表大会或者全体职工讨论，提出方案和意见，与工会或者职工代表平等协商确定。……用人单位应当将直接涉及劳动者切身利益的规章制度和重大事项决定公示，或者告知劳动者。本案被告北京某世纪公司处《终端员工考勤管理制度》经工会讨论、审议，其中对旷工、严重违反劳动纪律有明确规定，原告庄某本人也签字确认表示知晓管理制度的相关规定。

《劳动合同法》第二十九条规定：用人单位和劳动者应当按照劳动合同的约定，全面履行各自的义务。用人单位负责员工的日常出勤管理，在原告庄某2015年4月29日、4月30日两天未到岗的情况下，被告北京某世纪公司又向原告庄某邮寄送达《旷工通知单》要求原告庄某到店说明情况并告知旷工的法律后果，已经充分履行了其作为用人单位对劳动者的管理义务。

（青岛市市南区人民法院审判员　梁玲杨）

【十四】员工提交诊断书能否证明因病需休息治疗事实

——原告某人力资源服务公司与被告丁某、第三人青岛某公司劳务派遣合同纠纷案

关键词：诊断证明书　病例　就诊记录　病假　旷工

【裁判要点】

被告丁某虽提供医院病历及诊断书证明其未到岗系因病需休息治疗，但经核实，其提供的医院病历仅有三次就诊记录的记载，其提供的 12 份诊断书与病历无法对应，出具诊断书的医生亦与病历载明的接诊医师不符，并不符合诊断书出具的流程，且被告丁某亦无法提供相应的就诊挂号单或收费单据予以印证其就诊的事实，不足以证明其因病需休息治疗的主张，认定被告丁某旷工事实成立。

【相关法条】

1.《劳动争议调解仲裁法》第六条：发生劳动争议，当事人对自己提出的主张，有责任提供证据。与争议事项有关的证据属于用人单位掌握管理的，用人单位应当提供；用人单位不提供的，应当承担不利后果。

2.《劳动法》第二十五条第（二）项：劳动者有下列情形之一的，用人单位可以解除劳动合同：……（二）严重违反劳动纪律或者用人单位规章制度的……

3.《劳动合同法》第三十九条第（二）项：劳动者有下列情形之一的，用人单位可以解除劳动合同：……（二）严重违反用人单位的规章制度的……。

【基本案情】

原告某人力资源服务青岛有限公司一审诉称：被告丁某系原告某人力

资源服务青岛有限公司处派遣员工，自 2005 年 2 月起被派遣到第三人青岛某公司从事业务工作，最后一份合同期限自 2008 年 2 月 1 日起至 2016 年 1 月 31 日止。2015 年 2 月 15 日，原告某人力资源服务青岛有限公司收到第三人青岛某公司的《退回员工通知书》，将被告丁某退回到某人力资源服务青岛有限公司处，原因是：被告丁某提供的医院诊断书系个人伪造，并非医院出具，其行为已经构成名为病假实为旷工的造假行为，严重违反了诚实信用原则，对第三人青岛某公司形成了实质性的欺骗，在第三人青岛某公司公司内部造成了十分恶劣的影响。2015 年 2 月 28 日，原告某人力资源服务青岛有限公司向被告丁某出具了解除劳动合同通知书，并通知被告丁某办理相关离职手续。现原告某人力资源服务青岛有限公司请求依法判决不应向被告丁某支付赔偿金 131 565 元。

一审法院经审理查明：被告丁某系原告某人力资源服务青岛有限公司员工，双方签订书面劳动合同。2010 年 12 月 29 日，原告某人力资源服务青岛有限公司、被告丁某签订《劳动合同变更书》，经协商将原合同期限由 2008 年 2 月 1 日起至 2011 年 2 月 1 日变更为 2008 年 2 月 1 日起至 2016 年 1 月 31 日。劳动合同履行过程中，原告某人力资源服务青岛有限公司将被告丁某派遣至第三人青岛某公司一直从事业务工作。

2012 年 11 月 1 日，原告某人力资源服务青岛有限公司（甲方）与第三人青岛某公司（乙方）签订《劳务派遣协议》，约定原告某人力资源服务青岛有限公司派遣员工到被告丁某处工作。协议第五条第 15 项约定："派遣员工在乙方的表现，视同为劳动合同履行期间的表现，员工有下列情形之一的，乙方须以书面形式向甲方通知，经甲方书面确认后可以解除与员工的用工关系，甲方收到通知后未予确认的，三日后用工关系自动解除。解除用工关系后，甲方应办理派遣员工解除劳动关系手续……（二）严重违反乙方劳动纪律和规章制度的（具体包括但不限于连续旷工达 3 个工作日、从第一次旷工起一个月内累计旷工 5 个工作日，或 6 个月内累计旷工 10 个工作日等严重违规违纪行为）……"。协议第十二条第 1 项约定"本协议的内容，可作为甲方与派遣员工签订的《劳动合同》的附件，由甲方告知派遣员工并与之确认，如有违反所产生的全部责任及法律后果均由甲方自行承担。"

自 2014 年 10 月 20 日至 2015 年 2 月 27 日，被告丁某陆续向第三人青岛某公司递交龙口市人民医院门诊病历及诊断书，称因其身体健康原因，需要休病假，未再到第三人青岛某公司处工作。被告丁某向第三人青岛某公司提供的龙口市人民医院门诊病历，载明被告丁某分别于 2014 年 10 月 27 日、2014 年 11 月 28 日、2015 年 1 月 20 日就诊治疗，主治医生均为"金兆友"。同时，被告丁某陆续向第三人青岛某公司提供均盖有龙口市人民医院医务专用章的诊断书 12 份，其中：落款日期为 2014 年 10 月 20 日的诊断书载明，诊断为踝关节内侧三角韧带扭伤，建议休息 1 周；落款日期为 2014 年 10 月 27 日的诊断书载明，诊断为左腰部肌肉损伤，建议休息 1 个月；落款日期为 2014 年 11 月 28 日的诊断书载明，诊断为腰肌劳损，建议休息 1 周；落款日期为 2014 年 12 月 5 日的诊断书载明，诊断为腰部软组织损伤，建议休息 1 个月；落款日期为 2014 年 12 月 12 日的诊断书载明，诊断建议休息 1 周；落款日期为 2014 年 12 月 19 日的诊断书载明，诊断为腰肌损伤，建议休息 1 周；落款日期为 2014 年 12 月 26 日的诊断书载明，诊断为左踝扭伤，建议休息 1 周；落款日期为 2015 年 1 月 3 日的诊断书载明，诊断为肺部感染？建议抗炎治疗，休息 1 周；落款日期为 2015 年 1 月 10 日的诊断书载明，诊断为肺部感染，建议继续抗炎治疗，再休息 1 周；落款日期为 2015 年 1 月 17 日的诊断书载明，诊断为急性胃炎，休息 1 周；落款日期为 2015 年 1 月 23 日的诊断书载明，诊断为椎管狭窄，建议休息 1 个月；落款日期为 2015 年 2 月 27 日的诊断书载明，诊断为腰扭伤，建议休息 1 周。该 12 份诊断书均由不同医生分别出具，未有医生"金兆友"的记载。

2015 年 2 月 15 日，第三人青岛某公司向原告某人力资源服务青岛有限公司出具《退回员工通知书》，内容为："某人力资源服务青岛有限公司：由贵公司派遣至我公司的员工丁彬峰，身份证号 3711021979XXXX4118，因其提供的病历与诊断书不符，存在提供虚假休假证明材料的情况，现根据《劳务派遣协议》的约定，将其退回贵公司，特此通知。"

2015 年 2 月 28 日，原告某人力资源服务青岛有限公司向被告丁某出具《解除/终止劳动合同报告书》，该《解除/终止劳动合同报告书》载明：

录用时间为 2005 年 2 月 1 日，解除/终止合同日期为 2015 年 2 月 28 日，解除/终止合同原因为单位解除。2015 年 4 月，原告某人力资源服务青岛有限公司为被告丁某办理了解除劳动合同手续。

2015 年 8 月 14 日，被告丁某向仲裁委员会申请仲裁，要求裁决：1. 确认原告某人力资源服务青岛有限公司与被告丁某之间自 2002 年 9 月至 2015 年 3 月 25 日期间存在劳动关系；2. 支付被告丁某违法解除劳动合同赔偿金 162 890 元。仲裁裁决：1. 确认被告丁某与原告某人力资源服务青岛有限公司 2005 年 2 月 1 日至 2015 年 2 月 28 日期间存在劳动关系；2. 某人力资源服务青岛有限公司支付被告丁某违法解除劳动合同赔偿金 131 565 元；3. 驳回被告丁某的其他仲裁请求。现原告某人力资源服务青岛有限公司不服此裁决，诉至法院。

庭审中，第三人青岛某公司提供《营销中心劳动合同管理规定》、《员工考勤休假管理规定》、《营销中心考勤与休假管理标准》，主张被告丁某构成旷工，第三人青岛某公司依规定解除聘约将其退回派遣公司。《营销中心劳动合同管理规定》第 6.3.3 条第 h 项规定"员工旷工，经公司书面通知或批评教育后未改正的；或连续旷工达 3 个工作日，或从第一次旷工起一个月内累计旷工 5 个工作日，或 6 个月内累计旷工 10 个工作日。"《营销中心考勤与休假管理标准》第 2.1.6 条规定"因病、伤、事等不能及时来公司请假的，可以通过电话或委托他人向部门经理请假并办理相关手续，未办理请假手续擅离岗位或逾期不归者，按旷工处理。"第 2.1.7 条规定"当日迟到、早退、脱岗累计 4 小时以内的，为旷工半天；当月迟到、早退、脱岗、旷工累计每满 8 小时记 1 天旷工；连续旷工达 3 个工作日，或从第一天旷工起一个月内累计旷工 5 个工作日，或 6 个月内累计旷工 10 个工作日的，解除劳动合同，劳务派遣人员解除聘约退回派遣公司。"被告丁某对上述规章制度均不予认可，称系第三人青岛某公司单方制作且未经法定公示程序。

本案审理过程中，一审法院根据第三人青岛某公司的申请，前往龙口市人民医院调查落实病历和诊断书的真实性。2016 年 5 月 9 日，龙口市人民医院出具证明，载明："龙口市人民医院门诊患者诊断证明开具流程（2015 年 4 月 20 日之前）为门诊医师根据就诊患者本次就诊病情（病历）

开具诊断证明，休息时间根据病情决定，开具后需到医务科加盖医务科专用章方可生效。2015年4月20日之后按照《医疗证明管理制度》执行。"龙口市人民医院《医疗证明管理制度》载明"门诊患者诊断证明、病假证明由接诊医师开具，本院职工病假证明由疾病相关科室的主任开具。"原告某人力资源服务青岛有限公司及第三人青岛某公司对证明及管理制度均无异议，被告丁某质证称，对证明及管理制度的真实性无异议，但对其证明事项有异议，病情包括口头陈述，并非仅是根据病历，被告丁某当时是长期就诊，经常去开，医生对其病情充分了解，龙口市人民医院关于开具诊断证明书的管理制度也只是医院内部管理规定，不能证明被告丁某提交的病历系造假，退一万步讲，就算医院门诊医师没严格按照流程开具病假条，法院也不能据此认定被告丁某病历造假，不能把医院管理的内部责任强加于被告丁某本人。庭审中，一审法院要求被告丁某提供就诊挂号单据及收费单据予以印证其就诊事实，但被告丁某未予提供。

一审法院认为：被告丁某自2014年10月20日起至2015年2月在长达四个月的时间内未到第三人青岛某公司处工作。被告丁某主张其未到岗系因病需休息治疗，对此原告某人力资源服务青岛有限公司及第三人青岛某公司均不予认可，被告丁某应对其主张承担举证责任。庭审中，被告丁某虽提供龙口市人民医院病历及诊断书予以证明，但经核实，其提供的龙口市人民医院病历仅有三次就诊记录的记载，其提供的12份诊断书与病历无法对应，出具诊断书的医生亦与病历载明的接诊医师不符，并不符合诊断书出具的流程，且被告丁某亦无法提供相应的就诊挂号单或收费单据予以印证其就诊的事实，故被告丁某提供的病历及诊断书无法相互印证，不足以证明其因病需休息治疗的主张，其证明效力一审法院不予采信，认定被告丁某旷工事实成立。据此，第三人青岛某公司将被告丁某退回原告某人力资源服务青岛有限公司处，原告某人力资源服务青岛有限公司以被告丁某构成旷工为由与其解除劳动合同关系并无不当。一审判决原告某人力资源服务青岛有限公司不予支付被告丁某违法解除劳动合同赔偿金131565元。宣判后，被告丁某不服原审判决，提起上诉。

上诉人丁某上诉称：（一）被上诉人某人力资源服务青岛有限公司解除劳动合同依据的规章制度不合法。首先，用人单位的规章制度，只有在经民主程序制定，不违反法律、行政法规规定，且已向劳动者公示，才可作为裁判依据。另外，规章制度的内容要符合法律规定。本案中，被上诉人某人力资源服务青岛有限公司并未就其向法庭提交的相关规章制度是否经过民主程序制定作出举证，因此，被上诉人某人力资源服务青岛有限公司提交的相关规章制度不能作为本案的裁判依据。（二）被上诉人某人力资源服务青岛有限公司关于休假的规定："因病、伤、事等不能及时来公司请假的，可以通过电话或委托人向部门经理请假并办理相关手续，未办理请假手续擅离岗位或逾期不归者，按旷工处理。"上诉人丁某在严格按照公司规定出具医院诊断证明的情况下请假，不但不违反公司的规章制度，而且是在严格遵守公司的规章制度，一审法院认定上诉人丁某严重违反用人单位的规章制度，与事实严重不符。（三）被上诉人某人力资源服务青岛有限公司解除合同的理由是上诉人丁某提供的医院诊断书系个人伪造，并非医院出具，系名为病假实为旷工的造假行为。上诉人丁某提交的病例及诊断证明书系龙口市人民医院出具，且盖有龙口市人民医院的专用印章，被上诉人某人力资源服务青岛有限公司并未提交证据证明此诊断书系个人伪造。因上诉人丁某是多次就诊，按一般人的常识，每次去医院就诊时都是值班医生接诊，不可能自始至终都是一个医生，一审法院却以12份诊断证明书分别由不同的医生出具为由认定诊断书与病历接诊医师不符，认定不符合诊断书出具流程。然而一审法院忽视病历及诊断书系龙口市人民医院出具的事实，况且该《医疗证明管理制度》并不能证明上诉人丁某的病历及诊断书系造假。同时，该《医疗证明管理制度》也超出了青岛某有限公司申请的事项范围。一审法院以龙口市人民医院内部管理制度为依据而无视事实无视法律规定，做出错误的判决。第二，一审法院加重了上诉人丁某的举证责任。按照谁主张谁举证的原则，被上诉人某人力资源服务青岛有限公司主张上诉人丁某病历造假，应当承担举证责任，而一审法院却要求上诉人丁某提供就诊挂号单据及收费单据予以印证就诊事实，加重了上诉人丁某的举证责任。由于上诉人丁某就诊时间过去太久，这些单据已经灭失，未能提供。一审法院据此否定上诉人丁某因病需要休息治疗的事实，把上诉人丁某履行了正常的请假手续的病假期间认定为旷工，与法无据，与事实不符。综上，请求判决被上诉人某人力资源服务青岛有限公司支付上诉人丁某违法解除劳动合同赔偿金 131 565 元。

二审法院认为，本案双方争议的焦点为被上诉人某人力资源服务青岛有限公司解除与上诉人丁某之间的劳动合同是否系违法解除劳动合同。对此，被上诉人某人力资源服务青岛有限公司主张上诉人丁某提交的医院诊断书系个人伪造，并非医院出具，其行为已经构成名为病假实为旷工的造假行为。上诉人丁某对此不予认可，其认为未到岗系因病需休息治疗，被上诉人某人力资源服务青岛有限公司解除与其的劳动合同属于违法解除劳动合同。根据本案双方所提交的证据及当庭的陈述，二审法院作出分析如下：上诉人丁某自 2014 年 10 月 20 日起至 2015 年 2 月长达四个月的时间内未到青岛啤酒股份有限公司工作。上诉人丁某主张其未到岗系因病需休息治疗。上诉人丁某提供龙口市人民医院三次就诊病历、12 份诊断书证明其主张。但上诉人丁某提供的病历仅有三次就诊记录的记载，出具诊断书的医生亦与病历载明的接诊医师不符，不符合龙口市人民医院诊断书出具的流程，上诉人丁某亦未能提供相应的就诊挂号单或收费单据。综上，二审法院认为，上诉人丁某未到岗系因病需休息治疗的主张，不符合常理，难以信服，本院不予采信。一审法院认定上诉人丁某旷工事实成立，该认定并无不当，二审法院予以确认。《中华人民共和国劳动法》第二十五条规定："劳动者有下列情形之一的，用人单位可以解除劳动合同：……（二）严重违反劳动纪律或者用人单位规章制度的；……。"在本案中，上诉人丁某无正当理由持续旷工长达四个月之久，本身即为严重违反劳动纪律的行为。被上诉人某人力资源服务青岛有限公司以上诉人丁某旷工为由解除与其的劳动合同，符合法律规定。对上诉人丁某关于被上诉人某人力资源服务青岛有限公司系违法解除劳动合同并要求被上诉人某人力资源服务青岛有限公司支付违法解除劳动合同赔偿金的主张，二审法院不予支持。二审判决：驳回上诉，维持原判。

【案件评析】

劳动者依法享有休息和休假的权利，劳动者在患病期间，视病情需要，有权请休病假，但亦应遵守劳动纪律和用人单位的规章制度。在劳动合同纠纷案件中，尤其是双方在履行劳动合同的过程中就工资、岗位、职务等产生争议时，经常有劳动者提供医院病历及诊断书证明其未到岗系因病需休息治疗。用人单位往往对此有异议，认为劳动者是"泡病假"、"小病大养"。此时，用人单位应当及时通知劳动者说明情况，如有必要，可以劳动者、用人单位共同到医院进行复查、核实。对于此类情形，建议用人单位通过事前完善与病假相关的规章制度、事中严格审查病假材料、事后妥善解决解除事宜三个步骤降低用工风险，形成对"泡病假"员工的有效约束。

（青岛市市南区人民法院劳动人事争议审判庭庭长　侯丽洁）

【十五】竞业限制不支付经济补偿的
法律后果分析

——青岛超强技术有限公司与白云竞业
限制纠纷案评析

关键词：竞业限制 保密协议 经济补偿

【裁判要点】

竞业限制是用人单位对负有保守用人单位商业秘密的劳动者，在劳动合同、知识产权权利归属协议或技术保密协议中约定的竞业限制条款。但竞业限制的履行是有前提条件的，即用人单位需支付经济补偿，否则该竞业限制对劳动者不具有约束力。

【相关法条】

《中华人民共和国劳动合同法》第二十三条、第二十四条

【基本案情】

原告青岛超强技术有限公司向法院提出诉讼请求：1. 被告白云支付原告违约金 500 000 元。2. 被告赔偿原告律师费损失 11 111 元。3. 诉讼费由被告承担。事实与理由：原告是一家集研发、生产、营销、服务为一体的专业医疗及美容仪器制造商，被告于 2014 年 8 月 8 日入职担任售后客户技术导师一职，双方签有竞业限制协议。被告于 2015 年 9 月 8 日离职，并于同年 9 月 24 日办理离职手续。被告离职后进入同行同业工作，从事与原告有竞争关系的业务，违反竞业限制协议约定，故提起诉讼。

被告辩称，被告离职后，原告从未支付竞业限制补偿金，竞业限制协议对被告没有约束力；被告从未进入任何一家公司工作。综上，原告诉请没有事实及法律依据，不同意原告的诉请。

2014 年 8 月 8 日，被告入职原告处工作，同年 9 月 3 日，双方签订

竞业限制协议，约定：被告承诺在劳动合同终止或解除后两年内，未经原告书面同意，不到任何与原告构成竞争关系的企业、商业机构或组织担任相关职务，不提供有关商业秘密的信息或资料，不得直接或间接经营与原告构成竞争的业务，不得抢夺客户或引诱原告其他员工离职，不得自营与原告相同或具有竞争关系的产品或服务；上述企业、商业机构或组织包括与原告处于相同或相近似的行业、技术领域，所提供的产品、服务或所面向的客户群与原告相同或者相近似；原告支付被告竞业限制补偿金标准为离职前 12 个月平均月工资的 20%，于次月的 30 日前通过被告指定银行账户支付（如 5 月的竞业补偿金于 6 月 30 日前发，由原告的考勤周期决定）；被告违反约定的竞业限制义务，应一次性支付违约金 50 万元，同时还应承担违约损害赔偿责任（包括原告调查被告违约行为支付的合理费用，包括但不限于律师费、调查费、鉴定费等）；原告如果连续 2 个月未按约定支付补偿费，被告竞业限制义务终止；协议还约定了其他事项。2015 年 9 月 8 日，被告因个人原因申请离职，并于同月 24 日离职。经核实，原告未支付被告竞业限制补偿金。2016 年 6 月，原告向当地劳动人事争议仲裁委员会（以下简称仲裁委）申请仲裁，要求裁决：1. 被告支付违约金 500 000 元。2. 被告支付原告赔偿损失 11 111 元。2016 年 11 月 2 日，仲裁委出具裁决书，裁决驳回原告的仲裁请求。

庭审中，原告主张被告入职与其有竞争关系的企业工作，违反竞业限制协议约定，为证明其主张，原告提交了版权保护协会电子证据固化报告（显示原告网页宣传产品与该公司网页宣传产品、微信公众号宣传产品对比，均为美容仪器等；信息费 5 120 元）及照片（案外人 2016 年 4 月 17 日朋友圈展会合影）。被告对此不予认可，称其离职后自营服装，为反驳原告的主张，被告提交了社会保险缴费历史明细（缴费单位非原告所称的公司）。原告对此不予认可，但未能进一步举证证明其主张。上述事实，有竞业限制协议、仲裁委裁决书及双方当事人陈述等证据在案佐证。一审法院最终驳回原告青岛宏强富瑞技术有限公司的诉讼请求。一审判决后，双方当事人在法定内均未上诉。

【案件评析】

当事人对自己的主张有责任提供证据予以证明，所提供证据不足以证明自己主张的由负有举证责任的一方当事人承担不利的法律后果。根据查明的事实，原告主张被告离职后至与其有竞争关系的公司工作，违反竞业限制协议约定，但其提交的证据不能形成完整证据链，不足以证明其主张，应承担举证不能的不利后果；同时，原告从未支付被告竞业限制补偿金，表明其不存在要求被告履行竞业限制义务、原告支付补偿金的主观意愿，具有明显过错，且依照双方约定，原告在被告离职2个月后仍未支付补偿金，被告的竞业限制义务已经终止。因此，原告的诉请，缺乏事实与法律依据，法院不予支持。

（平度市人民法院民一庭审判员　王美君）

执行异议之诉篇

【一】不存在多个债权人对执行财产申请参与分配的情形的案件不属于执行分配方案异议之诉的受案范畴

——崔某与吴某、张某执行异议案

关键词：债权人　申请参与分配　分配方案
执行分配方案异议之诉

【裁判要点】

执行分配方案异议之诉中的执行分配方案，系因多个债权人对执行财产申请参与分配引起，而本案中吴某、张某系同一申请执行主体，税务机关征税系行政行为，不存在多个债权人对执行财产申请参与分配的情形，故本案不符合执行分配方案异议之诉的受案条件，对原告的起诉依法应予驳回。

【相关法条】

1.《最高人民法院关于适用〈中华人民共和国民事诉讼法〉的解释》第五百一十一条：多个债权人对执行财产申请参与分配的，执行法院应当制作财产分配方案，并送达各债权人和被执行人，债权人或者被执行人对分配方案有异议的，应当自收到分配方案之日起十五日内向执行法院提出书面异议。

2.《最高人民法院关于适用〈中华人民共和国民事诉讼法〉的解释》第五百一十二条：债权人或者被执行人对分配方案提出书面异议的，执行法院应当通知未提出异议的债权人、被执行人。未提出异议的债权人、被执行人自收到通知之日起十五日内未提出反对意见的，执行法院依异议人的意见对分配方案审查修正后进行分配；提出反对意见的，应当通知异议人。异议人可以自收到通知之日起十五日内，以提出反对意见的债权人、被执行人为被告，向执行法院提起诉讼；异议人逾期未提起诉讼的，执行法院按照原分配方案进行分配。诉讼期间进行分配的，执行法院应当提存与争议债权数额相当的款项。

【基本案情】

原告崔某向本院提出诉讼请求，请求判令：1. 依法撤销青岛市中级人民法院（2009）青执一字第146号执行财产分配方案。2. 依法判令向原告足额发放青岛市中级人民法院账户案款人民币 499 956.70 元及相应法定孳息。事实理由：原告系（2009）青执一字第146号案件的被执行人。法院在执行原告与被告买卖合同纠纷案就贵院账户上待分配的案款 6 913 637.6 元制作《执行财产分配方案》送达了原、被告及青岛市地方税务局崂山分局。该方案依照《最高人民法院关于适用〈中华人民共和国民事诉讼法〉的解释》第五百一十二条之规定，各方主体受偿如下："一、协助青岛市地方税务局崂山分局征收税费 800 029.2 元；二、向申请执行人吴某、张某发放案款 499 956.7 元；三、向被执行人崔某发还案款 5 613 651.7 元"。收到执行财产分配方案后，原告以"一、执行财产分配方案适用法律错误；并认为崂山地税局不是适格债权人，协助税务局征收税款缺乏法律依据；二、向被执行人发放案款 499 956.7 于法无据；三、执行财产分配方案以发放案款的名义要求被申请人再行支付利息的做法显失公平"为由，向法院提交异议书，要求法院足额发放案款 6 913 637.60 元及相应法定孳息。二零一七年十二月七日，法院向原告送达《通知（反对意见通知书）》（2009）青执一字第146号。针对原告的异议，被告吴某、张某向法院提交反对意见；青岛市地方税务局崂山分局征未提交反对意见。为此，原告依据《最高人民法院关于适用〈中华人民共和国民事诉讼法〉的解释》第五百一十二条之规定提起诉讼，请依法判如所请。

被告吴某、张某辩称：（一）依法维持青岛市中级人民法院（2009）青执一字第146号"执行。财产分配方案"。（二）如果撤销青岛市中级人民法院（2009）青执一字第 146 号"执行财产分配方案"请确认迟延支付利息的责任人，由责任人按照山东省高级法院（2008）鲁民一终字第 455 号民事判决书执行，承认迟延履行期间的全部债务利息 1 090 928.4 元。事实和理由：（一）山东省高级法院（2008）鲁民一终字第 455 号民事判决书，是本案执行中唯一明确的法律依据。被执行人未按判决、裁定和其他法律文书指定的期间履行给付金钱义务的，应当加倍支付迟延履行期间的债务利息，支付迟延履行金。崔某延迟支付债款期间，申请执行人多次催办贵院执行庭发放案款并说明崔某与贵院执行庭之间的纠纷与申请执行人无关，法院除了支付本金 300 万元后，仅支付申请执行人部分迟延履行期间的债务利息及其他费用 580 662.4 元，其余 1 090 928.4 元迟延履行期间的债务利息，贵院明确答复申请执行人：等待崔某无理纠缠事宜处理完毕及其申请国家赔偿案结束后再按照法律规定进行支付。法院执行庭履行其约定，待崔某的申诉被省高级人民法院驳回后，依法启动执行中关于迟延履行期间的债务利息的审理和调节。调解中，申请执行人表示可以退让，将判决书中规定的双倍支付逾期利息减半。2017 年 9 月 15 日贵院作出了"执行财产分配方案"，申请执行人表示认可"执行财产分配方案"中认定的事实，同意财产分配的结果。（二）被执行人崔某应该按照"执行财产分配方案"支付迟延履行期间的债务利息。崔某无理纠缠，贵院为了保障崔某单方的权益，即未向买房人赵某某送达成交裁定，也未向申请执行人发放案款，且长达 1 004 天。崔某未尽快还款，反而在查封房屋拍卖后不断诉告法院，长达数年之久。待崔某的申诉被依法驳回后，法院恢复执行拍卖放款划至贵院账户后的延迟利息。在调解中，申请执行人作出退让，同意该"执行财产分配方案"中的意见。崔某不服"执行财产分配方案"，并提出了两点异议：1. 对本案拍卖放款划至法院后延迟 1004 天才向申请执行人进行部分案款发放的事实，崔璨认为：除去自判决生效之日至贵院收到拍卖款期间的延迟利息应支付外，法院收到拍卖房款后的迟延利息不应该由她支付。2. 崔璨认为，贵院没有按照申请执行人的申请积极采取执行措施，按照民事诉讼法第二百二十五条规定，迟延发放案款的过错在贵院；申请执行人要求加倍支付迟延履行期间的债务利息应由贵院之不当作为而让贵院承担。根据民事诉讼法第二百二十五条规定，不仅不能说明迟延发放案款的责任在贵院，恰恰证明崔某的无理纠缠经由贵院及省高院按照法律规定程序将其驳回，崔某向申请执行人支付欠款及罚款是法律规定她的义务；她要申请国家赔偿是她个人行使的权力；她的申诉理由被高院驳回后，即明确她是迟延履行期间债务利息的责任人。鉴此，"执行财产分配方案"中的迟延履行期间的债务利息应由被执行人崔璨承担。按照《最高人民法院关于适用〈中华人民共和国民事诉讼法〉的解释》第五百零一条、五百零五条、五百零六条，崔某拒绝支付迟延履行期间债务利息的理由没有任何法律规定，不应支持。任何与中华人民共和国民事诉讼法相悖的理由与解释都应该按照中华人民共和国民事诉讼法执行。（三）如果法院不能维持（2009）青执一字第146号"执行财产分配方案"，请确认迟延1004天才进行执行的负责人，由负责人按照省高院判决书支付申请执行人延期利息1 090 928.4元。

经审理查明，本案中，吴某、张某系同一申请执行主体。

法院经审查认为，《最高人民法院关于适用〈中华人民共和国民事诉讼法〉的解释》第五百一十一条规定"多个债权人对执行财产申请参与分配的，执行法院应当制作财产分配方案，并送达各债权人和被执行人，债权人或者被执行人对分配方案有异议的，应当自收到分配方案之日起十五日内向执行法院提出书面异议"；第五百一十二条规定"债权人或者被执行人对分配方案提出书面异议的，执行法院应当通知未提出异议的债权人、被执行人。未提出异议的债权人、被执行人自收到通知之日起十五日内未提出反对意见的，执行法院依异议人的意见对分配方案审查修正后进行分配；提出反对意见的，应当通知异议人。异议人可以自收到通知之日起十五日内，以提出反对意见的债权人、被执行人为被告，向执行法院提起诉讼；异议人逾期未提起诉讼的，执行法院按照原分配方案进行分配。诉讼期间进行分配的，执行法院应当提存与争议债权数额相当的款项"。据此，执行分配方案异议之诉中的执行分配方案，系因多个债权人对执行财产申请参与分配引起，而本案中吴某、张某系同一申请执行主体，税务机关征税系行政行为，不存在多个债权人对执行财产申请参与分配的情形，故本案不符合执行分配方案异议之诉的受案条件，对原告的起诉依法应予驳回。依照《最高人民法院关于适用〈中华人民共和国民事诉讼法〉

的解释》第五百一十一条、第五百一十二条、第二百零八条第三款,《中国人民共和国民事诉讼法》第一百五十四条第一款第三项之规定,裁定:驳回原告崔某的起诉。

【案件评析】

执行异议之诉,是指当事人和案外人对执行标的实体权利存有争议,请求执行法院解决争议而引起的诉讼,是执行救济的重要途径之一。该诉有三种,即:案外人执行异议之诉、申请执行人执行异议之诉、执行分配方案异议之诉。依照我国法律规定,执行分配方案异议之诉产生的程序是:1. 多个债权人对执行财产申请参与分配,执行法院作出分配方案,并送达各债权人和被执行人。2. 债权人或者被执行人对分配方案有异议的,应当自收到分配方案之日起十五日内向执行法院提出书面异议。3. 债权人或者被执行人对分配方案提出书面异议的,执行法院应当通知未提出异议的债权人、被执行人。未提出异议的债权人、被执行人自收到通知之日起十五日内未提出反对意见的,执行法院依异议人的意见对分配方案审查修正后进行分配;提出反对意见的,应当通知异议人。异议人可以自收到通知之日起十五日内,以提出反对意见的债权人、被执行人为被告,向执行法院提起诉讼。故,执行分配方案异议之诉要审查的执行分配方案产生的前提,是多个债权人对执行财产申请参与分配。而本案中,吴某、张某系同一申请执行主体,税务机关征税系行政行为,不存在多个债权人对执行财产申请参与分配的情形,故本案不符合执行分配方案异议之诉的受案范畴,法院最终裁定驳回了原告的起诉。

(青岛市中级人民法院民一庭团队长　王　楷)

【二】案外人只有对执行标的享有足以排除强制执行的民事权益才能阻却执行

——王勇与被告青岛高点家居有限公司、第三人胶州市
三里河街道办事处北三里河村民委员会
案外人执行异议之诉案

关键词：案外人　足以排除强制执行　民事权益

【裁判要点】

根据我国法律规定，案外人执行异议之诉，人民法院应对案外人对执行标的是否享有足以排除强制执行的民事权益进行审查并作出判断，该诉中并不审查执行依据的效力。故，本案中，本院对原告主张的执行依据即青仲裁字（2016）第285号裁决书存在事实查明不清、审理程序违法等起诉理由不予采信。原告起诉要求本院停止对北三里河村委帐户中的500万元案款的执行，依法应就其对该500万元案款享有实体权利足以排除强制执行承担举证责任。

【相关法条】

1.《最高人民法院关于适用〈中华人民共和国民事诉讼法〉的解释》第三百零五条。

2.《最高人民法院关于适用〈中华人民共和国民事诉讼法〉的解释》三百零七条。

3.《最高人民法院关于适用〈中华人民共和国民事诉讼法〉的解释》三百一十一条。

4.《最高人民法院关于适用〈中华人民共和国民事诉讼法〉的解释》三百一十二条。

5.《最高人民法院关于人民法院办理执行异议和复议案件若干问题的规定》第二十五条第（三）项。

【基本案情】

王勇原有位于胶州市三里河街道办事处北三里河村的住房于 2011 年列入旧村改造计划，北三里河村委在实施综合建设改造过程中，与王勇签订拆迁补偿协议，合计补偿王勇 52 920 元。该拆迁补偿款由胶州市三里河街道办事处拨付给北三里河村委用以解决村民回迁安置问题。2016 年，高点家居公司与北三里河村委因合同纠纷引发仲裁，青岛仲裁委员会于 2016 年 10 月 25 日作出青仲裁字（2016）第 285 号仲裁裁决书，裁决北三里河村委支付高点家居公司工程款 4 911 168.69 元及利息。北三里河村委向本院提出撤销仲裁裁决的诉讼请求，本院于 2017 年 1 月 18 日作出（2016）鲁 02 民特 87 号民事裁定书，裁定驳回北三里河村委提出的撤销青仲裁字（2016）第 285 号仲裁书的申请。青仲裁字（2016）第 285 号仲裁裁决书进入执行程序后，北三里河村委向本院提出不予执行该仲裁裁决的申请，本院作出（2017）鲁 02 执异 43 号执行裁定书，裁定驳回该申请。2017 年 1 月 22 日，本院作出（2016）鲁 02 执 842—1 号执行裁定书，裁定划扣北三里河村委银行存款 500 万元。王勇就此向本院提出执行异议，称该 500 万元虽在北三里河村委的帐户上，但系其回迁安置补偿款，并不归该村委所有，请求本院将该款项发还给他。本院于 2017 年 5 月 19 日作出（2017）鲁 02 执异 151 号执行裁定书，驳回了王勇的异议请求，王勇对该裁定书不服，向本院起诉，产生本案。

庭审中，原告王勇主张该次旧村改造中，涉及 75 个村民的拆迁补偿款共 800 余万元，但本案中争议的 500 万元中，有多少个村民的权益，其无法确定。本案中王勇主张该 500 万元中有其 757 572 元的权益，但其在本案之外，就该 757 572 元的权益，又向山东省胶州市人民法院提起执行异议之诉，主张该院欲执行的 260 万元案款中，包含其该 757 572 元的权益，亦要求停止对该 260 万元案款的执行。

庭审中，原告王勇提交其与北三里河村委签订的拆迁补偿协议、房屋安置协议、北三里河村旧村改造结算支付明细等证据，欲以此证明其应得拆迁补偿款 757 572 元。其另提交胶州市三里河街道办事处出具的证明一份，该证明载明，该办事处筹集资金，拨付至北三里河村解决村民的临时安置补偿款及回迁房屋维修问题，该款直接拨付至北三里河村在农村信用社的账户，由村委会负责发放至村民手中，该账户中的760万元并不归该村委会所有。原告还提交银盛泰房地产有限公司拨付北三里村委拆迁补偿款，胶州市三里河街道办事处财政所将拆迁补偿款拨付至北三里村委银行账户中的收据及进账单等证据一宗，欲以此证明该账户中的760万元系村民们的拆迁补偿款。被告对此称：对原告提交的上述证据的真实性无法确认。且，因北三里河村委欠付被告的工程款，被告对工程款依法享有优先受偿权。另，北三里河村委账户中被查封时并非760万元，还有其他款项，原告提交的银盛泰房地产公司拨付款项等证据载明的付款数额亦与原告所述金额760万元不符，故，原告主张北三里河村委账户中有760万元存款系拆迁补偿款与事实不符，原告系北三里河村委工作人员，该次起诉是为故意拖延案件执行。

另查明，原告不能确认涉案500万元所在银行账户为北三里河村委用于存放村民拆迁补偿款的专用账户。

本院认为，根据我国法律规定，案外人执行异议之诉，人民法院应对案外人对执行标的是否享有足以排除强制执行的民事权益进行审查并作出判断，该诉中并不审查执行依据的效力。故，本案中，本院对原告主张的执行依据即青仲裁字（2016）第285号裁决书存在事实查明不清、审理程序违法等起诉理由不予采信。原告起诉要求本院停止对北三里河村委帐户中的500万元案款的执行，依法应就其对该500万元案款享有实体权利足以排除强制执行承担举证责任，对此，本院作如下判析：

首先，就原告主张来看，其主张500万元案款中其仅有757 572元的权益，该500万元中有多个其他村民的权益，具体有多少个村民的权益其并不清楚，故，其仅以个人757 572元的权益要求排除本院对500万元案款的执行，于法无据。

其次，原告就本案中主张的757 572元，又另案向其他法院提起执行异议之诉，主张其该757 572元的权益存在于其他法院欲执行的260万元案款中，与其在本案中的主张相悖。

再次，在本案中，因涉案500万元案款所在账户并非原告所在村村民拆迁补偿款专用账户，故该账户中的存款来源存在混同，原告虽提交证据证实该账户中存有村民们的拆迁补偿款，但未提交充分有效证据证明其所主张的 757 572 元的权益必然包含在该 500 万元案款中，应承担举证不能的法律后果。

最后，《最高人民法院关于人民法院办理执行异议和复议案件若干问题的规定》第二十五条第（三）项规定，判断银行存款的权属应当按照该存款在金融机构登记的账户名称判断。本案中，500 万元系存放于被执行人、本案第三人北三里河村委所开银行账户中，执行法院据此判断该 500 万元为北三里河村委所有，并无不当。

综上所述，原告王勇的诉讼请求不成立，法院不予支持。依照《最高人民法院关于适用〈中华人民共和国民事诉讼法〉的解释》第三百零五条、三百零七条、三百一十一条、三百一十二条，《最高人民法院关于人民法院办理执行异议和复议案件若干问题的规定》第二十五条第（三）项之规定，判决：驳回原告王勇的诉讼请求。

王勇对一审判决不服提起上诉，二审法院经审理后最终驳回其上诉、维持一审判决。

【案件评析】

案外人执行异议之诉，是指案外人就执行标的物享有足以有效阻止强制执行的权利，在执行程序终结前，向执行法院对申请执行人提起的旨在阻止对执行标的物的强制执行的诉讼，目的是保护案外人的合法权益，维护司法公正。本案中，原告起诉要求停止对被执行人账户中的 500 万元资金的执行，依法应就其对该 500 万元案款享有实体权利足以排除强制执行承担举证责任，但因其未完成该举证责任（理由同一审判由），法院最终未支持原告的诉求，判决正确，处理妥当。

（青岛市中级人民法院民一庭团队长　王　楷）

【三】未足额缴纳出资的股东或出资人被追加为被执行人的属于执行异议之诉的范围

——申请执行人某房地产开发投资公司与执行被申请人杜某某执行异议之诉

关键词：企业法人　股东或出资人　未足额出资　责任范围

【裁判要点】

被执行人为企业法人的，因为企业法人财产不足以清偿债务，可以追加未缴纳或未足额缴纳出资的股东、出资人为被执行人。被追加的股东、出资人不服的，应当提起执行异议之诉。此类执行异议之诉的审查，不同于一般的案外人执行异议之诉，应从企业法人的财产状况、举证责任分配原则及认定标准等多方面进行分析。

【相关法条】

《最高人民法院关于民事执行中变更、追加当事人若干问题的规定》第十七条：作为被执行人的企业法人，财产不足以清偿生效法律文书确定的债务，申请执行人申请变更、追加未缴纳或未足额缴纳出资的股东、出资人或依公司法规定对该出资承担连带责任的发起人为被执行人，在尚未缴纳出资的范围内依法承担责任的，人民法院应予支持。

第三十条：被申请人、申请人或其他执行当事人对执行法院作出的追加、变更裁定或驳回申请裁定不服的，可以自裁定书送达之日起十日内向上一级人民法院申请复议，但依据该规定第32条应当提起诉讼的除外。"

第三十二条：被申请人或申请人对执行法院依据本规定第十四条第二

款、第十七条至第二十一条规定作出的变更、追加裁定或驳回申请裁定不服的，可以自裁定书送达之日起十五日内，向执行法院提起执行异议之诉。被申请人提起执行异议之诉的，以申请人为被告。申请人提起执行异议之诉的，以被申请人为被告。

【基本案情】

某房地产开发投资公司与某惠易购公司之间的房屋租赁合同纠纷一案，经某仲裁委员会作出裁决书，裁定某房地产开发投资公司对某惠易购公司享有租金债权。后该裁决书进入执行程序，因未查到被执行人某惠易购公司有财产履行相应债务。某房地产开发投资公司在执行程序中申请追加某惠易购公司的股东杜某某为被执行人。经执行异议审查程序审查后，裁定应追加杜某某为被执行人并在其未足额出资范围内承担清偿责任。杜某某对该裁定不服，提起执行异议之诉。

某惠易购公司于2014年1月22日注册成立，公司成立时股东为杜某某、王某，根据公司章程，两股东认缴资本200万元，实缴100万元。杜某某的认缴资本为198万元，首期出资为99万元。剩余注册资金缴纳期限为2019年1月20日。公司章程第六条规定："公司成立后，应向股东签发出资证明书。"2014年9月1日，某惠易购公司的公司注册资本由200万元增资为1000万元，在公司章程修正案中记载："第五条：股东修改为杜某某、傅某某，杜某某出资方式为货币，认缴出资998万元，出资比例99.8%，实缴出资99万元，出资日期2014年1月21日，剩余缴付日期为2015年12月31日。"

2014年3月7日至2015年2月15日期间，杜某某向某惠易购公司的建设银行账户3710198590105250 0××9中，分30次共转账844万元。其中2014年9月1日公司章程修改之前共转账21次，总金额为614万元。3710198590105250 0××9账户为公司对公账户，该账户既有入账款项也有出账款项。某惠易购公司未向杜某某出具出资证明书，其向杜某某出具《增资实际到账款项明细表》一份，上面记载有2014年3月7日至2015年2月15日期间杜某某向某惠易购公司转账的明细。

法院经审理认为，《最高人民法院关于民事执行中变更、追加当事人若干问题的规定》第十七条规定："作为被执行人的企业法人，财产不足以清偿生效法律文书确定的债务，申请执行人申请变更、追加未缴纳或未足额缴纳出资的股东、出资人或依公司法规定对该出资承担连带责任的发起人为被执行人，在尚未缴纳出资的范围内依法承担责任的，人民法院应予支持。"第三十二条规定"被申请人或申请人对执行法院依据本规定第十四条第二款、第十七条至第二十一条规定作出的变更、追加裁定或驳回申请裁定不服的，可以自裁定书送达之日起十五日内，向执行法院提起执行异议之诉。被申请人提起执行异议之诉的，以申请人为被告。申请人提起执行异议之诉的，以被申请人为被告。"

根据前述规定，被执行人为企业法人的，将股东或出资人变更或追加为被执行人，应当审查三个要件：一、公司的财产是否不足以清偿生效法律文书确定的债务；二、公司股东或出资人是否未缴纳或未足额缴纳出资；三、审查公司股东或出资人尚未缴纳出资的范围。

本案中，被执行人某惠易购公司在（2017）鲁02执374号执行案件中，经审查，未查到该公司有财产履行相应债务，属于公司财产不足以清偿生效法律文书确定债务的情况。

某惠易购公司在2014年9月1日进行公司变更登记，公司由200万注册资本增资为1 000万，股东变更为杜某某和傅某某，杜某某为控股99.8%的股东。根据当天公司章程修正案中的记载，杜某某的认缴出资为998万元，其实缴出资为99万元，剩余缴付日期为2015年12月31日。杜某某作为公司控股99.8%的股东，负有证明其向公司足额缴纳出资的证明责任。杜某某为证明其出资情况，向法院提交了2014年3月7日至2015年2月15日期间银行借记卡账户历史明细清单及某惠易购公司向杜某某出具的《增资实际到账款项明细表》。法院认为，对于认定股东是否足额缴纳出资，应从股东与公司的交易习惯、被执行人的公司财务凭证及证据关联性方面进行审查分析认定。本案审理中，杜某某首期缴纳的出资99万元转入验资账户中。该验资账户与其后转账的37101985901052500××9账户，并非同一账户。37101985901052500××9账户为公司对公账户，该账户既有入账也有出账。2014年3月7日至2015年2月15日期间，杜某某向该对公账户转款达30次，共计844万元，其转款时间及转款数额均没有规律性，转款中有4万元1次、5万元3次，135万元1次，

100 万元 1 次，其他多为 10 万及 20 万元的转款。杜某某在转款时均未注明款项用途。而根据 2014 年 9 月 1 日，某惠易购公司的章程修正案中记载：杜某某的实缴出资为 99 万元，而 9 月 1 日前杜某某向对公账户 37101985901052500339 转款达 614 万元。如果该 614 万元为实缴出资，9 月 1 日的公司章程修正案中应当有所记载。综合上述事实，杜某某转款 844 万元并未进入验资账户，其亦未提交转款凭证证明款项用途为实缴出资，9 月 1 日之前的转款数额与公司章程记载的实缴出资额存在冲突，因此，其向公司转款的行为不符合通常向公司出资的交易习惯。其转款次数多，数额零散，不排除与公司之间有其他经济往来，其提交的证据与其主张的出资行为不能形成必然的关联性。且杜某某作为控股 99.8% 的股东，在审理过程中主张其不参与公司经营管理，不掌握公司财务凭证、股东会议记录等资料，不能向法庭提交上述涉及公司重大信息的资料，亦不符合常理。综上，杜某某主张 844 万元为出资款，现有证据尚不能完成其相应的举证责任，法院对其主张不予采信。法院认定杜某某的实缴出资为 99 万元。

根据公司章程，杜某某的认缴出资为 998 万元，扣除其实缴出资 99 万元，杜某某的未缴纳出资范围为 899 万元，其应当在该范围内承担清偿责任。

综上，法院认为杜华民的诉讼请求缺乏事实及法律依据，不予支持。判决驳回杜华民的诉讼请求。

【案件评析】

《最高人民法院关于民事执行中变更、追加当事人若干问题的规定》第十七条规定："作为被执行人的企业法人，财产不足以清偿生效法律文书确定的债务，申请执行人申请变更、追加未缴纳或未足额缴纳出资的股东、出资人或依公司法规定对该出资承担连带责任的发起人为被执行人，在尚未缴纳出资的范围内依法承担责任的，人民法院应予支持。"第三十二条规定"被申请人或申请人对执行法院依据本规定第十四条第二款、第十七条至第二十一条规定作出的变更、追加裁定或驳回申请裁定不服的，可以自裁定书送达之日起十五日内，向执行法院提起执行异议之诉。被申请人提起执行异议之诉的，以申请人为被告。申请人提起执行异议之诉的，以被申请人为被告。"根据前述规定，因为企业法人财产不足以清偿债务，未缴纳或未足额缴纳出资的股东、出资人被追加为被执行人的，应当提起执行异议之诉。

这类案件是特别需要注意的一类案件，因为根据《最高人民法院关于民事执行中变更、追加当事人若干问题的规定》第三十条规定："被申请人、申请人或其他执行当事人对执行法院作出的追加、变更裁定或驳回申请裁定不服的，可以自裁定书送达之日起十日内向上一级人民法院申请复议，但依据该规定第32条应当提起诉讼的除外。"因此，执行程序中，大多数的追加、变更执行当事人的程序仍通过执行复议程序的路径予以处理。只有32条规定的几类情形如：出资不实、抽逃出资、清算责任等涉及复杂实体责任认定的情形，赋予了当事人提起执行异议之诉的权利。

对此类案件的审查，应注意以下几个要点：1.审查被执行法人名下的财产状况。只有在公司法人的财产不能清偿债务时，可以追加或变更股东、出资人、发起人等为被执行人。2.举证责任分配原则。一般案外人执行异议之诉中，由案外人承担举证责任，申请执行人没有法定的举证责任，其可以根据案件具体情况提交反驳性证据。但追加、变更被执行人执行异议之诉与案外人执行异议之诉完全不同，其被追加、变更为被执行人的基础法律关系是基于债的追偿关系而形成一类执行异议之诉。因此，追加、变更被执行人执行异议之诉的举证责任基本原则应遵循给付之诉的谁主张谁举证的基本举证原则。3.承担责任的具体范围。根据公司法及公司法解释的规定，出资不实或抽逃出资的，股东向公司承担的主要是补足出资的义务，因此，出资不实或抽逃出资的股东被追加为被执行人的，其承担责任的范围仍是补充责任，即其认缴出资与未缴出资的差额部分。

（青岛市中级人民法院民一庭审判长　　龙　骞）

【四】案外人以融资租赁合同关系排除执行的要件审查

——申请执行人李某某与案外人某租赁有限公司执行异议之诉

关键词：融资租赁合同　售后回租　动产公示　另案生效判决

【裁判要点】

1. 售后回租属于一种特殊的融资租赁合同。审查售后回租的出租人是否有权排除执行，需从售后回租的法理基础及履行的证据等方面进行综合审查。

2. 金钱债权执行中，案外人依据执行标的被查封、扣押、冻结后作出的另案生效法律文书提出排除执行异议的，人民法院不予支持。

【相关法条】

《最高人民法院关于融资租赁合同司法解释》第二条：承租人将自有物出卖给出租人，再以融资租赁合同将租赁物从出租人处租回的，人民法院不应仅以承租人和出卖人系同一人为由认定不构成融资租赁法律关系。

《最高人民法院关于人民法院办理执行异议和复议案件若干问题的规定》第二十六条：金钱债权执行中，案外人依据执行标的被查封、扣押、冻结后作出的另案生效法律文书提出排除执行异议的，人民法院不予支持。

【基本案情】

李某某与于某某、金某某及某彩印公司民间借贷纠纷一案，经某中级法院（2015）×金初字第××号案件审理，认定李某某对于某某、金某某及某彩印公司享有债权。并在该案审理期间，作出民事裁定书，于 2015年2月15日查封某彩印公司相关财产。财产中包括本案争议的查封标的物：三层共挤吹膜生产线、三层共挤薄膜吹塑机组、凹版印刷机、制袋机、干式复合机。后因某彩印公司未履行债务，案件进入执行程序，对查封的机器设备采取强制执行行为。案外人某租赁公司在执行程序中提出异议，认为上述查封的机器设备系某租赁公司通过融资租赁合同关系出租给某彩印公司的，请求排除执行。

某租赁公司与某彩印公司之间的融资租赁合同，经某基层法院审理，于 2015 年 11 月 12 日出具（2015）×商初字第××号民事判决，判决解除某租赁公司与某彩印公司的租赁合同，返还租赁合同项下租赁物及支付到期租金，逾期利息、违约金、律师费等。

某租赁公司提交的证据显示，某租赁公司与某彩印公司在 2011 年 4 月 2 日签订委托购买合同（11A0794H—1）一份，由某租赁公司作为出租人委托承租人某彩印公司向青岛某包装机械有限公司购买挤出（流延）复合机（SEC—1300B）一台。同日某租赁公司与某彩印公司还签订委托购买合同（11A0794H—2）一份，由某租赁公司作为出租人委托承租人某彩印公司向江阴市某印刷机械有限公司购买凹版印刷机（HYA—8850）一台。同日，某租赁公司与某彩印公司又签订租赁合同一份，将11A0794H—1.11A0794H—2 合同项下的两台机器，由某租赁公司出租给某彩印公司，在合同中的租赁事项中约定了租金及支付方式。某租赁公司主张上述合同到期后，双方终止租赁合同，解约款为 176 422.65 元，约定上述合同项下所涉两台设备所有权转移于某彩印公司。解约款并未实际支付某租赁公司，而是抵扣后续签订的 AA13070357CCX 租赁合同，因此，在签订 AA13070357CCX 租赁合同前，两台设备所有权属于某彩印公司。涉案的其他四台设备在 2013 年之前没有与某租赁公司发生租赁关系，所有权亦属于某彩印公司。

某租赁公司与某彩印公司在 2013 年 7 月 1 日签订买卖合同（AA13070357CCX—1）一份，某租赁公司向某彩印公司购买的合同标的物包括凹版印刷机（HYA—8—1050）一台、干式复印机（HGF—1050）一台、制袋机（HD—600UML）一台、三层共挤吹膜生产线（SXGM—

1800＊3）一套、三层共挤薄膜吹塑机组（ZM3B—1700QB）一台、制袋机（SBR—600型连底自立拉链机）2台、凹版印刷机（HYA—8850）一台、挤出（流延）复合机（SEC—1300B）一台。合同约定价款为5051000元。

基于前述某租赁公司的陈述及证据，可以认定，2013年7月1日某租赁公司与某彩印公司在签订买卖合同（AA13070357CCX—1）之前，涉案争议的机器设备所有权均属于某彩印公司所有。某租赁公司主张其与某彩印公司之间为售后回租的融资租赁关系。对于其购买某彩印公司设备的款项支付的情况，某租赁公司主张，其中2 009 953.35元通过银行向某彩印公司汇款，汇款凭证摘要中记载为往来款—拨款。剩余款项根据某租赁公司陈述，包含首付租金2 174 624元、咨询费90 000元，履约保证金600 000元及终止租赁协议解约款176 422.65元。汇款2 009 953.35元的付款凭证时间为2013年8月7日，某彩印公司向某租赁公司出具5 051 000元的收据时间为2013年7月31日。关于某彩印公司向某租赁公司支付租金的证据，其中在汇款凭证上明确标明为租赁费的单据有两笔，日期均为2015年3月26日，数额分别为7 7600元及30 000元。

本案争议的焦点问题为：1. 某基层法院的（2015）×商初字第××号民事判决能否作为排除执行的依据；2. 某租赁公司以售后回租法律关系主张其对涉案标的物排除执行能否成立。

1.（2015）×商初字第××号民事判决虽然认定某租赁公司与某彩印公司之间存在融资租赁关系，但该判决系在本案的查封之后作出，且为缺席审理。因此，根据《最高人民法院关于人民法院办理执行异议和复议案件若干问题的规定》第二十六条"金钱债权执行中，案外人依据执行标的被查封、扣押、冻结后作出的另案生效法律文书提出排除执行异议的，人民法院不予支持"的规定，该判决不能作为本案排除执行的依据。

2.《最高人民法院关于融资租赁合同司法解释》第二条规定，承租人将自有物出卖给出租人，再以融资租赁合同将租赁物从出租人处租回的，人民法院不应仅以承租人和出卖人系同一人为由认定不构成融资租赁法律关系。上述司法解释确定，售后回租属于一种特殊的融资租赁方式，是由出租人向承租人购买涉案机器设备，再由承租人继续租赁的一种租赁方式。某租赁公司在本案中以售后回租主张排除执行的机器设备属于一般动产，动产权属的认定以其占有状态为公示要件。售后回租的动产权属变动方式属于占有改定，占有改定的动产，在外观公示上仍属于原所有权人即承租人，因此，依据动产的权利公示状态对机器设备采取保全执行措施，并无不当。而且在融资租赁法律关系中，买受人即出租人的实际身份为担保权人，其实际是以垫资的方式为融资租赁的标的物提供担保。因此，某租赁公司主张以融资租赁法律关系排除执行，法理依据尚不充分。从事实方面审查，某租赁公司主张其向某彩印公司购买涉案机器设备，但针对合同约定的总价款 5 051 000 元，其仅能提交 2 009 953.35 元的款项凭证，且凭证备注为往来款—拨款，不能排除某租赁公司与某彩印公司之间有其他经济往来关系。该付款凭证时间为 2013 年 8 月 7 日，某彩印公司向某租赁公司出具 5 051 000 元的收据时间为 2013 年 7 月 31 日，某彩印公司在收款之前即向某租赁公司出具收款收据亦与一般交易习惯不符。对于某彩印公司支付租金的往来明细，某租赁公司提交的付款凭证也仅有两笔记载为租赁费，且该两笔费用均发生在 2015 年 3 月 26 日，在查封时间 2015 年 2 月 15 日之后，对于排除执行不发生有效的证明效力。

前述（2015）×商初字第××号民事判决系在某彩印公司缺席审理的情况下，判决解除双方融资租赁关系，该判决仅在某租赁公司与某彩印公司之间发生债的履行的法律效力。本案中，某租赁公司所提交的证据，对于其以售后回租的法律关系主张物之所有权，进而请求排除执行的依据尚不充分，法院不予支持。综上，法院判决驳回某租赁有限公司的诉讼请求。

【案件评析】

《最高人民法院关于人民法院办理执行异议和复议案件若干问题的规定》第二十六条明确规定"金钱债权执行中，案外人依据执行标的被查封、扣押、冻结后作出的另案生效法律文书提出排除执行异议的，人民法院不予支持。"该条规定突破了以往生效判决的既判力原则，是针对执行异议诉讼的特殊规定。对于防止执行程序中的被执行人及案外人在申请执行人不知情的情况下，恶意串通，另案诉讼确认权利对抗执行的情况发生，具有非常重要的意义。根据这条规定，当被执行债权为金钱债权时，另案诉讼法律文书在争议标的物被查封、扣押、冻结后发生效力的，另案诉讼的裁判结果不能作为案外人排除执行的依据。

融资租赁合同属于一种特殊的租赁合同，而本案中案外人请求排除执行的售后回租法律关系，又属于一种特殊的融资租赁合同关系。售后回租是指出租人向承租人购买涉案机器设备，再由承租人继续租赁的一种租赁方式。售后回租的标的物一般为普通动产，动产权属的认定以其占有状态为公示要件。售后回租的动产权属变动方式属于占有改定，占有改定的动产，在外观公示上仍属于原所有权人即承租人，因此，依据动产的权利公示状态对机器设备采取保全执行措施，并无不当。而且在融资租赁法律关系中，买受人即出租人的实际身份为担保权人，其实际是以垫资的方式为融资租赁的标的物提供担保，物之所有权最终仍然归承租人所有。因此，以融资租赁法律关系排除执行的，其法理上的依据尚不充分。

（青岛市中级人民法院民一庭审判长　龙　骞）

【五】受赠与房产未办理产权登记不能对抗执行

——郭某某与某律师事务所、韩某某执行异议之诉案

关键词：执行异议之诉　不动产物权期待权　赠与

【裁判要点】

物权期待权的设定应当遵从物权法定的原则，其设立应当具有相应的法律依据。现行规定中享有不动产物权期待权的系已支付对价的不动产买受人，赠与的情形不在此列。

【相关法条】

最高人民法院《关于人民法院民事执行中查封、扣押、冻结财产的规定》第十七条、最高人民法院《关于人民法院办理执行异议和复议案件若干问题的规定》第二十八条、第二十九条

【基本案情】

某律师事务所与韩某某诉讼代理合同纠纷一案，法院作出（2013）×商初字第371号民事判决，判令韩某某给付某律师事务所律师服务费2 674 125.22元。该判决生效后，某律师事务所向法院申请执行，法院以（2015）×执字第2149号立案执行。上述（2013）×商初字第371号案件审理期间，法院于2013年10月10日查封了××市×区×路×号×号楼×户房产（以下称涉案房产），执行中转为执行中查封。案外人郭某某向法院提出排除执行异议，请求解除对涉案房产的查封并停止执行。法院于2017年6月9日作出（2017）×执异35号执行裁定书，裁定驳回异议人郭某某对涉案房产提出的异议。郭某某不服该裁定，向法院提起诉讼，即本案。

在韩某某与傅某某离婚纠纷一案中，法院于2011年3月30日作出的

（2010）×初字第 3 号民事判决、×省高级人民法院于 2011 年 7 月 26 日作出的（2011）×终字第 101 号民事判决，分割确认涉案房产归韩某某所有。

郭某某与韩某某于 2013 年 3 月 1 日登记结婚，于同年 12 月 31 日协议离婚。

郭某某主张涉案房屋在与韩某某结婚前已赠与郭某某，为此出示《婚前财产赠与协议书》、《离婚登记当事人子女抚养、财产分割协议书》、《民事调解书》各一份。其中《婚前赠与协议书》记载：男女双方定于 2013 年 3 月 1 日办理结婚登记手续。因男方处于纠纷中无收入，女方帮助男方处理相关司法纠纷并帮助男方偿还部分债务，经双方协商男方同意将法院判归其所有涉案房产赠与女方所有，房屋不能过户登记是由于此房产开发商与政府之间的相关手续有待完善，待房屋可以办理登记手续时，从男方前妻名下的购房合同直接登记为女方郭某某名下。落款时间为 2013 年 2 月 26 日。《离婚登记当事人子女抚养、财产分割协议书》系双方在青岛市市南区民政局于 2013 年 12 月 31 日登记离婚中所填写，记载：韩某某同意将其所有的涉案房产归于女方郭某某所有。《民事调解书》系××市×区人民法院在郭某某与韩某某离婚后财产纠纷案中于 2017 年 8 月 3 日作出，载明韩某某与郭某某一致同意涉案房屋归郭某某所有。

郭某某主张其自 2013 年 3 月 1 日起即在涉案房屋居住，为此郭某某出示了银行缴费明细及发票一宗、居住证明等证据材料。

此外，郭某某在执行异议审查、本案证据交换程序中均未提交能够证明交付涉案房屋的直接证据材料，且经法庭询问明确表示其在同韩某某结婚前半个月搬入涉案房屋居住，并无房屋交接单等能够证明房屋交付的书面证据。但在 2017 年 10 月 26 日开庭审理中，郭某某补充提交落款日期为 2013 年 2 月 26 日的《婚前赠与房产物品交接及韩某某个人收藏品清单》一份，用以证明郭某某实际交接占有使用涉案房屋。经询问，郭某某称该证据属于个人隐私因此未在庭前证据交换中提交。

郭某某自称其任教中国某大学法政学院行政法、行政诉讼法等学科，同时为兼职律师。

原审法院认为：本案的焦点问题是郭某某对涉案房屋是否享有所有权

等能够排除执行的实体权利。首先，郭某某主张基于与韩某某之间的赠与关系取得涉案房产的所有权，但事实上赠与双方并未办理所有权转移登记，因此郭某某对涉案房屋并不享有所有权。赠与协议、法院民事调解书等仅能证明郭某某与韩某某之间有赠与协议以及财产处理的合意，并不产生所有权转移的效力。

其次，郭某某未能证明其在涉案房屋被查封前以所有权人的名义占有涉案房产。其一、郭某某提交的电费缴纳单据、居住证明等证据材料仅能证明其在涉案房屋居住，并不能排除其系基于与第三人韩某某的婚姻关系而共同居住的可能性，居住行为本身无法证明其系基于所有权人的名义占有涉案房屋；其二，郭某某先是明确表示无直接证据材料证明房屋交付，后又补充出示《婚前赠与房产物品交接及韩某某个人收藏品清单》，陈述前后矛盾，与其职业经验和应有的法律认知水平不相符。也不符合《最高人民法院关于民事诉讼证据的若干规定》第七十四条关于当事人否认已做陈述应提供充足证据的规定。因此，对该证据的证明力法院不予认可；其三，根据郭某某所出示的《婚前财产赠与协议书》、《离婚登记当事人子女抚养、财产分割协议书》、《民事调解书》等文件记载，郭某某与韩某某先后反复对涉案房屋做出处理，也可以印证双方并没有履行最初的赠与协议。

原审据此判决驳回原告郭某某的诉讼请求。

郭某某不服一审判决，提起上诉，其上诉的主要理由是：（一）一审判决认定事实不清，一审判决认定"郭某某与韩某某所签订的《婚前财产赠与协议书》与《离婚登记当事人子女抚养、财产分割协议书》以及《民事调解书》等文件记载，印证郭某某与韩某某并没有履行最初的赠与协议"的事实，与真实事实相悖。上述各文件约定的实质内容不仅不矛盾，而恰恰是对同一内容的强调。至于未能按照《中华人民共和国合同法》第187条的规定办理赠与房产过户登记的原因不能归责于郭某某与韩某某，且涉案房屋至今也没有登记在韩某某名下。依据尚未确定的所有权而做出的查封及拍卖的执行决定不具有合法性基础。赠与合同已切实履行的事实有证据证实，并符合我国的公序良俗，涉案房屋属于郭某某，并由郭某某占有使用。（二）一审判决关于郭某某对涉案房屋享有权利的性质优于齐鲁青岛律所的债权性质未予以查明认定，仅仅以涉案房屋未办理物权登记亦不具有物权变动的效力为由，判定郭某某无权阻却执行的结论与执行异议制度设立的立法本意相悖。郭某某与韩某某签订的婚前财产赠与协议所涉房屋，不因未办理物权登记而丧失其赠与效力。婚姻法对于不动产的处分区别于一般的物权变动，虽房屋所有权转移未作变更登记，但郭某某已经实际占有使用房屋，未办理过户亦非郭某某的过错，郭某某享有的权利性质为物权期待权。齐鲁青岛律所对涉案房屋并不产生直接支配关系，仅享有普通金钱债权。故郭某某对业已实际占有的涉案房屋的物权期待权优于齐鲁青岛律所的普通债权而应当予以保护。（三）一审判决适用法律不当。一审判决应依据《最高人民法院关于适用〈中华人民共和国婚姻法〉若干问题的解释（二）》第二十一条规定的原则，《最高人民法院关于人民法院民事执行中查封、扣押、冻结财产的规定》第十七条的精神，并依据《最高人民法院关于适用〈中华人民共和国民事诉讼法〉的解释》第三百一十二条第（一）项的规定，支持一审中郭某某的诉讼请求。

二审法院认为：郭某某据以阻却执行的依据系其与韩某某达成的《婚前财产赠与协议书》，郭某某主张双方已实际履行赠与协议，其也已占有使用涉案房屋，其对涉案房屋享有所有权。但事实上郭某某与韩某某并未办理所有权转移登记，因此郭某某与韩某某的赠与协议并未履行完毕，郭某某对涉案房屋尚不享有所有权，其仅享有债权请求权。即便如郭某某所述，其对涉案房屋享有所谓的不动产物权期待权，如前所述，物权期待权的设定亦应当具有相应的法律依据。现行法律依据中对不动产物权期待权做出规定的仅有最高人民法院《关于人民法院民事执行中查封、扣押、冻结财产的规定》第十七条以及最高人民法院《关于人民法院办理执行异议和复议案件若干问题的规定》第二十八条、第二十九条，而上述规定中享有不动产物权期待权的系已支付对价的不动产买受人，郭某某的情形则不在此列，故，其主张所谓的不动产物权期待权，于法无据。原审认定郭某某对涉案房屋不享有能够排除执行的实体权利，并无不当。遂判决驳回上诉，维持原判。

【案件评析】

根据物权法定原则，当事人设定物权必须符合现行法律的明确规定，法律无明文规定的物权种类，当事人不能自由设定，即物权的设定必须有相应的法律依据。同理，物权期待权的设定也应当遵从物权法定的原则，其设立应当具有相应的法律依据。现行法律规定中仅有已支付对价的不动产买受人享有不动产物权期待权，受赠与房产未办理产权登记不享有物权期待权。即便占有受赠与房产，亦不能以此对抗执行。

（青岛市中级人民法院民一庭审判长　马　喆）

【六】对预查封的房屋进行强制执行依据不足

——郭某诉张某、张恩某执行异议纠纷上诉案

关键词：预查封　预抵押　强制执行

【裁判要点】

1. 预售商品房未进行所有权登记，人民法院可以预查封。

2. 对于预查封的房屋，因所有权登记还没有变更，标的物的权属尚处于不确定的状态，故将房屋作为被执行人的财产进行司法处分，缺乏事实基础和法律依据。

3. 房屋未取得所有权证书，不影响对其进行买卖的效力。

4. 预抵押不具有抵押权的物权效力，不能产生优先受偿的法律后果，仅能据此对抗第三人。

5. 买受人可以选择通过替代出卖人偿还债务，涤除所购买房屋之上的抵押权，亦可以选择。

【相关法条】

《中华人民共和国物权法》第九条、第二十条、第一百零六条，《城市房地产管理法》第三十八条，《最高人民法院、国土资源部、建设部关于依法规范人民法院执行和国土资源房地产管理部门协助执行若干问题的通知》第十五条、第十六条、第十七条、第十八条、第二十二条，《最高人民法院关于人民法院办理执行异议和复议案件若干问题的规定》第二十八条，《城市房地产抵押管理办法》第三十条，《第八次全国法院民事商事审判工作会议（民事部分）纪要》第14条。

【基本案情】

2010年1月10日，郭某与张恩某签订《定金协议》，约定：2010年1月10日郭某自愿购买张恩某位于青岛市崂山区温哥华11号一单元602

户的房屋壹套，价值人民币 743 000 元，郭某付给张恩某房屋定金人民币 10 000 元，办理过户手续的各种税费由郭某负担，中介费由郭某负担，中介费人民币 14 800 元。2010 年 1 月 11 日，郭某与张恩某签订《房地产买卖契约》及《补充条款》，约定：张恩某同意将座落在青岛市崂山区海尔路 29 号 11 幢 1 单元 602 户的住房壹套，计建筑面积约 92.9 平方米出售给郭某。张恩某、郭某双方同意，上述房屋的成交价为人民币￥743 000 元。具体付款日期、金额和方式如下：第一次、2010 年 1 月 11 日付清房款柒拾贰万叁仟圆正（￥723 000 元）；第二次、2010 年 5 月 30 日交房时付清壹万圆整；第三次、房产证过户时付清押金壹万圆正。张恩某共有人同意出售此房（夫妻）；郭某扣留张恩某壹万圆整作为过户押金，张恩某应于该房屋具备办理房产证后，在获得郭某通知之日起 30 个工作日之内全力配合郭某办理过户手续；张恩某银行贷款，2010 年 10 月 1 号之前张恩某把银行贷款全部付清，张恩某把还款证明交于郭某。2010 年 1 月 11 日，郭某向张恩某账户转账 363 000 元，郭某向张恩某账户转账 350 000 元。同日，张恩某为郭某出具《收到条》载：今收到郭某购房款柒拾贰万叁仟元整（小写：￥723 000），购买位于崂山区温哥华花园 11 号楼一单元 602 户房产。

2010 年 1 月 11 日，郭某提取现金 14 000 元，中介单雷成出具《收条》载：今收到郭某中介费人民币 14 000 元。此房办不了过户，中介费退还给郭某。2010 年 1 月 11 日，郭某、张恩某、中介单雷成就"温哥华花园 11#—1—602 户手续票据"进行了交接。

2010 年 6 月起，郭某装修涉案房屋、购买家电、家具等，并入住使用涉案房屋至今。

张恩某于 2004 年 9 月 4 日与环宇（青岛）发展有限公司签订《商品房买卖合同》（合同编号：25729），购得涉案房屋，约定总金额为 357 665 元。为购买涉案房屋，张恩某与中国建设银行青岛市市北区支行签订《个人住房借款抵押合同》，借款 250 000 元，借款期限二十年，自 2004 年 11 月 4 日至 2024 年 11 月 3 日，抵押物即为涉案房屋。张恩某未按照其与郭某《补充条款》的约定于 2010 年 10 月 1 日前将上述银行贷款全部还清，郭某于 2016 年 10 月 27 日还清涉案房屋剩余贷款本息 100 993.94 元。中国建设银行股份有限公司青岛分公司出具《中国建设银行个人贷款结清证明》载：张恩某在我行的个人贷款（贷款总额：250 000 元）已于 2016 年 10 月 27 日结清。

涉案小区开发商至今未给张恩某办理房地产权属证书。

张某与张恩某、青岛中泰恒基投资管理有限公司民间借贷纠纷一案，一审法院于 2013 年 9 月 5 日作出（2013）崂民二初字第 217 号民事判决书，审理查明"张恩某以资金周转困难为由，分三次向张某借款 200 万元，分别为 2011 年 4 月 14 日借款 100 万元、2011 年 4 月 22 日借款 80 万元、2011 年 6 月 22 日借款 20 万元，均约定月息为 2.5%，并出具了借款借据；青岛中泰恒基投资管理有限公司在后两张借据上盖章"；并判决：张恩某返还张某借款人民币 200 万元及利息（按照银行同期贷款利率的四倍，自 2012 年 6 月 16 日起计算至本判决生效之日止）；青岛中泰恒基投资管理有限公司对上述债务的 100 万元借款本金及利息承担连带还款责任。后，张某以张恩某、青岛中泰恒基投资管理有限公司为被执行人，向一审法院申请强制执行。一审法院作出（2013）崂执字第 1209 号执行裁定书，裁定：查封被执行人张恩某名下的位于青岛市崂山区海尔路 29 号 11 号楼 1 单元 602 户房屋一处；查封期限为三年，自 2013 年 10 月 29 日至 2015 年 10 月 28 日，后续封至 2018 年 10 月 26 日止。2016 年 3 月 16 日，郭某向一审法院提出执行异议，称其为涉案房屋的实际所有权人，法院错误地进行了查封。2016 年 4 月 25 日，一审法院作出（2016）鲁 0212 执异字第 1 号执行裁定书，认为：异议人在听证过程中自认其事先知晓所购买的房屋存在抵押的情形，但基于对被执行人张恩某的信任仍继续购买，因此异议人应当能够预见并承担该抵押权可能导致的风险，所以异议人所提异议不适用《最高人民法院关于人民法院办理执行异议和复议案件若干问题的规定》第二十八条金钱债权执行中，买受人对登记在被执行人名下的不动产提出异议，人民法院应予支持的情形；一审法院依法查封涉案房屋的执行行为并无不当，如异议人主张涉案房屋的所有权，应通过诉讼程序处理；并裁定：驳回异议人郭某的异议。

后，郭某不服上述裁定于 2016 年 5 月 20 日提起本案诉讼，请求：1. 立即停止对青岛市崂山区海尔路 29 号温哥华花园 11 号楼 1 单元 602 户的强制执行，并解除对上述房屋的查封；2. 判决张恩涛立即协助和配合郭衡江办理青岛市崂山区海尔路 29 号温哥华花园 11 号楼 1 单元 602 户房屋的产权过户登记；3. 本案诉讼费由张泽某、张恩某负担。张某则认为，涉案房屋没有取得房产证，依法不能买卖，且该房屋在银行设有抵押，进行出售亦为无效；此外，涉案房屋并未登记在张恩某名下，郭某不能依据《最高人民法院关于人民法院办理执行异议和复议案件若干问题的规定》第二十八条的规定，主张停止对涉案房屋强制执行，且其不享有足以排除强制执行的民事权益。

一审法院认为，郭某与张恩某就涉案房屋所签订的《房地产买卖契约》及《补充条款》，是双方当事人的真实意思表示，未违反法律、行政法规的强制性规定，合法有效。虽然郭某在购买涉案房屋时，涉案房屋上设有抵押权，但并不影响郭某与张恩某之间的合同效力。《最高人民法院关于人民法院办理执行异议和复议案件若干问题的规定》第二十八条规定：金钱债权执行中，买受人对登记在被执行人名下的不动产提出异议，符合下列情形且其权利能够排除执行的，人民法院应予支持：（一）在人民法院查封之前已经签订合法有效的书面买卖合同；（二）在人民法院查封之前已合法占有该不动产；（三）已支付全部价款，或者已按照合同约定支付部分价款且将剩余价款按照人民法院的要求交付执行；（四）非因买受人自身原因未办理过户手续。本案中，1. 郭某与张恩某签订《房地产买卖契约》及《补充条款》时，张恩某与张某之间的借贷关系尚未发生，涉案房屋亦没有被查封，房屋买卖系发生在人民法院查封之前。2. 2010 年 6 月份，郭某即已依据《房地产买卖契约》及《补充条款》合法占有使用涉案房屋，此亦发生在人民法院查封之前。3. 《房地产买卖契约》约定的购房总价款为 743 000 元，郭某已根据合同约定于 2010 年 1 月 11 日前支付给张恩某 723 000 元，后又于 2016 年 10 月 27 日代张恩某支付抵押权人剩余贷款本息 100 993.94 元，应视为郭某已经支付了全部价款。4. 涉案小区开发商至今未给张恩某办理房地产权属证书，郭某亦无法办理过户手续，并非郭某自身原因导致。因此，郭某作为涉案房屋的买受人，其履约行为符合法律规定，其对涉案房屋享有足以排除强制执行的民事权益，受法律保护，其要求停止对涉案房屋的强制执行，符合事实及法律规定，一审法院予以支持。对于郭某关于"张恩某立即协助和配合郭某办理青岛市崂山区海尔路 29 号温哥华花园 11 号楼 1 单元 602 户房屋的产权过户登记"的诉讼请求，因并非同一法律关系，不在本案中予以处理，郭某应当另行起诉。一审法院判决：一、停止对青岛市崂山区海尔路 29 号温哥华花园 11 号楼 1 单元 602 户的强制执行；二、驳回郭某的其他诉讼请求；案件受理费 11 230 元，由张某、张恩某共同负担。

张某不服一审判决，提起上诉。二审经审理查明，青岛市崂山区不动产登记中心的预告登记信息显示，张恩某已经于 2011 年 1 月 1 日取得了涉案房屋的预告登记和预售商品房抵押权预告登记，该房屋的权利人为张恩某。

二审经审理认为，预查封与查封存在客观不同，应当进行区别对待，在预查封的情形下，人民法院直接对查封标的进行司法处分与理不合，亦缺乏依据。本案中，涉案房屋尚未登记至张恩涛名下，对涉案房屋的查封是基于张恩涛对之取得了预告登记，该查封为预查封，在尚未转为查封的情形下，对涉案房屋直接进行强制执行，缺乏事实基础和法律依据，因此，依法应予停止执行

【案件评析】

首先，关于预查封与查封。预查封是指人民法院对被执行人尚未进行权属登记、但将来可能会进行登记的房产进行的一种预先的限制性登记。实践中，预查封通常是对尚未在登记机构进行物权登记，但又履行了一定的批准或者备案等预登记手续、被执行人享有未公示或者物权期待权的房地产所采取的控制性措施，即由法院制发预查封裁定书和协助执行通知书，由国土资源部门、房地产管理部门办理预查封登记手续的情形。《最高人民法院、国土资源部、建设部关于依法规范人民法院执行和国土资源房地产管理部门协助执行若干问题的通知》规定，下列房屋虽未进行房屋所有权登记，人民法院也可以进行预查封：（一）作为被执行人的房地产开发企业，已办理了商品房预售许可证且尚未出售的房屋；（二）被执行人购买的已由房地产开发企业办理了房屋权属初始登记的房屋；（三）被执行人购买的办理了商品房预售合同登记备案手续或者商品房预告登记的房屋；预查封的效力等同于正式查封，土地、房屋权属在预查封期间登记

在被执行人名下的,预查封登记自动转为查封登记。由此可见,预查封和查封在限制标的物转让给被执行人之外第三人的效力上是相同的,即在人民法院预查封期间,任何单位和个人不得擅自处分预查封的财产,有关部门也不得办理转让、抵押手续。但是预查封和查封也有区别:一是预查封并不是绝对禁止变更登记,预查封期间,登记机关可以将预查封的房地产登记在被执行人名下,当然除此之外,登记机关不得为任何其他登记行为;二是人民法院不能对预查封的房地产进行司法处分,因为,预查封制度创设的基础是被执行人对未登记的物权或预期物权所享有的受限制或期待的利益,其是否能够成为完全的或者真正的权利主体,尚处于不确定的状态,故在此情形下,人民法院直接对查封标的进行司法处分,缺乏稳固的事实基础和法律依据。现实中,很多被执行人的房屋被法院预查封,但其购买该房屋的买卖合同却被依法解除,这种情形下,被执行人就丧失了继续取得该房屋所有权的基础,应当恢复到合同未签订的状态,并解除预查封。如果在此之前,将预查封的房屋进行了司法处分,将会因无法返还而造成实质的不公和不必要的损失。因此,应当对预查封和查封进行区别对待,不能对预查封的财产进行强制执行。

本案中,张恩某并未取得涉案房屋的所有权登记,该房屋仍登记在开发商名下,对涉案房屋的查封是基于张恩涛对之取得了预告登记,因此,法院对房屋的查封为预查封,故不能对该房屋进行强制执行。一审依据《最高人民法院关于人民法院办理执行异议和复议案件若干问题的规定》第二十八条支持郭某停止执行的诉讼请求,适用法律错误,但处理结果正确,故二审法院对该处理结果予以维持。

其次,本案中,张恩涛对涉案房屋进行的是预售商品房抵押权预告登记,设定的抵押为预抵押。《中华人民共和国物权法》第二十条规定:当事人签订买卖房屋或者其他不动产物权的协议,为保障将来实现物权,按照约定可以向登记机构申请预告登记,预告登记后,未经预告登记的权利人同意,处分该不动产的,不发生物权效力;依照本条规定,不仅"所有权"可以申请预告登记,包括抵押权在内的"其他物权"亦可进行预告登记。预抵押登记制度,就是在购房者与开发商的购房合同、购房者与银行的借款合同签订的同时,在房地产管理部门的备案系统上生成预抵押登记，以排斥第三人对房屋行使权利。根据建设部《城市房地产抵押管理办法》第三十条第二款规定：以预购商品房抵押的，登记机关应当在抵押合同上记载，抵押的房地产在抵押期间竣工的，当事人应当在抵押人领取房地产权属证书后，重新办理房地产抵押登记。对于预售商品房，在办理按揭贷款时，通常会在房地产管理部门办理预售抵押登记，同时合同约定由开发商对借款承担连带担保责任，在能够办理业主的房产证时，再办理他项权证，同时，解除开发商对连带担保责任，实现由预抵押转为现楼抵押或持证抵押。

预告登记的本质特征是使被登记的请求权具有物权效力，对后来发生的与该请求权内容相同的不动产物权的处分行为，具有对抗效力。预抵押的权利性质可视为是一种准物权，或称之为"次抵押权"，其效力弱于抵押、保证、质押、留置、定金等担保物权，但优于债权。预抵押没有优先受偿的权利，只有对抗第三人的效力。抵押预告登记作为一种临时性登记行为，既不是行政部门对期房交易的监管行为，也不能等同于直接产生支配效力的抵押登记，其意义在于期房买卖中，债权行为的成立和不动产的转移登记之间常常因房屋建造等各种原因而导致相当长时间的间隔，为平衡不动产交易中各方利益，维护交易安全，法律赋予了抵押预告登记能够对抗第三人的物权效力，但鉴于不动产物权尚未成立，不具备法定的抵押登记条件，故不产生优先受偿的效力。预抵押的目的仅是为了保障将来能享有抵押权，即权利人依据预告登记享有优先设立抵押权的权利，在抵押权办理登记生效之前，权利人并不直接享有抵押权，亦不能据此主张享有抵押权。

再次，对于本案中张恩涛对设定了抵押的涉案房屋进行转让的效力问题。虽然《中华人民共和国物权法》第一百九十一条规定抵押期间，抵押人未经抵押权人同意，不得转让抵押财产，但根据《第八次全国法院民事商事审判工作会议（民事部分）纪要》14条，《中华人民共和国物权法》该规定并非针对抵押财产转让合同的效力性强制性规定，当事人仅以转让抵押房地产未经抵押权人同意为由，请求确认转让合同无效的，不予支持；受让人在抵押登记未涂销时要求办理过户登记的，不予支持。因此，未经抵押权人同意买卖抵押房屋，买卖合同并不因存在抵押权而无效，买受人对此享有选择权，可以选择因抵押登记未撤销无法办理物权转移登记而请求解除合同，亦可以选择代替债务人清偿其全部债务，涤除抵押权，以便顺利完成交易，同时，买受人在清偿债务后可以向抵押人追偿。对于买受人是否代为清偿债务，应当由人民法院进行释明并依其自愿，人民法院不能通过判决迫使买受人偿还债务以消灭抵押物上的抵押权。本案中，张泽涛称张恩涛转让抵押房屋转让行为无效，与法律规定不符；而郭衡江主动替张恩某偿还银行贷款，正是为了涤除涉案房屋上设定的预抵押，是为之后办理房屋过户登记的一种未雨绸缪。

此外，张泽某主张涉案房屋没有办理房屋产权登记，进行转让应认定无效，其主张无效的法律依据是《城市房地产管理法》第三十八条，未依法登记领取权属证书的房地产不得转让。但该规定属于行政管理性质，规范的是公法领域的法律关系，房屋买卖合同的效力问题是私法范畴，不应当受其调整，该规定不是效力性强制性规定，故不应当作为认定房屋买卖合同效力的法律依据。目前，法律并未禁止合法的房屋在取得权属证书之前进行转让，故对于合法但尚未取得房产证的房屋进行交易的合同不应当因其未取得房产证而无效，因此，张泽某的该项主张亦不能得到支持。

（青岛市中级人民法院民一庭审判长　孙　琦）

【七】先查封先受益，利用保全措施保障诉讼权益的实现

——崔某某与石某某、李某某、李某、胡某某、匡某某、李某辛、李某娟、周某、李某辉执行分配方案异议之诉一案

关键词：优先受偿权　案外人撤销权

【裁判要点】

被执行人为公民或者其他组织，在执行程序开始后，被执行人的其他已经取得执行依据的债权人发现被执行人的财产不能清偿所有债权的，可以向人民法院申请参与分配。对人民法院查封、扣押、冻结的财产有优先权、担保物权的债权人，可以直接申请参与分配，主张优先受偿权。

参与分配执行中，执行所得价款扣除执行费用，并清偿优先受偿权的债权后，对于普通债权，原则上原则上按照其占全部申请参与分配数额的比例受偿。清偿后的剩余债务，被执行人应当继续清偿。债权人发现被执行人有其他财产的，可以随时请求人民法院执行。

【相关法条】

《最高人民法院关于适用〈中华人民共和国民事诉讼法〉的解释》第五百零八条、第五百零九条、第五百一十条、第五百一十一条。

【基本案情】

原告崔某某诉称：崔某某与刘方全、荆金华民间借贷纠纷案件，现正在强制执行。该案在审理过程中，崔某某申请法院查封了刘方全的土地和厂房，执行过程中，法院扣押了所查封的刘方全厂房和土地的拆迁补偿款544万元，随后，被告依据法院判决书或调解书也各自进入强制执行程

序，并分别以各自的债务人无其他财产为由要求分配法院所扣押的刘方全的财产544万元。胶州市人民法院作出的（2015）胶执字第727号财产分配方案，拟同意被告的申请按比例对该544万元进行分配。原告认为法院的分配方案侵犯其合法权益依法对该分配方案提出异议申请书，各被告随后又对原告的申请提出异议。请求：1. 撤销胶州市人民法院作出的（2015）胶执字第727号财产分配方案，判决刘方全被法院扣押的544万元款项按顺序优先偿付崔某某的全部债权；2. 本案诉讼费由各被告承担。

被告石某某辩称：（2015）胶执字第727号财产分配方案认定事实清楚，适用法律正确，应当按照债权比例进行清偿，原告要求按查封的先后顺序进行分配的理由不成立。第一、石某某申请参与分配已依法取得执行依据。石某某与刘方全、荆金华、刘光辉、高敏、青岛鹏展塑料机械有限公司民间借贷纠纷一案，贵院以（2015）胶民初字第1418号和（2015）胶民初字第1419号民事调解书调解结案，且该调解书已生效，根据最高人民法院关于适用《中华人民共和国民事诉讼法》解释（下称司法解释）第五百零八条规定，已经取得执行依据的债权人发现被执行人的财产不能清偿所有债权的，可以向人民法院申请参与分配，因此石某某申请参与分配有法可依。第二、法院冻结刘方全的544万元拆迁补偿款应当按债权比例分配。（2015）胶民初字第1418号和（2015）胶民初字第1419号民事调解书中，刘方全与荆金华、刘光辉、高敏、青岛鹏展塑料机械有限公司为共同借款人。刘方全与荆金华系夫妻关系，刘方全与刘光辉系父子关系，刘光辉与高敏系夫妻关系，青岛鹏展塑料机械有限公司的股东是刘方全和刘光辉。除贵院冻结的刘方全的拆迁补偿款外，刘方全与其他债务人再无其他可供执行的财产，该拆迁补偿款不能清偿全部债务，作为其他家庭成员的债务人均无可供执行的财产，根据司法解释第508条规定，该拆迁补偿款应当按债权比例分配。原告没有证据证明其享有抵押权，因此不享有优先权。综上所述，请依法驳回原告的诉讼请求。

被告李某某辩称：（2015）胶执字第727号财产分配方案认定事实清楚，适用法律正确，应当按照债权比例进行清偿，原告要求按查封的先后顺序进行分配的理由不成立。

被告李某、胡某某、匡某某：第一，（2015）胶执字第727号财产分配方案认定事实清楚，适用法律正确，应当按照债权比例进行清偿，原告要求按查封的先后顺序进行分配的理由不成立。第二，原告所诉没有事实法律依据，多采用推理方式得出结论。第三，被告不应承担诉讼费用。

被告李某辛辩称：（2015）胶执字第727号财产分配方案认定事实清楚，适用法律正确，应当按照债权比例进行清偿，原告要求按查封的先后顺序进行分配的理由不成立。

被告李某娟辩称：（2015）胶执字第727号财产分配方案认定事实清楚，适用法律正确，应当按照债权比例进行清偿，原告要求按查封的先后顺序进行分配的理由不成立。

被告周某辩称：（2015）胶执字第727号财产分配方案认定事实清楚，适用法律正确，应当按照债权比例进行清偿，原告要求按查封的先后顺序进行分配的理由不成立。

被告李某辉辩称：（2015）胶执字第727号财产分配方案认定事实清楚，适用法律正确，应当按照债权比例进行清偿，原告要求按查封的先后顺序进行分配的理由不成立。

经审理查明，一、原告崔某某通过（2013）胶民初字第397号民事判决书、（2014）青金终字第184号民事判决书取得刘方全债权，经（2015）胶执字第727号确定执行标的3 475 240元。二、原告崔某某在诉讼过程中申请查封了刘方全名下位于胶州市胶东街道办事处前店口胶国用（2011）12—16号工业用地及房屋，对上述土地、房屋的具体查封顺序为：（2015）胶执字第727号（申请执行人崔某某）为首查封，轮候查封的案件为5件，分别为（2015）胶执字第401号（申请执行人姜秀权）、（2014）胶执字第3756号（申请执行人李某辛）、（2015）胶执字第2987号（申请执行人李某辉）、（2015）胶执字第3077号（申请执行人石某某）和（2015）胶民初字第1418号（原告石某某）。三、刘方全名下位于胶州市胶东街道办事处前店口胶国用（2011）12—16号工业用地及房屋本院执行局于2015年9月8日从机场拆迁指挥部共扣划拆迁补偿款5 441 887元。其中（2015）胶执字第727号案件（申请执行人崔某某）扣划3 800 000元；（2015）胶执字第401号案件（申请执行人姜秀权）扣划1 641 887元。四、2015年10月25日，胶州市人民法院执行局作出

（2015）胶执字第 727 号财产分配方案，该分配方案中查明被执行人刘方全在本院为被执行人的案件共 13 件，总标的额 17 059 833.21 元，执行费 195 949 元。分别为：（2015）胶执字第 3077 号、（2015）胶执字第 2987 号、（2014）胶执字第 3754 号、（2015）胶执字第 727 号、（2015）胶执字第 1172 号、（2015）胶执字第 1174 号、（2014）胶执字第 3756 号、（2015）胶执字第 401 号、（2015）胶执字第 3407 号、（2015）胶执字第 3403、号、（2015）胶执字第 3405 号、（2015）胶民初字第 1418 号、（2015）胶执字第 3649 号。其中（2015）胶民初字第 1418 号案件在制作分配方案时并未立执行案件。做出分配方案后，（2015）胶执字第 1172 号、（2015）胶执字第 1174 号案件的申请执行人自愿放弃参与分配。五、做出上述分配方案后，（2015）胶执字第 1172 号、（2015）胶执字第 1174 号、（2015）胶执字第 401 号案件的申请执行人、被执行人刘方全，上述参与分配案件的其他被执行人对本财产分配方案没有提出异议，对原告崔某某的异议也没有提出反对意见。六、执行部门财产查询反馈表显示：被执行人荆金华名下有车辆两部，被执行人刘光辉名下有车辆一部。七、由于涉案土地涉及胶东机场拆迁，被执行人刘方全在法院扣划拆迁款之前从机场拆迁指挥部领走了先期发放的补助款 264 万元，在扣划了刘方全 544 万元的土地拆迁款后，胶州市人民法院执行局对涉案土地进行了解封。八、在崔某某取得执行依据的（2013）胶民初字第 397 号、（2014）青金终字第 184 号案件中，崔某某提交了《借款合同》，该合同约定刘方全将胶国用（2011）12—16 号工业用地及房屋作为抵押物，抵押给崔某某。在（2014）青金终字第 184 号案件第 14—15 页载明"本院认为：…3. 刘方全与崔某某于 2011 年 5 月 5 日签订了《土地使用权转让合同》，随后双方在 2011 年 12 月 1 日签订的《借款合同》中约定刘方全将胶国用（2011）12—16 号工业用地及房屋全部作为抵押物，抵押给崔某某。…5. 刘方全作为完全民事行为能力人，应对其先后在《土地使用权转让合同》、借条、及借款合同上的签名承担法律后果…"。经查，该土地房屋崔某某并未到房产土地等相关部门办理抵押登记手续。九、申请执行人姜秀权虽未对崔某某的异议提出反对意见，但其对（2015）胶执字第 727 号财产分配方案提出了异议，亦提出了执行分配方案异议之诉，列本案石某某、李

某某、李某、胡某某、匡某某为被告，即（2015）胶民初字第 7443 号案件，该案中已经查明姜秀权通过（2014）胶民初字第 5042 号民事调解书取得刘方全、刘光辉的债权，经（2015）胶执字第 401 号确定执行标的 2 517 600 元。其执行案件即（2015）胶执字第 401 号案件扣划被执行人刘方全 1 641 887 元。在（2015）胶民初字第 7443 号案件中，姜秀权提交了其与刘方全就涉案土地签订的土地使用权转让合同，土地证原件、土地他项证书原件主张刘方全以涉案土地作为抵押物，抵押给姜秀权。经查，姜秀权对该土地房屋未到房产土地等相关部门办理抵押登记手续。本案原告提交了追加被执行人刘方全、荆金华为被告的申请。

本案原告在庭后向法庭提交了鉴定申请一份，要求法院委托鉴定被告李某辛、李某辉、石某某、李某某执行案件所依据的生效法律文书所对应的案件中债权凭证上刘方全笔迹的形成时间；原告提交了调查取证申请书一份，申请法院调取被告李某辛、李某辉、石某某、李某某执行案件所依据的生效法律文书所对应的案件中涉及金额的银行转款记录；原告提交了调查取证申请书一份，申请法院调取本院执行局对刘光辉所做的询问笔录。

本院经审委会研究认为，关于原告崔某某要求追加刘方全、荆金华为被告的申请，执行分配方案异议之诉的诉讼主体有明确规定：财产分配方案应送达各债权人和被执行人。债权人或者被执行人对分配方案有异议的，可提出书面异议，执行法院应当通知未提出异议的债权人、被执行人，未提出异议的债权人、被执行人提出反对意见的，应当通知异议人。异议人可以自收到通知之日起十五日内，以提出反对意见的债权人、被执行人为被告。按照上述规定，本案中被执行人刘方全、荆金华并未对崔某某的异议提出反对意见；另外，由于本院庭审中了解到庭的全部债权人，均称刘方全、荆金华已经无法找到，无法联系送达，也无法通知到庭，故本案亦无法通知刘方全、荆金华到庭了解相关情况，所以对于原告要求追加被告的申请，本院未予准许。

本案争议焦点为：

一、被执行人刘方全的财产是否不足清偿全部债务。

按照《最高人民法院关于适用〈中华人民共和国民事诉讼法〉的解

释》第五百零八条规定"被执行人为公民或者其他组织，在执行程序开始后，被执行人的其他已经取得执行依据的债权人发现被执行人的财产不能清偿所有债权的，可以向人民法院申请参与分配。对人民法院查封、扣押、冻结的财产有优先权、担保物权的债权人，可以直接申请参与分配，主张优先受偿权。"本案中参与分配的前提是"被执行人的财产不能清偿所有债权"，否则按照《最高人民法院关于人民法院执行工作若干问题的规定（试行）》第88条规定：多份生效法律文书确定金钱给付内容的多个债权人分别对同一被执行人申请执行，各债权人对执行标的物均无担保物权的，按照执行法院采取执行措施的先后顺序受偿。

（一）由于涉案案款544万元的来源是被执行人刘方全的土地拆迁款，而在土地在尚处于查封状态时，被执行人刘方全已经将先期发放的264万元的土地拆迁补助款领走。考虑到机场建设大局及能够顺利执行刘方全的剩余544万元拆迁款，执行局对对涉案土地进行了解封。而本案财产分配方案是在得知刘方全持有264万元的拆迁补助款的情况下，确认刘方全无其他财产可供执行从而直接启动了财产分配程序，这与分配程序的前提"被执行人无财产可供执行"是相矛盾。

（二）（2015）胶执字第727号财产分配方案查明被执行人刘方全名下有一套位于胶州市方井园小区9号楼2单元302号房屋，刘方全夫妇在该房屋居住。本院认为，在刘方全领取了264万元的拆迁款后无法找到，无法对其采取执行强制措施，但其名下尚有房屋一套，却未采取执行措施，该事实与启动分配方案的前提"被执行人无财产可供执行"是相矛盾的。

（三）经本院查阅崔某某及其他参与分配的申请执行人的审理、执行卷宗显示，下列申请执行人的执行依据案件情况如下：1. 被告李某案件中，李某提交的借条中借款人为刘光辉，担保人为刘方全，没有其他抵押担保，刘方全对债务承担连带责任。2. 被告李某辉案件中，李某提交的借款合同中借款人为刘光辉，担保人为刘方全，没有其他抵押担保，刘方全对债务承担连带责任。3. 被告李某辛案件中，李某辛提交的借条及借款合同中借款人为刘光辉，担保人为刘方全，没有其他抵押担保，刘方全对债务承担连带责任。4. 被告李某娟、周某案件中，李某娟、周某提交的借条及借款合同中借款人为刘光辉，担保人为刘方全，没有其他抵押担保，刘方全对债务承担连带责任。5. 被告李某某案件中，李某某的借条及借款合同中借款人为刘光辉，担保人为刘方全，没有其他抵押担保，刘方全对债务承担连带责任。6. 被告胡某某案件中，胡某某提交的借条及借款合同中借款人为刘光辉，担保人为刘方全，没有其他抵押担保，刘方全对债务承担连带责任。7. 被告匡某某案件中，匡某某提交的借条及借款合同中借款人为刘光辉，担保人为刘方全，没有其他抵押担保，刘方全对债务承担连带责任。

以上几个案件中被执行人刘方全承担的均为连带清偿责任，刘方全作为担保人，其有权利在履行担保责任后向实际债务人刘光辉进行追偿，而刘光辉系刘方全的儿子，这就无形中为刘方全留下了可以向其儿子刘光辉追偿的部分债权，如刘方全放弃该部分债权的追偿，则必然损害其作为债务人在崔某某案件中崔某某的权益，上述案件的申请执行人在分配后尚有向刘光辉继续执行的权利，而对于崔某某而言，如刘方全放弃向刘光辉追偿，崔某某并无权直接执行或参与分配刘方全享有的该部分追偿权，这与本案启动参与分配的本意相悖，也与设立参与分配制度的理念相背离，会造成本案被执行人刘方全使用合法的形式逃避执行的情况发生。如刘方全不主动追偿的债权由其儿子刘光辉享有，这与启动分配方案的前提"被执行人无财产可供执行"是相矛盾的。如刘方全主动追偿债权，这说明刘方全尚有的债权，与启动分配方案的前提"被执行人无财产可供执行"也是相矛盾的。

（四）本案涉及的案件中被执行人不仅只有刘方全一人，部分案件的被执行人还有企业法人，在确认被执行人财产不足以清偿全部债权时不应仅考虑刘方全一人的情况，还应考虑其他被执行人的财产状况。而对于被执行人为企业法人时，判断其财产是否不足以清偿还应确认其是否启动了破产程序。本案中，申请参与分配的执行案件所对应的被执行人均不是只有刘方全一人，其中被告石某某案件的被执行人为：刘光辉、高敏、青岛鹏展塑料机械有限公司、刘方全、荆金华；被告李某辉、李某娟、周某、李某辛、李某、李某某案件的被执行人为刘方全、刘光辉；被告胡某某、匡某某案件的被执行人为刘光辉、青岛晟昊投资有限公司、刘方全。本案被告能够参与分配的前提是被执行人的财产不能清偿所有债权，不仅应证明其案件的所有被执行人无财产可供执行，还应证明被执行人刘方全"财产不能清偿所有债权"，而对于企业法人的被执行人，证实其无财产可供执行应启动清算等程序予以确认，否则与启动分配程序的前提相矛盾。

（五）执行部门财产查询反馈表显示：被执行人荆金华名下有车辆两部，被执行人刘光辉名下有车辆一部。被执行人荆金华、刘光辉尚有车辆没有采取执行措施，与启动分配方案的前提"被执行人无财产可供执行"是相矛盾的。

（六）（2015）胶民初字第 1418 号案件申请参与分配时是在崔某某扣划到刘方全拆迁款后并且未立执行案件，理论上，执行部门无法对该案的债权采取强制执行措施，也不存在被执行人，显然无法确认其被执行人无财产可供执行。

综上，启动分配方案的前提条件是被执行人财产不足以清偿债务，根据以上本院查明情况，被执行人刘方全有 264 万元的拆迁款及巨额借款去向不明，其名下房屋亦未采取执行措施，被执行人荆金华、刘光辉名下车辆未采取执行措施，不足以证明该条件成就。故依据《最高人民法院关于人民法院执行工作若干问题的规定（试行）》第 88 条第一款："多份生效法律文书确定金钱给付内容的多个债权人分别对同一被执行人申请执行，各债权人对执行标的物均无担保物权的，按照执行法院采取执行措施的先后顺序受偿"的规定，本院认为应当对查封的刘方全的财产按照法院财产保全和执行中查封、扣押、冻结财产的先后顺序清偿。

二、崔某某是否享受优先分配的权利。

依据《最高人民法院关于适用〈中华人民共和国民事诉讼法〉的解释》第五百一十条规定，参与分配执行中，执行所得价款扣除执行费用，并清偿应当优先受偿的债权后，对于普通债权，原则上按照其占全部申请参与分配债权数额的比例受偿。该条款中对于普通债权分配的规定表现为"原则上"按照比例受偿，而在实际执行过程中应当考虑诉讼程序中、执行过程中出现的不同情况。

（一）本案崔某某对涉案土地在其诉讼阶段即首先采取了保全措施，是首查封，查封时间为 2013 年 1 月 10 日，均早于其他申请参与分配案件的诉讼案件立案时间，崔某某的保全措施有效保证了被执行人刘方全执行财产的顺利执行，应当对其优先保护。

（二）崔某某依据（2014）青金终字第 184 号民事判决书中提到的"刘方全将土地抵押给崔某某"要求本院确认崔某某对涉案土地享有抵押权。本院认为，在（2014）青金终字第 184 号民事判决书中第 14—15 页载明"本院认为：…3. 刘方全与崔某某于 2011 年 5 月 5 日签订了《土地使用权转让合同》，随后双方在 2011 年 12 月 1 日签订的《借款合同》中约定刘方全将胶国用（2011）12—16 号工业用地及房屋全部作为抵押物，抵押给崔某某。…5. 刘方全作为完全民事行为能力人，应对其先后在《土地使用权转让合同》、借条、及借款合同上的签名承担法律后果…"。上述判决可以证明刘方全将涉案土地作为抵押物抵押给了崔某某的事实。经了解，国家土地管理部门于 1997 年 1 月 3 日发布《国家土地管理局关于使用权抵押登记有关问题的通知》，要求全国的土地登记管理部门按照通知内容进行登记管理，其中第三条明确规定"关于土地使用权抵押登记申请，土地使用权实力抵押权的，…抵押权人为非金融机构，其抵押借款依法应当办理有关批准手续，应当提交有关批准文件。"而在实践中，国家并未设立办理抵押借款的审批部门，致使该规定无法具体落实，以致实践中全国各地的国土部门形成了只办理抵押权人为金融机构的抵押登记，非金融机构一律不予办理的现状。本院经了解本地国土部门，本地在实际操作中对于抵押权人为个人时，不予办理抵押登记，所以对于崔某某个人而言，其抵押已形成事实。虽崔某某并未按照规定办理抵押登记，但由于上述事实的存在，本院认为，应当在确认崔某某是否能优先分配时考虑该因素。

（三）崔某某采取保全措施的初衷是为了保障其权益的最终实现，其依据生效文书申请执行的财产范围本身就在其所享有的债权范围内，崔某某在保全查封时及执行扣划时均无法直接保障刘方全其他案件申请执行人的权益。即使崔某某查封的土地价值因查封物的不可分割性可能高于其债权数额，但在采取执行扣划等强制性措施时，无论被执行人刘方全是否有其他的债务，崔某某仅能在自己的债权范围内对被执行人刘方全的财产进行扣划，如崔某某扣划时尚未有被执行人为刘方全的案件进入执行程序，则执行部门无权在崔某某债权数额范围外对刘方全的财产采取执行措施，所以说启动执行程序时间的先后，就会导致被执行人财产的变化，而在崔某某扣划完毕后，类似于（2015）胶民初字第1418号尚未启动执行程序的案件进入参与分配程序，显然直接损害了崔某某的权益，因为其仅仅取得了执行依据，而尚未取得可以采取强制执行措施的执行阶段，导致该期间执行部门即使发现被执行人财产也不能直接采取强制执行措施，而其他申请执行人并没有权利超出自己执行标的扣划被执行人财产，从而使得该期间被执行人财产可能发生变化，而在其他申请执行人执行完毕后，其他债权人申请参与分配显然会导致崔某某权益的受损。

（四）通过查阅财产分配方案做出时的相关卷宗材料得知：涉案案款属于涉案土地的拆迁款，而涉案土地在面临拆迁时，由于根据机场拆迁相关部门提供的评估显示涉案土地厂房的评估结果为5 003 26元，而执行部门已经扣划被执行人544万元，从机场建设大局出发，在执行标的发生变化的情况下，执行过程中采取了对查封的涉案土地进行解封的措施。崔某某及另案原告姜秀权明确表示不同意解除对土地的查封。执行部门从执行大局及本地机场建设大局出发强制解封土地的目的是顺利执行被执行人的拆迁款，但不能因其解封行为损害崔某某作为首轮查封人的权益。

（五）参与分配的其他案件的审理时间都在崔某某采取查封措施之后，其中大部分案件均为被执行人刘方全为其儿子刘光辉作担保而产生的担保债务，部分还是以调解的方式结案。被执行人刘方全作为债务人，知晓其财产状况，明知其尚欠崔某某债务近340万元尚未履行完毕的情况下，仍作为担保人为其儿子承担担保债务，不排除刘方全与其儿子相互串通的可能性。而其他债权人无论是通过判决还是刘方全自愿承担债务取得债权，均不因能否参与分配或能否平等参与分配而损害其本身享有的债权。

基于以上情况，崔某某在诉讼中就及时采取了保全措施，对涉案土地进行了首轮查封，且刘方全以其土地对崔某某约定了抵押担保，本院认为，在执行分配方案中，应综合考虑该申请执行人对实现债权采取的注意义务及财产保全申请人付出的诉讼成本，故优先照顾该申请执行人的的权益确有必要。

故本院综合上述分析认为，对于执行到位的刘方全的财产应当按照财产保全和执行中查封、扣押、冻结财产的先后顺序清偿，而由于崔某某本身即为首轮采取查封措施并扣划到位刘方全财产的申请执行人，其受偿顺序本身就是第一位的，又结合崔某某即使在参与分配程序中的优先因素，本院认为应当按照财产保全和执行中查封、扣押、冻结财产的先后顺序清偿。

对于原告申请法院鉴定笔迹形成时间、调取已经生效的案件中银行转款记录及调取相关询问笔录的申请，本院认为与本案执行分配方案异议之诉的处理没有必然关联性，故对原告的申请不予采纳。

依据，《最高人民法院关于适用〈中华人民共和国民事诉讼法〉的解释》第五百零八条、第五百零九条、第五百一十条、第五百一十一条、第五百一十一条，《最高人民法院《关于适用〈中华人民共和国民事诉讼法〉执行程序若干问题的解释》第五十九条，《最高人民法院关于适用〈中华人民共和国民事诉讼法〉若干问题的意见》第297条、第298条、第299条，《最高人民法院关于人民法院执行工作若干问题的规定（试行）》第88条之规定，判决如下：（一）撤销（2015）胶执字第727号财产分配方案。（二）驳回原告崔某某的其他诉讼请求。

【案件评析】

《最高人民法院关于适用〈中华人民共和国民事诉讼法〉的解释》第五百零八条规定"被执行人为公民或者其他组织，在执行程序开始后，被执行人的其他已经取得执行依据的债权人发现被执行人的财产不能清偿所有债权的，可以向人民法院申请参与分配。对人民法院查封、扣押、冻结的财产有优先权、担保物权的债权人，可以直接申请参与分配，主张优先受偿权。"本案中参与分配的前提是"被执行人的财产不能清偿所有债权"，否则按照《最高人民法院关于人民法院执行工作若干问题的规定（试行）》第88条规定：多份生效法律文书确定金钱给付内容的多个债权人分别对同一被执行人申请执行，各债权人对执行标的物均无担保物权的，按照执行法院采取执行措施的先后顺序受偿。

（胶州市人民法院民一庭审判员　孙　超）

【八】无效房屋买卖合同的房屋买受人无权对抗执行

——高玉江诉薛玉华、郑秀欣、郑秀芳、孙传斗、冯文花执行异议之诉纠纷一案

关键词：宅基地使用权　房屋买卖合同　合同无效
第三人撤销之诉

【裁判要点】

宅基地使用权是农村集体经济组织成员享有的权利，与享有者特定的身份相联系，非本集体经济组织成员无权取得或变相取得。据此，本案宅基地上的房屋买卖协议为无效协议。

案外人或者申请执行人提起执行异议之诉的，应当就其对执行标的享有足以排除强制执行的民事权益承担举证证明责任。原告依据上述无效协议阻却法院强制执行的理由不成立。

【相关法条】

《中华人民共和国合同法》第五十二条第五项、《中华人民共和国物权法》第九条第一款、《土地管理法》第八条第二款、第十条、第十二条、第六十二条、《最高人民法院关于适用〈中华人民共和国民事诉讼法〉的解释》第三百一十一条、第三百一十二条第二项

【基本案情】

原告高玉江在一审中诉称，2004年4月11日，被告孙传斗向灵山卫街道办事处朱戈庄村委会以宅基地的名义申请土地使用权约0.4亩，并交付了相关的土地使用费。孙传斗在该土地上建设房屋5间，该房屋建成后，尚未办理集体土地使用权证书，未进行土地登记。因被告孙传斗以该

房屋抵押担保的形式，向原告借款 90 万元，借款到期后，孙传斗因无力偿还借款，用位于灵山卫街道办事处朱戈庄村土地上的五间房屋作价 130 万元转让给了原告。该房屋已于 2015 年 7 月 21 日交付给了原告所有，原告向孙传斗付清了差额款项。因被告孙传斗及案外人冯文花欠被告薛玉华、郑秀欣、郑秀芳的借款，黄岛区人民法院 2015 年 9 月 17 日在对孙传斗、冯文花执行过程中，以（2015）黄执字第 3718、3719、3720 号执行裁定书查封了冯文花名下的位于灵山卫街道办事处北门外平房，地号 GX—21—74（事实是，冯文花只取得了土地使用证，尚未建设房屋）。在具体实施执行查封措施时，误将位于灵山卫街道办事处朱戈庄村委会属于原告的五间房屋进行了查封（事实是，该房屋没有土地使用证，未进行土地登记，是被告孙传斗转让给原告的房屋）。原告认为，该房屋转让是自愿合法的，并已经朱戈庄村委会同意，且已交付原告占有、使用。（2015）黄执字第 3718、3719、3720 号执行裁定书查封的是冯文花名下的位于灵山卫街道办事处北门外村平房，该裁定书已经发生法律效力，黄岛法院不能对原告的房屋进行查封、执行。为此，请求判令：1. 要求撤销青岛市黄岛区人民法院（2016）鲁 0211 执异 11 号执行裁定书；2. 要求解除对原告房屋的查封措施。

被告薛玉华、郑秀欣、郑秀芳共同辩称：1. 涉案房屋登记在被执行人冯文花名下，黄岛区人民法院在执行过程中，依法查封被执行人名下的房屋，完全符合法律规定，原告主张涉案房屋是被告孙传斗出资建造，也不影响人民法院依法查封执行，因孙传斗与冯文花是共同被执行人，通过原告与孙传斗在 2015 年 7 月 21 日签订的抵顶债务协议书，可以证实涉案房屋就是被执行人孙传斗、冯文花的夫妻共同财产，人民法院依法查封执行涉案房屋并无不当。2. 原告关于涉案房屋通过抵顶借款房屋产权归原告所有的主张依法不能成立，首先，按照我国土地管理法的规定，农村宅基地只能在本村集体成员间转让，而原告不属于房屋所在村集体成员，因此其抵顶行为无效，其次，按照我国物权法的规定，不动产物权的变更、转让，经变更登记后生效，未经登记的，不发生法律效力，涉案房屋至今没有变更登记，因此原告无权主张房屋权利。3. 原告高玉江和被告孙传斗、冯文花之间的以房屋抵债协议及交付房屋差价款的有关事项是否真实存在，属于实体法律关系的审查范畴，不能在执行程序中审查认定，我们认为，原告高玉江和被告孙传斗、冯文花在诉讼期间以房抵债的行为是恶意转移财产的行为。综上，黄岛区人民法院（2016）鲁0211执异11号执行裁定书合法有效，原告的主张没有事实和法律依据，请求人民法院依法驳回原告的诉讼请求。

被告孙传斗和冯文花共同辩称，诉状中提到的三个执行裁定书，查封的灵山卫街道办事处北门外村的房屋不存在，冯文花在该地没有建设过房屋，只是办理了空的土地使用证。黄岛区人民法院在执行过程中贴封条查封的是位于灵山卫街道办事处朱戈庄村委会孙传斗建设的房屋，该房屋未进行土地登记，没有土地使用证，所有权待定，在朱戈庄村委会的房屋并非登记在冯文花的名下。黄岛法院（2016）鲁0211执异11号民事裁定书适用法律错误，认定事实错误，实际查封的房屋是孙传斗的，不是冯文花的，应当予以撤销。孙传斗已将被查封的房屋与高玉江进行了顶房处理，顶房协议在先，查封在后，顶房协议是双方真实意思表示，符合法律规定，顶房协议没有被撤销，该房屋已经交付给高玉江占有、使用和所有。因此，法院对高玉江占有的房屋进行查封执行，不符合法律规定。

审理查明，被告孙传斗与冯文花是夫妻。另案原告薛玉华与被告孙传斗、另案原告郑秀芳与被告孙传斗、另案原告郑秀欣与被告孙传斗、冯文花民间借贷纠纷三案，本院于2015年8月11日分别作出（2015）黄民初字第6509、6510、6511号民事判决书，分别判令被告偿还原告借款本金10万元、20万元、50万元及相应的利息，并负担诉讼费、保全费。上述判决生效后，孙传斗与冯文花未自动履行判决书确定的义务，薛玉华、郑秀芳、郑秀欣分别向本院申请执行，本院立案执行，执行案号分别为（2015）黄执字第3718、3719、3720号。执行过程中，本院于2015年9月17日作出执行裁定书，查封了被执行人冯文花名下的位于青岛市黄岛区灵山卫街道办事处北门外村平房五间，异议人高玉江向本院提出执行异议，称上述法院查封的房屋已于2015年7月21日以欠款抵债、补足差额的方式出售给了高玉江，并已交付使用。之后高玉江按法定程序提起本案诉讼。

法院所查封的冯文花名下证号为南集用（2005）字第2202210074号

的房屋，并非坐落于灵山卫街道办事北门外村，而是坐落于灵山卫街道办事处朱戈庄村土地上。据该土地使用证记载：土地使用者为冯文花，土地所有者为北门外村委会，坐落于灵山卫镇北门外村，地号 GX—21—74，用途为宅基地，使用面积 169 平方米，所附宗地图上标明：土地东邻王本沛、西邻丁济怀，南邻道路，北邻胡同。1996 年 2 月 21 日，朱戈庄村民委员会向孙传斗出具了交纳四间房屋"房场款"5 000 元的收款凭证。2004 年 4 月 11 日，朱戈庄村民委员会向孙传斗出具了由王本沛、丁济怀、孙传斗三人合交的"补 1996 年房场款"5 000 元的收款凭证。

原告高玉江提交《声明》一份，内容是其向被告孙传斗购买了涉案房屋，对以后房屋拆迁、自用等一切事宜均与高玉江协商解决，所得一切形式的补偿均归高玉江所有。协议还对其他内容进行了约定。双方签字并将该声明交给朱戈庄村委员备案。

原告提交 2015 年 7 月 21 日签订的《协议书》和《收到条》各一份，原告以此证明其以出借款抵顶购房款的方式购买孙传斗房屋、另支付房屋差价款 30 万元、并于同日交付房屋的事实。协议书的主要内容是：甲方孙传斗、冯文花向乙方高玉江借款 130 万元，现甲方无力偿还此借款，甲方自愿将位于黄岛区灵山卫街道办事处北门外村（实际坐落于朱戈庄村区域）的平房一处（正房五间，南房五间），该房屋四至为东邻王本沛、西邻丁济怀，南邻道路，北至胡同，土地证号为南集用（2005）字第 2202210074 号；孙传斗欠高玉江借款本金 90 万元、利息 10 万元，以涉案房屋作价 130 万元，高玉江于协议签订同时再用现金一次性支付给孙传斗差价款 30 万元，房屋归高玉江所有。协议还对其他内容进行了约定。

原告提交 2015 年 7 月 21 日签订的《补充协议书》一份，以此证明涉案房屋已交付给原告使用。补充协议书的内容是：涉案房屋南房五间的三间原租给刘秀花使用，以后的租金由孙传斗收取后交付给高玉江。该协议还对其他内容进行了约定。

对于上述三组证据，被告薛玉华质证称，原告的证据都是无效的，涉案房屋是存在于灵山卫街道办事处北门外村，一共有五间房屋，土地使用证的名字是冯文花的。法院查封的时候已经核实了，确实是这个房屋。我们起诉孙传斗索要借款是在 2015 年 6 月，孙传斗在 2015 年 7 月与高玉江签订协议是为了转移财产。高玉江无权购买涉案房屋，因为高玉江不是这个村里的人。

被告郑秀欣质证称，对这些证据不予认可，到灵山卫土管所及房屋所在地核实过，是冯文花名下的房屋，并且是已经建成的房屋。在我们起诉孙传斗偿还借款之后，孙传斗与高玉江才签订的协议。高玉江在法院查封之前一直没有使用该房屋，一直是孙传斗出租给他人使用。所谓的抵顶协议，没有到房管部门登记，是没有效力的。冯文花与孙传斗是夫妻，这是他们的共同财产，无论是谁的都与本案有关，且冯文花也是被执行人之一。

被告郑秀芳质证称，同郑秀欣的意见，补充一点，原告与被告孙传斗私下签订的协议，没有经过公证，是无效的。

4. 原告提交其在青岛农村商业银行的银行交易流水明细 4 页、兴业银行的交易明细 1 页，以此证明原告于 2011 年 3 月 31 日从农村信用社给冯文花打了 20 万元、于 2011 年 4 月 1 日从农村信用社给冯文花打了 10 万元、于 2012 年 4 月 23 日从农村信用社给冯文花打了 30 万元、于 2014 年 8 月 1 日从农村信用社给冯文花打了 20 万元、于 2014 年 8 月 1 日从兴业银行给冯文花打了 10 万元，五次共出借给孙传斗 90 万元，原告称孙传斗自 2012 年 7 月之后再没有偿还利息，2012 年 7 月至 2015 年 7 月 21 日共欠利息 10 万元，本金 90 万元未还。原告另提交兴业银行交易流水明细 2 页和孙传斗、冯文花向其出具的收到 30 万元的收到条一张，原告以此证明其于 2015 年 7 月 21 日从兴业银行提出 30 万元现金，用现金支付给孙传斗、冯文花补足房屋差价。

被告薛玉华、郑秀欣、郑秀芳共同质证称，对证据真实性不清楚，被告孙传斗在农村信用社工作，且该账户系理财账户。

被告孙传斗、冯文花质证称，对其真实性无异议，收到原告支付的 120 万元。

5. 法庭出示本院（2016）鲁 0211 执异字第 11 号执行案件卷宗。摘录卷中两份调查笔录的部分内容，一份是法院执行人员对朱戈庄村支部书记朱纪敬的询问调查："…答：冯文花、孙传斗在我们村确实建有五间房屋，他们的房屋西邻丁济怀、东邻王本沛。…答：大约在 1997 年左右建的。…答：我们村没有为冯文花和孙传斗审批建宅基地，冯文花曾经向北门外村委会申批过宅基地使用证，北门外村委会为冯文花审批过宅基地使用证，但是冯文花建房是在我们村的土地上建的房屋，因为当时管理不严，所以出现了这种情况。…答：这两份收据是我们村出具的，宅基地使用费我们村委会已经收取了。…答：他们不是我们村的村民，在我们村没有户口。…答：我们收到了这份声明，我们在声明上签了名字。…"

另一份是法院执行人员对北门外村民委员会主任苏仁福的询问调查："…答：这个土地使用证是我们村为冯文花申批的，但是冯文花的房屋实际坐落在朱戈庄村的土地上，这个宅基地使用证是在上个世纪八、九十年代办理的，当时管理不严，冯文花通过我们村委会申请了这个宅基地使用证。…答：孙传斗和冯文花两人都不是我们村的村民，在我们村没有户口。…答：孙传斗和冯文花向朱戈庄村交纳的宅基地使用费。…"

6. 本案审判人员于2017年10月23日依职权对北门外村民委员会主任苏仁福和灵山卫街道办事处土地管理所所长车书森进行了询问调查，苏仁福称，像冯文花这样宅基地手续在北门外村办理，房子建在朱戈庄村的共有5户，王本沛和丁济怀二人是我村村民，他们的宅基地也建在朱戈庄村，他们二人和冯文花在我村土地上一直未实际建房，2000年以后上级就不再批宅基地了。

车书森称，因当时管理不规范，比如两村之间存在"插花地"，经两村协商同意，像甲村的房子建在乙村这种情况是有的。对于冯文花的建房情况，法院可以到街道办和村集体了解。

综合上述6组证据和双方的质证意见，本院认定以下事实：

虽冯文花、孙传斗二人户口不在灵山卫镇北门外村和朱戈庄村，但冯文花通过北门外村委会申批，获得了北门外村南集用（2005）字第2202210074号集体土地使用证，土地使用者为冯文花，但二人在北门外村并未交纳相关宅基地使用费和建房，孙传斗向朱戈庄村委会交纳相关宅基地使用费，并建设一处宅基地，东邻王本沛、西邻丁济怀，南邻道路，北邻胡同。

在2011年3月31至2014年8月1日之间，原告高玉江通过银行转账，分五次向冯文花转款90万元。2015年7月21日，高玉江与孙传斗签订协议，约定以上述房屋作价 130 万元转让给高玉江，协议约定高玉江另补足房屋差价款 30 万元。孙传斗认可收到高玉江差价款 30 万元。

一审法院认为，案外人或者申请执行人提起执行异议之诉的，案外人应当就其对执行标的享有足以排除强制执行的民事权益承担举证证明责任。本案为案外人执行异议之诉纠纷，争议的焦点，是原告高玉江与被告孙传斗之间的房屋买卖是否有效，也即涉案房屋能否被强制执行问题。本院根据已查明的事实和法律、法规及司法解释的相关规定，认定：第一，原告高玉江与被告孙传斗、冯文花签订的购房《协议书》载明：孙传斗、冯文花在位于黄岛区灵山卫街道办事处北门外村的平房一处实际坐落于朱戈庄村区域，正房五间，南房五间，该房屋四至为东邻王本沛、西邻丁济怀，南邻道路，北至胡同，土地证号为南集用（2005）字第 2202210074 号。上述集体土地使用证号及四邻四至与冯文花在北门外村申批的南集用（2005）字第 2202210074 号集体土地使用证号及四邻四至一致。结合冯文花与孙传斗夫妇并未在北门外村实际建房、而建在朱戈庄村的房屋并未被认定为违章建筑的实际情况，以及本院向北门外村和朱戈庄村两村集体经济组织领导的调查情况，可以认定，本院执行裁定实际查封的孙传斗与冯文花夫妇建在朱戈庄村的房屋是依据冯文花在北门外村申批的南集用（2005）字第 2202210074 号集体土地使用证所建，这才是北门外村和朱戈庄村两个村集体经济组织认可的建房行为，也是原告高玉江与被告孙传斗在双方购房协议书中确认的事实。本院对被告孙传斗、冯文花关于孙传斗建在朱戈庄村的房屋未申办集体土地使用权证、所有权待定的抗辩理由不予采信。第二，根据《中华人民共和国物权法》和《中华人民共和国土地管理法》的有关规定，宅基地使用权是农村集体经济组织成员享有的权利，与享有者特定的身份相联系，非本集体经济组织成员无权取得或变相取得。只有房屋买卖双方均是同一集体经济组织的成员的，可以认定合同有效，禁止将房屋卖给城市居民和外村村民。原告高玉江为灵山卫街道办事处赵家庙村村民，其与被告孙传斗签订顶房协议的本质是签订农村房屋买卖合同，根据"宅基地使用权随房转移"的原则，该协议在处分房屋的同时亦处分了房屋面积内宅基地的使用权。高玉江并非朱戈庄村集体经济组织成员，不具有购买朱戈庄村宅基地的主体资格，而其所购房屋位于朱戈庄村区域内，该购房协议违反了法律关于禁止农村宅基地使用权违法转让的强制性规定，也未取得《中华人民共和国土地管理法》及《中华人民共和国土地管理法实施条例》规定的集体土地使用权变更登记手续。《中华人民共和国合同法》第五十二条第五项规定，违反法律、行政法规的强制性规定的合同为无效合同，故应认定该房屋买卖合同无效。

综上所述，依据《中华人民共和国合同法》第五十二条第五项、《中华人民共和国物权法》第九条第一款、《中华人民共和国土地管理法》第八条第二款、第十条、第十二条、第六十二条、《最高人民法院关于适用〈中华人民共和国民事诉讼法〉的解释》第三百一十一条、第三百一十二条第二项规定，判决：驳回原告高玉江的诉讼请求。案件受理费 100 元，由原告高玉江承担。

当事人均未在上诉期内提起上诉。

【案件评析】

本案中，原告高玉江既非朱戈庄村集体经济组织成员，也非北门外村集体经济组织成员，其无权取得或变相取得上述村集体经济组织宅基地的权利，无论其所签《协议书》中的房屋位于上述哪个村集体，均为无效协议，原告依据无效协议阻却法院强制执行的理由不成立，对其诉讼请求不应支持。该处房产系孙传斗与冯文花夫妇的共同财产，法院依职权进行查封执行符合法律规定。

（青岛市黄岛区人民法院民一庭审判员　魏　来）

【九】不能证明非因自己原因未办理过户登记的买受人对登记在被执行人名下的房产提出的执行异议之诉不应得到支持

——陈某某与杨某某、吴某某案外人执行异议
之诉纠纷案

关键词：房屋买卖　　过户登记　　执行异议

【裁判要点】

在案外人执行异议之诉案件中，案外人应当就其对执行标的享有足以排除强制执行的实体权利承担举证责任。对于案外人、申请执行人及被执行人自认的事实，不能免除其相应的举证责任。故房屋买卖合同中的买受人对登记在被执行人名下的房产提起执行异议之诉时，除应证明其在法院查封前已经签订了合法有效的房屋买卖合同并已合法占有外，还应证明已经支付了全部价款，且系非因自己的原因未办理过户手续。否则，其诉讼请求不应得到支持。

【相关法条】

《中华人民共和国民事诉讼法》二百二十七条：执行过程中，案外人对执行标的提出书面异议的，人民法院应当自收到书面异议之日起十五日内审查，理由成立的，裁定中止对该标的的执行；理由不成立的，裁定驳回。案外人、当事人对裁定不服，认为原判决、裁定错误的，依照审判监督程序办理；与原判决、裁定无关的，可以自裁定送达之日起十五日内向人民法院提起诉讼。

《最高人民法院关于人民法院办理执行异议和复议案件若干问题的规定》第二十八条　金钱债权执行中，买受人对登记在被执行人名下的不动

产提出异议，符合下列情形且其权利能够排除执行的，人民法院应予支持：（一）在人民法院查封之前已签订合法有效的书面买卖合同；（二）在人民法院查封之前已合法占有该不动产；（三）已支付全部价款，或者已按照合同约定支付部分价款且将剩余价款按照人民法院的要求交付执行；（四）非因买受人自身原因未办理过户登记。

【基本案情】

2012 年 9 月 19 日，青岛市黄岛区人民法院对杨某某与吴某某、王某某、栗某某民间借贷纠纷一案作出（2012）黄民初字第 2472 号民事调解书，调解内容为吴某某向杨某某偿还借款 1 340 000 元，王某某、栗某某承担连带责任。因吴某某、王某某、栗某某未履行义务，杨某某遂向法院申请强制执行。在该案执行过程中，法院根据杨某某的申请依法作出（2012）黄执字第 1284—2 号民事裁定，查封了吴某某名下位于西宁市城西区兴海路 174 号（后变更为 12 号）1—112 室房屋【产权证号为宁房权证西（私）字第 3—012858 号、权利人为吴某某、建筑面积为 64.55 平方米】。之后，陈某某向法院提出书面执行异议申请，法院经审查，于 2015 年 3 月 16 日作出（2014）黄执异字第 28 号执行裁定，驳回了陈某某的异议请求。陈某某不服，在法定期限内提起诉讼，请求法院依法不予执行位于青海省西宁市城西区兴海路 174 号 1 单元 112 号房产。

陈某某提交《房屋转让合同》一份，证明其与吴某某于 2002 年 4 月 30 日就位于西宁市城西区兴海路 174 号（现为兴海路 12 号）1—112 室房屋签订了房屋转让合同，其受让该房屋。杨某某对该合同真实性不予认可，并申请鉴定形成时间。因本案三方当事人均未能按鉴定机构要求提供符合条件的鉴定样本，致鉴定无法进行。陈某某提交西宁市城西区人民法院（2014）西民一初字第 605 号民事判决，该判决确认陈某某与吴某某于 2002 年 4 月 30 日签订的上述《房屋转让合同》合法有效。陈某某以此证明上述《房屋转让合同》合法有效，吴某某认可收到全部房款并交付了涉案房屋，陈某某取得西宁市城西区兴海路 174 号（现 12 号）1—112 房屋。杨某某对其真实性无法确定，认为该判决的立案时间是在黄岛法院执行查封之后，系陈某某与吴某某所制造的虚假诉讼。陈某某提交西宁市城西区国家税务局出具的证明一份，内容是自 2002 年起涉案房屋的水电费、暖气物业费由刘秀花向西宁市城西区国家税务局交清。陈某某以此证明其实际占有使用涉案房屋。杨某某认为，物业费非正规收据和发票，该证据不真实。陈某某提交有线电视、网络银行缴费单及户口本、暂住证，以此证明其及家人一直生活在西宁市，居住在涉案房屋中。杨某某认为该证据与涉案房屋无任何关联性，且对暂住证真实性有异议。陈某某提交青岛市黄岛区人民法院（2012）黄民初字第2472号民事调解书，以此证明该调解书涉嫌虚假诉讼。杨某某对该证据的真实性无异议。陈某某提交涉案房屋的房产证、土地证，以此证明该房屋原系公房（产权人为吴某某），虽未过户，但吴某某主动将证交给陈某某。杨某某对该两证书的真实性无异议，但认为涉案房屋在2000年就可以办理过户登记，证件由陈某某持有并不代表房屋系其购买。吴某某对陈某某提交的上述证据均无异议。杨某某和吴某某均未提交证据。

在青岛市黄岛区人民法院（2014）黄执异字第28号执行异议案件听证会中，吴某某之姊吴继红出庭作证称：2002年因吴某某工作调动，委托其出售涉案房屋，陈某某以78 000元成交；其与陈某某签订房屋买卖合同，并替吴某某在合同上签名；房款以工程款抵扣，后其以现金方式交付给吴某某；10年间其给吴某某打过很多电话要求过户，吴某某一直说忙，没有去；其在青海博大商贸有限公司（以下简称博大公司）做财务工作，陈某某和博大公司有合作关系；陈某某与吴某某未见过面，都是通过其来联系，什么时候扣除陈某某的工程款记不清了，财务记账了，但因疏忽未盖博大公司的章。陈某某在该次听证会上称：博大公司欠其大约30万元工程款；签订合同一个月后其就入住涉案房屋了，只是催促吴继红办过户，没有采取其他措施向吴某某要求办过户。

一审法院认为，当事人对自己提出的诉讼请求所依据的事实或者反驳对方诉讼请求所依据的事实，应当提供证据加以证明，否则应承担举证不能的法律后果。案外人或者申请执行人提起执行异议之诉的，案外人应当就其对执行标的享有足以排除强制执行的民事权益承担举证证明责任。本案为案外人执行异议之诉纠纷，争议的焦点是涉案房屋能否被强制执行问题。首先，根据《中华人民共和国物权法》第九条第一款规定："不动产物权的设立、变更、转让和消灭，经依法登记，发生效力；未经登记，不发生效力，但法律另有规定的除外。"因此，当事人签订房屋买卖合同转移房屋所有权，买受人在办理房屋过户手续后，才能取得该房屋的所有权。陈某某持有吴某某的房地产权证，并不发生所有权转移的法律效果。涉案房屋尚未办理变更登记，买受人依据买卖合同仅享有请求出卖人办理过户登记的债权请求权，但对涉案房屋并不享有所有权。涉案房屋登记在吴某某名下，法院对被执行人吴某某的该财产进行查封符合法律规定。其次，根据《最高人民法院关于人民法院办理执行异议和复议案件若干问题的规定》第二十八条规定："金钱债权执行中，买受人对登记在被执行人名下的不动产提出异议，符合下列情形且其权利能够排除执行的，人民法院应予支持：（一）在人民法院查封之前已签订合法有效的书面买卖合同；（二）在人民法院查封之前已合法占有该不动产；（三）已支付全部价款，或者已按照合同约定支付部分价款且将剩余价款按照人民法院的要求交付执行；（四）非因买受人自身原因未办理过户登记。"故陈某某主张停止执行的请求需满足上述四个条件方能成立。陈某某称购房款系以工程款抵扣的方式支付，但并未提交其与博大公司之间存在工程欠款及以该工程欠款抵顶购房款的相关证据；同时，吴某某于 2000 年 8 月 15 日取得涉案房屋的房屋产权证，于 2006 年 12 月 28 日取得涉案房屋的土地使用权证，之后涉案房屋便具备办理过户条件，但直至法院于 2014 年 6 月 13 日查封该房屋时，陈某某与吴某某仍未办理过户手续。陈某某称其多次向吴继红提出请求，但也未提供证据加以证明。陈某某提交的《房屋转让合同》及水电费、暂住证等证据不足以证明其对涉案房屋享有足以排除强制执行的民事权益，其停止执行的诉讼请求不应支持。

鉴于本案是案外人执行异议之诉，审理范围围绕案外人陈某某就执行标的物是否享有足以有效阻止强制执行的权利展开，陈某某关于（2012）黄民初字第 2472 号民事调解书涉嫌造假的主张，因该民事调解书系生效法律文书，与本案非同一法律关系，本案不予审查。

据此，一审法院判决驳回陈某某的诉讼请求。陈某某不服，提起上诉。上诉理由是：陈某某已经付清了购房款 7 万 8 千元，且已入住长达15 年之久；涉案房产未办理过户系原审第三人吴某某造成，陈某某无过错。

二审期间，陈某某提交其所经营的公司与博大公司于 1998 年签订的建造候车厅合同、手写结算单、博大公司工作人员朱跃华出具的关于陈某某与吴某某买卖涉案房屋的过程及交易方式的情况说明、西宁市房屋权属登记中心档案中心出具的查档表以及物业费、暖气费等收费单据，以证明其以工程款抵扣的方式向吴某某支付了购房款并实际入住涉案房屋，房产未办理过户并非由其过错造成。杨某某对上述证据不予认可。

二审法院认为，本案的焦点问题是：陈某某对涉案房屋提出的执行异议是否符合《最高人民法院关于人民法院办理执行异议和复议案件若干问题的规定》第二十八条规定的情形。本案中，陈某某应当提交相应证据证明其以工程款抵扣的方式向吴某某付清了涉案房款，即博大公司将欠陈某某的工程款支付给吴某某作为替陈某某付涉案房款的财务记账凭证及吴某某收款的证据；另，涉案房屋早已具备过户条件，但至法院查封该房屋时陈某某仍未与吴某某办理过户手续，陈某某应当举证证明其对此无过错。而陈某某二审提交的证据均不能证明上述事项，故二审法院对上述证据不予采信。陈某某的上诉主张不符合《最高人民法院关于人民法院办理执行异议和复议案件若干问题的规定》第二十八条规定的情形，其上诉理由不成立，应予驳回。据此，二审法院判决驳回上诉，维持原判。

【案件评析】

民事诉讼法第二百二十七条规定，执行过程中，案外人对执行标的提出书面异议的，人民法院应当自收到书面异议之日起十五日内审查，理由成立的，裁定中止对该标的的执行；理由不成立的，裁定驳回。案外人、当事人对裁定不服，认为原判决、裁定错误的，依照审判监督程序办理；与原判决、裁定无关的，可以自裁定送达之日起十五日内向人民法院提起诉讼。《最高人民法院关于办理执行异议和复议案件若干问题的规定》第二十八条规定，金钱债权执行中，买受人对登记在被执行人名下的不动产提出异议，符合下列情形且其权利能够排除执行的，人民法院应予支持：（一）在人民法院查封之前已签订合法有效的书面买卖合同；（二）在人民法院查封之前已合法占有该不动产；（三）已支付全部价款，或者已按照合同约定支付部分价款且将剩余价款按照人民法院的要求交付执行；（四）非因买受人自身原因未办理过户登记。本案中，杨开昌主张其以以房抵款的方式从吴某某处取得了涉案房屋，且已实际居住多年，但其提交的证据不能证明其已依合同约定足额支付了房款，亦不能证明房产过户非因其自己原因所导致，故其就执行标的不享有足以排除强制执行的民事权益，其诉讼请求不应得到支持。

（青岛市中级人民法院民一庭审判员 潘红燕）

【十】质权与其担保的债权同时存在

—— 中国长城资产管理公司济南办事处诉招商银行股份有限公司青岛分行、青岛青房融资担保集团有限公司申请执行人执行异议之诉纠纷上诉案

关键词：保证金账户　质权　债权清偿

【裁判要点】

在保证金账户的存款所担保的债权已获得清偿的情况下，债权人所享有的债权已消灭。质权与其担保的债权同时存在，债权消灭的，质权也消灭。

【相关法条】

《中华人民共和国合同法》第八条、《中华人民共和国担保法》第七十四条、最高人民法院《关于适用〈中华人民共和国担保法〉若干问题的解释》第八十五条

【基本案情】

原告中国长城资产管理公司济南办事处·（以下简称长城公司）在一审中诉称，中国建设银行股份有限公司青岛李沧支行（以下简称建行李沧支行）与青岛联盟电子仪器有限公司、王玲、青房公司金融借款合同纠纷一案由李沧法院审理终结，（2014）李商初字第 664 号民事判决书已发生法律效力并立案执行。上述案件诉讼过程中，建行李沧支行申请法院冻结了青岛青房融资担保集团有限公司（以下简称青房公司）的 6 个银行账户。后建行李沧支行与长城公司签订资产转让合同，长城公司受让全部债权。执行过程中，招商银行股份有限公司青岛分行（以下简称招行青岛分行）提出执行异议，称对上述款项享有质权，要求解除对上述账户的查封。

2015 年 9 月 22 日，李沧法院作出（2015）李执字第 12 号执行裁定书，裁定招行青岛分行异议成立，解除对上述账号的查封。长城公司认为，招行青岛分行非案件权利人或利害关系人，其对长城公司查封的账户资金不享有质权，不能阻碍排除本案的执行。根据《最高人民法院关于人民法院办理执行异议和复议案件若干问题的规定》第 25 条规定：对案外人的异议，人民法院应当按照下列标准判断其是否系权利人：银行存款和存管在金融机构的有价证券，按照金融机构和登记结算登记的账户名称判断。编号为 2014 年信字第 2121140339 号最高额质押合同明确记载质权人为招商银行股份有限公司青岛即墨支行（以下简称招行即墨支行），而且账户开户行为招商银行股份有限公司青岛香港中路支行（以下简称招行香港中路支行），均非招行青岛分行。因此，招行青岛分行无权提出执行异议。招行青岛分行提交的质押合同中第四条明确约定以保证金提供质押担保的，应按招行青岛分行的要求向其在招行青岛分行处开立的账户存入保证金，而涉案查封款项均不是在招行青岛分行开立的账户，以上财产非特定化的质押财产，招行青岛分行不享有质权。招行青岛分行的证据不能证明其主张，保证金与担保的债权应当一一对应，单纯质押合同并不能证明借款合同履行的真实情况。请求依法判令：1. 驳回招行青岛分行的执行异议。2. 长城公司有权申请法院扣划青房公司存放于招行青岛分行的存款 4 366 687.55 元。3. 本案诉讼费由招行青岛分行、青房公司承担。

招行青岛分行在一审中辩称，青房公司存放于招行青岛分行处的存款为青房公司为招行青岛分行相关授信业务提供的保证金质押担保，招行青岛分行提出执行异议之诉符合相关法律规定，应该依法予以支持。请求法院驳回长城公司的诉请。

青房公司在一审中辩称，其没有侵犯长城公司的任何权益，不应作为本案的被告。招行青岛分行于 2015 年 9 月 8 日提出执行异议，在执行异议书中所提及的关于法院查封其在招行青岛分行处的六个保证金账户的相关陈述属实，招行青岛分行对该六笔款项拥有质权，享有优先受偿权且有权扣划该六笔保证金用来偿还欠款。

原审法院经审理查明，2014 年 11 月 2 日，一审法院作出（2014）李商初字第 664 号民事判决书，判决青岛联盟电子仪器有限公司偿还中国建设银行股份有限公司青岛李沧支行（以下简称建行李沧支行）借款本金 4 092 435.79 元及相应利息，青房公司对上述款项承担连带清偿责任。后，该判决生效并立案执行。在执行过程中，建行李沧支行与长城公司签署资产转让合同，向其转让了全部债权，申请执行人变更为长城公司。

一审法院在审理（2014）李商初字第 664 号案件中，建行李沧支行向一审法院申请查封了青房公司的六个保证金账户（53290205768000710、53290205768000724、53290205768000738、53290205768000755、53290205768000769、53290205761100023）。在该案申请执行过程中，招行青岛分行对上述查封提出执行异议。

2015 年 9 月 22 日，一审法院作出（2015）李执异字第 12 号执行裁定书，裁定招行青岛分行的异议成立，解除对青房公司的上述保证金账户的查封。

另查明，2013 年 9 月 13 日，招行青岛分行与青岛青房担保集团有限公司（以下简称青房担保）签订编号为 2013 年青担保字第 004 号《融资性担保公司担保合作协议》一份，甲方为招行青岛分行，乙方为青房担保。甲乙双方约定甲方向符合授信条件的债务人进行公司授信或提供个人贷款，乙方为债务人在甲方叙做的授信或贷款提供不可撤销的连带责任保证担保。乙方应就特定债务人的特定授信或贷款逐笔向甲方出具不可撤销担保书，并根据本协议及不可撤销担保书约定承担连带保证责任。若乙方未按本协议或不可撤销担保书约定履行保证责任时，甲方可将乙方在甲方及分支机构处开立的任何账户内的资金与担保债权相抵消。乙方存在应代偿但尚未履行代偿的情形时，甲方有权扣收乙方已交付保证金、终止本协议，宣布授信、借款提前到期，要求乙方承担连带保证责任。乙方应在甲方开设保证金账户，并存入保证金（账号以甲方系统自动生成的为准），该等资金进入保证金账户即视为特定化和移交甲方占有，用以担保主合同项下债务人义务的全面执行。被担保的具体债务逾期或出现其他违约情形，甲方有权随时从乙方在甲方开设的账户中扣收用于清偿所担保的债务款项。本协议有效期为一年，即自 2013 年 9 月 13 日至 2014 年 8 月 7 日止。上述《融资性担保公司担保合作协议》甲方处加盖有招行青岛分行的公章及王纪全的捺印，乙方处加盖有青房担保的公章及负责人签名。

2014 年 8 月 15 日，青岛市工商行政管理局核准青房担保名称变更为青房公司。

另查明，2014 年 2 月 21 日，招行青岛分行（以下简称甲方）与青岛洲旭生物科技有限公司（以下简称乙方）签订编号为 2014 年信字第 2111140246 号《借款合同》一份，约定乙方向甲方借款人民币 1 000 万元，借款用途为支付货款。借款期限为一年，自 2014 年 2 月 21 日起至 2015 年 2 月 13 日止。如贷款实际发放日期与上述起始日不一致，具体以借款借据记载的为准。借款利率采取固定利率。贷款利息从贷款入乙方账户之日起按实际放款和实际占有天数计算，每季计息一次，计息日为每季末月的 20 日，日利率的换算方式按中国人民银行的有关规定或国际惯例执行。乙方须于每一计息日当日付息，甲方可以从乙方存款账户中直接扣收。乙方未按时付息，甲方有权按同期贷款利率就未付利息加收复息。本合同项下乙方所欠甲方的一切债务由青房担保、董成洋及万翠娥作为保证人，并向甲方出具了编号为 2014 年信字第 2111140246 号的《最高额不可撤销担保书》或《质押合同》。上述《借款合同》甲方处加盖有招行青岛分行合同专用章及王大为印鉴，乙方处加盖有青岛洲旭生物科技有限公司公章及相关负责人印鉴。

同日，招行青岛分行与青房担保签订《质押合同》，青房担保以权利编号为 53290205768000710 的保证金提供质押，乙方应于签订本合同之日将质物移交甲方占有。质押担保的范围为上述《借款合同》所约定的授信额度的贷款及其他授信本金余额之和（最高限额为人民币 1 000 万元），以及利息、罚息、付息、违约金、保理费用、追讨债权及实现质权费用和其他相关费用。质押期间自本合同生效之日起至《授信协议》项下授信债权诉讼时效届满的期间。上述《最高额质押合同》甲方处加盖有招行青岛分行的合同专用章及主要负责人王大为印鉴，乙方处加盖有青房担保公章及王爱国印鉴。

2014 年 2 月 28 日，青房担保在招行青岛分行香港中路支行开设保证金账户，账号为 53290205768000710，并存入该保证金账户 100 万元。保证金起息日 2014 年 2 月 28 日，保证金到期日 2015 年 2 月 28 日，利率为 3.3%，保证金性质为贷款保证金。截至一审法院查封，该保证金账户没有其他款项外往来。2014 年 3 月 3 日，招行青岛分行向青岛洲旭生物科技有限公司发放借款 1 000 万元整，借款期限为一年，借款利率采取固定利率，以一年期为基准利率上浮 30%，保证金质押担保。

又查明，2014 年 3 月 12 日，招行青岛即墨支行（以下简称甲方）与青岛中利镜业有限公司（以下简称乙方）签订《授信协议》一份，约定甲方向乙方提供人民币 400 万元整的授信额度，授信期间从 2014 年 3 月 12 日起至 2015 年 3 月 11 日止。该协议项下乙方所欠甲方一切债务由青房担保、白树金、孙香珍作为连带责任保证人，并向甲方出具了《最高额不可撤销担保书》，该协议项下乙方所欠甲方的一切债务由青房担保提供抵（质）押担保，并与甲方签订了编号为 2014 年信字第 2121140339 号的《最高额质押合同》。上述《授信协议》甲方处加盖有招行青岛即墨支行公章及郭志强印鉴，乙方处加盖有青岛中利镜业有限公司公章及白树金印鉴。

同日，招行青岛即墨支行与青房担保签订编号为 2014 年信字第 2121140339 号的《最高额质押合同》，青房担保以权利编号为 5329020576800024 的保证金提供质押，价值及质押率为人民币 40 万元整，乙方应于签订本合同之日将质物移交甲方占有。质押担保的范围为上述《授信协议》所约定的授信额度的贷款及其他授信本金余额之和（最高限额为人民币 400 万元），以及利息、罚息、付息、违约金、保理费用、追讨债权及实现质权费用和其他相关费用。质押期间自本合同生效之日起至《授信协议》项下授信债权诉讼时效届满的期间。上述《最高额质押合同》甲方处加盖有招行青岛即墨支行的合同专用章及郭志强印鉴，乙方处加盖有青房担保公章及王爱国印鉴。

2014 年 3 月 13 日，青房担保在招行青岛分行香港中路支行开设保证金账户，账号为 53290205768000724，并存入该保证金账户 40 万元。保证金起息日 2014 年 3 月 13 日，保证金到期日 2015 年 3 月 13 日，利率为 3.3%，保证金性质为贷款保证金。截至一审法院查封，该保证金账户没有其他款项往来。同日，招行青岛即墨支行向青岛中利镜业有限公司发放借款 400 万元整，借款期限为一年，借款利率采取固定利率，以一年期为基准利率上浮 30%，借款用途为购原材料。

另查明，2014 年 5 月 19 日，招行青岛分行（以下简称甲方）与青岛广亿达建设工程有限公司（以下简称乙方）签订《授信协议》一份，约定甲方向乙方提供人民币 1 000 万元整的授信额度，授信期间从 2014 年 5 月 19 日起至 2015 年 5 月 18 日止。该协议项下乙方所欠甲方一切债务由何利华、张小萍作为连带责任保证人，并向甲方出具了《最高额不可撤销担保书》，该协议项下乙方所欠甲方的一切债务由青房担保提供抵（质）押担保，并与甲方签订了编号为 2014 年信字第 2121140543 号的《最高额质押合同》。上述《授信协议》甲方处加盖有招行青岛分行合同专用章及刘慧君印鉴，乙方处加盖有广亿达公司公章及周国银印鉴。

同日，招行青岛分行与青房担保签订了编号为 2014 年信字第 2121140543 号的《最高额质押合同》，青房担保以权利编号为 53290205768000755 的保证金提供质押，价值及质押率为人民币 100 万元整，乙方应于签订本合同之日将质物移交甲方占有。质押担保的范围为上述《授信协议》所约定的授信额度的贷款及其他授信本金余额之和（最高限额为人民币 1 000 万元），以及利息、罚息、付息、违约金、保理费用、追讨债权及实现质权费用和其他相关费用。质押期间自本合同生效之日起至《授信协议》项下授信债权诉讼时效届满的期间。上述《最高额质押合同》甲方处加盖有招行青岛分行的合同专用章及主要负责人刘慧君印鉴，乙方处加盖有青房担保公章及王爱国印鉴。

2014 年 5 月 21 日，青房担保在招行青岛分行香港中路支行开设保证金账户，账号为 53290205768000755，并存入该保证金账户 100 万元。保证金起息日 2014 年 5 月 2 日，保证金到期日 2015 年 5 月 21 日，利率为3.3%，保证金性质为贷款保证金。截至一审法院查封，该保证金账户没有其他款项往来。2015 年 5 月 20 日，招行青岛分行向青岛广亿达建设工程有限公司发放借款 1 000 万元整，借款期限为一年，借款利率采取固定利率，以一年期为基准利率上浮 30%，借款用途为支付货款。

又查明，2014 年 6 月 18 日，招行青岛分行（以下简称甲方）与青岛保税区应天力工程机械有限公司（以下简称乙方）签订《授信协议》一份，约定甲方向乙方提供人民币 800 万元整的授信额度，授信期间从2014 年 6 月 18 日起至 2015 年 6 月 17 日止。该协议项下乙方所欠甲方一切债务由青房担保、山东汇通胶带有限公司、宋兆军、宋倩作为连带责任保证人，并向甲方出具了《最高额不可撤销担保书》，该协议项下乙方所欠甲方的一切债务由青房担保提供抵（质）押担保，并与甲方签订了《最高额质押合同》。上述《授信协议》甲方处加盖有招行青岛分行合同专用章及加盖有刘慧君印鉴，乙方处加盖有青岛保税区应天力工程机械有限公司公章及宋兆军印鉴。

同日，招行青岛分行与青房担保签订编号为 2014 年信字第 2121140620 号的《最高额质押合同》，青房担保以权利编号为 53290205768000769 的保证金提供质押，价值及质押率为人民币 80 万元，乙方应于签订本合同之日将质物移交甲方占有。质押担保的范围为上述《授信协议》所约定的授信额度的贷款及其他授信本金余额之和（最高限额为人民币 800 万元），以及利息、罚息、付息、违约金、保理费用、追讨债权及实现质权费用和其他相关费用。质押期间自本合同生效之日起至《授信协议》项下授信债权诉讼时效届满的期间。上述《最高额质押合同》甲方处加盖有招行青岛分行的合同专用章及主要负责人刘慧君印鉴，乙方处加盖有青房担保公章及王爱国印鉴。

2014 年 6 月 25 日，青房担保在招行青岛分行香港中路支行开设保证金账户，账号为 53290205768000769，并存入该保证金账户 80 万元。保证金起息日 2014 年 6 月 25 日，保证金到期日 2015 年 6 月 24 日，利率为 3.3%，保证金性质为贷款保证金。截至一审法院查封，该保证金账户没有其他款项往来。同日，招行香港中路支行向青岛保税区应天力工程机械有限公司发放借款 800 万元整，借款期限为一年，借款利率采取固定利率，以一年期为基准利率上浮 30%，借款用途为支付货款。

另查明，招行青岛即墨支行与招行香港中路支行均为招行青岛分行的分支机构。

庭审中，青房公司提交证明一份，该证明显示：青岛广亿达建设工程有限公司保证金账户（账号：53290205768000755）逾期本金为 97 万元，逾期利息 62 730.47 元；青岛保税区应天力工程机械有限公司保证金账户（账号：53290205768000769）逾期本金 800 万元，逾期利息 594 463.46 元；青岛中利镜业有限公司保证金账户（账号：53290205768000724）逾期本金 3 464 803.56 元，逾期利息 264 923.76 元；青岛洲旭生物科技有限公司保证金账户（账号：53290205768000710）逾期本金 7 090 882.98 元，逾期利息 672 650.19 元。

庭审中，长城公司陈述，上述保证金账户的开户行均非招行青岛分行，其不是本案的权利人，无权提出异议，也不符合质押属性，招行青岛分行的质权没有成立，不享有优先受偿的权利。招行青岛分行与青房公司签订的《融资性担保公司担保合作协议》仅是青房公司有资格与招行青岛分行就融资性担保业务合作达成协议，融资性担保业务的担保应该依据具体的主合同来进行。该协议不能证明长城公司查封青房公司在招行的 6 个保证金账户系针对《融资性担保公司担保合作协议》所提供的担保。

庭审中，招行青岛分行陈述，因车贷业务已经清偿完毕，故对于账号为 53290205761100023 的保证金账户的解封没有异议。账号为 53290205768000738 的保证金账户单独对应的借款已经清偿，但是其还应对《融资性担保公司担保合作协议》项下的全部借款承担担保责任，故，对于该账户的查封仍有异议。

庭审中，青房公司陈述，其在一审法院作出（2014）李商初字第 664 号民事判决书时即 2014 年 11 月 2 日，尚欠长城公司 4 092 435.79 元，之后被执行了 100 多万元；其为招行青岛分行所提供担保的债务数额大于保证金数额，保证金账户内的余额应该由招行青岛分行进行扣划。

原审法院认为，招行青岛分行与青房公司签订的《融资性担保公司担保合作协议》及《质押合同》均依法成立并生效，对合同双方当事人均具有法律约束力，当事人应当按照合同约定全面履行合同义务。本案的争议焦点为招行青岛分行对一审法院查封的青房公司的保证金账户项下的存款是否享有质权。根据《中华人民共和国物权法》第三十一条及《最高人民法院〈关于适用中华人民共和国担保法〉若干问题的解释》第八十五条的规定，质押合同成立并生效须符合两个条件，一是签订书面的质押合同，二是完成质押物的交付。金钱作为特殊的动产质押须具备以下条件：一是双方当事人要签订质押合同，有将金钱作为质押的意思表示；二是要对质押物的金钱进行特定化，并移交债权人占有。本案中，招行青岛分行主张其对案涉账户内的资金享有质权，应当从招行青岛分行与青房公司之间是否存在质押合意以及质权是否设立两个方面进行审查。（一）质押合意是否存在。招行青岛分行与青房公司签订《融资性担保公司担保合作协议》及《质押合同》，青房公司在招行即墨支行与招行香港中路支行开立保证金账户，并按照担保贷款总额的一定比例向长城公司缴存保证金，在借款人逾期履行债务的情况下，招行青岛分行有权从其分支机构开立的保证金账户中直接扣收逾期贷款本息，该约定是针对青房公司所开展的全部担保业务，故能够认定招行青岛分行与青房公司就保证金账户中的存款设立质押担保已经形成了合意。（二）案涉质权是否设立。金钱质押生效的条件包括金钱特定化和移交债权人占有两个方面。青房公司在招商银行处开设保证金账户并存入保证金，即双方当事人已经按照协议约定为出质金钱开立了担保保证金专用账户。保证金账户开立后，青房公司按照贷款额度的一定比例向该账户缴存保证金，亦未作日常结算使用，故案涉保证金专项存储，专户管理，符合金钱以特护形式特定化的要求。另，占有是对物进行控制和管理的事实状态。因案涉账户开设在招行青岛即墨支行及招行香港中路支行，均属于招行青岛分行的分支机构。故，招行青岛分行取得对该账户的控制权，实际控制和管理该账户，符合出质金钱移交债权人占有的要求。因此，案涉六个账户质权依法设立。账号为53290205761100023的保证金账户所担保的车贷业务已经清偿完毕，且招行青岛分行对于该账户的解封没有异议，故，招行青岛分行对该账户不享有质权。招行青岛分行与青房公司约定，质押担保的范围含授信额度内提供的贷款及其他授信本金余额之和，因账户53290205768000755、53290205768000769、53290205768000724、53290205768000710的逾期本金及逾期利息之和大于保证金金额，故，虽然账号为53290205768000738的保证金账户单独对应的借款已经清偿，但是其余授信内的借款出现逾期本息大于保证金的情况，其仍应在其限额内承担担保责任。综上，招行青岛分行对于账号为53290205761100023的保证金账户不享有质权，长城公司的该项诉讼请求成立，一审法院予以支持。招行青岛分行对账号为53290205768000755、53290205768000769、53290205768000724、53290205768000710、53290205768000738的保证金账户内的保证金享有质权，长城公司无权申请划扣青房公司存放于招行青岛分行的的存款，长城公司的诉讼请求，于法无据，一审法院不予支持。综上，一审法院依照《中华人民共和国合同法》第八条，《中华人民共和国物权法》第三十一条，最高人民法院《关于适用〈中华人民共和国担保法〉若干问题的解释》第八十五条，《中华人民共和国民事诉讼法》第六十四条的规定，判决：（一）中国长城资产管理公司济南办事处有权申请扣划青岛青房融资担保集团有限公司存放于招商银行股份有限公司青岛分行账号为53290205761100023的保证金账户的存款。（二）驳回中国长城资产管理公司济南办事处的其他诉讼请求。

上诉人长城公司上诉请求：依法撤销一审判决第二项，判令长城公司有权申请扣划青房公司存放于招行青岛分行香港路支行账号为53290205768000738的保证金账户存款80万元及相应孳息；本案诉讼费用由招行青岛分行、青房公司承担。事实和理由：1. 招行青岛分行对账号为53290205768000738青房公司保证金账户项下的存款因其所担保的主债务已获全部清偿不再享有质权，长城公司有权申请法院扣划该存款以清偿青房公司对长城公司所负债务。2014年2月28日，招行青岛分行与青岛嘉星高新技术发展有限公司（以下简称嘉星公司）签订编号为2014年信字第2121140234号《授信协议》，招行青岛分行为嘉星公司提供800万元授信额度。同日，招行青岛分行与青房公司签订编号为2014年信字第2121140234号的《最高额质押合同》，青房公司以账号为53290205768000738保证金账户项下的存款80万元对上述债务提供保证金质押担保。一审庭审过程中，招行青岛分行自认，借款人嘉星公司已就800万元相关债务全部清偿，因此，招行青岛分行享有的债权因借款人嘉星公司清偿全部债务而消灭，招行青岛分行对青房公司账号为53290205768000738保证金80万存款不再享有担保物权即优先受偿权。所以，在长城公司已经申请法院依法查封的情况下，有权依法申请扣划该存款以清偿青房公司所负债务。2. 一审法院认定青房公司账号为53290205768000738保证金账户项下的80万元存款对招行青岛分行其他债务承担质押担保责任缺乏事实及法律依据。招行青岛分行与青房公司签订的《融资性担保公司担保合作协议》仅是青房公司有资格与招行青岛分行就融资性担保业务开展合作达成的框架性协议，是青房公司向招行青岛分行提供融资性担保的基础性文件，具体的融资性担保是根据具体的主合同另行签订从合同即担保合同确定。本案所涉及的 6 个保证金质押账户分别对应 6 个具体的主合同，分别具有独立性。因此一审法院认定青房公司账号为 53290205768000738 保证金账户项下的存款对招行青岛分行其他主合同的债务承担担保责任违反了质押物特定化的法定原则，损害了其他债权人的合法权益。

被上诉人招行青岛分行辩称，53290205768000738 保证金账户项下的存款 80 万元，对应提供质押担保的嘉星公司虽将 800 万元债务全部清偿，但该款项仍然作为招行青岛分行与青房公司所签署的融资性担保公司担保合作协议项下所担保债务的质押担保。招行青岛分行应享有优先受偿权。

被上诉人青房公司辩称，答辩意见同招行青岛分行一致。

二审法院认为，本案双方当事人争议的焦点问题为应否许可执行青房公司存放于招行青岛分行账号为 53290205768000738 的保证金账户的存款。招行青岛分行以其对该保证金账户的存款享有质权为由要求不予执行，而根据本案查明事实，该保证金账户的存款所担保的债权已获得清偿，即招行青岛分行所享有的债权已消灭。根据《中华人民共和国担保法》第七十四条规定，质权与其担保的债权同时存在，债权消灭的，质权也消灭。故，招行青岛分行对该保证金账户的存款已不享有质权。综上，长城公司上诉请求许可执行该保证金账户的存款，理由成立，本院予以支持。依照《中华人民共和国担保法》第七十四条、《中华人民共和国民事诉讼法》第一百七十条第一款第（二）项、《最高人民法院关于适用〈中华人民共和国民事诉讼法〉的解释》第三百一十三条规定，判决：一、撤销青岛市李沧区人民法院（2015）李民初字第 2507 号民事判决；二、许可执行被上诉人青岛青房融资担保集团有限公司存放于被上诉人招商银行股份有限公司青岛分行账号为 53290205761100023、53290205768000738 的保证金账户的存款；三、驳回上诉人中国长城资产管理公司济南办事处的其他诉讼请求。

【案件评析】

《中华人民共和国担保法》第七十四条规定，质权与其担保的债权同时存在，债权消灭的，质权也消灭。本案中，青房公司以争议的保证金账户中的 80 万元存款向招行青岛分行提供质押担保，招行青岛分行依法享有质权。该质权所担保的债权范围依据质押合同的约定确定，在质押合同约定的债权获得全部清偿的情况下，招行青岛分行享有的质权归于消灭。青房公司的该保证金账户中的存款不再作为特定化的金钱，其上已无优先受偿权，长城公司作为申请执行人有权申请法院执行该保证金账户中的存款。

（青岛市中级人民法院民一庭审判长　李　蕾）

债权人撤销之诉与第三人撤销之诉篇

【一】债务人以明显不合理低价转让财产，对债权人造成损害，并且受让人知道该情形的，债权人可以请求人民法院撤销债务人的行为

——河北某银行诉傅某瑞、第三人傅某玉
债权人撤销权纠纷一案

关键词：债务人　低价转让财产　债权人
可撤销

【裁判要点】

我国合同法规定，因债务人放弃其到期债权或者无偿转让财产，对债权人造成损害的，债权人可以请求人民法院撤销债务人的行为。债务人以明显不合理低价转让财产，对债权人造成损害，并且受让人知道该情形的，债权人也可以请求人民法院撤销债务人的行为。

【相关法条】

《中华人民共和国合同法》第七十四条：因债务人放弃其到期债权或者无偿转让财产，对债权人造成损害的，债权人可以请求人民法院撤销债务人的行为。债务人以明显不合理的低价转让财产，对债权人造成损害，并且受让人知道该情形的，债权人也可以请求人民法院撤销债务人的行为。撤销权的行使范围以债权人的债权为限。债权人行使撤销权的必要费用，由债务人负担。"

【基本案情】

傅某瑞与傅某玉系亲兄弟。2012年12月4日，傅某瑞与傅某玉签订

《青岛市存量房买卖合同》，双方约定由傅某玉（合同中为乙方）受让傅某瑞（合同中为甲方）自有房屋及该房屋占用范围内的土地使用权，房屋坐落于崂山区香港东路 128 号 3 号楼 1 单元 302 户，房屋建筑面积为 131.45 平方米，房屋转让价款为人民币 170 万元，在 2013 年 1 月 15 日前双方共同向青岛市崂山区房地产交易中心申请办理转让过户手续。关于 170 万元房款的交付情况，本案第一次开庭审理时傅某瑞及傅某玉主张傅某玉于 2012 年 12 月 1 日即已付清全部款项 170 万元，其中现金为 39 万元，傅某瑞于当天出具了 39 万元的收条，另外通过银行转账 131 万元，发票是 2012 年 12 月 5 日出具的。

针对银行转账的 131 万元，河北某银行提交其查询的活期存款银行账户明细及银行卡历史交易明细一宗，该组证据显示：2012 年 12 月 7 日下午，傅文质将 50 万元的现金通过农商行打入赵永平的银行账户，之后赵永平将该款打入傅某玉名下账户，再之后张坤于当天下午 15 点 13 分将 70 万元支付至赵永平名下账户，赵永平于 15 点 17 分将该 70 万元打给傅某玉账户，即赵永平于当天下午共计打给傅某玉 120 万元；之后傅某玉于 15 点 27 分将 131 万元购房款打给傅某瑞，傅某瑞于 15 点 31 分将 131 万元支付于傅文质，傅文质于 15 点 37 分将 131 万元又打回张坤银行账户内；傅文质系傅某瑞的女儿，张坤是傅某瑞所在的企业青岛某木业有限公司的会计，傅某瑞为该企业的法人。河北某银行认为通过上述证据及事实，可以认定傅某玉用于支付房屋的 131 万元的购房款其中 120 万元来自于房屋出售方傅某瑞的女儿，而且所有的交易行为都是在 12 月 7 日的下午进行，故傅某瑞与傅某玉的虚假交易非常明显。对于该组证据，傅某瑞质证后称：当时是因为傅某玉支付首笔房款 39 万元之后，剩余的 131 万元傅某玉一时无法凑齐，便与傅某瑞商量先借款支付再由傅某瑞归还，以避免未付清房款给过户造成障碍，实际款项傅某玉在此后分期支付傅某瑞，傅某瑞同意了上面的意见，于是傅某玉借款打至傅某瑞的账户，傅某瑞收到后又按照傅某玉的要求将该款打到了傅文质的账户，该款项的支付方式只是为了避免在房产部门办理过户手续时形成障碍而进行的，没有其他的目的。傅某玉质证后称：河北某银行提交的该组证据及相关人员的关系均是真实的，傅某玉没有异议，但该证据不能证明河北某银行的主张。

首先，河北某银行主张其于 2012 年 12 月 7 日上午查封涉案房屋，但没有证据证明其将查封的情况告知了傅某瑞或傅某玉，傅某玉如果知道该情况，也不可能再打钱给傅某瑞；其次，如何转账支付房款是傅某瑞与傅某玉之间的事情，与任何人都没有关系，假如真的像河北某银行所说是虚假交易的话，那么，傅某瑞与傅某玉就会用一种河北某银行不可能查到的方式，不可能留下任何把柄来让河北某银行抓住。因此，正因为傅某瑞与傅某玉之间是真实的交易，才不会设防。再次，2012 年 12 月 5 日，双方到崂山区房产交易中心办理过户手续时，被告知申请登记后三到五日可拿房产证，本来傅某玉与傅某瑞商量分批分期付款，但为了在拿房产证时不出意外，决定先走个帐，傅某瑞也同意。由于傅某玉一下子拿不出那么多钱，就找亲戚赵永平临时帮忙通融，又怕赵永平担心，就通过侄女傅文质出面跟赵永平（是傅文质的小叔子）说明只是临时过个帐，之后马上转给他。这样，赵永平就放心了，并把钱打到傅某玉账户。傅某玉后来才知道，赵永平当时账上也没有钱，是找张坤帮忙解决的。走完帐后，就让傅文质给张坤转了回去，仅凭这个问题不能认定傅某瑞与傅某玉是虚假交易。

2012 年 12 月，河北某银行以傅某瑞、李卓萍为被告起诉至青岛市市南区人民法院，案由为金融借款合同纠纷。青岛市市南区人民法院经审理后于 2013 年 4 月 25 日作出（2013）南民初字第 82023 号民事判决书，判决如下：（一）解除河北某银行与傅某瑞签订的编号为"DK120922000002 号"《个人借款合同》（该合同签订于 2012 年 9 月 22 日）、编号为"DY120922000034"《抵押合同》。（二）解除河北某银行与李卓萍签订的编号为"BZ120922000035 号"《保证合同》（三）傅某瑞于本判决生效之日起十日内偿还河北某银行截止至 2013 年 4 月 12 日借款本金 4 669 137.72 元，利息 19 688.2 元。（四）傅某瑞于本判决生效之日起十日内支付河北某银行自 2013 年 4 月 13 日起至本判决生效之日止按合同约定的标准计算 4 669 137.72 元产生的利息。（五）傅某瑞于本判决生效之日起十日内支付河北某银行律师代理费 199 200 元。（六）李卓萍就傅某瑞的上述第三项、第四项、第五项债务的履行向河北某银行承担连带清偿责任。（七）河北某银行就傅某瑞设立抵押物座落于青岛市市南区香港中路 52 号

6A1 户房屋以拍卖、变卖的方式所得价款对上述第三项、第四项、第五项的履行享有优先受偿权。2012 年 12 月，河北某银行以傅文质、傅某瑞、李卓萍为被告起诉至青岛市市南区人民法院，案由为金融借款合同纠纷。青岛市市南区人民法院经审理后于 2013 年 4 月 25 日作出（2013）南民初字第 82024 号民事判决书，判决如下：（一）解除河北某银行与傅文质签订的编号为"DK120922000003 号"《个人借款合同》。（二）解除河北某银行与傅某瑞签订的编号为"DY120922000038 号"《抵押合同》；编号为"BZ120922000039 号"《保证合同》（该合同签订于 2012 年 9 月 22 日）。（三）傅文质于本判决生效之日起十日内偿还河北某银行截止至 2013 年 4 月 12 日借款本金 2 875 000 元，利息 13 493.33 元。（四）傅文质于本判决生效之日起十日内支付河北某银行自 2012 年 4 月 13 日起至本判决生效之日止按合同约定的标准计算 2 875 000 元产生的利息。（五）傅文质于本判决生效之日起十日内支付河北某银行律师代理费 127 400 元。（六）傅某瑞就傅文质的上述第三项、第四项、第五项债务的履行向河北某银行承担连带清偿责任。（七）河北某银行就傅某瑞设立抵押物座落于青岛市市南区香港中路 52 号 6 层 B1. C1. C3 户房屋以拍卖、变卖的方式所得价款对上述第三项、第四项、第五项的履行享有优先受偿权。（八）驳回河北某银行对李卓萍的诉讼请求。2012 年 12 月，河北某银行以青岛泰旭木业有限公司、青岛宏丰集团建材有限公司、青岛福兴塑料制品有限公司、傅某瑞、李卓萍为被告起诉至青岛市市南区人民法院，案由为金融借款合同纠纷。青岛市市南区人民法院经审理后于 2013 年 4 月 25 日作出（2013）南民初字第 81010 号民事判决书，判决如下：（一）青岛泰旭木业有限公司于本判决生效之日起十日内偿还河北某银行截止至 2013 年 4 月 12 日的借款本息合计 5 061 758.55 元。（二）青岛泰旭木业有限公司于本判决生效之日起十日内支付河北某银行自 2013 年 4 月 13 日起至本判决生效之日止按合同约定的标准（按日万分之五标准）计算本金 4 927 839.58 元产生的利息。（三）青岛泰旭木业有限公司于本判决生效之日起十日内支付河北某银行律师代理费 212 400 元。（四）青岛泰旭木业有限公司于本判决生效之日起十日内支付河北某银行邮寄费 75 元。（五）青岛宏丰集团建材有限公司、青岛福兴塑料制品有限公司、傅某瑞、李卓萍就青岛泰旭木业有限公司的上述第一项、第二项、第三项、第四项债务的履行向河北某银行承担连带清偿责任。（六）河北某银行就青岛泰旭木业有限公司设定的质押财产（被告自2012年2月28日起2年内产生的到期以及实现的所有应收账款）以拍卖、变卖方式所得价款对上述第一项、第二项、第三项、第四项债务的履行享有优先受偿权。（七）河北某银行就青岛福兴塑料制品有限公司设定的质押财产（被告自2012年12月5日起2年内产生的到期以及实现的所有应收账款）以拍卖、变卖方式所得价款对上述第一项、第二项、第三项、第四项债务的履行享有优先受偿权。上述案件审理过程中，河北某银行申请财产保全，青岛市市南区人民法院根据河北某银行的申请于2012年12月7日上午查封了傅某瑞名下位于崂山区香港东路128号3号楼1单元302户的房屋。上述判决现均已生效，傅某瑞并未按照判决确定的义务履行还款责任。

傅某瑞系青岛泰旭木业有限公司的法定代表人，且系该公司的股东，傅某玉同为该公司的股东，张坤系该公司的会计；同时，青岛泰旭木业有限公司、傅某瑞、傅某玉均为青岛福兴塑料制品有限公司的股东。

河北某银行以傅某瑞与傅某玉双方以远低于市场正常价值70%的交易价格转让房产，严重损害河北某银行合法债权，且傅某玉亦知悉该情形，故傅某瑞与傅某玉双方的交易行为应予撤销为由向一审法院提起诉讼。请求依法判令：撤销傅某瑞与傅某玉就位于崂山区香港东路128号3号楼1单元302户房产签订的《青岛市存量房买卖合同》。

一审法院经审理认为，首先，根据河北某银行提交的民事起诉状、青岛市市南区人民法院业已生效的（2013）南民初字第82023号、82024号、81010号民事判决书等证据，足以认定傅某瑞欠河北某银行借款没有偿还的事实，且欠款数额巨大，在此情形下傅某瑞将其名下房产低价转让，必然会对作为债权人的河北某银行造成损害。第二，傅某瑞与傅某玉同为青岛泰旭木业有限公司和青岛福兴塑料制品有限公司的股东，傅某瑞同时还是青岛泰旭木业有限公司的法定代表人，根据青岛市市南区人民法院（2013）南民初字第82023号、82024号、81010号民事判决书，青岛泰旭木业有限公司也欠河北某银行借款本息500余万元没有偿还，且傅某瑞、青岛福兴塑料制品有限公司对此还款义务还承担连带责任，故足以认定傅某玉对傅某瑞向河北某银行负巨额债务的事实是完全知晓的，在此情形下，其仍然与傅某瑞签订《青岛市存量房买卖合同》以购买傅某瑞的房屋，符合《中华人民共和国合同法》第七十四条规定的"受让人知道该情形的"要件。另外，两人签订的《青岛市存量房买卖合同》第一条约定"甲乙双方通过青岛大地众泰投资咨询有限公司居间介绍"，因傅某瑞与傅某玉系亲兄弟，二人之间如确需进行房屋买卖交易完全可以自主进行，完全没有必要通过中介公司居间介绍来促成交易的完成，两人的行为明显不符合常理。第三，《最高人民法院关于适用〈中华人民共和国合同法〉若干问题的解释（二）》第十九条规定，对于合同法第七十四条规定的"明显不合理的低价"，人民法院应当以交易当地一般经营者的判断，并参考交易当时交易地的物价部门指导价或者市场交易价，结合其他相关因素综合考虑予以确认，转让价格达不到交易时交易地的指导价或者市场交易价百分之七十的，一般可以视为明显不合理的低价。本案傅某瑞与傅某玉就涉案房屋约定的房屋买卖价款为人民币 170 万元，而根据河北某银行提交的涉案房屋所在小区其他房屋的买卖合同及房产中介出售价格公告等证据，可以认定 2012 年 12 月该小区房屋价格均在每平方米 2 万元以上，也就是说，傅某瑞与傅某玉约定的房屋交易价格不仅明显低于市场交易价格，且明显低于市场交易价格的 70%，即足以认定傅某瑞系低价转让其名下房产。对傅某瑞提交的竞拍购买房屋发票，因该发票为复印件，且并未载明房屋的面积等具体信息，故对该证据一审法院不予采信。第四，关于房款的支付，傅某瑞及傅某玉均主张傅某玉于 2012 年 12 月 1 日即已付清全部款项 170 万元，其中现金为 39 万元，通过银行转账 131 万元。一审法院认为，关于 39 万元的房款支付，傅某玉未提交诸如银行取款凭证等证据；关于转账支付的 131 万元，根据河北某银行提交的活期存款银行账户明细及银行卡历史交易明细等证据，可以认定傅某玉并未实际向傅某瑞支付房款 131 万元，只是于 2012 年 12 月 7 日下午通过一系列银行转账来形成支付 131 万元房款的表象，傅某瑞及傅某玉对该一系列银行转账的解释也明显不符合常理，同时，当日上午青岛市市南区人民法院即依法查封了涉案房屋，而傅某玉也未提交其他充分证据证明其已经实际向傅某瑞支付了上述购房款。综上所述，傅某瑞作为债务人以明显不合理的低价签订买卖合同转让其名下房产给傅某玉，给作为债权人的河北某银行造成损害，甚至就该不合理的低价傅某玉也无充分证据证明其真实履行了付款义务。因此，现河北某银行要求撤销傅某瑞与傅某玉签订的《青岛市存量房买卖合同》，其理由正当，于法有据，一审法院予以支持，判决：撤销傅某瑞与傅某玉于 2012 年 12 月 4 日就青岛市崂山区香港东路 128 号 3 号楼 1 单元 302 户房屋签订的《青岛市存量房买卖合同》。

傅某瑞不服一审判决，向青岛市中级人民法院提起上诉。1. 傅某瑞欠河北某银行借款是事实。根据（2013）南民初字第 82023 号、82024 号判决，傅某瑞应偿还借款总额约为 770 万元，但是，包括抵押的房屋以及市南区人民法院查封的房屋合计估价总额为 912.8 593 万元，上述房产价值足以清偿上述两判决所确认的借款，傅某瑞的售房行为不会对河北某银行造成损害。对于（2013）南民初字第 81010 号判决，河北某银行在没有对借款人及担保人申请执行终结的情况下，如何确认不能使其借款得到清偿。2. 傅某玉在青岛泰旭木业有限公司和青岛福兴塑料制品有限公司中仅是小股东，且不参与生产经营，并不知道两公司对外借款的情况。傅某玉虽然是傅某瑞的亲弟弟，但对傅某瑞的 负债并不知情。由于双方都不知道房屋买卖应如何办理交易手续，因此才共同找到中介机构办理，这并不与常理相悖。3. 涉案房屋价格的认定，以委托相关机构进行评估为宜，这对双方才是公平合理的，一审认定系低价转让错误。4. 对于 131 万房款支付的问题，因担心不交完房款无法取得房产证，傅某玉提出借款走一下付款的形式，而且傅某玉现已分数次将房款支付给了傅某瑞，并不存在未支付房款的问题。5. 傅某瑞与河北某银行之间的纠纷，是因为青岛宏丰集团建材有限公司因银行不再转贷而引起的，并不是傅某瑞还款出现不良引起。本案房屋买卖，早在河北某银行起诉前数月即进行交涉，不存在提前转移财产或低价转让财产，侵害河北某银行利益的意图。综上，请求二审法院依法查明事实并予以改判。

傅某玉不服一审判决，向青岛市中级人民法院提起上诉。1. 一审法院认定傅某瑞低价转让其名下财产，且傅某玉完全知晓，与事实不符。双方的交易价格在合理价格范围之内，傅某瑞以 170 万元的价格转让给傅某玉是有原因的。河北某银行没有证据证明傅某瑞与傅某玉交易时，傅某玉知道其与傅某瑞之间的纠纷，更不知道房屋在办理交易过户手续时被查封。2. 关于付款的瑕疵问题，2012年12月5日，双方到崂山区房产交易中心办理过户手续时，被告知申请登记后三到五日可拿房产证，为了在拿房产证时不出意外，决定先走个帐，傅某瑞也同意。付款问题是两个人之间的内部问题，一审法院以此为由撤销双方之间的买卖合同，是不利于正常的市场交易的。3. 本案中，涉案房屋的交易价格是在合理的交易价格范围之内，而且双方是亲兄弟关系，价格略低点很正常。如果价格过高，则反而不正常。一审法院适用《中华人民共和国合同法》第七十四条规定撤销双方的买卖合同，实属不当。综上，请求二审法院依法查明事实并予以改判。

青岛市中级人民法院二审认为，根据上诉人、被上诉人的诉辩意见及本院认定的事实，本案争议的焦点问题主要是：傅某瑞将涉案房屋转让给傅某玉的行为是否符合法定可撤销的情形。本案审查的关键是傅某瑞将涉案房屋转让给傅某玉是否具备"以明显不合理低价转让财产；对债权人造成损害；受让人知道该情形"三个法定条件。

一、关于明显不合理低价转让财产的问题。

傅某瑞、傅某玉于2012年12月就涉案房屋签订的《青岛市存量房买卖合同》约定的房屋交易价格为人民币170万元，而根据河北某银行提交的涉案房屋所在小区其他房屋的买卖合同及房产中介出售价格公告等证据，可以认定2012年12月该小区房屋价格均在每平方米2万元以上，故傅某瑞与傅某玉约定的房屋交易价格低于市场交易价格的70%，显与涉案房屋的真实市场价格相差甚远。另外，根据河北某银行提交的活期存款银行账户明细及银行卡历史交易明细等证据可以证明，傅某玉在实际履行合同的过程中，用以支付房款的131万元，其中120万元来源于傅某瑞，双方只是于2012年12月7日下午通过一系列银行转账来形成支付131万元房款的表象，且均不能对此做出合理解释。傅某玉在二审中提供傅某瑞出具的收条及汇款凭证证明其已实际支付房款，因该证据为傅某玉单方提供，无其他证据佐证，也无资金来源凭证，且要证明的付款行为发生于一审判决送达之后，本院对此不予采纳。原审法院认定傅某瑞以明显不合理低价出让涉案房屋，合法有据，本院予以支持。傅某瑞、傅某玉上诉称双方交易价格符合常理，与客观事实不符，本院不予支持。

二、关于傅某瑞转让涉案房屋的行为是否损害河北某银行作为债权人的合法权益的问题。

另案已生效的（2013）南民初字第82023号、第82024号、第81010号民事判决书等证据，足以认定傅某瑞欠河北某银行借款没有偿还的事实，且欠款数额巨大。傅某瑞现低价出让涉案房屋，明显损害了债权人河北某银行的合法权益。

三、关于傅某玉购买涉案房屋时，对傅某瑞欠债是否知情的问题。

傅某瑞、傅某玉系亲兄弟关系，且同为青岛泰旭木业有限公司和青岛福兴塑料制品有限公司的股东，傅某瑞同时还是青岛泰旭木业有限公司的法定代表人，故傅某玉应当知道青岛泰旭木业有限公司欠河北某银行借款本息的事实，以及傅某瑞、青岛福兴塑料制品有限公司对企业欠款承担连带责任的事实。对于傅某瑞的欠款状况，傅某玉称其不知情，显与常理不符。一审认定傅某玉对傅某瑞向河北某银行负巨额债务的事实是明知的，理据充分，法院予以采信。傅某瑞、傅某玉上诉称傅某玉不知情傅某瑞的债务情况，均不合常理，法院不予采信。

综上所述，傅某瑞在对外负有巨额债务的情况下，以明显的低价转让涉案房屋给傅某玉，对河北某银行造成损害，并且傅某玉知道该情形。故河北某银行要求撤销傅某瑞将涉案房屋转让给傅某玉的行为，于法有据，法院予以支持。判决：驳回上诉，维持原判。

【案例评析】

《中华人民共和国合同法》第七十四条第一款规定"因债务人放弃其到期债权或者无偿转让财产，对债权人造成损害的，债权人可以请求人民法院撤销债务人的行为。债务人以明显不合理低价转让财产，对债权人造成损害，并且受让人知道该情形的，债权人也可以请求人民法院撤销债务人的行为。"本案针对适用的应属于第二种情形，审查的关键是傅某瑞将涉案房屋转让给傅某玉是否具备"以明显不合理低价转让财产；对债权人造成损害；受让人知道该情形"三个法定条件。

一、关于明显不合理低价转让财产的问题。傅某瑞、傅某玉于2012年12月就涉案房屋签订的《青岛市存量房买卖合同》约定的房屋交易价格为人民币 170 万元，而根据河北某银行提交的涉案房屋所在小区其他房屋的买卖合同及房产中介出售价格公告等证据，可以认定 2012 年 12 月该小区房屋价格均在每平方米 2 万元以上，故傅某瑞与傅某玉约定的房屋交易价格低于市场交易价格的 70%，显与涉案房屋的真实市场价格相差甚远。

二、关于傅某瑞转让涉案房屋的行为是否损害河北某银行作为债权人的合法权益的问题。另案已生效的（2013）南民初字第 82023 号、第 82024 号、第 81010 号民事判决书等证据，足以认定傅某瑞欠河北某银行借款没有偿还的事实，且欠款数额巨大。傅某瑞现低价出让涉案房屋，明显损害了债权人河北某银行的合法权益。

三、关于傅某玉购买涉案房屋时，对傅某瑞欠债是否知情的问题。傅某瑞、傅某玉系亲兄弟关系，且同为青岛泰旭木业有限公司和青岛福兴塑料制品有限公司的股东，傅某瑞同时还是青岛泰旭木业有限公司的法定代表人，故傅某玉应当知道青岛泰旭木业有限公司欠河北某银行借款本息的事实，以及傅某瑞、青岛福兴塑料制品有限公司对企业欠款承担连带责任的事实。对于傅某瑞的欠款状况，傅某玉称其不知情，显与常理不符。傅某瑞在对外负有巨额债务的情况下，以明显的低价转让涉案房屋给傅某玉，对河北某银行造成损害，并且傅某玉知道该情形。故河北某银行要求撤销傅某瑞将涉案房屋转让给傅某玉的行为，于法有据，法院予以支持。

（青岛市中级人民法院民一庭副庭长　陈明明）

【二】共同诉讼当事人非第三人撤销之诉适格主体

——赵甫彬诉徐桂玲、樊某等第三人撤销之诉纠纷案

关键词：第三人撤销之诉　共同诉讼当事人

【裁判要点】

《中华人民共和国民事诉讼法》第五十六条规定的可以提起第三人撤销之诉的当事人是有独立请求权的第三人和无独立请求权的第三人，不包括必要共同诉讼当事人。本案原告实为已生效民事调解书的必要共同诉讼当事人，不符合上述法律规定的主体条件，其提起本案第三人撤销之诉，主体不适格（当事人可通过审判监督程序维护其权益）。

【相关法条】

《中华人民共和国民事诉讼法》第五十六条、第一百一十九条、第一百五十四条

【基本案情】

原告赵甫彬一诉称，1986 年 4 月 22 日，赵同彩与被告徐桂玲登记结婚，徐桂玲系再婚，婚后未生育子女。1990 年 4 月 9 日原告出生后，被赵同彩、徐桂玲收养，赵同彩、徐桂玲到公安机关为原告办理了户口登记，并与原告共同居住生活，抚养原告。2006 年 12 月 27 日赵同彩因病去世，遗留在黄岛区珠山街道办事处爨里村 285 号正房四间、南屋三间需要继承，该房屋的集体土地建设用地使用证号为 GB170241，地号为 GB—17—267，依据法律规定，原告与被告徐桂玲应该参与继承该处房屋。赵同彩与被告赵桂玲登记结婚后，未与被告樊蕊、樊建存共同居住生活，未形成事实上的抚养关系，被告樊蕊、樊建存无权继承。但三被告隐

瞒了事实，通过法院协议达成的民事调解书是错误的，应予撤销。为此，请求判令：1. 依法撤销青岛市黄岛区人民法院（2013）黄民初字第 7277 号民事调解书。2. 由被告承担诉讼费。

青岛市黄岛区人民法院经审查认为，原告赵甫彬提起本案第三人撤销之诉的法律依据为《中华人民共和国民事诉讼法》第五十六条第三款的规定，即："前两款规定的第三人，因不能归责于本人的事由未参加诉讼，但有证据证明发生法律效力的判决、裁定、调解书的部分或者全部内容错误，损害其民事权益的，可以自知道或者应当知道其民事权益受到损害之日起六个月内，向作出该判决、裁定、调解书的人民法院提起诉讼。人民法院经审理，诉讼请求成立的，应当改变或者撤销原判决、裁定、调解书；诉讼请求不成立的，驳回诉讼请求。"而该条前两款规定的可以提起第三人撤销之诉的当事人是有独立请求权的第三人和无独立请求权的第三人，不包括必要共同诉讼当事人。本案，原告赵甫彬认为其对本院（2013）黄民初字第 7277 号民事调解书中涉及的房屋享有继承权，其提交的户口本显示：户主为徐桂玲，赵甫彬与户主徐桂玲的关系为子。由此，根据我国民事诉讼法的规定，赵甫彬应为本院（2013）黄民初字第 7277 号继承纠纷案件中必要共同诉讼的当事人，而其提起本案第三人撤销之诉，不符合《中华人民共和国民事诉讼法》第五十六条规定的主体条件，原告主体不适格。

青岛市黄岛区人民法院依照《中华人民共和国民事诉讼法》第一百一十九条、第一百五十四条第一款第三项规定，裁定：驳回原告赵甫彬的起诉。案件受理费 4 300 元，退回原告赵甫彬。

当事人均未在上诉期内提起上诉。

【案件评析】

第三人撤销之诉是《中华人民共和国民事诉讼法》修改后新设立的一项诉讼制度，有助于自身权益受损的第三人维护自己的合法权益。而对于第三人撤销之诉《中华人民共和国民事诉讼法》第五十六条规定："对当事人双方的诉讼标的，第三人认为有独立请求权的，有权提起诉讼。对当事人双方的诉讼标的，第三人虽然没有独立请求权，但案件处理结果同他有法律上的利害关系的，可以申请参加诉讼，或者由人民法院通知他参加诉讼。人民法院判决承担民事责任的第三人，有当事人的诉讼权利义务。前两款规定的第三人，因不能归责于本人的事由未参加诉讼，但有证据证明发生法律效力的判决、裁定、调解书的部分或者全部内容错误，损害其民事权益的，可以自知道或者应当知道其民事权益受到损害之日起六个月内，向作出该判决、裁定、调解书的人民法院提起诉讼。人民法院经审理，诉讼请求成立的，应当改变或者撤销原判决、裁定、调解书；诉讼请求不成立的，驳回诉讼请求。"可见，第三人撤销之诉的当事人是有独立请求权的第三人和无独立请求权的第三人，不包括必要共同诉讼当事人。因此本案中原告无权提起第三人撤销之诉，故驳回其起诉。

（青岛市黄岛区人民法院民一庭审判员　魏　来）

其他类

保全申请错误的，主观上没有过错的申请人不应赔偿被申请人因保全所遭受的损失

——某工程有限公司诉某社区居民委员会会申请诉中财产保全损害责任纠纷案

关键词：财产保全　保全错误　责任构成

【裁判要点】

1. 保全申请错误的，申请人应当赔偿被申请人因保全所遭受的损失。该责任构成为一般侵权责任构成。认定申请保全错误并须承担赔偿责任的前提是申请人主观上有过错，且该过错为故意或重大过失。诉讼请求数额与判决确认数额存在差额，这是人民法院依法审判的结果，不能据此认定保全申请人构成主观故意或重大过失。原告对损害后果亦未完成举证责任。故判决驳回原告诉讼请求。

2. 原告在执行和解"互不追究"后又提起本案诉讼，诉讼中基于同一查封事实四次变更赔偿数额，差额巨大，有违诚实信用和诉权不得滥用原则。

【相关法条】

1. 《中华人民共和国合同法》第六条：当事人行使权利、履行义务应当遵循诚实信用原则。

2. 《中华人民共和国民事诉讼法》第六十四条：当事人对自己提出的主张，有责任提供证据。当事人及其诉讼代理人因客观原因不能自行收集的证据，或者人民法院认为审理案件需要的证据，人民法院应当调查收

集。人民法院应当按照法定程序，全面地、客观地审查核实证据。

3.《中华人民共和国民事诉讼法》第一百条：人民法院对于可能因当事人一方的行为或者其他原因，使判决难以执行或者造成当事人其他损害的案件，根据对方当事人的申请，可以裁定对其财产进行保全、责令其作出一定行为或者禁止其作出一定行为；当事人没有提出申请的，人民法院在必要时也可以裁定采取保全措施。人民法院采取保全措施，可以责令申请人提供担保，申请人不提供担保的，裁定驳回申请。人民法院接受申请后，对情况紧急的，必须在四十八小时内作出裁定；裁定采取保全措施的，应当立即开始执行。

4.《中华人民共和国民事诉讼法》第一百零二条：保全限于请求的范围，或者与本案有关的财物。

5.《中华人民共和国民事诉讼法》第一百零五条：申请有错误的，申请人应当赔偿被申请人因保全所遭受的损失。

6. 最高人民法院《关于适用〈中华人民共和国民事诉讼法〉的解释》第九十条：当事人对自己提出的诉讼请求所依据的事实或者反驳对方诉讼请求所依据的事实，应当提供证据加以证明，但法律另有规定的除外。在作出判决前，当事人未能提供证据或者证据不足以证明其事实主张的，由负有举证证明责任的当事人承担不利的后果。

【基本案情】

原告某工程公司在一审中诉称：1999 年，因租赁合同纠纷，被告将原告诉至法院，要求原告向其支付欠缴的租赁费及违约金等。后某社区居民委员会向法院申请执行，双方于 2012 年 11 月 15 日书面达成和解协议。由于某社区居民委员会申请保全措施不当，且没有尽到保管义务，导致原告的巨额财产毁坏、灭失，给原告造成的经济损失 10 001 000 元。故提出诉讼请求：1. 判令被告赔偿因其诉讼保全不当给原告造成的经济损失 2 746 009.8 元及利息。2. 财产保全清单上有实物无发票的冷却机、变压器等 59 件设备或材料待价格确定后另行起诉。3. 被告承担诉讼费。

被告某社区居民委员会在一审中辩称：1. 双方纠纷在执行程序中已经解决，原告的起诉违背诚信原则，且没有事实依据。双方就租赁合同纠纷一案，在执行过程中和解结案，被告同意减少执行数额，条件是双方之间不再相互追究，并已履行完毕，原告再行起诉无法律依据，应予驳回。2. 被告依法行使财产保全程序，没有任何过错。被告起诉原告租赁合同纠纷一案，经多次审理，法院最终支持了被告的大部分请求。故被告在诉讼过程中申请保全数额合理，是依法行使权利，没有过错。3. 被告的诉讼财产保全申请没有给原告造成任何损失。被告申请保全的财产全部是被告自己的财产，原告的财产其早已转移。

一审法院经审理查明：1996 年 6 月 30 日，原告某工程公司与被告某社区居民委员会签订《租赁合同书》一份，约定自签订合同之日起，被告将电镀厂的全部固定资产、流动资产、低值易消耗及电镀厂原使用全部（院内）土地供原告使用（附明细表一份），租赁期限 20 年，租金按月交纳，前 5 年原告每年平均向被告交纳租金 23 万元；如原告欠交 2 个月以上，被告可单方解除合同。合同还约定了其他相关事项。合同签订后，原被告双方并未签订作为合同附件的租赁物"明细表"，亦未办理书面交接手续。

1999 年 3 月 20 日，被告某社区居民委员会以特快专递的方式送达原告某工程公司通知一份，以原告拖欠租金为由，提出解除合同。1999 年 8 月 3 日，被告以原告随意排放污水、未按环保规定生产造成污染为由，通知原告准备停电，原告遂撤出了租赁场所。

1999 年 8 月 20 日，某社区居民委员会向一审法院起诉某工程公司支付所欠的租赁费及违约金 746 271.61 元，并提出财产保全申请。法院于 1999 年 8 月 23 日作出（1999）XX 号民事裁定书，裁定：冻结被告存款 80 万元或查封其相应价值的财产（附查封财产清单两页，一页列明：1. 厂房及内部物品，数量两间，内部物品代查点。2. 仓库及内部物品，数量 11 间带锁、内部物品代查点。3. 立体钢罐 3 只。4. 盐酸罐 1 只。5. 镀锌钢轴 49 只。6. 压刨机 1 台。7. 无齿锯 1 台。另一页列明：1. 冷却机一台。2. 保险柜 1 台。3. 镀槽 12 只。4. 滚镀槽 1 只。5. 硅整流器 8 只。6. 变压器 4 台）。该保全裁定书作出后，被告改制前的单位于 1999 年 8 月 26 日向法院提出书面查封异议，认为法院所查封固定资产产权为黄岛区电镀厂及木厂口五金加工镀锌厂两单位的，一部分设备是薛某某个人的，一部分设备是灵山卫焦某某个人的，以上二人以交租赁费的形式到该厂租赁房屋时个人投入的设备。同时认为,该查封给其生产经营造成诸多损失。

在上述案件查封原告财产时,审判员于1999年8月23日对原告当时的工作人员薛永某的询问笔录中记载:"现责令由你厂派人看管,如有损失由你厂承担相应责任,听明白了否?答:听明白了,但你们查封的部分物品不是我们的。"审判员于1999年8月23日对当时原告的工作人员薛泰某、被告某社区居民委员会的主任于某某的询问笔录中记载:"以上财产责令原告(某社区居民委员会)派人看管,由薛泰某临场看管,共同保卫以上财产免受损失,听明白了否?(同)答:听明白了。"

上述案卷中,另有证明书若干,其中一份是某油管厂的赵某某出具,内容为:"九九年八月二十四日,我们在区法院的主持下,取回了被扣在某镀锌厂的钢管4.092吨,特此证实。"经办人:王福某。薛某旭于1999年8月26日出具证明:"小滚镀槽1个……以上本厂收到。"出具类似证明的还有韩冬某、陈某、苏某、于殿某、薛太某、邢进某等人。

上述案件判决后,原告不服提出上诉,二审法院先后两次发回重审,一审法院在第一次重审时,原告某工程公司提出反诉请求:判令被告某社区居民委员会退回多收取原告某工程公司的电费180 890.10元;被告赔偿因申请财产保全而造成的原告财产损失143 784.20元;原告赔偿停产损失967 649.61元;赔偿原告建房等损失12 379元。

某区法院在第二次发回重审后,于2005年7月30日作出民事判决书,判决:原、被告签订的租赁合同终止履行;某工程公司支付租金433 137.61元;某工程公司返还电镀槽8只、整流器1台;某社区居民委员会返还电费款180 890.1元;某社区居民委员会补偿所建建筑物损失30 090元。该判决书同时认为,某工程公司关于财产保全给其造成损失的反诉请求属侵权之诉,应另案处理。判决后,原告不服,提出上诉,二审维持原判。

因原告未自动履行上述生效判决,被告(申请执行人)于2006年8月7日申请强制执行,要求原告(被执行人)返还电镀槽8只、整流器1台;支付欠款及诉讼费250 137.51元;加倍支付迟延履行利息。某区法院院以无法评估、拍卖所查封物品为由,于2006年11月15日作出

（2006）XX 号民事裁定书，裁定终结本次执行程序，该裁定书同时载明：本院在执行被查封物品时，因双方一直对被查封物品的权属有争议，被告也提不出证据证明上述物品系自己所有，原告称查封物品已交对方保管，但在保管期限内其物品大部分已毁坏、灭失。

上述执行案件于 2012 年 7 月 9 日恢复执行，被告追加执行利息，本息合计 46 万元，双方于 2012 年 11 月 15 日达成执行和解协议，最终以 30 万元和解结案。但双方在本案审理中对上述执行案件中的"执行和解协议"产生异议，原告对被告提交的"执行和解协议书"中的手写部分内容不认可。本院调取了该案执行卷，卷中的"执行和解协议"与被告提交的"执行和解协议"一致，其中有 3 条机打条款，在机打条款第 2 条后面，添加了手写内容："上述协议履行完毕，双方就该租赁合同互不追究。"被告某社区居民委员会居委会在手写部位加盖了公章。而原告提交给法庭的"执行和解协议"上无手写部分内容，除此之外其他机打文字与上述卷中的一致。

对此，被告称，2012 年 6 月，被告向法院催促执行，要求原告除给付租赁费、诉讼费 250 137.51 元外，还要求支付迟延利息 21 万元，共计 46 万元，执行过程中法院主持调解，被告为一次性了断，尽快结案，给老百姓一个说法，同意减少执行数额，本息共计 30 万元，条件是双方之间不再相互追究，双方这才达成了执行和解协议，手写部分内容是执行法官书写的，在填写的时候对方当事人不在现场，是背对背单方调解的，法院没有制作调解笔录。虽然现在执行和解协议出现两个版本，而减少执行数额的事实是可以确定的，原告也实际按照被告减少后的数额支付的款项。因此，按照诚信原则，应当认定双方之间就租赁合同达成了今后不再相互追究的执行和解。至于不再相互追究的内容，毫无疑问就是指原告起诉的内容，因为双方之间的租赁合同纠纷在 2006 年法院判决生效后，原告没有提出申诉、再审。故除原告主张的所谓保全损失外，其他争议已经解决，双方之间存在的争议仅仅特指本案所涉问题，没有其他，现原告否认执行和解中的互不再追究约定，违背诚信原则，不应支持。原告对此称，执行和解协议中手写部分是被告擅自添加的，不予认可。

2008 年，原告起诉被告支付因财产保全给原告造成经济损失 2 746

009.8 元，某中院作出民事裁定书，裁定驳回原告起诉。理由为，原告请求被告返还因该案所查封财产的诉请，与生效的裁判文书相悖，在目前条件下尚不属于人民法院受理民事诉讼的范围，应驳回起诉。原告不服提出上诉，某省高院作出民事裁定书，裁定驳回上诉，维持原裁定。

2010 年，原告再以财产损害赔偿纠纷为由，主张被查封财产损失 2 746 009.8 元，某区法院作出（2010）XX 号民事裁定书，以一事不再理为由，驳回起诉，某市中院作出（2011）XX 号民事裁定书，维持原裁定。

原审法院经审理认为：保全申请有错误的，申请人应当赔偿被申请人因保全所遭受的损失。该责任构成系一般侵权责任，应当符合四个构成要件，即侵权人主观有过错、侵权人有违法行为、受害人存在损害后果、损害后果与违法行为之间存在因果关系。被告提起财产保全申请符合法律规定，申请内容不存在错误。原告主张被查封财产损失 746 009.8 元的证据不足，原告对被保全财产损失价值负有举证义务，包括厘清权属数量和价值损失程度两方面。原告提交的双方于 1996 年 6 月 30 日签订的《租赁合同书》及大量财产明细清单和少数物品发票以此主张本案的权利，不具排他性，理由不充分。不排除原、被告双方均有相同设备，物品发票是购物凭证，但其本身并不能证明发票项下的财产一定在查封厂库内。原告主张的赔偿项目和数额在某会计师事务所作出的《报告书》中未有体现存疑。该报告书中并没有原告财产被查封的记载，涉案财产自 1999 年 8 月 24 日被查封，之后一直未解除查封，而原告主张的巨额财产在 2000 年 5 月出具的评估报告书中没有相应记载和表述，即未作为资产项目核算，不合常理。应以被告提交的《执行和解协议》作为执行结案依据，原告再次提起诉讼有违诚信。在案件强制执行过程中，当事人有可能在庭外多次自行达成和解协议，属意思自治的范畴，自动履行和解协议的，申请人撤回执行申请而结案，未自动履行的，申请人仍可要求法院继续执行。经审判委员会研究，原告的诉讼请求没有充分证据佐证，对其请求不予支持。综上，根据《中华人民共和国合同法》第六条、《中华人民共和国民事诉讼法》第六十四条、第一百条、第一百零二条、第一百零五条、最高人民法院《关于适用〈中华人民共和国民事诉讼法〉的解释》第九十条的规定，判决：驳回原告某工程公司的诉讼请求。案件受理费 51 878 元，由原告某工程公司负担（原告已预交 81 801 元，退还原告 29 923 元）。原审宣判后，原告某工程公司不服，提起上诉。

上诉人某工程公司上诉称，被上诉人申请超标的查封且不提供担保的情况下，一审法院故意不适用法律关于财产查封的规定，认为被上诉人财产保全申请无过错、法院查封合法错误。原审法院故意不适用法律规定有关证据规则，不支持上诉人的查封财产损失，认为被上诉人在《执行和解协议》添加条款合法有效，导致错误判决。综上，请求：撤销原审判决，依法改判，由被上诉人承担一、二审诉讼费。被上诉人某社区居民委员会居委会辩称，双方的争议通过执行和解已经解决，上诉人的起诉违背诚信原则，其随意编造数额，虚假陈述，其主张没有事实和法律依据，原审法院认定事实清楚，证据充分，程序合法，应驳回上诉，维持原判。

某市中院二审审理查明的事实与一审相同。

某市中院二审认为：本案系因申请诉中财产保全损害责任纠纷。被上诉人某社区 1999 年 8 月向法院起诉上诉人某工程公司，主张租赁费及违约金 746 271.61 元，并提出财产保全申请，财产保全金额为 80 万，某区法院于 1999 年 8 月 23 号作出（1999）XX 号民事裁定书，采取保全措施。而后生效判决确认数额为 433 137. 61 元。被上诉人提出的诉讼请求数额与财产保全金额相当，虽然与生效判决确认的数额之间存在差额，但不能据此认定被上诉入在财产保全申请过程中存在故意或重大过失。因此，一审法院认定被上诉人提起财产保全申请符合法律规定，申请内容不存在错误，法院对此予以确认。关于查封财产损失的问题，法院认为，自被上诉人某社区 1999 年 8 月向法院起诉上诉人某工程公司开始，在长达十几年的期间内，双方先后形成了多次诉讼，具体情况可见于某区法院（2004）XX 号、某市中院（2006）XX 号民事判决书及某省高院的裁定书。上述裁判书中上诉人主张的保全损失从十几万元变更至数百万元直至上千万元，本次起诉的标的为 5725430. 43 元。上诉人的损失主张都是基于同一个查封行为。上诉人对其主张的损失，有义务举证证明其损失的事实存在。一审法院以证据不足为由对上诉人主张的财产损失不予认定正确，法院予以支持。关于双方于 2012 年 11 月 15 日达成的执行和解协议问题，

"执行和解协议"中被上诉人放弃了 16 万元债权，此后双方互不追究责任。该协议虽有添加手写文字，但与该案的执行案卷所附材料一致，对该协议予以采信。上诉人对"执行和解协议"的异议不成立，法院不予支持。

据此，某市中院法院依照《中华人民共和国民事诉讼法》第一百七十条第一款第一项、第一百七十五条规定，判决：驳回上诉，维持原判。

【案件评析】

本案中，被告提起财产保全申请符合法律规定，申请内容不存在错误。首先，原告租赁被告的厂房、设备等使用，未按合同约定支付租赁费，被告基于此提起诉讼，为有效维护自身合法权益，并在诉讼中提出财产保全申请，这些行为均系被告依法享有的诉讼权利。其次，原告以被告申请保全数额为 80 万元，而生效判决确认数额为 433 137.61 元，以此认为被告超判决数额申请查封存在错误。认定申请保全错误并须承担赔偿责任的前提应为申请人主观上有过错，且该过错为故意或重大过失。被告基于已有证据和业已存在的欠交租赁费事实而提出的诉讼请求数额与生效判决确认的数额之间存在差额，不是当事人所能预见、控制的，这是人民法院依法审判的结果，不能据此认定被告构成主观故意或存在重大过失。再次，被告申请保全的财产价值与其诉讼请求的数额一致，亦应认定该保全申请本身无恶意。综上，在原告未能举证证明被告的保全申请存在其他主观故意或重大过失的情形下，应认定原告主张被告超数额申请保全存在错误的理由不成立。

根据举证责任分配规则，本案原告对被保全财产损失价值负有举证义务，包括厘清权属数量和价值损失程度两方面。而从原告提交的证据看，其诉求依据，一是双方于 1996 年 6 月 30 日签订的《租赁合同书》，二是其提交的大量财产明细清单和少数物品发票。《租赁合同书》约定自签订合同之日起，被告将工厂的全部固定资产、流动资产、低值易耗品及工厂原使用全部（院内）土地供原告使用（附明细表一份）。但合同签订后，原被告双方并未签订作为合同附件的租赁物"明细表"，亦未办理书面交接手续。但从合同的文义看，电镀厂的全部固定资产、流动资产、低值易耗品应当属于被告所有。导致未签订作为合同附件的租赁物"明细表"的责任风险，因系双方过错，应各自承担。对于某区法院（1999）XX 号民事裁定书所附查封清单中的冷却机等有名财产，原告未能提供有效证据证明为其所有，而被告则提交发票或转账凭证证明为被告所有。该民事裁定书同时注明"厂房、仓库内部物品待清点"，说明法院同时还查封了其他财产，但双方对被查封的其他财产的数量及权属各执一词，原告作为举证义务人，其提交的大量财产明细和少数物品发票，并不能证实这些财产在查封当时即全部在查封厂库内。原告提交的发票一部分系改制之前其他企业的发票，以此主张本案的权利，不具排他性，理由不充分。另一部分系原告自己企业的发票，而原告和被告所属企业系同业企业，不排除原、被告双方均有相同设备，物品发票是购物凭证，但其本身并不能证明发票项下的财产一定在查封厂库内。因此，在没有其他证据佐证的情况下，应认定原告主张的被保全财产损失 2 746 009.8 元的证据不足。

本案中，原告主张的赔偿项目和数额在某会计师事务所作出的《报告书》中未有体现存疑。该报告书是原告在 2000 年企业改制时由其主管单位委托、对原告资产、负债进行的评估，评估的基准日为 2000 年 3 月 31 日，评估范围和对象为原告改制前的单位名称截止至 2000 年 3 月 31 日的全部资产、负债，该报告书在流动负债项目的评估中，予提核算涉案合同租赁费和贷款利息为 656 600.90 元，并记载因欠交租赁费，已被被告起诉，表明评估机构在评估当时知道原告被起诉的事实，但该报告书中并没有原告财产被查封的记载，涉案财产自 1999 年 8 月 24 日被查封，之后一直未解除查封，而原告主张的巨额财产在 2000 年 5 月出具的评估报告书中没有相应记载和表述，即未作为资产项目核算，不合常理。

本案中，被告提交的《执行和解协议》应作为执行结案依据，原告再次提起诉讼有违诚信。被告申请执行本息合计 46 万元，双方于 2012 年 11 月 15 日达成执行和解协议，最终以 30 万元和解结案。双方在本案对"执行和解协议"中的手写文字产生异议，手写内容注明"上述协议履行完毕，双方就（2004）XX 号和（2006）XX 号民事判决书，即该租赁合同互不追究。"被告提交的有添加手写文字的"执行和解协议"与执行案卷所附一致，而非原告主张的手写部分系被告擅自添加的，应认定该执行和解系在法院主持下进行的，并以此作为执行结案依据。而原告提交的

"执行和解协议"虽有原、被告双方加盖公章，但未经法院确认，也未作为结案依据。在案件强制执行过程中，当事人有可能在庭外多次自行达成和解协议，属意思自治的范畴，自动履行和解协议的，申请人撤回执行申请而结案，未自动履行的，申请人仍可要求法院继续执行。原告在本案提交的《执行和解协议》在执行案件中未经法院确认，不具执行力，原告以该和解协议证明执行案件已执行完毕，从而成就其另起诉讼条件，该依据不成立，应以法院执行案卷为执行完毕依据。原告欠付被告租赁费的案件于 2006 年进入强制执行程序。原告在 2008 年起诉被告支付因财产保全给原告造成的经济损失，两次起诉、两次上诉均被驳回，理由为，在某区法院（1999）XX 号民事裁定书仍具法律效力及（2004）XX 号民事判决书尚未执行完毕的情况下，原告请求被告返还因该案所查封财产的诉请，与生效的裁判文书相悖，在目前条件下尚不属于人民法院受理民事诉讼的范围，应驳回起诉。在原告欠付被告租赁费的执行案件于 2013 年 1 月结案后，原告于 2013 年 1 月便提起本案诉讼，在被告提交附有手写内容的"执行和解协议"书抗辩"互不追究"时，原告提交无手写内容的"执行和解协议"书予以否认。上述，被告有理由相信系原告采用不诚信的方法终结执行案件，目的是为提起赔偿诉讼，促使条件成就。在被告明知原告多次向法院起诉要求其承担保全损害赔偿责任的情况下，若原告不放弃赔偿请求，而被告仍在执行和解协议中自愿放弃 16 万元债权，不合常理。

（青岛市黄岛区人民法院民一庭审判员　魏　来）